华东政法大学
65周年校庆文丛编委会

主　任　曹文泽　叶　青
副主任　顾功耘　王　迁
委　员（以姓氏笔画为序）
　　　　　马长山　王立民　朱应平　刘　伟　孙万怀
　　　　　杜志淳　杜　涛　杨忠孝　李秀清　李　峰
　　　　　肖国兴　吴新叶　何益忠　何勤华　冷　静
　　　　　沈福俊　张明军　张　栋　陈金钊　陈　刚
　　　　　林燕萍　范玉吉　金可可　屈文生　贺小勇
　　　　　徐家林　高　汉　高奇琦　高富平　唐　波

华东政法大学65周年校庆文丛

中国行政规定规制研究

郭清梅 /著

图书在版编目(CIP)数据

中国行政规定规制研究/郭清梅著. —北京:北京大学出版社,2017.11
ISBN 978-7-301-28878-8

Ⅰ. ①中⋯　Ⅱ. ①郭⋯　Ⅲ. ①行政法—研究—中国　Ⅳ. ①D922.104

中国版本图书馆 CIP 数据核字(2017)第 253506 号

书　　　名	中国行政规定规制研究 ZHONGGUO XINGZHENG GUIDING GUIZHI YANJIU
著作责任者	郭清梅　著
责任编辑	朱梅全　尹　璐
标准书号	ISBN 978-7-301-28878-8
出版发行	北京大学出版社
地　　　址	北京市海淀区成府路 205 号　100871
网　　　址	http://www.pup.cn
电子信箱	sdyy_2005@126.com
新浪微博	@北京大学出版社
电　　　话	邮购部 62752015　发行部 62750672　编辑部 021-62071998
印　刷　者	三河市博文印刷有限公司
经　销　者	新华书店
	730 毫米×1020 毫米　16 开本　20.25 印张　301 千字 2017 年 11 月第 1 版　2017 年 11 月第 1 次印刷
定　　　价	59.00 元

未经许可,不得以任何方式复制或抄袭本书之部分或全部内容。
版权所有,侵权必究
举报电话:010-62752024　电子信箱:fd@pup.pku.edu.cn
图书如有印装质量问题,请与出版部联系,电话:010-62756370

崛起、奋进与辉煌

——华东政法大学65周年校庆文丛总序

2017年,是华东政法大学65华诞。65年来,华政人秉持着"逆境中崛起,忧患中奋进,辉煌中卓越"的精神,菁莪造士,械朴作人。学校始终坚持将学术研究与育人、育德相结合,为全面推进依法治国做出了巨大的贡献,为国家、为社会培养和输送了大量法治人才。一代代华政学子自强不息,青蓝相接,成为社会的中坚、事业的巨擘、国家的栋梁,为社会主义现代化和法治国家建设不断添砖加瓦。

65年栉风沐雨,华政洗尽铅华,砥砺前行。1952年,华政在原圣约翰大学、复旦大学、南京大学、东吴大学、厦门大学、沪江大学、安徽大学、上海学院、震旦大学9所院校的法律系、政治系和社会系的基础上组建而成。历经65年的沧桑变革与辛勤耕耘,华政现已发展成为一所以法学为主,兼有政治学、经济学、管理学、文学、工学等学科,办学特色鲜明的多科性大学,人才培养硕果累累,科研事业蒸蒸日上,课程教学、实践教学步步登高,国际交流与社会合作事业欣欣向荣,国家级项目、高质量论文等科研成果数量长居全国政法院校前列,被誉为法学教育的"东方明珠"。

登高望远,脚踏实地。站在新的起点上,学校进一步贯彻落实"以人为本,依法治校,质量为先,特色兴校"的办学理念,秉持"立德树人,德法兼修"的人才培养目标,努力形成"三全育人"的培养管理格局,培养更多应用型、复合型的高素质创新人才,为全力推进法治中国建设和高等教育改革做出新的贡献!

革故鼎新,继往开来。65周年校庆既是华东政法大学发展史上的重要里程碑,更是迈向新征程开创新辉煌的重要机遇。当前华政正抢抓国家"双一流"建设的战略机遇,深度聚焦学校"十三五"规划目标,紧紧围绕学校综合改革"四梁八柱"整体布局,坚持"开门办学、开放办学、创新办学"发展理念,深化"教学立校、学术兴校、人才强校"发展模式,构建"法科一流、多科融合"发展格局,深入实施"两基地(高端法律及法学相关学科人才培养基地、法学及相关学科的研究基地)、两中心(中外法律文献中心、中国法治战略研究中心)、一平台('互联网+法律'大数据平台)"发展战略,进一步夯实基础、深化特色、提升实力。同时,华政正着力推进"两院两部一市"共建项目,力争能到本世纪中叶,把学校建设成为一所"国际知名、国内领先,法科一流、多科融合,特色鲜明、创新发展,推动法治文明进步的高水平应用研究型大学和令人向往的高雅学府"。

薪火相传,生生不息。65周年校庆既是对辉煌历史的回望、检阅,也是对崭新篇章的伏笔、铺陈。在饱览华政园风姿绰约、恢弘大气景观的同时,我们始终不会忘却风雨兼程、踏实肯干的"帐篷精神"。近些年来,学校的国家社科基金法学类课题立项数持续名列全国第一,国家社科基金重大项目和教育部重大项目取得历史性突破,主要核心期刊发文量多年位居前茅。据中国法学创新网发布的最新法学各学科的十强排名,学校在法理学和国际法学两个领域排名居全国第一。当然我们深知,办学治校犹如逆水行舟,机遇与挑战并存,雄关漫道,吾辈唯有勠力同心。

为迎接65周年校庆,进一步提升华政的学术影响力、贡献力,学校研究决定启动65周年校庆文丛工作,在全校范围内遴选优秀学术成果,集结成书出版。文丛不仅囊括了近年来华政法学、政治学、经济学、管理学、文学等学科的优秀学术成果,也包含了华政知名学者的个人论文集。这样的安排,既是对华政65华诞的贺礼,也是向广大教职员工长期以来为学校发展做出极大贡献的致敬。

65芳华,荣耀秋菊,华茂春松,似惊鸿一瞥,更如流风回雪。衷心祝愿华政铸就更灿烂的辉煌,衷心希望华政人做出更杰出的贡献。

华东政法大学65周年校庆文丛编委会
2017年7月

目 录

绪 论 001

第一章 行政规定规制概述 016
 第一节 概念界定 016
 第二节 理论研究综述 023

第二章 行政系统内自我规制 033
 第一节 行政系统内自我规制概述 033
 第二节 行政规定制定权限和程序规制 054
 第三节 备案审查规制 111
 第四节 清理规制 143
 第五节 复议附带审查规制 167
 第六节 对行政系统内规制机制的反思及其完善对策 188

第三章 行政系统外规制 204
 第一节 概述 204
 第二节 权力机关对行政规定的规制 212
 第三节 司法审查规制 230

第四章 重构和完善行政系统内外规制机制 255
 第一节 重构行政系统内外备案审查机制 256
 第二节 完善个案审查监督机制 296

结 语 307

参考文献 310

后 记 318

绪　　论

一、问题的提出：如何科学构建规制制度及其规制机制？

（一）行政规定需要从立法、行政和司法等层面加强综合性规制

行政规定，即人们常说的行政机关颁发的"红头文件"。目前，因行政规定主要具有弥补成文法缺陷、试验性地创制新的行政管理规范、灵活地指导社会生活以及有助于行政政策公开等方面的作用，仍有存在的必要。①因此，制定行政规定是各国行政机关在行政管理活动中采用的重要手段之一，甚至有日本学者惊呼，依法行政原则已经被事实上的"依令行政"所代替。②

在我国，由于法治起步较晚，并且相对于飞速发展的复杂社会关系而言，成文法显得相对落后，因此一度出现行政规定"满天飞"的现象。③据官方统计，2004年至2008年10月，31个省级人民政府收到其省级人民政府部门和设区的市人民政府报送备案的行政规定就达38892件。④

然而，长久以来，我国行政规定制定一直存在主体不明、权限不清、名称不全、程序缺失、行政系统内外监督不力等问题。更有甚者，一些政府和部

---

① 参见叶必丰、周佑勇：《行政规范研究》，法律出版社2002年版，第22—25页；陈丽芳：《非立法性行政规范研究》，中共中央党校出版社2007年版，第27—28页；〔英〕卡罗尔·哈洛、理查德·罗林斯：《法律与行政（上卷）》，杨伟东等译，商务印书馆2004年版，第344页。

② "依令行政"主要是指"依行政规定而行政"。参见城仲模：《行政法之基础理论》，三民书局1988年版，第132页。

③ 参见《全国31个省份对"红头文件"建立备案审查制度》，载《人民日报》2009年11月4日第17版。

④ 同上。

门,为了达到乱收费、乱罚款、乱摊派、实行地方保护主义等不正当目的,存在违宪、违法制定行政规定的情况。① 这些情况都导致了现实中行政规定的制定权限和程序几乎不受正当性规制,进而不时出现违法侵犯行政相对人合法权益的状况。

我国1999年把"建设社会主义法治国家"写入宪法之后,人们已经认识到,具有普遍适用效力的违法或不适当的行政规定已经对实现法治目标形成了巨大障碍。② 同时,在我国加入WTO之后,行政规定制定的随意性和非公开性也已不能够适应WTO规则对政府行为的公开和透明度要求。③ 为了加快法治进程和适应国际化要求,改变行政规定一度泛滥成灾的局面,从行政规定的制定、行政系统内的备案审查、行政复议附带审查监督和行政规定清理以及行政系统外的权力机关和司法机关监督等方面,科学合理地全面规制行政规定,已成为我国法治实践中必须面对的一个重要研究课题。

(二) 各种规制制度逐步发展但规制制度及其运行机制都有待进一步完善

我国有关行政规定的规制制度主要包括下述三个方面:

其一,立法监督制度。早在1979年制定的《地方各级人民代表大会和地方各级人民政府组织法》(以下简称《地方组织法》)④第8、9和44条中就已经规定了县级以上地方人大及其常委会"撤销本级人民政府的不适当的决定和命令"的行政系统外监督权,并且在1982年《宪法》第67条中也确认了全国人大常委会对国务院发布的行政命令和决定行使行政系统外监督权。然而,自20世纪80年代起至《各级人民代表大会常务委员会监督法》(以下简称《监督法》)颁布实施前,地方权力机关对同级人民政府行政规定开展的行政系统外监督主要处于虽制度规范要求监督却难以落实的状态中。在《监督法》生效实施后,地方各级人大常委会一直在努力构建、完善和落实备案审查

---

① 参见贺方:《收费之乱始于行政依据之乱》,载《法制日报》2007年11月15日第3版;郝迎灿、许诺:《规范性文件,期待更规范(关注改革"最后一公里")》,载《人民日报》2017年2月7日第4版。
② 参见毛寿龙:《规范红头文件,走向法治政府》,载《南方都市报》2006年1月1日;王飞:《构建法治政府背景下的行政规范性文件问题研究》,华中师范大学2006年硕士论文。
③ 参见中共中央办公厅、国务院办公厅《关于适应我国加入世界贸易组织进程清理地方性法规、地方政府规章和其他政策措施的意见》(中办发〔2001〕22号)规定。
④ 《地方组织法》先后在1982年、1986年、1995年和2004年经过了四次修改。

制度。① 从近两年有关全国人大规范性文件备案审查研讨会的报道看,多数地方的省级人大常委会已经开始实践规范性文件备案监督制度,一些地方(如上海市与广东省等)还开启了主动审查行政规定的监督工作。②

其二,行政系统内制定程序、备案审查、行政复议附带审查制度和清理制度。1987年后,我国省级人民政府开始在地方行政系统内建立行政规定制定程序制度和备案审查监督制度。③ 1990年《法规、规章备案规定》、2001年《国家行政机关公文处理办法》的实施,以及一些地方政府有关行政规定制定和备案审查监督程序制度的建立,逐步深化和落实了行政系统内备案审查监督制度。同时,随着1999年《行政复议法》第7条确认了行政复议机关对部分行政规定行使行政系统内附带审查权,④行政系统内从中央的国务院到地方的省级人民政府都建立了相应的实施性复议附带审查监督制度。此外,从80年代起,基于国务院要求,地方政府或者国务院部门多次开展了行政规定清理实践。这种在行政系统内定期或者不定期集中修改或者废除行政规定的做法也带动了清理规制制度的发展。

其三,司法制约制度。1999年《最高人民法院关于执行〈行政诉讼法〉若干问题的解释》第62条确认了人民法院对具体行政行为依据的行政规定行使判断是否合法并加以适用的间接司法审查权。⑤ 自2005年起,有关《行政诉讼法》修改讨论中,一些法学专家要求《行政诉讼法》确认司法机关对行政规定行使合法性审查权的呼声逐渐升高。⑥ 2014年新修订的《行政诉讼法》

---

① 参见钱宁峰:《规范性文件备案审查制度:历史、现实和趋势》,载《学海》2007年第6期。
② 参见孙述洲:《规范性文件备案审查中的几个问题——以上海市区县人大为例》,载《上海人大月刊》2014年增刊;《广东省人大常委会召开全省规范性文件备案审查工作会议》,http://www.bjrd.gov.cn/xwzx_1/xwkx/wssrddt/201612/t20161221_168954.html,最后访问时间:2016年12月28日。
③ 参见李平、何泽岗、栗春坤:《行政规范性文件制定的理论与实务研究》,载《政府法制研究》2007年第3期。
④ 《行政复议法》第7条第1款规定:"公民、法人或者其他组织认为行政机关的具体行政行为所依据的下列规定不合法,在对具体行政行为申请行政复议时,可以一并向行政复议机关提出对该规定的审查申请:(一)国务院部门的规定;(二)县级以上地方各级人民政府及其工作部门的规定;(三)乡、镇人民政府的规定。"
⑤ 《最高人民法院关于执行〈中华人民共和国行政诉讼法〉若干问题的解释》第62条第2款规定:"人民法院审理行政案件,可以在裁判文书中引用合法有效的规章及其他规范性文件。"
⑥ 参见叶静:《人民法院有望判决撤销违法"红头文件"》,载《第一财经日报》2005年6月1日第A3版;杨华云:《"红头文件"应能被起诉》,载《新京报》2011年6月15日第A20版。

最终确立了人民法院对行政规定的附带诉讼与附带审查制度。

然而,就行政规定规制制度设计机制与实践效果而言,迄今为止,这些行政系统外和行政系统内的规制制度之间运行机制如何?它们对行政规定规制的综合效果如何?这些规制制度本身是否存在问题?如果存在问题,问题是什么以及应该如何解决问题?对这些问题的回答,不仅是客观地评价我国种种行政规定规制制度的需要、我国种种行政规定机制实际效果的需要,以及总结经验教训的需要,而且是努力完善现行规制制度内容,并且进一步科学地构建适合于我国国情的综合规制机制的需要。

二、研究意义

(一)研究的理论意义

从20世纪80年代起,一些地方政府就已经开始对行政规定开展行政系统内的规制活动。随着国务院2004年《全面推进依法行政实施纲要》和2008年《国务院关于加强市县依法行政的决定》的公布实施,规制实践力度开始加大。藉此,从不同视角研究和阐述行政规定规制的种种主张和理论也不断涌现。但是,全面系统地研究行政规定规制的成果并不多见,本书在理论研究方面的意义主要在于:

1. 全面梳理和评述有关行政规定规制的现有理论研究成果

对前人研究成果的全面梳理和客观评述,既是为了对前人的理论研究成果进行总结,也是为了避免重复研究问题的出现,还是为了理顺自己的研究思路和确立自己独特的研究视角,同时更是为了使自己的研究成果能够达到"站在巨人的肩膀上"有所进步的目的。

通过对前人研究成果的全面梳理可以发现,目前法学界鲜有学者研究各种不同规制力量之间在行政规定规制中各自所处的地位、不同规制力量在规制统一体中分别应起到的作用及其应如何相互协作以达到规制资源科学配置等问题。例如,行政系统内对行政规定存在四个方面的规制力量,即行政规定制定程序、备案审查监督、行政复议附带审查以及清理中对行政规定审查。这四个方面的规制审查具体为:首先制定程序中制定主体的内设法制机构要审查行政规定的内容,其后制定主体的上一级行政备案审查主体的内设法制机构对行政规定的内容要作备案审查(尤其是一些省级地方政府行政规定备案审查规章明确要求对行政规定实施事先审查),接着当行政案件发生时,行政复议机关应行政复议当事人的要求对行政规定进行合法性审查,最后在行政规定生效一段时间后因出现滞后于社会现实而需要开展清理审查。然而,这四个方面的审查如何衔接、审查责任如何划分以及当不同审查主体对同一特定行政规定审查结论不同时应如何处理等问题都没有学者进行分析研究。再如,学界也鲜见对行政机关、权力机关和司法机关三种规制力量在行政规定规制中各自所处的地位、作用及其应如何相互协作以达到规制资源科学配置作出论述。

因此,对各种不同规制力量之间在行政规定规制中各自所处的地位、不同规制力量在规制统一体中分别应起到的作用、不同规制力量应如何相互协作以达到规制资源科学配置等问题的理论探讨,将会成为本书研究需要突破的重点。这些研究将有助于我国整合和优化行政系统内的行政规定规制资源,改善行政规定内部与外部监督机制。因此,摸清我国行政规定现实规制制度和实践状况,恰当界定行政、立法和司法各自在规制行政规定中发挥的功能和作用,并在此基础上合理构建行政规定规制机制,才能够达到有效规制目的并实现其应有法治价值。这也正是本书确定的研究重点和所欲实现的首要理论研究价值。

2. 认识和探究行政系统内规制、行政系统外的权力机关规制以及司法附带审查规制的历史发展及其原因

理论的认识规律是从感性认识发展到理性认识,而后再将理性认识应用到实践中去检验。整理和认识有关行政规定规制历史资料的目的,正在于帮助我们从历史发展的谱系,看清我国规制制度产生和发展的全貌,探究我国现行综合性规制机制的生成原因,并发现适合于我国国情的行政规定规制理论。

3. 回应学界以往构建行政规定规制机制的几种主要主张

当前我国学者基于对行政自我权力规制的不信任而提出的观点,主要有由权力机关全面规制的观点和建立法院为主的审查规制的观点。对这两种主张,笔者从权力机关和司法机关承担规制职能的可能性、便捷性以及我国

法治实际推动力的特殊性等视角重新加以审视，并在回应性分析中阐明自己对构建富有中国特色的行政规定规制机制的主张。

长期以来，在法治发达的西方国家中，学者多对行政系统内自我规制怀有不信任态度，这影响了人们对权力机关、行政机关和司法机关在综合性规制机制中应有地位的判断。正是基于这种不信任，这些国家的普遍做法是以诉讼方式解决行政规定违法问题。[①] 同样，在我国，也有一些学者基于对行政系统内自我规制行政规定的不信任而特别强调权力机关或者司法机关在行政规定规制中的主导性地位。例如，有学者认为，我国行政系统内行政规定备案审查监督制度的实施"效果甚微"。[②] 也有学者认为："行政主体尽管可对行政规范性文件（即本书中的'行政规定'——引者注）实施各种形式的监控，但有偏袒的嫌疑。"[③]因此，权力机关应对行政规定实施全程和全面监控。[④] 还有学者认为："由行政机关对违法行政规范性文件实行自我追究的效果并不尽如人意。""由权力机关广泛性地审查监督违法行政规范性文件不符合国家权力运行的规律。"[⑤]因此，应"建立以法院为主的审查监督体制"。本书尝试对这些理论观点是否具有充分说服力作出回应，并在回应性分析中，尝试重新探讨行政规定的行政系统内自我规制和行政系统外监督规制的理论基础、应有地位及其合理规制机制。

从现有理论研究成果看，尽管学者对我国行政规定制定和监督中存在的种种问题具有清晰的认识，并基于权力不信任和行政权需要外部监督的理

---

① 参见刘松山：《违法行政规范性文件之责任研究》，中国民主法制出版社2007年版，第81页。
② 原文表述为："长期以来，对非立法性行政规范的合法性审查，我国实行的是'事后备案'制，即文件颁发实施后再交给政府所属的法制部门备案。即便这种事后备案也由于没有具体明确审查职责、缺乏应有制度而效果甚微。"参见陈丽芳：《非立法性行政规范研究》，中共中央党校出版社2007年版，第364页。
③ 叶必丰、周佑勇：《行政规范研究》，法律出版社2002年版，第231页。叶必丰等指出："权力机关应当设立或指定一个专门的委员会负责审查行政主体制定的行政规范……行政主体在作出一个行政规范之前，应将行政规范草案连同可行性实施意见一并报送权力机关的该委员会，由该委员会进行审查，并作出处理。此外权力机关还必须对行政规范在实践中的实施情况进行经常性的监督检查，一旦发现该行政规范违法或不当，应切实履行监督职能，及时予以撤销。"参见叶必丰、周佑勇：《行政规范研究》，法律出版社2002年版，第229页。
④ 参见郑军辉：《规范性文件监督问题初探》，载《楚天主人》2009年第6期。
⑤ 刘松山：《违法行政规范性文件之责任研究》，中国民主法制出版社2007年版，第86、89页。

论,对权力机关和司法机关在解决这些问题中的作用和地位给予了高度肯定。但是,鲜有学者基于权力自我约束理论和我国政府在建设法治政府过程中的主导性特征,对我国行政系统内为防止行政规定违法和不当行为而努力实施自我规制的情况给予客观理性评价,并对其在行政规定整体规制机制中的独特重要作用及其应有地位作出合理阐述。

在中国特有国情下,基于不同理论价值导向,产生了行政系统内部和外部种种不同的行政规定规制制度。本书正是试图对这些制度赖以产生的理论价值导向和现实功能予以剖析,并运用相对成本效益分析理论考量不同行政规定规制制度所达成的实际规制效果,进而提出并论证以下观点:其一,相对于国外倾向于重视司法规制制度而言,我国应实事求是地重新审视目前行政系统内外各种规制力量的现实功能及其应有地位;其二,应充分重视行政系统内的规制作用,确立由行政规制主导,立法和司法侧重事后规制,并且将三种规制力量有机结合的行政规定规制机制。

4. 采用了实证统计分析法与纠错数据比较分析法

本书重点比较了行政系统内备案审查规制与权力机关备案审查规制各自所形成的规制资源成本效益价值,从而夯实行政系统内自我规制制度之理论基石,并为合理地配置规制资源和发挥行政系统内外规制资源的应有价值提供新的理论解说。

一方面,本书采用制度文本实证统计分析法,通过拆分制度文本,获得了规制制度中不可或缺的规制行政规定制度所必须涉及的种种要素(如制定主体、审查方式和审查内容等),并将这些因素作为是否反映了正当性问题的指标项,对行政系统内外的现行规制制度与规制机制进行统计分析研究。在对比同类规制制度内容要素的基础上,通过剖析各地方政府规章中这些因素是否得以体现,以及是否依法、科学、适当地体现,对行政系统内省级地方的现行行政规定制定程序制度文本和权力机关备案审查制度文本作出客观分析和评价,以考察现行种种规制制度与规制机制是否具备正当性。这些分析研究有助于充分了解和认识行政系统内外因规制制度内容本身差异所导致的规制功能的差别,也有助于理解权力机关难以胜任对行政规定实现全面审查规制职能的原因,进而对现行行政系统内外规制制度之间的不合理机制作出必要反思和改进。

另一方面,本书也采用纠错数据比较分析法,从对比不同规制制度获得的实际纠错效果角度,对行政系统内备案审查实践纠错结果和行政系统外权力机关备案审查实践纠错结果进行对比性研究。这些对比性研究既客观、真实地揭示了行政系统内外实际规制效果,也为合理、科学地确定行政、立法和司法三种规制力量在我国行政规定规制活动中的应有地位提供了客观佐证,还为将成本效益分析理论运用于优化配置规制资源实践提供了契机,更为合理构建以行政自制为主导的行政规定规制机制奠定了坚实的基础。

(二) 研究的实践意义

1. 行政规定规制研究对于促进行政法治建设和保障行政相对人的合法权益具有独特的实践研究价值

行政主体制定行政规定的目的主要在于贯彻法律法规规章,并通过影响行政相对人的权利义务而依法实现行政管理。由于客观事物自身固有积极和消极价值的双面性,行政规定在实现行政管理积极作用的同时,因其制定目的、制定权限、制定程序以及制定内容等方面出现缺乏合法性或者正当性等问题时,就可能引发或显现违法或不适当的消极作用。为了预防和治理行政规定的消极作用发生,2004年国务院发布《全面推进依法行政实施纲要》,特别强调了行政系统内实行自我规制行政规定的重要性。由此,地方政府也积极行动起来努力对行政规定加以自我规制。例如,2004年上海市政府就提出要"抓紧完善规范性文件的制定和备案制度,重点解决长期以来规范性文件不规范以及一些部门乱发、滥发文件的问题,对规范性文件的制定主体、制定内容和制定数量进行严格控制"①。

本书对行政规定规制制度、实践及规制机制的研究目的在于:一是清晰地描述行政规定规制现状;二是探究如何保障行政规定在制定权限、内容和程序等方面的正当性,使这些行政规定依法合理地实现行政管理和表达"民意"的目的,并使其接受行政系统内外以及行政相对人的必要监督。因此,研究行政规定规制对于促进我国行政法治建设和保障行政相对人合法权益具

---

① 洪梅芬:《贯彻落实〈行政许可法〉乃头等大事》,载《解放日报》2004年2月3日。

有独特的实践研究价值。

2. 总结行政系统内行政规定自我规制制度和实践的经验和教训,增强行政系统内规制主体落实行政自我规制功能之信心,推动行政系统内的全国统一规制立法工作

尽管从20世纪90年代初行政系统内对行政规定已经开始建立和实践规制制度,但鲜有行政法学者对其规制功能的实际作用给予客观评价,《监督法》确立地方人大常委会对地方各级人民政府的行政规定实施全面备案审查制度也正是这种不信任态度的真实反映。这些对行政自我规制不尽客观的看法,不仅不利于行政自我规制功能的实现,无助于行政规定规制目的的有效实现,甚至在《监督法》公布之后还动摇了行政系统内统一规制行政规定存在和发展的信心。

事实上,是否对行政系统内行政规定自我规制给予必要信任,是相对而言的。要客观评价行政系统内行政规定自我规制的功能和实际作用,首先应从规制制度的完善程度和落实效果观察。实践是检验真理的唯一标准,只有通过对行政系统内自我规制制度的完善程度进行剖析和对其自我规制制度的实践效果作出总结和分析,才能以规制制度的完善程度和落实效果这一客观标准去衡量或评价行政系统内自我规制功能在行政规定规制活动中所起到的实际作用。其次,应从我国自上而下开展法治建设的特殊国情去考察。我国行政机关的自我规制效果是与上级行政机关的重视程度尤其是国务院和上级行政首长的重视程度密切相关的,这是我国行政权规制的特色,也是我们在研究行政规定规制理论和实践时不得不重视的一个方面。最后,行政系统内规制制度的完善程度、落实效果以及政府自上而下自我推动规制行政规定的特殊国情都表明,即使在《监督法》颁布实施之后,仍有必要继续坚定行政系统内实践自我规制制度的信心。

同时,为了在行政系统内全面落实对行政规定进行自我规制的应有功能,并推动行政系统内全国统一规制的立法工作,本书以实证统计分析与横向对比的方法,详细描述了地方省级人民政府行政规定规制制度文本中存在的规制共性和差异点,分析并评估了出现这些规制共性和差异点的原因,在此基础上总结了地方现行行政规定规制制度中已经积累的有益规制经验,并

探讨了这些规制制度中仍可能存在的漏洞与问题,进而提炼出行政系统内规制行政规定时所应遵循的基本规制制度,并为推动国务院出台统一规制行政规定法规提供建设性思考意见与对策。

3. 运用相对成本效益分析理论,解决如何科学而有效地配置各种规制资源的问题,并切实有效地遏制行政规定中存在的违法或不当问题,是本书研究的出发点,也是本书应承担的研究使命

恰如前文所述,我国行政规定规制的现行制度主要包括:中央和地方行政系统内制定的有关规制行政规范性文件制定权限和程序的制度、备案审查制度、清理制度、为实施《行政复议法》而制定的行政复议附带审查制度;《行政处罚法》《行政许可法》和《行政强制法》中有关限制行政规定制定权限的制度,《监督法》中有关行政规定备案审查制度,以及各级地方人大常委会制定的有关行政规定备案审查监督制度;《行政诉讼法》中有关附带审查行政规定制度以及最高人民法院制定的有关是否对行政诉讼案件中涉及的行政规定实施附带审查的间接规制制度等等。从表面上看,这些多样化的规制制度已经从立法、行政和司法三个方面对行政规定形成了一个全方位的综合性规制机制。然而,从实践上看,这些规制制度落实的实际效果并不那么尽如人意。其原因主要在于:出于相同目的而创制的规制制度,因创设过程中缺乏必要理念贯彻和价值考量(如正当性理念和相对成本效益价值),造成了规制制度本身不科学以及制度执行主体之间职能重叠或缺位的无序状态。本书的研究目的之一即是着力改变这种因规制理论空缺而引发的不良规制实践状况。因此,本书从充分发挥立法、行政和司法不同规制职能和合理配置规制资源的角度,对行政系统内外现有规制制度本身的科学性和各种规制制度之间存在的协调性问题作出全面而详尽的分析,以期至少达到以下两方面的目的,即一方面为切实有效地遏制行政规定违法或不当情况出现提供良好的制度保障,另一方面为进一步降低规制成本、提高规制效益以及构建具有中国特色的行政规定规制机制提供新的思路。

综上所述,从我国目前存在的行政规定规制制度看,各种规制主体从行政规定的制定、适用到最终废除等方面都已经建起了极为全面甚至有些规制职能相互重叠的行政规定规制制度。也就是说,行政规定从"生"到"死"在行

政系统内外至少要受到六个环节的规制:其一,制定程序中要接受制定主体的法制机构审查;其二,在行政规定公布后一段时间内要接受上一级行政机关备案审查监督;其三,地方人民政府制定的行政规定,在其公布后一定时间内要接受同级人大常委会备案审查监督;其四,在公布生效之后,行政规定要接受行政复议中的附带审查;其五,在公布生效之后,行政规定还需要接受定期评估以决定其是否继续有效、修改、失效或者废除,从而达到定期清理目的;其六,在行政规定生效期间,法院因行政诉讼案件中的原告请求对特定行政规定作出附带审查。这六个环节的规制制度理应对行政规定形成了极为完善的规制,然而,从近年来有关行政规定违法或不当的事例看,[①]这些详尽甚至因存在重复审查而显示出有点资源浪费的规制制度,仍不能够起到预防乱发行政规定与充分纠正违法或不适当行政规定的应有作用。因此,我们有必要分析和检讨现有规制制度文本、行政系统内制定和监督规制机制以及行政系统内外规制所形成的规制机制中存在的问题,以改善行政规定规制效能和节约规制资源。

三、研究方法

本书主要使用了实证统计分析法、比较分析法(具体包括国别比较分析法和成本效益比较分析法)、文献资料分析法、历史分析法和规范阐释法等研究方法。

(一) 实证统计分析法

正如前文所述,为了有效监控和纠正行政规定违法或不当情况,有学者主张,我国也应由法院对行政规定开展司法审查,也有学者提出要求各级人大常委会通过对行政规定开展事先备案审查和事后撤销监督的全面规制活动。这些由行政系统外规制主体承担主要监督控制职能的措施,是否能够有效解决我国影响公民权益的行政规定的合法性问题?从目前实践效果看,并

---

① 参见韩冰、李建平:《红头文件为何成行骗"通行证"——山西原平农学院招生骗局调查》,载《法制日报》2009 年 10 月 12 日第 7 版;郄建荣:《本部门一些文件规定交叉重复且前后矛盾——国土部叫停 20 件红头文件》,载《法制日报》2009 年 11 月 10 日第 6 版;阮占江、赵文明:《株洲"红头文件"催生"以罚代管"》,载《法制日报》2010 年 7 月 26 日第 4 版。

不是仅仅借鉴国外经验将监督权交给人民法院,或者简单规定由人大常委会进行备案并主动作出审查,就可以解决上述问题的。

基于"实践是检验真理的唯一标准"这一人所皆知的常识,在分析谁应承担行政规定规制主要职能时,有必要采用实证分析法,对各省行政系统内外规制规章与法规的文本内容、规制实践效果进行客观对比性研究。这将有助于实事求是且相对较为科学地回答我国应如何规制行政规定的现实问题。

在收集31个省级地方人民政府颁布的行政规定制定与备案审查监督等行政系统内规制制度和省级地方人大常委会颁布的有关行政规定备案审查制度的基础上,本书对其中有关行政规定制定权限和程序制度、行政系统内备案审查制度以及行政系统外备案审查制度等资料的文本内容按照规制要素进行归类统计分析。具体是:首先,确定制定主体、制定权限、审查机构、主要审查事项、公布与签署、提交备案的期限等研究指标项;其次,在将各省规制规章按照指标项分解的基础上,将指标项有关数据输入excel表格,并作出归类统计;最后,在分析数据信息的基础上,分析规制制度中能够体现权限与程序设定正当性的内容,详细剖析其存在的问题,并探讨其完善措施。

本书对行政系统内现行行政规定制定、备案审查、清理和复议等规制制度以及行政系统外备案审查规制制度的核心文本内容作出了客观统计与分析。这些统计数据与分析,对于客观剖析现行规制制度及其机制中存在的问题具有重要说服力,有助于针对规制行政规定中出现的种种问题提出符合我国现行行政规定规制实践需要的解决对策和改进措施。通过运用实证统计分析法,本书更为清晰地论证了以下观点:相对于国外由法院作为行政规定监控职责的主要承担者,我国行政系统内对行政规定的自我规制具有重要意义。具体地说,就是在我国,行政系统内规制应该从行政规定的制定权限、制定程序、备案审查监督、复议审查以及清理等方面,对行政规定作出全面规范和全程监控;同时,在立法、行政和司法三方参与的综合性规制机制中,行政系统应承担主要的规制职责。

(二)比较分析法

本书运用了国别比较分析法和成本效益比较分析法。

(1)国别比较分析法,就是将国内与国外的行政规定规制制度加以比较分析。各国都会根据自己国家的宪政体制和国情，制定适合本国国情的行政规定规制制度。尽管各国的规制主导力量和具体规制制度各有差别，但是影响行政相对人权利义务的行政规定必须受到公正程序和必要监督力量制约的理念却已成为世界各国的共识。这一共识为比较分析行政规定规制制度提供了前提条件，也为完善我国规制制度积累了可资借鉴的经验。

本书在运用国别比较分析法的过程中，选择了国外行政法发展已至发达阶段且具有典型代表意义的美、德、法等国有关行政规定规制资料进行比较分析，进而对各国行政规定规制机制中由于国情差异而形成的各自规制特色作出比较评述。在比较研究过程中，笔者尽力避免孤立地考察某一国家的行政规定规制制度或规则，而是力图分析该国有关行政规定规制制度和配套规则出台或存在的历史与国情背景，以便更准确和深入地理解该国行政规定规制机制的形成和变迁之原因及其意义。

对比国内外规制制度可知，国外对行政规定规制的力量主要包括两个方面：一是在制定程序上强调公开；二是接受司法审查。由于国外影响行政相对人权利义务的行政规定在制定后都须公开并接受司法审查，因此行政诉讼成为行政规定规制的主要途径。

然而，在我国，一方面，权力机关和司法机关难以有效担当行政规定规制职能。其原因在于：首先，"唯上不唯法"的历史意识积淀，作为行政系统外的权力机关，因不是被规制对象的直接上级，再加上长期缺乏规制程序，因此权力机关对行政规定规制的宪政体制设计实际上未得到落实。其次，由于行政规定不属于行政诉讼受案范围，并且我国现行宪政体制设计中并没有明确法院对行政规定能够行使审查权，因此我国行政系统外的权力机关和司法机关都难以承担行政规定规制的主要责任。另一方面，行政机关对行政规定的规制效果相对较为显著。相对于我国立法和司法规制而言，行政系统内的制定程序、备案审查、清理、复议附带审查等规制制度对预防、纠正和消除行政规定违法或不当现象效果显著。

综上所述，运用比较分析法有助于我们清楚了解国内外规制中存在的共同点和差异性，认清我国行政系统内外规制力量之间的主次地位，并为着力构建适合于本国国情的行政规定规制机制增强了必要的说服力。

（2）成本效益比较分析法，是找出同类现象或事物，再按照成本效益这一比较目的，将同类现象或事物的不同绩效进行编组或归类制表，并作出比较分析的方法。在本书中，有关此方法的运用主要是找出我国行政系统内和行政系统外的权力机关在规制行政规定活动中所存在的"备案审查"这一同类规制现象，按照将行政系统内外备案审查两种不同性质的规制制度与实际规制绩效归类作表比较，再根据比较结果进一步分析在我国现行宪政体制下如何科学构建行政规定备案审查规制机制。

（三）文献资料分析法

文献资料分析法是在全面检索文献资料与鉴别文献真伪的基础上，利用有关专业文摘、索引、工具书、光盘以及互联网专业信息资源等文献资料，梳理出有价值的文献资料，并分析和确定所要研究问题的方法。文献资料分析法有助于研究者站在前人的肩膀上，把前人的研究成果作为进一步研究的起点，避免重复前人的研究工作和躲开前人已走过的弯路，以把研究精力放在创造性工作上。经过对行政规定理论研究成果进行全面检索和分析，本书对主要与次要的、不同角度与不同观点的文献资料都进行了归类整理，并尝试冷静、客观地对我国行政规定规制制度和机制作出独创性分析。

（四）历史分析法

历史分析法是通过分析特定事物的过去和现在的状况、阐明过去与现在之间的联系以及尝试阐明其未来发展趋向，以分析该事物发展的来龙去脉及其原因的一种方法。一切法律规则和制度体系都有其自身生成和发展的背景和轨迹，我国行政规定规制制度与规制机制也不例外。本书之所以运用历史分析法，不仅在于考察行政规定规制历史与现状的联系，以求清晰地描述行政规定规制发展的历史轨迹"是什么"，更在于探讨"为什么"，即揭示历史因素对于我国现行行政规定规制制度和实践现状及其存在问题的影响，进而从我国历史发展的角度解释现行规制制度及其问题因何形成。在此基础上，本书努力提出符合客观实际并具有建设性的有关行政规定规制的改进方案，即阐明"做什么或如何做"。有鉴于此，本书在对我国行政规定规制的研究中，始终积极关注我国改革开放和法治建设历史大背景对我国行政规定规制制度与规制机制所形成的影响，更不敢脱离从20世纪80年代以来我国政府倡导的、富有中国特色的依法行政理论和实践的发展背景。因此，本书采用了历史分析法对我国现行行政规定规制机制及其发展状况进行观察和剖析，并试图透过历史发展的表面形式揭示其实质功能和意图，努力发掘符合历史发展方向的行政规定规制问题的解决方案。

(五) 规范阐释法

由于行政规定规制研究归属于应用性的法学研究范围，因此，探讨包括现行规制制度设定以及行政系统内外对行政规定的制约机制是否合理、规制规范是否存在不足和不明晰之处、在哪些方面需要改进或细化等。这些有关行政规定制定制度和监督机制的所有研究最终都要回归到现行宪政体制下有关法律规范的解读中。例如，本书在研究我国行政系统内行政规定制定与备案审查监督制度的过程中，对现行有关行政规定制定主体权限规范内容进行探讨时，就运用了文义解释和体系解释等方法来作出相应的阐释。

第一章 行政规定规制概述

第一节 概念界定

一、"行政规定"的不同称谓

在我国,"行政规定"的称谓多种多样,主要有"行政规范性文件""其他规范性文件""规章以外的其他规范性文件""行政规定""具有约束力的决定和命令""行政规范""红头文件"等。

实务界较为常见的称谓主要有:"行政规范性文件""规章以外的其他规范性文件""具有普遍约束力的决定、命令""行政规定"等。1990年施行的《行政诉讼法》第12条第2项、2002年施行的《规章制定程序条例》第36条使用了"具有普遍约束力的决定、命令"之称谓;1996年施行的《行政处罚法》第14条中使用的是规章外"其他规范性文件"这一在实务制度中相对较为常见的称谓;1999年施行的《行政复议法》第7条则使用了"行政规定"①这一在实务制度中相对较为少见的称谓;而2014年修订的《行政诉讼法》第53条则采用

---

① 《行政复议法》第7条第1款规定:"公民、法人或者其他组织认为行政机关的具体行政行为所依据的下列规定不合法,在对具体行政行为申请行政复议时,可以一并向行政复议机关提出对该规定的审查申请:(一)国务院部门的规定;(二)县级以上地方各级人民政府及其工作部门的规定;(三)乡、镇人民政府的规定。"全国人大常委会法制工作委员会研究室在《中华人民共和国行政复议法条文释义及实用指南》(中国民主法制出版社1999年版,第60页)一书中指出:"本条所说的行政规定的不合法问题包括三层含义……"之后,这一术语在法学界的一些论著或教材中获得确认。例如,朱芒在《论行政规定的性质——从行政规范体系角度的定位》(载《中国法学》2003年第1期)一文中写道:"行政规定的概念是由《行政复议法》提出的。";沈福俊、邹荣在主编的《行政法与行政诉讼法学》(北京大学出版社、上海人民出版社2007年版,第149页)一书中也明确提到:"本书根据《行政复议法》第7条的规定,将这类规范性文件命名为行政规定。"

了"规范性文件"①这一称谓。目前,在实务规制制度中,最为常见的称谓是"行政规范性文件",如在《上海市行政规范性文件制定和备案规定》和《贵州省行政规范性文件备案审查规定》等政府规章中的使用。②

学界常见的称谓主要有:"行政规范性文件""其他规范性文件""规章以外的其他规范性文件""行政规范""行政规定和非立法性行政规范"等。其中,"行政规范性文件""其他规范性文件"与"规章以外的其他规范性文件"这些称谓在1996年《行政处罚法》颁布实施后的学术论文中较为常见,如湛中乐的《论行政法规、行政规章以外的其他规范性文件》、李杰的《其他规范性文件在司法审查中的地位及效力探析》、朱忠裕的《"其他规范性文件"的规范化问题及其规制》、李程的《我国"其他行政规范性文件"法律规制研究》、李平等的《行政规范性文件制定的理论与实务研究》等,它们也经常出现在如罗豪才主编的《行政法学》、应松年主编的《行政法与行政诉讼法学》等著作中;③而"行政规范"这一称谓主要出现在叶必丰的《行政法学(修订版)》和《行政规范研究》等著述中;④"行政规定"是《行政复议法》实施后学界较为认可的一个称谓,经常出现在受日本、德国行政法学影响的一些著述中,如朱芒的《功能视角中的行政法》和章剑生的《现代行政法基本理论》⑤、沈福俊与邹荣主编的《行政法与行政诉讼法学》⑥、翁岳生编的《行政法》⑦、毛雷尔的《行政法学

---

① 2014年修订的《行政诉讼法》第53条规定:"公民、法人或者其他组织认为行政行为所依据的国务院部门和地方人民政府及其部门制定的规范性文件不合法,在对行政行为提起诉讼时,可以一并请求对该规范性文件进行审查。"

② 参见张春生:《规范性文件的备案审查》,载杨景宇主编:《监督法辅导讲座》,中国民主法制出版社2006年版,第47页。

③ 参见湛中乐:《论行政法规、行政规章以外的其他规范性文件》,载《中国法学》1992年第2期;李杰:《其他规范性文件在司法审查中的地位及效力探析》,载《行政法学研究》2004年第4期;朱忠裕:《"其他规范性文件"的规范化问题及其规制》,载《福建公安高等专科学校学报》2004年第5期;李程:《我国"其他行政规范性文件"法律规制研究》,四川大学2006年硕士论文;李平、何泽岗、栗春坤:《行政规范性文件制定的理论与实务研究》,载《政府法制研究》2007年第3期;罗豪才主编:《行政法学》,北京大学出版社1996年版,第160页;应松年主编:《行政法与行政诉讼法学》,法律出版社2005年版,第148页。

④ 参见叶必丰:《行政法学(修订版)》,武汉大学出版社2003版,第75—76页;叶必丰、周佑勇:《行政规范研究》,法律出版社2002年版,第33页。

⑤ 参见朱芒:《功能视角中的行政法》,北京大学出版社2004年版,第37页;章剑生:《现代行政法基本理论》,法律出版社2008年版,第191页。

⑥ 参见沈福俊、邹荣主编:《行政法与行政诉讼法学》,北京大学出版社2007年版,第148页。

⑦ 参见翁岳生编:《行政法》,中国法制出版社2002年版,第130页。

总论》①、胡建淼的《行政法》②;"非立法性行政规范"则仅见于陈丽芳的著述中。③

此外,"红头文件"这一并非法律用语的称谓,是我国民众对"各级政府机关(多指中央一级)下发的带有大红字标题和红色印章的文件"的俗称,④也常见于新闻媒体的报道中。⑤

二、各种通用称谓的一般含义及其关系

"其他规范性文件"是一个在我国行政领域的实务界和学界都较为常见的术语,人们对于这一术语的理解通常分为广义和狭义两种情况。

广义的其他规范性文件,一般是指各级各类国家机关或者被授权组织为实施法律、执行政策,在法定权限内,制定除了法律、法规和规章等以外,具有普遍约束力的行政措施、决定、命令等。这一定义是与规范性法文件相对而言的,其主要特点是外延涵盖面大,并且制定文件的主体不一定是行政机关。

狭义的其他规范性文件,一般是指各级行政机关或者被授权组织为实施法律、执行政策,在法定权限内,制定除行政法规和行政规章等行政规范性法文件外,能够影响行政相对人权利义务,具有普遍约束力的行政措施、决定、命令等。⑥ 这一定义是与行政法规和行政规章等行政规范性法文件相对而言的,其与狭义的"行政规范性文件"同义(参见表1-1)。此定义的主要特点是:

---

① 参见〔德〕哈特穆特·毛雷尔:《行政法学总论》,高家伟译,法律出版社2000年版,第68页。
② 参见胡建淼编著:《行政法》,浙江大学出版社2003年版,第6页。
③ 参见陈丽芳:《非立法性行政规范研究》,中共中央党校出版社2007年版,第1页;陈丽芳:《论权力机关对非立法性行政规范性文件的监督》,载《人大研究》2007年第3期。
④ 参见《新新学生实用现代汉语词典》,人民日报出版社2006年版,第515页。
⑤ 参见吴兢:《31个省级政府"红头文件"全部备案审查防"走形"》,载《人民日报》2005年9月12日第10版;李克杰:《红头文件泛滥将把法治引向歧途》,载《检察日报》2006年12月20日第3版;李立:《中国"红头文件"为何不再漫天飞》,载《法制日报》2007年11月5日第8版;吴兢、黄庆畅:《"红头文件"呼唤立法》,载《人民日报》2008年12月31日第13版;赵文明:《两律师质疑长沙市政府文件合法性接连提出审查申请——"问题红头文件"连遇挑刺的背后》,载《法制日报》2009年1月7日第8版。
⑥ 参见罗豪才主编:《行政法学》,北京大学出版社1996年版,第160页;湛中乐:《论行政法规、行政规章以外的其他规范性文件》,载《中国法学》1992年第2期;李杰:《其他规范性文件在司法审查中的地位及效力探析》,载《行政法学研究》2004年第4期;姜明安主编:《行政法与行政诉讼法》,北京大学出版社、高等教育出版社1999年版,第171页。

其一,制定行政规定的主体是没有立法权的行政机关(如县级人民政府)或者即使有立法权但不是行使立法权而是仅行使立法权外一般行政管理规范职权的行政机关(如国务院);其二,在制定的行政措施、决定、命令等行政规定时,遵循的程序是相对行政立法程序更为简便、高效的一般行政规范性文件制定程序。

表 1-1 规范性文件与行政规范性文件的外延关系

规范性文件				行政规范性文件(广义)	
规范性法文件	规章以外的其他规范性文件(广义的其他规范性文件)			行政规范性法文件	规章以外的行政规范性文件(狭义的行政规范性文件)
法律、地方性法规	行政规范性法文件(包括法规、行政规章)	各级各类国家机关或者被授权组织制定的行政措施、决定、命令等		行政法规、行政规章	行政机关制定的行政措施、决定、命令等
		行政机关以外的各级各类国家机关或者被授权组织制定的行政措施、决定、命令等	行政机关制定的行政措施、决定、命令等(狭义的其他规范性文件)		

行政规定是指行政机关制定和发布的、除行政法规和行政规章之外的具有普遍约束力的规范性文件。① 行政规范是指各级各类行政机关为实施法律和执行政策,在法定权限内制定的除行政法规和规章以外的具有普遍约束力和规范体式的决定、命令等的总称。② 非立法性行政规范是指国家行政机关或法律、法规授权的组织为执行法律、法规、规章,依照法定权限和程序制定和发布的具有普遍约束力的决定、命令、办法、指示等。③ 这些学界对"行政规定""行政规范"以及"非立法性行政规范"等术语的定义表述,与前述特定语境下狭义的"其他规范性文件"以及狭义的"行政规范性文件"的含义基本一致,只是"行政规定""行政规范"以及"非立法性行政规范"等术语的学术气息

---

① 参见章剑生:《现代行政法基本理论》,法律出版社2008年版,第191页;全国人大常委会法制工作委员会编著:《中华人民共和国行政复议法条文释义及实用指南》,中国法制出版社1999年版,第60页。

② 参见叶必丰、周佑勇:《行政规范研究》,法律出版社2002年版,第33—34页。

③ 参加陈丽芳:《非立法性行政规范研究》,中共中央党校出版社2007年版,第1页。

相对较为浓厚一点。

三、本书采用"行政规定"的原因、含义和特征

鉴于1999年《行政复议法》实施后,"行政规定"已经成为实务界和学界相对较为认可的一个法学术语,[①]同时本书的研究重点是实务中行政机关制定影响行政相对人权利义务文件的权限、程序、备案审查、复议附带审查和清理等规制制度的科学设定和规制机制优化,而不在于界定和论证"行政规定"这一概念的内涵和外延,为了简便地将行政主体制定的行政法规和行政规章等规范性法文件排除于研究范围之外,本书的核心概念统一采用了"行政规定"这一称谓。

本书认为,所谓行政规定,是指行政主体(包括法定行政机关、授权的行政机关和授权管理公共事务的组织)为了有效实施行政管理,依据法定职权或者法律、法规、规章的授权而制定的,除了行政法规和行政规章以外,涉及公民、法人或者其他组织等行政相对人的权利义务,并具有普遍约束力的行政规范性文件。其主要特征如下:

(1) 主体和内容的特定性。行政规定的主体和内容都是特定的。特定主体具体包括:依据宪法和组织法有权制定影响行政相对人权益的行政措施、决定或命令等行政规定的法定行政机关,经授权而获得行政规定制定权的被授权行政机关,以及被授权管理公共事务的组织。其中,法定行政机关既包括有立法权的行政机关(如国务院),也包括没有立法权的行政机关(如县级人民政府)。所谓内容特定,是指行政规定的调整内容涉及公民、法人或者其他组织等行政相对人的权利义务。主体和内容的特定性是由制定行政规定的目的决定的。具体而言,其制定目的主要在于行政主体在法定权限范围内实施行政管理职能,调整行政相对人的权利义务,并为不特定的行政相对人提供相对于法律、法规或者规章更加具备操作性的指引性行为准则。

(2) 适用对象的广泛性。行政规定的适用对象具有广泛性和不特定性,其针对的相对人范围一般是行政管理范围内未来不特定的对象。也就是说,

---

[①] 参见朱芒:《论行政规定的性质——从行政规范体系角度的定位》,载《中国法学》2003年第1期。

行政规定调整的是行政管理所可能涉及的不特定行政相对人,而不是明确针对当前现实行政管理所涉及的某一个或者某一些具体可以统计和确定的行政相对人。①

(3) 拘束力的普遍性。在行政管理活动中,行政主体依法制定的行政规定对符合特定行政管理条件或者情形的行政机关与行政相对人均具有强制性拘束力。② 同时,由于行政规定的功能在于规范行政行为、调整行政机关和行政相对人之间的关系,其相对于法律、法规和规章等规范性法文件而言,具有细化和补充行政管理法规范的作用,因此行政规定在被依法定监督机关认定违法或不适当之前,都依法具有普遍的约束力。

(4) 制定权限的有限性和程序的独特性。相对于行政法规和行政规章等行政规范性法文件而言,行政规定的制定权限较小,它只能够实施和细化有立法权主体所制定的法文件,并且依法制定的行政规定既不能增加行政相对人的义务,也不能消除和减少行政相对人的权利,而是只能够对法文件所规定的行政相对人的权利义务内容加以细化,因此其制定程序应比立法程序相对简单而高效。同时,不论是有立法权的行政规定制定主体还是没有立法权的行政规定制定主体,都是依照相对简单而高效的行政规定制定程序,而不是依照行政立法程序制定具有普遍约束力的行政措施、决定、命令等。

四、行政规定规制的概念和内容

"规制"一词本身不是一个法律专业用语,而是一个含义广泛的词汇。在广义上,它被用来指代任何形式的行为控制;在现代语词学意义上,它是指公共机构对社会共同体认为重要的活动所施加的持续且集中的控制。作为一个政治经济学词汇,一般情况下,规制指的是政府通过制定规则,限制自由。③ 有美国学者将行政机关"自我规制"定义为"在没有行政权力来源要求该行政机关采取行动的情况下,行政机关自愿发起限制行政机关自由裁量权的行政

---

① 参见叶必丰:《行政法学(修订版)》,武汉大学出版社2003年版,第181页。
② 参见袁勇:《行政规范性文件的鉴别标准——以备案审查为中心》,载《政治与法律》2010年第8期。
③ 参见〔英〕安东尼·奥格斯:《规制:法律形式与经济学理论》,骆梅英译,中国人民大学出版社2008年版,第1—3页。

行为"①。

在本书中,"规制"一词的含义是管理、控制和监督。所谓行政规定规制,是指各种有权监督管理主体对行政规定的管理、控制和监督。也就是说,行政规定规制不仅包括在行政系统内政府通过制定规则,对行政规定"从生到死"全过程、多角度管理、控制和监督,也包括在行政系统外权力机关通过制定规则(限制行政规定制定主体权限、增加其制定程序要求)或通过备案审查方式对行政规定实施的控制与监督,而且还包括司法机关在行政诉讼中通过"不适用"对行政规定实施的附带审查监督。

依据我国《宪法》《行政诉讼法》《行政复议法》《监督法》《规章制定程序条例》,以及国务院发布的《全面推进依法行政实施纲要》《国务院关于加强法治政府建设的意见》和《国务院关于加强市县政府依法行政的决定》等,目前我国行政规定的规制既包括行政系统内各级人民政府通过完善行政规定制定程序、备案审查监督、清理、行政复议附带审查等制度,对制定行政规定行为实施的监控;也包括行政系统外各级人大常委会通过立法规范行政规定制定权和备案审查以及撤销权,对同级人民政府制定行政规定行为实施的控制;还包括行政系统外的人民法院依据 2014 年修订后的《行政诉讼法》第 53 条、《最高人民法院关于执行〈行政诉讼法〉若干问题的解释》第 62 条的规定以及《最高人民法院关于审理行政案件适用法律规范问题的座谈会纪要》在行政诉讼中对违法或不适当的行政规定有权通过附带审查作出"不适用"决定,并可以在判决理由中加以评述而形成的制约。②

由此可见,我国的行政规定规制工作已经成为一项综合治理工程。该工

---

① Elizabeth Magill, Agency Self-Regulation, The George Washington Law Review, 2008, Vol. 77, No. 4, p. 861.
② 《最高人民法院关于审理行政案件适用法律规范问题的座谈会纪要》规定:"国务院部门以及省、市、自治区和较大的市的人民政府或其主管部门对于具体应用法律、法规或规章作出的解释;县级以上人民政府及其主管部门制定发布的具有普遍约束力的决定、命令或其他规范性文件。行政机关往往将这些具体应用解释和其他规范性文件作为具体行政行为的直接依据。这些具体应用解释和规范性文件不是正式的法律渊源,对人民法院不具有法律规范意义上的约束力。但是,人民法院经审查认为被诉具体行政行为依据的具体应用解释和其他规范性文件合法、有效并合理、适当的,在认定被诉具体行政行为合法性时应承认其效力;人民法院可以在裁判理由中对具体应用解释和其他规范性文件是否合法、有效、合理或适当进行评述"。

程具体由行政、立法和司法等多元主体共同参与,从行政内部自我约束和行政外部监督制约等不同角度,对行政规定进行多方面的管理、控制和监督(主要包括制定权限制、制定程序管理、备案审查监督、定期或不定期清理、行政复议附带审查监督以及行政诉讼中的附带合法性审查监督等)。

第二节 理论研究综述

一、国内行政规定规制的理论研究综述

1. 国内有关研究现状

1979年以来,法学理论界和立法实务界在加强行政规定规制方面进行了不少有益的探索。

(1)学术论文和重要报纸报道数量巨大。笔者以"行政规范性文件""规范性文件""其他规范性文件""抽象行政行为""行政规范""行政规定""非立法性行政规范""红头文件"等作为题名,在中国知网进行检索。检索结果为,自1979年至2017年1月,中国知网中收录的专门研究或者涉及论述有关行政规定的期刊论文共有11320篇,重要报纸报道共有3815篇。[①](详见表1-2)

表1-2 中国知网中收录的有关规制行政规定的研究成果(篇次)
(1979年1月—2017年1月)

题名中包含的词语	论文(篇)	重要报纸报道(篇)
行政规范性文件	1077	608
规范性文件	5164	1369
其他规范性文件	219	4
抽象行政行为	2699	665
行政规范	479	160
行政规定	410	190
非立法性规则或非立法性抽象行政行为	10	0
红头文件	1262	819
合计	11320	3815

---

① 这些不同题名检索的结果中,因使用的题名词语外延之间有交叉,因此论文研究成果或报纸报道篇次数据中包含有重复论文或报道的情况。也就是说,实际可以参考的研究成果论文数量和报纸报道篇次要比这里的统计数据要小。

（2）有直接参考价值的专门论著主要有 6 部，即《行政规范研究》《违法行政规范性文件之责任研究》《非立法性行政规范研究》《规则制定：政府部门如何制定法规与政策》《行政规范性文件制定正当性研究》以及《行政规范性文件绩效评估研究》。①

2. 对国内现有研究成果主要观点的梳理和点评

学界从不同角度对行政规定规制进行研究的论述颇多，但到目前为止，从实证角度研究行政规定自我规制制度，从成本效益分析角度研究优化和整合各种规制资源，明确论证应以行政自我规制为主体，并以立法和司法外部监督规制为补充，建立行政规定有效规制机制的论文或著述则鲜见。

就论文而言，学者们分别从制定主体的权限、制定程序、行政系统内备案审查、复议审查、自我清理监督、立法审查监督以及司法审查监督等不同角度对行政规定规制作出了下述各具特色的论述：

其一，就行政规定制定权限的规制问题作出专门研究。例如，郭庆珠的《行政规范性文件制定权的失范及其法律规制的反思与完善》就是从规范行政规定制定权的角度对行政规定制定权配置及其规制中出现的问题进行分析，并阐述了促进制定权限配置法治化的措施，②这为本书进一步研究权力机关立法规范行政规定制定权提供了一些思路，也为对比性研究行政系统内立法控制和层级备案审查监督与行政系统外的权力机关立法限制和同级备案审查监督分别在控制行政规定制定权违法问题中的应有作用，以及思考行政规定制定权限的正当性，提供了必要的理论资料。

其二，就行政规定制定程序的规制问题作出专门研究。例如，朱忠裕的《"其他规范性文件"的规范化问题及其规制》是从完善行政规定制定主体的资格、技术和制定程序等角度讨论如何对行政规定制定技术和程序进行统一

---

① 叶必丰、周佑勇：《行政规范研究》，法律出版社 2002 年版；刘松山：《违法行政规范性文件之责任研究》，中国民主法制出版社 2007 年版；陈丽芳：《非立法性行政规范研究》，中共中央党校出版社 2007 年版；〔美〕科尼利厄斯·M.克温：《规则制定：政府部门如何制定法规与政策》，刘璟等译，复旦大学出版社 2007 年版；郭庆珠：《行政规范性文件制定正当性研究》，中国检察出版社 2011 年版；胡峻：《行政规范性文件绩效评估研究》，中国政法大学出版社 2013 年版。

② 参见郭庆珠：《行政规范性文件制定权的失范及其法律规制的反思与完善》，载《河南省政法管理干部学院学报》2005 年第 4 期。

规制;①孙宁的《试述行政规则的程序控制》是对我国行政规定制定程序的作用、现状、存在的问题以及完善措施进行探讨;②张艳燕的《非立法性行政规范性文件前置审查制度研究》对行政规定制定程序中制定主体的法制机构前置审查作出了专门研究;③郝珠江和刘曙光的《建立地方政府规范性文件的统一发布制度》对行政规定制定程序中的公布方式进行了专门研究。④ 这些论文探讨了制定程序中某一或某些具体步骤和方式在防止行政规定违法或不当方面的作用,为本书关注行政规定制定程序本身应具备的正当性问题及应有的规制作用提供了基础,也为全面系统地探讨行政规定制定过程中能够体现程序正当性的所有步骤和方法提供了一些思路。

其三,就行政规定在行政系统内的备案审查监督规制作出专门研究。例如,李平、何泽岗、栗春坤的《行政规范性文件制定的理论与实务研究》对行政系统内行政规定制定程序和备案审查监督程序作出较为全面的实证性专门研究;⑤温晋锋的《乡镇规范性文件监控:何种方式更为有效?——以某镇政府的文件考察为例》,是从行政规定实际规制效果的角度,对行政监督作为规制基层政府制定和发布行政规定的最佳方式作出实证性考察论证。⑥ 这些研究成果都充分论证了行政系统内对行政规定实施自我规制的必要性和可能性,并为本书从全面系统规制的角度论证发挥行政系统内自我规制在行政规定综合规制中的重要作用提供了必要佐证。

其四,专门研究行政规定在行政复议案件中的附带审查监督规制问题。例如,杨桦的《论行政复议中对"规定"的审查》是从行政系统内部追究不予审查责任以加强落实行政复议附带审查监督角度,对行政规定附带审查监督进

---

① 参见朱忠裕:《"其他规范性文件"的规范化问题及其规制》,载《福建公安高等专科学校学报》2004年第5期。
② 参见孙宁:《试述行政规则的程序控制》,载《东方论坛》2009年第6期。
③ 参见张艳燕:《非立法性行政规范性文件前置审查制度研究》,吉林大学2008年硕士论文。
④ 参见郝珠江、刘曙光:《建立地方政府规范性文件的统一发布制度》,载《北京行政学院学报》2001年第3期。
⑤ 参见李平、何泽岗、栗春坤:《行政规范性文件制定的理论与实务研究》,载《政府法制研究》2007年第3期。
⑥ 参见温晋锋:《乡镇规范性文件监控:何种方式更为有效?——以某镇政府的文件考察为例》,载《行政法学研究》2009年第1期。

行研究；①张淑芳的《规范性文件行政复议制度》不仅论证了行政复议审查相对于司法审查的独特之处，而且提出，有必要在行政法理论上给行政规定行政复议一个合乎逻辑的定位，以使行政规定行政复议独立化、全面化；②付晓的《论对规范性文件的行政复议》论证了改变复议审查方式和扩大审查范围的必要性，并提出我国应建立"附带性审查为主，独立性审查为辅"的规范性文件复议制度。③ 这些研究成果，对于完善因行政相对人申请而启动（行政系统内复议审查与行政系统外司法审查等）救济制度具有重要意义，也为本书进一步讨论不同救济渠道之间的关系（因行政相对人申请而启动行政系统内备案审查与行政系统外的权力机关备案审查、行政系统内复议审查与行政系统外的司法审查）提供了必要资料。

其五，专门研究行政系统外的权力机关对行政规定开展的备案审查监督规制。例如，翟峰的《人大常委会应加强对规范性文件的审查》、吴绍奎的《对规范性文件备案审查的探讨》、王昀的《怎样做好对地方政府规范性文件的备案审查》、易峥嵘的《如何完善地方人大常委会规范性文件备案审查制度》，以及陈丽芳的《论权力机关对非立法性行政规范性文件的监督》等④，是从权力机关完善行政规定制定程序和备案审查的角度对行政规定外部规制作出论述。这些论文阐述了权力机关实施备案审查的必要性和操作程序，为本书进一步将其与行政系统内的备案审查进行对比性研究以及分析如何合理配置二者之间的备案审查资源提供了必要条件，并对本书确立"各级人大常委会仅需要对行政规定行使被动备案审查权"的观点具有必要的参考价值。

其六，就行政系统外的司法审查监督规制作出专门研究。例如，李杰的《其他规范性文件在司法审查中的地位及效力探析》、江水长的《论行政规范性文件的司法审查》、刘丽的《行政规范的司法审查》、王庆廷的《隐形的"法

---

① 参见杨桦：《论行政复议中对"规定"的审查》，载《湖北行政学院学报》2007 年第 2 期。
② 参见张淑芳：《规范性文件行政复议制度》，载《法学研究》2002 年第 4 期。
③ 参见付晓：《论对规范性文件的行政复议》，载《法制与社会》2006 年第 6 期。
④ 参见翟峰：《人大常委会应加强对规范性文件的审查》，载《人大研究》2004 年第 9 期；吴绍奎：《对规范性文件备案审查的探讨》，载《中国人大》2005 年第 1 期；王昀：《怎样做好地方政府规范性文件的备案审查》，载《人大研究》2007 年第 6 期；易峥嵘：《如何完善地方人大常委会规范性文件备案审查制度》，载《人大研究》2007 年第 6 期；陈丽芳：《论权力机关对非立法性行政规范性文件的监督》，载《人大研究》2007 年第 3 期。

律"——行政诉讼中其他规范性文件的异化与矫正》,以及余军与张文的《行政规范性文件司法审查权的实效性考察》等①,是从我国建立行政规定司法审查制度必要性以及审查实效角度对行政规定的司法审查监督规制理论作出剖析和论证。这些研究成果对于本书确立"法院理应拥有不适用行政规定权,然而对于审查行政规定合法性事项,则需要由较高级别的法院对行政相对人提起诉讼并且行政和立法系统一般性救济机制未能解决的少量案件,作出有关行政规定是否违法甚至违宪的审查监督"的观点具有参考作用。

其七,就行政规定的性质、法律地位、法律效力以及正当性等基本理论问题作出专门研究。例如,朱芒的《论行政规定的性质——从行政规范体系角度的定位》、关保英的《行政规范性文件的法律地位研究》、张革成的《规范性文件法律地位探讨》、叶必丰的《论规范性文件的效力》、林庆伟和沈少阳的《规范性文件的法律效力问题研究》,以及黄岳的《论中国行政规定制定正当性基础——以住房价格调控为个案的研究视角》等②,就是从行政规定的性质、法律地位等角度进行基础理论研究。笔者认为,事实上,行政规定的性质、法律地位和效力都与行政规定的正当性或者说合法性有关。也就是说,如果影响行政相对人权利义务的行政规定的制定权限、制定程序及其目的和内容具备正当性,其性质、法律地位及效力等问题皆可迎刃而解,本书正是试图从行政系统内自我规制以保障行政规定正当性的角度,探讨如何将行政规定纳入法治轨道,并确认其在我国现行法制体系中的实施法律规范的性质以及应有法律地位与效力。

其八,全面研究行政、立法以及司法等不同性质的规制主体共同对行政

---

① 参见李杰:《其他规范性文件在司法审查中的地位及效力探析》,载《行政法学研究》2004 年第 4 期;江水长:《论行政规范性文件的司法审查》,中国政法大学 2004 年硕士论文;刘丽:《行政规范的司法审查》,载《河北法学》2005 年第 6 期;王庆廷:《隐形的"法律"——行政诉讼中其他规范性文件的异化与矫正》,载《现代法学》2011 年第 2 期;余军、张文:《行政规范性文件司法审查权的实效性考察》,载《法学研究》2016 年第 2 期。

② 参见朱芒:《论行政规定的性质——从行政规范体系角度的定位》,载《中国法学》2003 年第 1 期;关保英:《行政规范性文件的法律地位研究》,载《河南司法警官职业学院学报》2003 年第 1 期;张革成:《规范性文件法律地位探讨》,载《四川教育学院学报》2006 年第 1 期;叶必丰:《论规范性文件的效力》,载《行政法学研究》1994 年第 4 期;林庆伟、沈少阳:《规范性文件的法律效力问题研究》,载《行政法学研究》2004 年第 3 期;黄岳:《论中国行政规定制定正当性基础——以住房价格调控为个案的研究视角》,北京大学 2007 年硕士论文。

规定实施综合治理的措施及其规制机制。例如,郑全新和于莉的《论行政法规、规章以外行政规范性文件》与常小锐的《论一般行政规范性文件的扩张与规制》是从立法完善制定程序、行政加强备案审查和法院建立司法审查等几方面对行政规定综合治理给予阐述;①朱静的《论非立法性抽象行政行为的监督机制》与安玉磊和王志峰的《行政规范性文件监督制度的反思与重构》是从完善立法、行政和司法监督的角度对三种不同监督主体同时存在之必要性作出了论证;②而金国坤的《论行政规范性文件的法律规范》是从规范行政规定制定效力和权限并且由人民法院承担起行政规定外部审查监督责任的角度,对行政规定规制内容作出较为全面的一般性探讨;③代刃的《其他行政规范性文件法律规范论》较为全面地阐述了我国应从价值理念、制定权限、制定程序、行政系统内监督、权力机关和司法外部监督以及追究违法责任等方面,全面规制行政规定,只是该论文未对各种规制措施及其规制机制作具体讨论;④李程的《我国"其他行政规范性文件"法律规制研究》则研究了行政规定的制定程序、行政系统内复议附带审查监督和司法外部监督问题,但没有涉及行政系统内备案审查监督和清理,也没有涉及行政系统外权力机关的备案审查监督和撤销权。⑤这些研究行政规定综合规制措施的研究成果中,有的仅研究了行政规定的制定程序与司法审查监督规制,而没有研究行政备案审查与权力机关监督;有的仅研究了行政、立法与司法的审查监督,而没有研究制定权限和制定程序规制的应有作用;有的分别研究了行政、立法与司法对行政规定的规制作用,而没有综合研究行政与立法、行政与司法以及立法与司法规制之间的规制关系。因此,这些研究成果为本书进一步研究行政系统内自我规制的作用,研究行政与立法、行政与司法以及立法与司法等规制关系及其各自规制地位提供了对比性研究资料。

---

① 参见郑全新、于莉:《论行政法规、规章以外行政规范性文件》,载《行政法学研究》2003年第2期;常小锐:《论一般行政规范性文件的扩张与规制》,载《甘肃社会科学》2005年第6期。
② 参见朱静:《论非立法性抽象行政行为的监督机制》,华中师范大学2004年硕士论文;安玉磊、王志峰:《行政规范性文件监督制度的反思与重构》,载《行政与法》2004年第12期。
③ 参见金国坤:《论行政规范性文件的法律规范》,载《国家行政学院学报》2003年第6期。
④ 参见代刃:《其他行政规范性文件法律规范论》,西南政法大学2005年硕士论文。
⑤ 参见李程:《我国"其他行政规范性文件"法律规制研究》,四川大学2006年硕士论文。

就著作而言,叶必丰和周佑勇的《行政规范研究》与陈丽芳的《非立法性行政规范研究》都对行政规定规制作出了较为全面的阐述。其中,叶必丰和周佑勇的《行政规范研究》从制定程序、行政系统备案审查、立法审查监督以及司法审查监督四个规制方面作出了较为宏观的阐述,并论述了行政规定规制必要性、规制实践中存在的问题及其完善对策等内容;[①]而陈丽芳的《非立法性行政规范研究》从制定主体、制定权限、制定程序和行政系统备案审查、复议审查和自我清理监督、立法审查监督以及司法审查监督等规制方面,作出了较为具体的研究;[②]其后,郭庆珠的《行政规范性文件制定正当性研究》侧重讨论了制定正当性问题,[③]而胡峻的《行政规范性文件绩效评估研究》则侧重讨论了如何通过绩效评估对行政规定的运行进行有效监控。[④] 此外,陈丽芳的《非立法性行政规范研究》还从行政规定制定主体承担责任的角度对违法行政规定规制问题作出初步研究;而刘松山的《违法行政规范性文件之责任研究》则进一步深化了这一研究。[⑤] 这些研究著作对行政规定的制定权限、制定程序和行政备案审查制度等行政系统内规制内容所进行的探讨,对本书进一步从实证角度全面系统地研究规制制度及其运行状况,探究行政、立法和司法三方面规制资源如何形成相互补充的协调规制机制提供了较为重要的参考资料。

综上所述,前述论文和论著都是从不同角度并各有侧重地对行政规定规制问题作出各具特色的研究,它们对本书的研究内容都有一定的参考价值。然而,本书并不会重复研究行政规定规制研究领域已经较为成熟的理论研究事项,比如行政规定的地位和效力、完善行政系统内行政规定制定程序和监督程序的必要性、权力机关监督的必要性等。本书是在总结前人的理论研究成果的基础上,借鉴现有研究成果,运用宏观上全面系统地考察和微观上小心求证分析的方法,对行政规定规制制度、理念、效果,以及行政、立法和司法

[①] 参见叶必丰、周佑勇:《行政规范研究》,法律出版社2002年版,第208—233页。
[②] 参见陈丽芳:《非立法性行政规范研究》,中共中央党校出版社2007年版,第86—267页。
[③] 参见郭庆珠:《行政规范性文件制定正当性研究》,中国检察出版社2011年版,第34—60页。
[④] 参见胡峻:《行政规范性文件绩效评估研究》,中国政法大学出版社2013年版,第54—125页。
[⑤] 参见刘松山:《违法行政规范性文件之责任研究》,中国民主法制出版社2007年版,第149—207页。

对行政规定的应然规制机制进行研究。

二、国外行政规定规制的理论研究综述

1. 国外相关研究现状

其一,Lexis法律数据库检索到的论文研究成果。通过对Lexis法律数据库的"法律评论与期刊快速搜索数据库"(Law Review & Journals Quick Search)①进行搜索,目前可以检索到397篇国外有关行政规定制定程序和司法审查监督的英文论文,其中,有关研究规则制定(Rulemaking)的论文为286篇,有关行政命令(Administrative Orders)的论文为111篇。同时,通过对《耶鲁法律评论》《哈佛法律评论》和《美国律师协会期刊合集》等期刊的重点检索,检索到专门研究有关非立法性规则(Nonlegislative Rule)和非立法性文件(Nonlegislative Documents)的论文共50篇次②,其中,有关非立法性规则的论文为43篇(43篇论文中有7篇的标题含有"Nonlegislative Rule"一词),而有关非立法性文件的论文仅有7篇。(详见表1-3)

表1-3 Lexis法律数据库收录的有关研究非立法性规则和文件问题的英文研究成果(篇)

	"Nonlegislative Rule"	"Nonlegislative Documents"
	全文(篇)	全文(篇)
耶鲁法律评论	5(其中有1篇标题中含有"Nonlegislative Rule"一词)	1
哈佛法律评论	6	0
美国律师协会期刊合集	32(其中有6篇标题中含有"Nonlegislative Rule"一词)	6

其二,中文版国外相关专业论著。例如,科尼利厄斯·M.克温(Cornelius M. Kerwin)的《规则制定:政府部门如何制定法规与政策》主要从程序正当性

---

① Lexis法律数据库的"法律评论与期刊快速搜索数据库"的网址为:http://origin-www.lexisnexis.com/ap/auth/。
② 国外英文资料中"非立法性规则"一词较为常见,其中解释性和程序性的非立法性规则与本书中解释性和程序性的行政规定含义基本一致。

角度,涉及行政规定规制问题;①而肯尼斯·C. 戴维斯(Kenneth Culp Davis)的《裁量正义——一项初步的研究》则为研究行政规定的行政系统内自我规制提供了一个理论研究视角。②

2. 对国外现有研究成果主要观点的梳理和点评

在涉及行政规定规制问题的英文论文中,罗伯特·A. 安东尼(Robert A. Anthony)的《解释性规则、政策阐述、指南、手册和类似文件:行政部门应使用它们约束公众吗?》一文主要分析了美国20世纪90年代初行政机关由于制定规则中面临各种困难,因而使用"解释性规则""政策阐述""指南""手册"等方式替代规则制定,并对这些行政文件是否对公众具有拘束力作出阐述。③罗素·L. 韦弗(Russell L. Weaver)的《被低估的非立法性规则》一文提出,法院在案件中是否尊重行政机关制定的非立法性规则,应当以国会在某一领域授予机关的职权、行政领域专门化知识以及非立法性规则颁布形式而确定。④这些理论研究成果都侧重讨论非立法性规则的外部效力问题,事实上也讨论了非立法性规则的正当性问题。这对本书探讨合理配置行政规定规制资源具有重要启示作用。而托马斯·J. 弗雷泽的《解释性规则:依据给予解释性规则尊重程度能够洞察程序调查吗?》不但建议国会应该修改《联邦行政程序法》,使其包括非立法性规则的制定程序规定,而且认为,为了充分发挥非立法性规则在行政规制过程中的积极功效,只要非立法性行政解释规则满足了特定条件,法院就应该尊重行政机关的非立法性行政解释规则。⑤ 此外,伊丽莎白·麦吉尔(Elizabeth Magill)的《行政机关自我规制》阐述了行政自我规制的可能性和功能。她认为,一个行政机关通过自我规制可以控制行政机关内

---

① 参见[美]科尼利厄斯·M.克温:《规则制定:政府部门如何制定法规与政策》,刘璟等译,复旦大学出版社2007年版。

② 参见[美]肯尼斯·C.戴维斯:《裁量正义——一项初步的研究》,毕洪海译,商务印书馆2009年版。

③ See Robert A. Anthony, Interpretive Rules, Policy Statements, Guidances, Manuals and the Like: Should Agencies Use Them to Bind the Public? Duke Law Journal, 1992, Vol. 41, No. 6, pp. 1311—1322.

④ See Russell L. Weaver, The Undervalued Nonlegislative Rule, Administrative Law Review, 2002, Vol. 54, No. 2, pp. 871—882.

⑤ See Thomas J. Fraser, Interpretive Rules: Can the Amount of Deference Accorded Them Offer Insight into the Procedural Inquiry? Boston University Law Review, 2010, Vol. 90.

部的转委托、引导外部各方信任、保护行政机关的未来政策选择而远离现在的政治干扰,并且生产资讯或信誉等公共产品。① 这些国外研究论述对于本书研究行政规定规制具有重要的理论借鉴意义。

同时,就外文论著而言,国外专门研究有关行政规定规制的论著较为少见,笔者收集的外文论著中仅有下述两部与行政规定规制研究密切相关。其一是,美国科尼利厄斯·M.克温的《规则制定:政府部门如何制定法规与政策》,对规则制定过程和步骤,规则制定的数量、质量以及实效性等具体问题和矛盾,规则制定的管理、公众参与和监督等问题都作出了阐述和论证。这些研究内容对于研究如何合理规制行政规定的权限和程序具有对比性借鉴意义。其二是,肯尼斯·C.戴维斯的《裁量正义——一项初步的研究》中有关如何合理构建行政裁量权、公开是防止专断的保障措施、法院应考虑确立制定要求等观点,对本书研究以下两个问题具有一定的启示作用:一是研究行政系统内自我规制行政规定的必要性和可行性问题;二是探索立法机关、行政机关以及司法机关在行政规定综合规制机制中应有的地位问题。

---

① See Elizabeth Magill, Agency Self-Regulation, The George Washington Law Review, 2008, Vol. 77, No. 4, p. 861.

第二章　行政系统内自我规制

第一节　行政系统内自我规制概述

一、行政系统内自我规制的含义

行政系统内自我规制是指行政系统内对行政规定从生到死全程控制和监督的活动。目前，我国行政系统内自我规制主要表现在建立和运行行政规定制定程序、备案、审查和清理制度，细化《行政复议法》中有关行政规定附带审查程序制度，并在行政系统内以权限正当性和程序正当性达到确保行政规定制定权限和程序本身具备合法性，并在公布实施后全面及时地纠正违法或不适当行政规定的目的。由此可见，行政系统内自我规制主要包括四个层面的内容：(1) 建立和运行行政规定一般制定权限和程序制度；(2) 建立和运行备案审查制度；(3) 建立和运行清理制度；(4) 建立和运行行政规定附带审查程序制度。

二、我国行政系统内自我规制问题出现的背景

（一）依法行政要求行政规定必须面对正当性拷问

正当性是正义在秩序、权力、制度方面的体现，是人们用来讨论一种公共权力（如行政规定制定权）行使的目的、权限和程序是否正义时所使用的一个学理性术语。在法律意义上，"正当性"一词基本上可以和合法性通用。因此，"正当性，也称合法性，英文用 legitimacy 表示"[①]。但是，有学者认为，"正

[①] 参见曾祥华：《行政立法的正当性研究》，中国人民公安大学出版社2007年版，第29页。

当性"和"合法性"并不一样。"合法性"有广义和狭义之分,广义的合法性中的"法"不仅指实定法,也指事物的法则或原理;而狭义的合法性则仅指符合实在法的规定,强调现实的确定性和如何有效"应用"问题,侧重于经验实证层面。因此,具有批判性品格和注重理性反思层面的"正当性"一词在含义上就与广义的合法性更为接近。① 在当代民主宪政体制下,依法行政理念要求公权力行使至少应当在目的、权力和程序等方面具备正当性。也就是说,行使公权力至少应该具备以下四个方面的正当性要求,即权力存在理由的正当性(或者是权力来源的合法性)、权力主体资格的正当性、权力运行程序的正当性以及权力行使动机与结果的正当性。② 由于立法机关相对于行政机关而言不具备规范行政管理职能行使所应具备的专业性知识和效率,因此依法行政不可逆地转向依规则行政。③ 然而,制定这些立法性规则和非立法性规则的目的、权限及其程序则依然需要满足正当性要求。因此,从广义合法性上理解,行政规定的正当性是指行政规定不仅应当符合实定法规范,而且应当符合超实定的、具有现代宪政价值要求的"正义法"的要求。④ 这些正当性要求,不仅能够避免行政规定因违法或不当而引发的法制无序状况,而且有助于使行政规定获得权威性。

然而,目前由于我国行政系统外的权力机关并没有出台明确规制行政规定制定权限和程序的制度,也由于权力机关长期没有落实事后保障行政规定正当性的备案、审查和撤销监督制度,⑤因此行政系统内出台规制行政规定制定权限、程序、备案审查以及撤销监督制度具有填补行政系统外规制制度空白,确保行政规定制定主体遵循正当程序并依法正当行使行政规定制定权的

---

① 参见刘杨:《正当性与合法性概念辨析》,载《法制与社会发展》2008年第3期。
② 参见曾祥华:《行政立法的正当性研究》,中国人民公安大学出版社2007年版,第51页。
③ "无法不正视议会绝不可能给行政提供足够的法律规则,行政权的扩张速度,只能让议会望洋兴叹。因此,在固守三权分立的传统与需要更多的秩序与利益之间,公众选择了后者,为了满足现实的需要,人们不断地对'法律保留'进行重新诠释。议会明智而无奈地妥协了,尽管仍保留着'本质性的'规则制定手段,但大多数的规则,已通过各种方式转移给了行政,'依法行政'逐渐地为'依规则行政'所替代。"参见宋功德:《行政法哲学》,法律出版社2000年版,第450—451页。
④ 参见郭庆珠:《行政规范性文件制定正当性研究》,中国检察出版社2011年版,第40—41页。
⑤ 从1954年权力机关(即各级人大常委会)对行政机关制定和公布实施的行政规定(包括行政措施、决定、命令等)可以行使撤销权,到2007年《监督法》公布实施,在此期间权力机关对行政规定的监督实际上一直处于虚置状态。

重要法治意义。

同时,由于行政规定本身制定的目的一般在于落实或具体化法律、法规和规章等法文件中有关行政管理的内容,但相对于行政法规和规章等行政规范性法文件而言,行政规定的制定主体及其权限更为复杂多样,程序则更为简单灵活,因此行政规定既是大量具体行政行为的直接依据,又因制定主体及其权限、程序缺乏规范而丧失了行政规定本身所应当具备的权威性。在行政诉讼中,法院将不得不间接地对作为具体行政行为依据的行政规定作出是否适用的司法审查。经审查,如果法官对行政规定的制定权正当性(或权力来源的合法性)、制定主体资格正当性、制定权运行程序正当性以及制定权行使动机和结果正当性持有疑问,那就可能导致因法院不承认行政规定具有法律效力,进而使行政机关依此行政规定作出的大量具体行政行为陷于"于法无据"的状态,并且阻碍行政管理职能发挥和降低行政效率。因此,行政系统内对行政规定的规制将有助于行政规定本身在行政诉讼中获得司法尊重。

随着监督和制约权力理念的深化和依法行政的逐步推进,特别是2000年实施的《立法法》对立法权限和程序作出规范之后,社会各界对行政机关依法规范行政相对人权利和义务的呼声越来越高,正当性拷问成为宪政体制下行政规定制定主体必须承受的外部压力。从20世纪90年代初,日益健全的地方法制为行政机关行使行政规定制定权"扎紧了篱笆",同时也使得公民、权力机关和司法机关拥有了评判制定行政规定的行为是否合法、正当的标准和监督手段。对于行政规定制定主体来说,这些评判标准和监督手段也使行政机关进一步感受到了来自公民、权力机关和司法机关等主体所共同形成的外部监督压力。为了回应现实国情发展要求,并使行政机关自身不至于屡次处于被动接受监督的地位,也为了改变频繁因行政规定违法或不适当而引发公众普遍不满的现状,甚至是行政主体出于趋利避害的本性,在制定行政规定的过程中,行政规定主体不得不加强自律,并在最高国家行政机关——国务院的推动下,地方政府逐步创建了自上而下的行政系统内自我约束机制。目前,地方政府在行政系统内对行政规定"从生到死"全程规制的措施和手段主要包括:创建能够满足程序正当性要求的行政规定制定程序、公布后备案审查监督和清理制度,以及在行政复议案件中对行政规定实施附带审查的监督制度等。

(二) 行政系统内自我规制的内在动力

在我国现行宪政体制下,行政主体对依法行政理念和价值观的认同促成了行政系统内部提高行政规定质量和纠正行政规定违法及不当的内在动力。为了全面实现依法行政,并且不至于沦为仅仅是被动接受监督、制裁或社会谴责的对象,我国行政规定制定主体已经充分认识到,行政系统内自上而下对行政规定开展自我监督能够起到以下重要作用:

其一,有行政监督权的上级行政机关能够及时地从专业角度预防、发现或纠正行政规定可能引发的问题,减少和避免违法或不当行政规定带来的困扰和损失,积极维护行政机关的权威和保障行政相对人的合法权益,并为进一步作出科学的行政决策和制定必要的行政管理制度积累经验。

其二,行政系统内的层级领导与指挥职权有助于增强被监督的行政规定制定主体接受监督的自觉性。在经历多次全国性普法教育洗礼和开展社会主义法治建设之后,行政规定违法和失当的情况仍然频繁发生,这促使中央政府下决心对行政规定制定加强管理和控制,并要求地方细化和完善行政规定制定和监督制度。由于这一自上而下的行政规定自我规制要求已经成为评估地方政府依法行政指标的一项考核内容,[①]因而已经调动了地方政府在行政系统内对行政规定开展自我规制的积极性。

因此,在中国特色的宪政体制下,日益具备理性、自律精神和法治理念的行政机关,面对外在立法监督压力和正当性拷问,有资格、有能力、更有动力在其职权范围内对行政规定"从生至死"全程作出具有重要意义的自我约束和自我控制。

---

① 参见《关于印发〈新疆维吾尔自治区依法行政考核暂行办法〉的通知》,http://www.xjhbk.gov.cn/Article/ShowArticle.aspx?ArticleID=15435,最后访问时间:2011 年 7 月 10 日;《南宁市人民政府办公厅关于印发〈2011 年广西壮族自治区依法行政考核指标和评分标准(南宁市适用)〉的通知》,http://vip.chinalawinfo.com/newlaw2002/slc/slc.asp?db=lar&gid=17299437,最后访问时间:2011 年 10 月 14 日。

三、行政系统内自我规制的功能和理论基础

(一)行政系统内自我规制的功能

从主要制度(即制定程序、备案审查、清理和行政复议附带审查等)看,行政系统内自我规制至少已经具备自我规范、自我纠错、制度更新、强化规范权威性四方面的功能。

1. 自我规范功能

有学者认为:"中国政府法治建设具有很强的自我约束特征,也就是以政府的自我约束为基础和主导,以外来的司法监督和立法监督为辅助。加强依法行政的过程,主要是政府自己给自己上套,如《依法行政实施纲要》《政府信息公开条例》是典型的例子。"[①]同时,也有立法实务专家提出:"湖南省(政府)……以极大的勇气克服了这样一个立法模式的问题,就是通过行政程序规定来约束政府行为、规范政府行为。"[②]从这些学者和专家的言论中可以看出,我国法治之路一个非常重要的特色就是政府对自身行为的规制起着重大作用。同样,从现行规制制度和实践观察,规制行政规定制定权限和程序,作为我国法治建设不可分割的重要内容之一,主要呈现出政府自我约束的特点。

就规制制度而言,目前已经生效的行政规定制定程序制度和备案审查监督制度,主要是由国务院的部门和省级人民政府,以发布规范性文件制定程序条例和备案审查条例的形式规范的,即政府在行政系统内对行政规定制定的自我规范制度,从数量上看,远远多于行政系统外的规制制度,并且从约束严格程度看,前者的约束强度更大于后者。

就规制实践而言,相对于地方人大常委会依据《监督法》对本级人民政府行政规定实施备案审查实践和鲜见实际运作的司法适用性审查建议而言,在国务院部门和省级以下的行政系统内已经普遍建立了法制工作机构、备案审

---

① 2008年在"行政裁量基准制度"研讨会上高家伟的发言, http://transformingpublaw.fyfz.cn/art/407742.htm,最后访问时间:2011年10月14日。
② 《法治政府建设与行政程序〈湖南省行政程序规定〉贯彻实施高峰论坛发言摘要》,载《政府法制工作》2008年第20期。

查处室以及复议机构等,并且一些行政部门和地方政府多年来已经对行政规定实际运作事先制定审查、事后备案审查和清理,以及复议审查等职能,甚至一些地方政府在行政系统内已经实践对行政规定"从生到死"的全程自我规范。

我国行政规定规制制度和实践之所以呈现出强烈的自我规范特征,其原因主要在于:

一方面,在民主宪政体制下,随着我国法治建设的发展,依法行政理念和控权价值观已经深入人心,并获得行政主体认同。这种理念和价值观的内化形成了行政机关遵纪守法和依法履行职责的内在动力。为了体现行政权积极依法为民服务的价值理念,细化和完善行政规定制定程序和监督制度势必成为行政机关的理性选择。因此,从20世纪90年代初开始,在国务院的推动下,国务院一些部门和31个地方省级人民政府逐步建立了行政系统内专门规范行政规定制定权限和程序的制度,完善了备案审查监督制度,细化了《行政复议法》的行政复议程序制度,甚至开始构建定期清理制度。同时,政府也已经认识到了行政系统内自我规制行政规定的重要性。例如,有地方实务专家就认为,地方政府对行政规定制定程序开展自我规范的主要原因在于控权价值观已经成为行政系统内自我规制行政规定的内在动力。[①]

另一方面,在责任政府的法治理念下,行政系统外权力机关的监督力度加大,再加上《行政诉讼法》修改中司法审查行政规定呼声不断,[②]这些外部压

[①] 在回答记者有关"为什么出台《安徽省行政机关规范性文件制定程序规定》"的问题中,时任安徽省人民政府法制办公室主任张武扬认为:"行政权要受到法律规范的制约,这是法治的实质意义。……如果说,近年来的政府立法已较体现法治精神、控权观念的话,那么大量存在的规范性文件欠缺控权意识和保障相对人权益的理念,常常无节制地为自己设定权力和没商量地为他人预定义务。在权利义务问题上作出制度安排时,没有将公民权利和社会自由摆在应有的位置……规范性文件如果违法或者出现不当的问题,……会直接或间接损害到国家行政机关的威信,破坏政府与人民群众之间的密切关系,破坏法律的权威和法制的统一,甚至影响世贸组织规则的执行。因此,必须进一步强化政府对规范性文件监督力度,确立现代行政权的良性运行机制……"参见《关于规范性文件的监管与依法行政》,2003年1月8日中央人民广播电台《新闻背景》实录,http://www.chinalaw.gov.cn/article/dfxx/dffzxx/ah/200305/20030500032077.shtml,最后访问时间:2010年12月20日。

[②] 参见叶静:《人民法院有望判决撤销违法"红头文件"》,载《第一财经日报》2005年6月1日第A3版;张维:《行政诉讼法需要大幅修改》,载《法制日报》2011年5月4日第3版。笔者认为,多数行政诉讼法学者对于司法审查行政规定主张的概念和具体内容差异较大,有待于从理论上进一步认真论证。

力共同强化了行政系统内对行政规定开展自我规范的紧迫感。为了促使行政机关依法发布行政规定,减少甚至防止发生行政规定侵犯行政相对人合法权益的现象,并及时纠正违法的行政规定,从1954年《宪法》的制定到2007年《监督法》的颁布,我国逐步建立和完善了权力机关对行政规定实施监督的制度。① 同时,据报道,在有关《行政诉讼法》修改讨论中,一些法学专家一再要求,《行政诉讼法》应确认司法机关对行政规定行使合法性审查权。② 这些现实存在的或者可能出现的外部监督制度不仅强化了行政系统外的监督主体对违法或不适当行政规定的监督力度,而且也对行政系统内行政规定制定主体形成了一种必须强化自我规范的外部压力。

2. 自我纠错功能

一般而言,在一个国家的法治系统运作过程中,产生或出现种种问题和缺陷是难免的。关键在于产生问题或出现缺陷之后,该法治系统拥有一个自我调节、自我纠错、自我完善的机制以及时解决问题和弥补缺陷。③ 因此,行政系统内的自我纠错功能,既是法治政府下行政主体具备理性和向善能力的本质体现,也是行政权行使应当具备正当性的外在要求。

就行政规定规制而言,我国行政系统内的自我纠错功能,主要是通过法制机构的一再审查来过滤掉或纠正行政规定中潜在或已经存在的违法或不适当问题。这种纠错性审查主要表现在以下四个方面:其一,在制定行政规定的过程中,制定主体内设法制机构会对行政规定作出合法性和合理性审查;其二,行政规定发布后,制定主体的上级行政机关对申请备案的行政规定开展合法性审查;其三,行政复议机关在审理行政复议案件中可能对涉及案件处理的行政规定进行合法性审查;其四,在定期或不定期的清理行政规定工作中,制定主体也会对行政规定开展审查。目前行政系统内已经开展的制

---

① 1954年《宪法》规定,地方各级人大在本行政区域内,保证法律、法令的遵守和执行,有权改变和撤销本级人民委员会的不适当的决定和命令。直到2007年,《监督法》专设第五章,对规范性文件的备案审查制度进行了规定。

② 参见叶静:《人民法院有望判决撤销违法"红头文件"》,载《第一财经日报》2005年6月1日第A3版;杨华云:《"红头文件"应能被起诉》,载《新京报》2011年6月15日第A20版。

③ 参见姜明安:《培植法治的自我完善机制》,载王贵松主编:《行政与民事争议交织的难题》,法律出版社2005年版,"代序"。

定中审查、公布后备案审查、复议附带审查以及定期和不定期清理审查等行为，正是为了及时纠正行政规定中可能存在的违法或不适当问题而设置的。

目前，我国31个省份都已建立规范性文件备案制度，其中27个省级政府专门制定了规范行政规定制定行为和实现层级监督行政规定的种种地方政府规章；同时，绝大多数地方已经形成了省、市、县、乡"四级政府、三级备案"的体制框架，实现了县级以上地方各级政府对其所属工作部门和下级政府违法或不适当的行政规定实施有效监督。从国务院办公厅2006年和2009年公布的有关通过行政系统内备案审查从而纠正违法或不当行政规定的统计数据看，仅2003—2005年上半年，31个省级政府对报送备案的9745件规范性文件进行审查，就发现了623件行政规定违反上位法规定，并已对这些违法文件按照备案审查监督程序作出了处理。① 其后，2004年至2008年10月，31个省级政府又对省级政府部门和设区的市人民政府报送备案的38892件规范性文件进行审查，并对其中1971件存在问题的行政规定作出处理。② 由此可见，行政系统内建立备案审查监督制度，的确有助于及时发现和纠正行政规定中存在的违法或不当问题，从而有效实现行政系统的自我纠错功能。

相对于司法审查纠错而言，行政系统内的这种自我纠错功能，不仅有助于及时阻止违法或不当的行政规定对行政相对人造成更大侵害，而且有助于增强行政规定的权威性。因此，在行政系统内，我国正在通过制定过程中的法制审查、发布后的备案审查、行政复议附带审查以及清理审查等多重审查，不断纠正行政规定中可能存在的违法或不当问题，以实现行政自我纠错。

3. 制度更新功能

成文规范都具有相对稳定性的特点。这一特点使得成文规范往往或多或少地滞后于需要其调整且不断发展的社会现实关系。相对于权力机关的立法和行政立法而言，行政规定的制定效率更高，因而也更能够及时适应经

---

① 参见《备案监督成效逐步显现》，http://www.gov.cn/ztzl/yfxz/content_374171.htm，最后访问时间：2010年8月12日。

② 参见《全国31个省份对红头文件建立备案审查制度》，载《人民日报》2009年11月4日第17版。

济发展的客观要求。然而，当特定规范性法文件或行政政策随着社会现实关系的变化而变化时，贯彻执行该规范性法文件或行政政策的行政规定就会变得相对滞后。因此，行政机关需要对自己制定的行政规定不定期或定期地开展清理活动，以改变行政规定因其相对稳定性而带来的制度滞后状况，并确保行政规定的内容因及时更新而跟得上社会发展变化。

从20世纪80年代初期起，我国的最高国家行政机关已经充分认识到了行政系统内全面清理行政规定所具备的制度更新功能。在1983年9月22日国务院办公厅发出了《关于转发国务院经济法规研究中心〈关于对国务院系统过去颁发的法规、规章进行清理的建议〉的通知》后，地方各省级政府不仅对行政法规和规章等行政规范性法文件作出清理，而且对行政规定进行了较为全面的清理。例如，山西省政府办公厅1984年2月25日印发的《关于清理建国以来地方性法规规章和规范性文件的通知》，就不仅要求对省政府发布的规章予以清理，而且要求对省政府（包括原省人委、省革委）发布的规章外其他规范性文件和省直各委、办、厅、局发布的规范性文件进行清理，清理的结果是：确认从1949年10月至1984年底的山西省政府制定的272件规范性文件中125件继续有效、78件修订、69件废止。[①] 又如，应国务院要求，2010年国务院部门和地方各级政府对行政规定开展了全面清理工作。在这次行政规定清理工作中，大量行政规定因滞后而被修改、废止或宣布失效（详见表2-1）。再如，"近几年来，社会政治、经济形势发生了很大变化，现行规章及规范性文件中有些已经不能适应形势发展的需要，有些适用期已过，有些已被法规或新的规范性文件所代替。为推进民政系统依法行政进程，更好地为社会稳定的大局服务"[②]，民政部决定对规章及行政规定开展全面清理工作。基于此，民政部先后于1993年、2000年和2007年定期对其所属规章和行政规定进行清理（详见表2-2）。由此可见，在我国国务院部门和地方各级政府定期或不定期对行政规定开展的清理实践中，修改、废除或宣布失效已

[①] 参见马春生：《山西省人民政府规章和规范性文件清理工作历史回顾》，http://www.china-law.gov.cn/article/dfxx/zffzdt/201007/20100700258547.shtml，最后访问时间：2010年7月25日。

[②] 民政部于2000年11月10日公布的《民政部关于废止部分民政章及规范性文件的通知》，http://www.law-lib.com/law/law_view.asp?id=72905，最后访问时间：2010年7月25日。

经事实上起到了促进行政规定及时适应社会发展变化而更新制度的功能。

表 2-1 不定期清理——2010 年国务院部门和地方各级政府全面清理的部分统计情况

清理主体	级别	涉及清理文件的期间	总量	继续有效	过时及问题文件			过时及问题文件量：总量(%)
					修改	废止	失效	
民政部①	国务院部门	1979—2010年10月	202	130	—	72	—	35.6
北京市全部制定主体②	省级	2009年5月1日前	15571	8538	632	6401		45.2
河南省政府及办公厅③	省级	1981—2010年	1541	687	—	104	750	55.4
北京银监局④	省级部门	2010年9月前	126	82	4	40		34.9
青海省商务厅⑤	省级部门	1995—2009年	91	50	—	24	17	45.1
广州市政府及其办公室⑥	较大的市	2008年12月31日前发布	273⑦	233	40	—		—

---

① 参见 2010 年 12 月 27 日发布的《民政部公告》(第 193 号)，http://zfs.mca.gov.cn/article/tzgg/201101/20110100129874.shtml，最后访问时间：2011 年 1 月 24 日。

② 参见《紧紧围绕建设法治政府和服务型政府认真开展规章和规范性文件清理工作》，http://www.chinalaw.gov.cn/article/fzjd/fggzql/201005/20100500254119.shtml，最后访问时间：2010 年 7 月 25 日。

③ 参见河南省人民政府法制办公室：《法制工作简报》2010 年第 24 期。

④ 参见北京银监局于 2010 年 11 月 26 日发布的《北京银监局关于规范性文件清理情况的公告》，http://www.cs.com.cn/common_files/yjhgg1129/，最后访问时间：2011 年 1 月 24 日。

⑤ 参见青海省商务厅于 2010 年 11 月 9 日发布的《青海省商务厅 1995—2009 年度规范性文件目录》，http://qinghai.mofcom.gov.cn/accessory/201011/1289350672429.doc，最后访问时间：2011 年 1 月 24 日。

⑥ 参见广州市人民政府 2009 年 12 月 31 日发布的《关于市政府行政规范性文件清理结果的通知》，http://www.gz.gov.cn/publicfiles/business/htmlfiles/gzgov/s2811/201005/160945.html，最后访问时间：2010 年 7 月 20 日。

⑦ 这里的清理文件总量不包括本次清理中被停止执行的行政规定。

（续表）

清理主体	级别	涉及清理文件的期间	总量	继续有效	过时及问题文件 修改	过时及问题文件 废止	过时及问题文件 失效	过时及问题文件量：总量（%）
湖北省随州市政府及其办公室①	地级市	2000年7月—2008年12月31日	138	55	8	37	38	60.1
苍南县②	县级	1997年1月1日—2008年4月	318	231	9	78	—	27.4

表2-2 定期清理——民政部关于规章和行政规定的定期清理情况

清理主体	级别	涉及清理文件的期间	总量	继续有效	问题文件 修改	问题文件 废止	问题文件 失效
民政部	国务院部门	1993年前③	—	—	—		138
		2000年前④	—	—	—		158
		2007年前⑤	—	—	—		23

4. 强化规范权威性功能

在民主宪政体制下，法治原则要求行政权必须接受外部监督。随着权力制约理念的深化，我国行政机关已经深深感受到了来自公民、权力机关和司法机关等外部监督主体日益增强的监督力。同时，不受约束的行政规定，因事先缺乏正当制定程序支持，事后缺乏监督，容易引起群众不信任而使行政

---

① 参见湖北省随州市人民政府法制办于2009年9月30日公布的《湖北随州市政府规范性文件清理情况的报告》，http://www.chinalaw.gov.cn/article/dfxx/zffzdt/200909/20090900140744.shtml，最后访问时间：2010年7月20日。

② 浙江省温州市苍南县人大常委会调研组2009年9月22日发布的《关于县政府行政规范性文件清理工作调研报告》，http://www.cncn.gov.cn/www/xianrenda/2010/01/05/12816.htm，最后访问时间：2010年7月20日。

③ 民政部1993年10月6日公布的《关于废止部分民政规章的通知》，http://www.gsmz.gov.cn/info/1922-1.htm，最后访问时间：2010年7月25日。

④ 民政部于2000年11月10日公布的《民政部关于废止部分民政规章及规范性文件的通知》，http://www.law-lib.com/law/law_view.asp?id=72905，最后访问时间：2010年7月25日。

⑤ 民政部于2007年10月29日公布的《民政部关于废止部分规章和规范性文件的通知》，http://vip.chinalawinfo.com/newlaw2002/slc/slc.asp?db=chl&gid=99117，最后访问时间：2010年7月25日。

相对人因对立情绪而不配合执法,或者会导致法院在审理行政案件中因其合法性存疑而不适用,这些都会损害政府的公信力。因此,在行政系统内,行政主体对容易违法或不适当行使行政权并滋生行政腐败或引发公众普遍不满的行政规定制发领域,需要积极规范行政规定制定行为、建立和完善行政系统内备案审查监督、细化行政复议程序以及构建定期清理制度,以增强行政规定的权威性,并最终确保更多行政规定获得行政相对人的认同和人民法院的尊崇。[1]

（二）行政系统内自我规制的理论基础

行政系统内自我规制的理论基础源于行政自制理论的出现与发展。行政自制是指行政主体对自身违法或不当行为的自我控制,包括自我预防、自我发现、自我遏止、自我纠错等一系列自我管理和控制机制,其首要的功能指向在于弥补以单纯的行政系统外部监督为手段的制约模式的诸多不足,完善行政权的综合性控制机制。[2] 行政自制理论强调,在坚持传统立法和司法机关对行政权实施外部监督与制约前提下,需要从行政权内部寻求控制权力的因素。

就美国而言,《联邦党人文集》中有关"迫使政府控制自己"就已经指出了应对行政权给予外部监督与自我规制。[3] 然而,传统的行政法理论一度主张,行政权好比一头关在笼子里的"狮子",只有经过驯化之后才能给人们带来福祉。因此,对行政权的传统制约方式是一种强调外在制约的模式,即道德评

---

[1] 行政规定因在行政系统内经受备案审查监督而使其合法性获得法院承认的典型事例为2007年8月23日上海市黄浦区人民法院审理的"退休人员工伤认定案"。该案一审判决认为:"《关于特殊劳动关系有关问题的通知》是上海市劳动和社会保障局在其行政职权范围内,针对本市劳动力市场的实际状况,为解决实际问题而作的规定。该规范性文件经上海市人民政府审查,认为符合相关行政法规、规章的基本精神,未创新的法律关系,不违反法律规定。故对该规范性文件的合法性及在本案中的适用依法予以确认。"参见《2007年十大劳动争议案件——上海:首例退休人员工伤认定案》,载《法制日报》2008年1月20日第10版。

[2] 参见崔卓兰、刘福元:《行政自制——探索行政法理论视野之拓展》,载《法制与社会发展》2008年第3期。

[3] 麦迪逊说:"假如人都是神,那么政府就没有必要存在了;如果能够以神来统治人,那么无论外部或内部的政府制约也就没有必要存在了。要形成一个以人管理人的政府,其最大的困难在于,你首先必须使政府能够控制被统治者;其次迫使政府控制自己。"参见〔美〕汉密尔顿、杰伊、麦迪逊:《联邦党人文集》,程逢如、在汉、舒逊译,商务印书馆1980年版,第351页。

价、立法制约、司法监督等。但是,由于立法规制与司法监督在面对行政自由裁量权时,合法性与合理性之间的张力不足,因此,外在制约与行政权力之间总是很难实现有效的契合与衔接,这样就频繁出现了行政权治理过程中的"一收就死、一放就乱"现象。同时,过于严格的外部制约虽有利于提高行政质量,但往往以牺牲行政效率为代价。然而,相对而言,行政自制的价值则在于承认立法、司法等外在制约模式的同时,承认行政主体也是理性"人",具有自我反省与内在审查的能力,也能够辨别善恶、趋利避害,行政主体通过自我控制、自我约束不仅可以在法治框架下规范行政权,防止其恣意行使,而且可以保持行政权行使过程中应当具备的合法性与合理性之间的必要张力,从而最终达到公正而高效地行使行政权的目的。

　　最初,行政自制起源于行政系统内对行政裁量权(尤其是警察裁量权)的自我规制。在 20 世纪六七十年代,美国的一些学者就已经发现行政法治实践的一大特点是:行政机关通过规则制定不仅可以有效实现行政管理的目的,而且可以实现对行政权的自我管理和监督。美国的高德斯坦(H. Goldstein)和肯尼斯·C.戴维斯等行政法学者和专家们对此现象作出了较为详细的论述。其中,高德斯坦提出,程序化的规则制定可以实现对行政裁量权的自我限制和规范,即"(规则制定)是一种程序,行政机关采取它以规则的形式明确其操作政策,以限定和组织其裁量权"[1]。戴维斯则在其论著《裁量正义》中,详细阐述和论证了行政主体通过制定和发布行政裁量标准制约行政裁量权的可能性、必要性与必然性。他认为:"法律终止之处实乃裁量起始之所。"[2]"然而,由于立法机关既没有能力又没有意愿做出实质性的改进;要求制定标准这一观念无法触及在没有立法机关授权情况下产生的大量裁量权;制定有意义的标准以及超越标准进一步制定规则的希望在于发挥规则制定权。"[3]因此,"改进法律的标准在很大程度上是空想",限定、构建和制约必要

---

[1] 转引自〔美〕赫德森·贾尼奇、罗恩·利瓦伊:《由下而上的刑事司法:对治安规则制定过程的一些思考》,载〔新西兰〕迈克尔·塔格特编:《行政法的范围》,金自宁译,中国人民大学出版社 2006 年版,第 309 页。

[2] 〔美〕肯尼斯·C.戴维斯:《裁量正义——一项初步的研究》,毕洪海译,商务印书馆 2009 年版,第 1 页。

[3] 同上书,第 247 页。

的裁量权的"希望不在于更好的法律标准,而在于较早制定更明确的行政规定"。① 同时,"通过制定规则,行政机关往往可以从模糊或压根就不存在的法律标准转向相当明确的标准,然后随着经验和认识的发展形成指导性的原则,最后在相关问题容许的情况下形成明确详尽的规则"②。最终,"立法机关或行政官员通过运用规则制定权可以提供必要标准这一观念,就会逐渐发展为这样一种积极的司法要求。即行政官员的权力倘若不存在有意义的法律标准指引,就必须在合理的时限内发布有意义的规则以便适当限制他们在个案的裁量权"③。尽管戴维斯并没有明确、系统地论述行政自制理论,但他有关行政系统内自我规制行政裁量权具有重要意义的阐述,事实上应该算作美国行政法学者研究行政自制理论的发端。同时,在20世纪70年代中期,美国治安问题专家们也一致认为:"行政规定制定程序是实现治安问题的最大希望。"④这是因为,"无论是司法还是立法途径控制警察裁量都有着内在局限,而且都把某种行政控制形式看作最佳的长期解决办法。即使是排他规则最有力的支持者也承认,法官在全面监督日常治安活动方面能力极其有限,最有效的控制是由治安部门自己制定并执行的控制"⑤。这些论述都充分说明,在行政法治实践过程中,相对于立法和司法对于行政权的外部规制作用而言,行政系统内的自我规制对于实现依法行政和落实法治目标具有极其重要的意义。

就国内行政自制而言,自20世纪90年代中期起,我国已有一些行政法学者开始关注政府内部权力自控的兴起现象。⑥ 目前,我国行政自制理论仍属

---

① 〔美〕肯尼斯·C. 戴维斯:《裁量正义——一项初步的研究》,毕洪海译,商务印书馆2009年版,第249页。
② 同上。
③ 同上书,第251页。
④ 同上书,第308页。
⑤ 同上。
⑥ 参见季涛:《行政权的扩张与控制》,载《行政法学研究》1997年第1期;姜明安:《培植法治的自我完善机制》,载王贵松主编:《行政与民事争议交织的难题》,法律出版社2005年版,"代序"。

于行政法学研究领域颇受争议的理论范畴和研究议题之一。① 在推崇行政自制理念的学者中,有学者认为,对行政自制理论提供有力支撑的,应是库利(Charles Horton Cooley)提出的行政主体与行政相对人之间的"镜中我"理论、米德(George Herbert Mead)所主张的"自我"与"宾我"理论。② 但是,笔者认为,行政自制理论实质上应源于行政主体的自我成长理论。也就是说,如果认为一国政权机关建立之初的行政主体不具备理性并且没有反思自己不良行为的能力,因而需要种种外在力量通过"他律"对其进行必要监管和控制,那么在行政主体的成长过程中既需要权力机关为其制定规则以规制其行使行政权的行为,也需要行政相对人向司法机关提出行政诉讼请求以通过审理案件监督其不良行为。因此,在行政主体"出生"后及发展的早期,理论上,有必要强调外在的"他律"力量在行政规制中的主要作用。但是,在这个"孩子"经历了多年被教育监管,并且已经具备理性且对自身的不良行为具有较强的自我反思能力之后,相对而言,"自律"比"他律"就应具有更加重要的意义。也就是说,在经历了多年的发展之后,行政主体的自制会显得越来越重要。在规制行政行为的种种内部和外部力量中,成熟、理性且具有反思能力的行政主体最终会由规制行政行为中的次要力量而转变为主要力量,并以"自律"取代"他律"的主要规制地位。因此,可以说,作为规制行政权力的一种内在因素,行政系统内的行政主体除了天然具有扩张与滥用行政权的本能外,还拥有自我管理、制约和监督行政权的积极潜能,并且这种潜能会随着行政主

---

① 有的学者(如杨建顺、关保英、廖扬丽等)对行政自制理论较为认同。参见杨建顺:《论行政裁量与司法审查——兼及行政自我拘束原则的理论根据》,载《法商研究》2003年第1期;关保英:《论行政权的自我控制》,载《华东师范大学学报(哲学社会科学版)》2003年第1期;廖扬丽:《政府的自我革命》,法律出版社2006年版;尚海龙:《论行政自我拘束原则》,载《政治与法律》2007年第4期;崔卓兰、刘福元:《行政自制的可能性分析》,载《法律科学》2009年第6期;于立深:《现代行政法的行政自制理论——以内部行政法为视角》,载《当代法学》2009年第6期;鲁鹏宇:《行政自制理论的反思》,载《2010年"行政自制与中国行政法治建设"研讨会论文集》。然而,也有学者(如潘云华、祝美华、叶必丰、周佑勇等)对行政自制理论持怀疑态度。参见潘云华、祝美华:《论我国行政规范性文件的司法监督》,载《法制现代化研究》2001年00期;叶必丰、周佑勇:《行政规范研究》,法律出版社2002年版;陆维福:《对规范性文件审查应当从行政复议延伸到司法审查》,载《学术界》2005年第2期;张率:《行政规范性文件司法监督研究》,载《中共石家庄市委党校学报》2006年第5期;刘松山:《违法行政规范性文件之责任研究》,中国民主法制出版社2007年版。

② 参见刘福元:《行政自制》,法律出版社2011年版,第24—33页。

体的成长而增强,而这才是行政自制能够发生,并且能够越来越比权力机关、司法机关以及行政相对人等外在监督规制力量对不良行政行为起到重要规制作用的理论基础。

目前,国内一些学者已经较为系统地阐述了行政自制理论的重要意义,即通过内部分权与自我监督,可以规范和引导行政管理走向良善和谐的治理轨道。① 基于行政自制理论不但承认立法和司法等外部力量对行政规定制定权的制约和监督,而且充分肯定行政系统内对行政规定进行自我规制的必要性和可能性,因此我国行政自制理论的发展不仅有助于推动行政规定自我规制研究,而且有助于人们重新认识行政系统内自我规制在行政规定综合规制机制中所占据的极其重要地位和应发挥的主要作用。

四、国外行政系统内自我规制情况——以美国为例

美国 1946 年《联邦行政程序法》将行政规则分为立法性规则与非立法性规则。其中,立法性规则是政府机构根据国会命令或授权预先规定了法律和政策的内容;非立法性规则包括阐释性规则和程序性规则,其中,阐释性规则是应公众要求政府机构阐释如何理解现有法律政策而产生,程序性规则主要是规范政府机构的组织及其运作过程,并告诉公众应该如何参与政府机构一系列决策制定过程。② 这些行政规则的制定除了要接受《联邦行政程序法》第 553 条所规定的程序制约外,还要满足行政系统内历届总统颁发的有关规制行政规则制定的行政指令。因此,美国行政规则制定程序的行政系统内部规制主要体现在:行政系统内不断细化和完善的行政规则制定和监督程序。

由于在制定规则的过程中,规则的数量、种类及其复杂程度都向管理者提出了严峻挑战,因此不同总统领导下的政府,为控制行政规则制定质量和数量而在行政系统内部采取了种种规制措施。例如,20 世纪 80 年代,美国卡特总统通过颁布第 12044 号行政令,建立了指导规则制定管理的五项原则:

---

① 参见崔卓兰、刘福元:《行政自制——探索行政法理论视野之拓展》,载《法制与社会发展》2008 年第 3 期。
② 参见〔美〕科尼利厄斯·M. 克温:《规则制定:政府部门如何制定法规与政策》,刘璟等译,复旦大学出版社 2007 年版,第 23 页。

(1) 政策监督原则,即机构主管对规则制定过程的政策监督;(2) 公众参与原则,即增加公众对规则制定发展的参与度;(3) 规则分析审查原则,即由卡特政府成立的规则分析审查小组"对拟制定规则进行质量分析,确认并解决常见问题,确保充分考虑了经济替代方式",以提高规则制定中的专业度和一贯性;(4) "夕阳审查"原则,即通过审查剔除不必要的规则,及时升级或者修改过时或者低效的规则;(5) 使用简单英语原则,即使用简单的英语让必须服从规则条款的人更容易理解。后来的里根、老布什、克林顿和小布什政府在进行各自的规则改革时,又在这些规制规则制定的原则基础上加入了各自独特的部分,如里根总统就通过发布第 12291 号行政令增加了强制的成本效益分析,并要求国会和预算办公室须对所有被提议的规则和最后被确认的规则进行审查。然而,变革后的规制制度也保留了卡特总统的许多规则管理方法。①

五、我国行政系统内自我规制行政规定的历史变迁

(一) 行政系统内规制的萌芽阶段

20 世纪 80 年代之前属于行政系统内对行政规定无规制的阶段,其后十年间属于行政规定规制理念初现和规制制度开始萌芽的阶段。在这一萌芽阶段,尽管行政规定规制制度初步出现,但行政规定规制实践进程相对较为滞后。原因在于:

其一,在这一阶段,程序控权价值尚未获得足够重视。行政规定规制内容的核心在于程序控制,如制定中应遵循的正当程序和审查程序、制定后行政系统内备案审查程序、行政复议程序、权力机关备案审查或撤销监督程序以及司法审查程序等。然而,由于 20 世纪 90 年代之前我国一度重视行政规范的实体价值而轻视其程序价值,因此人们并没有特别重视行政规定制定程序和种种审查监督程序的应有规制价值。

其二,学界和实务界对内部行政规定的外部化问题认识尚浅。由于法治化建设初期人们对行政规定可能直接或间接损害公民权益的情况不甚了解,行政规定规制问题也就未获得理论研究和实务制度的必要关注。与行政法

---

① 参见〔美〕科尼利厄斯·M.克温:《规则制定:政府部门如何制定法规与政策》,刘璟等译,复旦大学出版社 2007 年版,第 133—137 页。

规和规章等行政规范性法文件相比较,行政机关制定的行政规定涉及的内容多数为行政主体自由裁量和行政内部组织管理事项,人们对这些直接或间接涉及行政相对人权益的规范应受监督管理的理念尚未形成和发展,并且对其影响行政相对人合法权益或造成行政相对人损害后果的认识也并不深刻。

其三,行政规定制定主体、内容和形式的多样性使得统一规制难以实现。具体来说,行政规定制定主体多样性表现为:上至国务院下至乡镇政府,都可制发;内容多样性表现为:有涉及行政机关内部组织管理事务的,有对法规规章进行细化的,也有自行创设权利义务的;形式多样性则表现为:可以是通知、复函、会议纪要,也可以是决定、命令,不一而足。这些多样性使得我国行政系统内长期难以形成全国性规制行政规定制定和监督活动的统一制度,在20世纪90年代之前也鲜见地方省级政府对行政规定制定权和监督权作出统一规制的制度。

(二)有规制制度存在而无监督规制实践发生阶段

随着行政法的兴起,在20世纪90年代初至2001年《规章制定程序条例》实施之前,我国行政系统内的一些中央部门和省级地方政府已经意识到,规制行政规定制定权已成为法治社会的大势所趋,并开始尝试在部门系统内或省级地域行政系统内建立制定程序和备案审查监督规制制度。就中央政府层面而言,1990年能源部率先制定了《能源部规章、规范性文件备案办法》,对行政规定的制定备案进行规制;就地方层面而言,1991年1月3日辽宁省制定了《辽宁省规章和规范性文件备案办法》,对行政规定的制定备案进行规制。[1] 此后,依据《地方组织法》《规章制定程序条例》和《法规规章备案条例》等法律法规,各地省级人民政府纷纷制定了行政机关规范性文件制定和备案办法或行政机关规范性文件备案监督办法,以通过采用行政机关内部监督的方式直接或间接地对行政主体制定行政规定的活动予以规制。

---

[1] 事实上,1991年前,依据1987年3月和5月国务院要求政府规章、国务院部门规章报送国务院备案的通知,少数省份(如黑龙江、吉林、内蒙古和湖北等)已经参照国务院备案通知要求本级政府所属工作部门和市级人民政府制发的行政规定报送省级人民政府备案(参见李平、何泽岗、栗春坤:《行政规范性文件制定的理论与实务研究》,载《政府法制研究》2007年第3期),内蒙古自治区和湖北省则已经以一般规范性文件形式开始对行政规定加以规制。

在这一阶段,行政系统内有权主体对行政规定开始从行政系统内备案监督和规范制定程序两个不同方面着手建立规制制度,并且规制制度体现出以下特点:

其一,行政规定规制制度最初是与规章规制制度放置在同一规制文件中。例如,1991年1月3日发布的《辽宁省规章和规范性文件备案办法》、1991年7月11日印发的《山西省规章和规章性文件备案办法》、1991年8月13日公布的《吉林省人民政府关于规范性文件备案的规定》、1992年9月28日发布的《湖南省关于建立规章和规范性文件备案制度的通知》、1990年《能源部规章、规范性文件备案办法》和1995年《中国民用航空总局职能部门规范性文件制定程序规定》等。

其二,这些省级地方人民政府和国务院部门发布的规制制度,相较于无规制制度阶段增强了行政机关自上而下的层级控权要求,因而呈现出一定程度的法治进步性。但是,由于这一阶段的规制制度基本上忽略了制定程序规制制度的建立,而仅重视行政系统内备案审查监督规制制度的建设,这种抛弃制定程序正当性而仅重视结果正当性的行政内部监督规制制度,事实上因缺乏制定程序这一前置条件而无法操作,再加上有权制定行政规定的主体尚未树立行政规定制定权应在程序上和实体上受到必要制约的理念,因此这一阶段的备案审查规制制度效果在实践中大打折扣,甚至可以说,该阶段的备案监督规制制度仅存在于制度层面而未能落实于实践中。

(三)行政系统内规制制度初步落实阶段

2001年至2007年《监督法》生效之前的阶段,制定程序规制制度以及制定程序和备案审查监督程序之间的制度衔接开始受到地方政府关注,并且备案审查监督规制制度在地方行政系统内得以初步落实。随着2000年《立法法》对行政规章法律地位的确认,国务院于2001年颁布实施了《规章制定程序条例》,该条例第36条要求有权行政主体制定行政规定时也应依法遵循必要的制定程序。[①] 随着行政相对人维权意识的提高,2000年后行政规定的违

---

① 《规章制定程序条例》第36条规定:"依法不具有规章制定权的县级以上地方人民政府制定、发布具有普遍约束力的决定、命令,参照本条例规定的程序执行。"

法或不适当争议日益增多,且日益引发人们的广泛关注,国务院各部门和省级地方人民政府在这种压力之下,逐渐意识到从制定程序和备案审查监督两个方面全面规制行政规定的现实必要性,由此启动了建立和完善行政规定制定和行政监督制度的一轮新高潮,并且在国务院的大力推动下,已经建立规制制度的地方政府也开始积极落实规制制度。这种落实措施主要表现为:一方面,各省通过修改规制制度将单一的备案审查监督制度发展为制定程序和备案审查监督相互关联的行政系统内全面规制制度;另一方面,在这一阶段中,行政系统的组织机构内专门设置了备案审查机构,并从2002年开始,每年都会有由国务院法制办或省级地方法制机构召集或主办的全国性行政规范性文件备案审查研讨会或座谈会。[①] 这些有关总结和研讨备案规制工作经验教训的全国性会议有力地推动了规制制度(尤其是备案审查监督规制制度)的落实。此外,在总结20世纪80年代后开始的行政规定不定期全面清理或专项清理制度的基础上,为了减少或避免行政规定因滞后而与上位法或者与其他行政规定之间发生冲突,2004年3月22日国务院发布的《全面推进依法行政实施纲要》特别要求应建立和完善行政规定定期清理制度。[②]

(四)规制实践积极发展和规制制度进一步完善阶段

2007年至今的这一段时期,因2007年颁布实施了《监督法》,地方权力机关系统依据《监督法》着手建立和完善了行政规定备案审查监督制度,并运行行政系统外权力机关规制实践工作,这也事实上增加了地方政府自我规制的责任。同时,2008年《国务院关于加强市县政府依法行政的决定》和2010年《国务院关于加强法治政府建设的意见》更为系统地阐述了行政系统内对行政规定"从生到死"的全面化管理和控制机制。前者是国务院对地方市县政

[①] 参见江陵:《在规范性文件备案审查制度建设座谈会上的讲话》,http://www.chinalaw.gov.cn/article/fzjd/bagz/200603/20060300056594.shtml,最后访问时间:2007年10月30日;江陵:《在全国地方规范性文件备案审查示范点工作座谈会开始时的讲话》,http://www.hami.gov.cn/10051/10051/00009/2007/44510.htm,最后访问时间:2007年10月30日。

[②] 《全面推进依法行政实施纲要》规定:"18. 建立和完善行政法规、规章修改废止的工作制度和规章、规范性文件的定期清理制度。要适时对现行行政法规、规章进行修改或者废止,切实解决法律规范之间的矛盾和冲突。规章、规范性文件施行后,制定机关、实施机关应当定期对其实施情况进行评估。实施机关应当将评估意见报告制定机关;制定机关要定期对规章、规范性文件进行清理。"

府及其部门的行政规定,从"出生"时的权限和程序、"出生"后接受上级行政机关备案审查监督程序、定期自我审查清理以及最终淘汰程序都提出了较为明确的具体化规制要求;①后者则是进一步对我国所有行政主体(尤其是地方各级行政机关和国务院各部门)制定的行政规定,从"出生"权限和程序、"出生"后接受上级备案审查监督程序、定期自我审查清理以及最终淘汰程序提出了更为细化性的规制要求。② 这些政策性文件推动了地方规制行政规定法

---

① 2008年《国务院关于加强市县政府依法行政的决定》规定:"(十三)严格规范性文件制定权限和发布程序。市县政府及其部门制定规范性文件要严格遵守法定权限和程序,符合法律、法规、规章和国家的方针政策,不得违法创设行政许可、行政处罚、行政强制、行政收费等行政权力,不得违法增加公民、法人或者其他组织的义务。制定作为行政管理依据的规范性文件,应当采取多种形式广泛听取意见,并由制定机关负责人集体讨论决定;未经听取意见、合法性审查并经集体讨论决定的,不得发布施行。对涉及公民、法人或者其他组织合法权益的规范性文件,要通过政府公报、政府网站、新闻媒体等向社会公布;未经公布的规范性文件,不得作为行政管理的依据。(十四)完善规范性文件备案制度。市县政府发布规范性文件后,应当自发布之日起15日内报上一级政府备案;市县政府部门发布规范性文件后,应当自发布之日起15日内报本级政府备案。备案机关对报备的规范性文件要严格审查,发现与法律、法规、规章和国家方针政策相抵触或者超越法定权限、违反制定程序的,要坚决予以纠正,切实维护法制统一和政令畅通。建立受理、处理公民、法人或者其他组织提出的审查规范性文件建议的制度,认真接受群众监督。(十五)建立规范性文件定期清理制度。市县政府及其部门每隔两年要进行一次规范性文件清理工作,对不符合法律、法规、规章规定,或者相互抵触、依据缺失以及不适应经济社会发展要求的规范性文件,特别是对含有地方保护、行业保护内容的规范性文件,要予以修改或者废止。清理后要向社会公布继续有效、废止和失效的规范性文件目录;未列入继续有效的文件目录的规范性文件,不得作为行政管理的依据。"

② 2010年《国务院关于加强法治政府建设的意见》有三处规定涉及规制三个方面的问题,即规范性文件制定程序、备案审查和清理,并提出了较为详细的规制要求:"8. 加强对行政法规、规章和规范性文件的清理。坚持立'新法'与改'旧法'并重。对不符合经济社会发展要求,与上位法相抵触、不一致,或者相互之间不协调的行政法规、规章和规范性文件,要及时修改或者废止。建立规章和规范性文件定期清理制度,对规章一般每隔5年、规范性文件一般每隔2年清理一次,清理结果要向社会公布。9. 健全规范性文件制定程序。地方各级行政机关和国务院各部门要严格依法制定规范性文件。各类规范性文件不得设定行政许可、行政处罚、行政强制等事项,不得违法增加公民、法人和其他组织的义务。制定对公民、法人或者其他组织的权利义务产生直接影响的规范性文件,要公开征求意见,由法制机构进行合法性审查,并经政府常务会议或者部门领导班子会议集体讨论决定;未经公开征求意见、合法性审查、集体讨论的,不得发布施行。县级以上地方人民政府对本级政府及其部门的规范性文件,要逐步实行统一登记、统一编号、统一发布。探索建立规范性文件有效期制度。10. 强化规章和规范性文件备案审查。严格执行法规规章备案条例和有关规范性文件备案的规定,加强备案审查工作,做到有件必备、有错必纠,切实维护法制统一和政令畅通。要重点加强对违法增加公民、法人和其他组织义务或者影响其合法权益,搞地方或行业保护等内容的规章和规范性文件的备案审查工作。建立规范性文件备案登记、公布、情况通报和监督检查制度,加强备案工作信息化建设。对公民、法人和其他组织提出的审查建议,要按照有关规定认真研究办理。对违法的规章和规范性文件,要及时报请有权机关依法予以撤销并向社会公布。备案监督机构要定期向社会公布通过备案审查的规章和规范性文件目录。"

定制度的进一步完善。其中,一些省份(如浙江、甘肃等)用全面规制行政规定制定权限、程序以及备案审查监督的规制制度取代了原先仅实施备案审查监督规制的规章,一些省份(如山西、山东等)则在实施原备案审查监督规制的规章的基础上,单独构建了规制行政规定制定活动的规章。

第二节 行政规定制定权限和程序规制

一、制定权限和程序法制化的意义

在我国,能够影响行政相对人权利义务的行政规定内容之重要性,事实上并不亚于法律、法规和规章等法文件的重要性。为了保证行政规定的制定过程能够真正表达民意,并实现行政效率和维护法制统一的目的,行政规定的制定权限就应该由法律明确规范,并且其制定程序也有必要制度化。

目前,地方各省级政府与国务院的一些部门已经认识到,制定能够影响行政相对人权利义务的行政规定,应当具备权限正义和程序正义。因此,它们往往通过自行颁布实施有关规范行政规定制定程序的地方政府规章和部门规章对行政规定制定权限和程序予以规制(如《江西省行政机关规范性文件制定程序规定》和《海事局海事规范性文件制定程序规定》等)。这种在地方一定地域范围内或本行政部门系统内自我规制行政规定制定权限和程序的做法,具有以下几方面的意义:

(一)制度化规制内容是全面规范行政权力并实现权限与程序正当化的必然要求

依据现代民主宪政原理,一切权力属于人民,政府接受人民的委托而依法行使行政管理权。也就是说,在一个现代民主法治国家中,任何行政权力的运用都必须依法进行。因此,行政机关运用行政权制定行政规定的过程中,至少要满足以下两方面的要求:

其一,依法行政原则要求。政府在制定能够影响公民权利义务的行政规定时,须受法律规范限制。由于能够影响行政相对人权利义务的行政规定的制定权,会对行政相对人的权利义务造成影响,因此为了保障行政相对人的合法权益不受侵害,制定行政规定的权力就须有法律、法规、规章明确规定或者授权法依据,并且其制定权限须受《立法法》《行政许可法》《行政处罚法》以及《行政强制法》等法律保留事项的限制。也就是说,什么样的行政主体有权制定行政规定、有权主体在制定行政规定时有多大的具体权限、针对什么具体事项可以制定影响行政相对人权利和义务的行政规定、有权主体制定行政规定时必须遵循哪些程序、违反法定权限和程序应承担什么样的法律后果等问题,都应受法律或授权决定约束。

其二,制定行政规定的程序应能够保障表达民意。与世界上其他民主宪政国家(如美国、德国等)的行政法学研究者一样,我国行政法学研究者也已经开始认同这样一种观念:虽然相对于制定行政立法文件程序而言,制定行政规定程序更加注重行政效率,但是在制定具有外部效力的行政规定时,应遵循比制定不具有外部效力的行政规定更加能够保障民主参与的程序。① 在我国,有权制定行政规定的主体不仅需要遵循制定不具有外部效力的行政规定时应当遵循的《国家行政机关公文处理办法》,而且应当遵循更为严格的、更能够保障行政相对人权益和必要参与权利的制定程序。譬如,行政主体在制定具有外部效力、能够影响行政相对人权利义务的行政规定时,须经过制定主体内设法制机构的审查而不仅仅是由行政首长审批即可,制定重要的行政规定时须保障行政相对人的必要参与权利,并且制定后的全部行政规定须依法定步骤与方法公开发布。

然而,目前我国仅有部分行政规定制定主体的权限和程序受到明确的制度规范。依据我国现行法律,有权制定能够影响行政相对人权利义务的行政规定制定主体有两类:一类是有行政立法权的行政规定制定主体,具体包括有权制定行政法规的国务院、有权制定部门规章的国务院所属部门、有权制定地方政府规章的省级和设区的市级地方人民政府。另一类是没有行政立法权的行政规定制定主体,具体包括省级人民政府所属部门、设区的市级人民政府所属部门、不设区的市级人民政府及其部门、县(或区)级人民政府及其部门、乡(或镇)人民政府等。理论上,这些主体中不论有行政立法权还是

---

① 参见叶必丰、周佑勇:《行政规范研究》,法律出版社 2002 年版,第 209 页;陈丽芳:《非立法性行政规范研究》,中共中央党校出版社 2007 年版,第 121 页。

没有行政立法权的主体在制定任何能够影响行政相对人权利义务的行政规定时,都应统一受到法定或授权权限和必要程序制度的制约。然而,实践中,从国务院和地方已经出台的行政规定规制制度看,规制制度主要是对省级人民政府所属部门、设区的市级人民政府及其部门、不设区的市级人民政府及其部门、县(或区)人民政府及其部门、乡(或镇)人民政府等主体的权限和程序作出具体规范,而极少对国务院及其部门、省级人民政府制定行政规定的权限和程序作出具体规范。

这种仅对部分地方行政规定制定主体的权限和程序进行规制的做法,一方面是由于人们一度将具有外部效力的能够影响公民权利义务的行政规定与不具有外部效力的行政系统内部文件混为一谈,因此使得人们对所有行政规定制定主体在制定行政规定时应遵循的正当权限和程序制度并未给予必要关注;另一方面则源于人们一度将行政立法权与行政规定制定权混为一谈,在"权力唯上"的惯性思维下,人们往往将处于行政管理较高层级且能够行使行政立法权的国务院及其部门和省级人民政府制定的行政规定想当然地看作是具备立法性权威的规范文件,而无视其既没有遵循立法程序制度也没有遵循保证该制定文件具备权限和程序正当性的必要制度。[①] 同时,没有规章制定权的行政规定制定主体则缺乏行政立法权的庇护,导致它们在制定了能够影响公民权利义务的行政规定之后,容易引发人们对其正当权限和程序的质疑。也就是说,人们会错误地将有立法权的行政主体制定的行政规定理解为具有立法性权威并且司法一般应予遵循的规范文件,而将没有立法权的行政主体制定的行政规定看作是没有权威性且司法机关不经论证就可以随意不予适用的规范文件。因此,我国现有行政系统内的规制制度主要属于对没有行政立法权的行政主体制定行政规定的行为进行规范,而对有行政立法权的行政主体制定行政规定时所应遵循的正当权限与程序问题则鲜见作出明确规制。

---

① "享有行政立法权的行政机关发布的行政规范性文件的效力低于其本身制定的行政立法,但高于其下级行政机关制定的规章。"参见姜明安主编:《行政法与行政诉讼法》,北京大学出版社、高等教育出版社1999年版,第172页;金国坤:《论行政规范性文件的法律规范》,载《国家行政学院学报》2003年第6期;蔡小雪:《国务院下属部门规范性文件的法律效力判断与适用》,载《人民司法》2008年第4期。

随着法治建设的发展和完善，人们有必要关注所有行政主体(无论是有立法权的行政主体还是无立法权的行政主体)在制定影响行政相对人权利义务的行政规定时都应遵循的合法权限和正当程序制度。因此，可以说，行政规定制定权限和程序制度化是全面系统地规范行政权力的必然要求。

(二) 制度化是保障行政相对人合法权益不受侵犯的重要措施

行政规定制定程序法制化有助于依法保障行政相对人参与行政规定制定活动和通过种种参与渠道积极表达自己的利益诉求。例如，行政规定草案征求意见和涉及行政相对人重大利益的行政规定决策应举行听证等程序制度，使得行政相对人在受到行政规定不利影响之前，获得了依法事先申明保护自己权益和要求行政规定制定主体审慎考虑的机会，从而在行政规定生效之前降低了发生侵权或损害行政相对人合法权益的可能性。

从思想渊源上看，行政规定制定程序法制化思想与正当程序理念密切相关。正当程序理念强调国家在剥夺或限制公民的人身自由或财产等权利时，必须经过正当、合法的程序。未经法律规定的程序，国家不得剥夺或限制公民的生命、自由或财产。作为看得见的正义，正当程序最初主要适用于司法领域，之后适用领域逐渐扩展到行政和其他所有国家公权力行使领域，甚至已经扩展适用到了社会公共权力行使领域。然而，由于我国民主法治的发展相对滞后，公权力运作领域一直没有建立起完善的正当法律程序机制。就行政规定制定领域而言，目前仍大量存在着因缺乏行政规定正当制定程序而恣意侵犯行政相对人合法权益的情况。[①] 例如，福建省平和县办公室于2007年3月13日出台了《关于加大执法力度严格控制初中辍学的通知》，该通知要求:乡镇、村和教育、劳动、工商、公安、民政、土地等部门对未取得初中毕业证书的青少年不得开具劳务证明，不给予办理劳务证、结婚证、驾驶证等。这一行政规定遭遇社会的广泛质疑，同年3月28日即被宣布废止。[②] 再如，2013年12月27日，安徽省政府办公厅转发省安监局等7部门署名的第45号文件——《关于烟花爆竹生产企业整体退出意见的通知》，要求全省75家烟花

---

① 参见应松年主编：《行政法与行政诉讼法学》，法律出版社2005年版，第152页。
② 参见沈汝发、张国俊：《福建平和县"没有毕业证不办结婚证"被迫废止》，http://society.people.com.cn/GB/1062/5577886.html，最后访问时间：2017年1月20日。

爆竹企业在 2014 年 12 月 31 日前全部关闭,但 2015 年 4 月 20 日,安徽省合肥市中级人民法院对该省花炮企业状告安徽省政府的"民告官"一案作出一审判决,认定安徽省人民政府作出的全省烟花爆竹企业退出市场的"红头文件"违法,要求安徽省人民政府在 60 日内采取补救措施。① 从规制正当性角度看,尽管福建省与安徽省都已建立了行政规定制定机构法制审查和发布后备案审查等程序性规制制度,但是这些侵犯行政相对人合法权益的行政规定还是出台并生效了。产生这些现象的制度性原因之一就在于缺乏行政相对人参与制定的正当程序和监督纠错启动程序机制。为了保障行政相对人依法积极参与影响自身权利义务的行政规定制定活动,有效监督行政规定制定权,依法维护自身的合法权益不受违法或不当行政规定的损害,我国仍需要进一步建立和完善全面规制行政规定的制定程序和监督纠错制度。

(三)制度化有助于提高行政规定质量和权威性

随着我国民主法治进程的不断发展,人们已经意识到,影响行政相对人权利义务的行政规定制定权限和程序的制度化,不仅能够保障行政相对人合法权益不受行政权力侵犯,而且有助于提高行政规定的质量和权威性。

目前,我国行政规定仍存在种种违法和不适当的问题。② 有学者认为,相对于行政法规和规章等行政规范性法文件而言,行政规定的质量不高,其原因主要在于行政规定至今仍没有一部专门的全国性法律统一对其制定权限、调整范围以及必须遵循的正当程序作出必要规范。③ 这种行政规定制定权限和程序缺乏规制的状况,不仅导致了违法或不适当行政规定随意发布与质量相对较低的状况,而且损害了行政规定的应有权威性。

依据《行政法规制定程序条例》和《规章制定程序条例》的规定,无论是国务院制定行政法规还是国务院部门或设区的市级人民政府等有规章制定权的行政主体制定规章,都须经相关利害行政相对人参与陈述意见、制定主体

---

① 参见张紫赟、刘美子、陈灏、张丽娜:《企业联名状告省政府"红头文件"》,载《新城乡》2015 年 6 期;何勇:《"红头文件"违法别止于法院可定性》,载《青岛日报》2015 年 4 月 29 日第 6 版。

② 参见王海燕:《上海破解"红头文件"管理中存在的问题》,载《解放日报》2017 年 1 月 2 日第 2 版;尹平生:《地方政府"红头文件"九大怪》,载《半月谈》2007 年第 18 期。

③ 参见吴兢:《让公众有权状告"红头文件"》,载《人民日报》2007 年 4 月 18 日第 13 版。

相应会议讨论通过、行政首长签署、通过政府公报和有关报刊向全社会公布等法定程序。这些法定立法程序不仅有助于提高行政法规和规章的质量,而且在公正的程序之中,当事人的主张和异议都可以得到充分表达,互相竞争的各种层次上的价值或利益都可以得到综合考虑和权衡。其结果是,经过争议与妥协,不满在公众参与的过程中就被吸收了。① 如果构建制定行政规定的公众参与程序,应同样能够起到缩小民众事后怀疑和抗议的作用,并且有助于获得权威性。因此,有必要将保障行政相对人参与的正当程序予以制度化。

总而言之,全面建立有关规范行政规定制定权限和运作程序的规制制度,已经成为事关行政规定自身存在价值并彰显其权威性的必要条件。若缺失必要的规制制度,则可能因行政规定制定主体恣意行使制定权限和决策程序,导致出现行政规定泛滥成灾和普遍侵犯行政相对人合法权益的不良状况。因此,科学、系统地设计和配置行政规定制定权及其运作程序,并且及时予以法制化,是保障规范行使与正当运作行政规定制定权以及树立其权威性的必由之路。

二、制定权限和程序制度主要规制内容和存在的问题——主要以省级制定程序规制文本研究为例

依照宪法和相关组织法的规定,目前我国有权制定和发布能够影响行政相对人权利义务的行政规定的主体包括:国务院及其办公厅和部门、地方(省、市、县)各级人民政府及其办公厅和部门、乡镇(民族乡)人民政府以及授权组织等。因此,这些主体在制定能够影响行政相对人权利义务的行政规定时都应拥有法定权限并遵循能够体现正当性的基本程序制度。

其一,就权限规制而言,地方的省级人民政府对行政规定权限合法性的关注和制度化早于中央层面。

除了宪法与法律从行政系统外对行政规定的制定权限加以规制外,早在国务院关注到行政规定制定权应当予以规范之前,省级人民政府就已经在各省有关规范行政规定制定或备案审查的规章中对行政规定制定权作出限制

---

① 参见季卫东:《法治秩序的建构》,中国政法大学出版社2000年版,第53—54页。

性规范。例如,1993年《福建省人民政府关于贯彻执行〈福建省权力机关、行政机关规范性文件管理办法〉的若干规定》第5条第2项规定:"规定本机关的权利和相对人的义务(如,行政许可、确认、集资、收费、行政处罚以及专卖、专营、定点服务等),都必须有法律、法规、规章依据。没有法律、法规、规章依据,禁止为本机关设定权利、对相对人追加义务"。再如,2005年《北京市行政规范性文件备案监督办法》第4条规定:"行政规范性文件不得设定下列内容:(一)行政处罚;(二)行政许可;(三)行政性收费;(四)其他应当由法律、法规、规章规定的事项。行政规范性文件对实施法律、法规、规章作出的具体规定,不得增设公民、法人和其他组织的义务,不得限制法律、法规、规章赋予公民、法人和其他组织的权利。"

然而,在中央层面,直到2008年《国务院关于加强市县政府依法行政的决定》才肯定和明确了地方县市行政机关行使的行政规定制定权应当依法有所限制,即要求:"市县政府及其部门制定规范性文件要严格遵守法定权限和程序,符合法律、法规、规章和国家的方针政策,不得违法创设行政许可、行政处罚、行政强制、行政收费等行政权力,不得违法增加公民、法人或者其他组织的义务。"2010年在《国务院关于加强法治政府建设的意见》中,国务院才将对地方县市行政机关行使行政规定制定权时应满足的限制性要求适用到地方各级行政机关和国务院部门行使行政规定制定权中。该要求的具体规定为:"地方各级行政机关和国务院各部门要严格依法制定规范性文件。各类规范性文件不得设定行政许可、行政处罚、行政强制等事项,不得违法增加公民、法人和其他组织的义务。"自此,无论地方行政机关还是国务院各部门在制定行政规定时,其权力都应受到合法性限制。其后,国务院中的少数部门对本部门制定行政规定的权限合法性问题作出了实施性细化回应。例如,2005年《水利部规范性文件审查与备案管理办法》第5条规定:"规范性文件不得设定下列内容:(一)行政许可事项;(二)行政处罚事项;(三)行政强制措施;(四)行政事业性收费事项;(五)其他应当由法律、法规、规章设定的事项。"再如,2010年《海事局海事规范性文件制定程序规定》第12条规定:"海事规范性文件不得设定下列内容:(一)行政许可、行政处罚、行政强制措施、行政事业性收费;(二)超越海事管理机构法定职权范围的事项;(三)违法限制行政相对人权利或增设行政相对人义务的;(四)与法律、法规、规章和上级海事规范性文件相抵触的管理要求;(五)违法授予海事管理机构权力或免除海事管理机构责任的;(六)其他不得由规范性文件设定的事项。"然而,即使在《国务院关于加强法治政府建设的意见》中,也没有提到国务院及其办公厅制定行政规定的权力是否也应受到同样的限制。

其二,就制定程序规制制度而言,中央和地方都对制定影响行政相对人权利义务的行政规定程序制度作出了一定程度的规范,但地方的省级人民政府对影响行政相对人权益的行政规定制定程序的正当性关注和制度化实践早于中央层面,并且省级地方政府对本地域范围内行政规定制定程序的规制内容相对更为严格、系统和全面。

在中央层面,除了个别国务院部门制定了行政规定制定程序制度(如1995年《中国民用航空总局职能部门规范性文件制定程序规定》)、2001年国务院发布的《国家行政机关公文处理办法》规定的一些简单制定程序规范外,在行政系统内,国务院并没有对国务院自己及其办公厅以及国务院各部门制定和发布行政规定的具体程序作出全面制度化规范。这种行政规定缺乏制定程序制度规范的情况,既不利于行政相对人对影响自己权利义务的行政规定制定活动实际行使民主参与和监督的权利,也因缺乏程序正当性而不利于行政规定的贯彻执行以及树立规范本身的权威性。直到2010年发布实施的《国务院关于加强法治政府建设的意见》才为中央和地方所有行政主体制定行政规定统一提出了一些基本的制定程序要求:"制定对公民、法人或者其他组织的权利义务产生直接影响的规范性文件,要公开征求意见,由法制机构进行合法性审查,并经政府常务会议或者部门领导班子会议集体讨论决定;未经公开征求意见、合法性审查、集体讨论的,不得发布施行。"

在地方层面,除了一些省级地方(内蒙古、吉林、黑龙江等)早在20世纪80年代末90年代初就已经开始规范行政规定制定程序外,行政系统内的31个省级人民政府依据2001年《规章制定程序条例》第36条、《全面推进依法行政实施纲要》等国务院的规定和要求,已经直接建立和健全了规制行政规定制定活动的程序制度,或者通过建立和健全行政规定备案审查监督制度间接规范了行政规定制定程序。同时,各地有关行政规定制定程序制度正处于不断完善的过程中,从 2008 年《国务院关于加强市县政府依法行政的决定》发布后至 2016 年底,已有福建、广东、广西、海南、内蒙古、宁夏、山西、上海、四川、云南、安徽、江西和新疆等 28 个省级人民政府直接明文规范或完善了该省规制行政规定制定程序的制度,而其他的省级人民政府则通过建立和健全行政规定备案审查监督制度间接规范了行政规定制定程序。

综上所述,为了客观系统地分析我国行政系统内行政规定制定权限与程序制度发展现状,研究这些制度在促进我国行政规定法治化进程中的重要作用,这里在对我国地方省级行政规定制定程序规制规章的主要规范内容进行分类统计分析的基础上,尝试尽可能客观地对我国行政规定制定权限与程序制度中能够体现正当性的经验进行总结,同时对这些规范制度中存在的问题作出相应剖析,以科学、合理地规范行政规定制定行为,提高行政规定制定质量以及发挥其在行政管理实践中应有的作用,并为中央层面建立统一的行政规定基本规制制度提供建设性思考和建议。

在资料便于取得的前提下,本书依据尽可能全面、客观和可信的原则,采用判断取样法。① 本书主要选取截止到 2007 年 9 月底的 31 个省级人民政府制定的规制行政规定的 34 件规章文本作为研究样本基础,并且以截止到 2016 年底这些规制制度的相应修订或变更内容为补充。② 此外,本书还选取了与特定省级规章规制文本密切相关的个别地方性法规文本作为研究样本的补充,如《福建省人民政府关于贯彻执行〈福建省权力机关、行政机关规范性文件管理办法〉的若干规定》是一个研究单位样本,与其有关的地方性法规《福建省权力机关、行政机关规范性文件管理办法》就成为前者的必要补充。

---

① "判断取样是根据研究人员的需要或方便,依其主观的判断有意抽取研究上所需的样本。"参见杨国枢、文崇一、吴聪贤、李亦园主编:《社会及行为科学研究法(上)》,重庆出版社 2006 年版,第 67 页。

② 研究样本全部下载自各省的官方网站。之所以是 34 个样本数量,是由于 31 个省份中安徽、江西和新疆 3 个省份的规制制度既有专门规范行政规范性文件制定程序的规章,也有专门规范备案审查监督程序的规章。此外,从 2007 年至 2016 年底,除了广东、海南、新疆和云南 4 个地方省级人民政府的规制规章没有变化外,四川、浙江等 27 个省级人民政府的规制制度发生了或多或少的变化。其中,有的仅是规制内容的小修订,如 2010 年 5 月 20 日四川省人民政府第 56 次常务会议修订通过了《四川省行政规范性文件制定和备案规定》;有的则是规制内容从侧重内部监督转向全面规制制定权限程序与内部监督,如自 2010 年 9 月 1 日施行《浙江省行政规范性文件管理办法》起,2000 年 5 月 26 日发布的《浙江省行政规范性文件备案审查规定》被废止。

(详见表2-3)

表2-3 2008年前后地方省级人民政府发布规制行政规定规章的主要变化情况

序号	2008年前实施日	规章名称	2008年后实施日	变化后规章名称	2008年后新增主要内容
1	2003.3.1	安徽省行政机关规范性文件制定程序规定	2014.12.16	安徽省行政机关规范性文件制定程序规定(修订)	新增清理制度
	2007.1.1	安徽省行政机关规范性文件备案监督办法	—	不变	—
2	2006.1.1	北京市行政规范性文件备案监督办法①	2016.7.1	北京市行政规范性文件备案规定	—
3	2004.7.1	重庆市行政机关规范性文件审查登记办法②	2015.10.1	重庆市行政规范性文件管理办法	变为全面规制制度,增加制定权限与程序、实施评估以及清理制度
4	1993.12.13	福建省人民政府关于贯彻执行《福建省权力机关、行政机关规范性文件管理办法》的若干规定	—	不变	—
	—	—	2010.7.1	福建省行政机关规范性文件备案审查办法	规定了清理制度
5	2004.5.1	甘肃省规章规范性文件备案审查办法③	2015.9.1	甘肃省行政规范性文件管理办法	变为全面规制制度,增加制定权限与程序、评估以及清理制度
6	2005.2.1	广东省行政规范性文件管理规定	—	不变	—
7	2006.1.1	广西壮族自治区规范性文件制定程序规定④	2010.12.1	广西壮族自治区规范性文件监督管理办法	变为全面规制制度,新增备案审查监督与清理制度

① 2016年7月1日废止。
② 2015年10月1日废止。
③ 2008年9月1日废止。
④ 2010年12月1日废止。

（续表）

序号	2008年前实施日	规章名称	2008年后实施日	变化后规章名称	2008年后新增主要内容
8	2004.1.1	贵州省行政规范性文件备案审查规定①	2014.3.1	贵州省规范性文件制定程序和监督管理规定	变为全面规制制度，增加制定权限与程序、清理以及追究违法责任制度
9	2005.9.1	海南省规范性文件制定与备案登记规定	—	不变	—
10	2004.1.1	河北省规范性文件备案规定②	2011.2.1	河北省规范性文件制定规定	变为全面规制制度，增加制定权限与程序、期满失效以及追究违法责任制度
11	2007.9.7	河南省规章规范性文件备案办法③	2015.7.1	河南省行政规范性文件管理办法	变为全面规制制度，增加制定权限与程序、清理以及追究违法责任制度
12	1993.10.1	黑龙江省规范性文件备案办法④	2016.7.1	黑龙江省规范性文件管理办法	变为全面规制制度，增加制定权限与程序、评估、清理以及追究违法责任制度
13	2004.5.1	湖北省规范性文件备案审查规定⑤	2015.3.1	湖北省行政规范性文件管理办法	变为全面规制制度，增加制定权限与程序、评估、清理以及追究违法责任制度

---

① 2014年3月1日废止。
② 2011年2月1日废止。
③ 2015年7月1日废止。
④ 2008年12月18日废止。
⑤ 2015年3月1日废止。

(续表)

序号	2008年前实施日	规章名称	2008年后实施日	变化后规章名称	2008年后新增主要内容
14	2004.7.1	湖南省规章规范性文件备案审查办法①	2008.10.1	湖南省行政程序规定	变为全面规制制度,增加制定权限与程序、评估、清理以及追究违法责任制度
			2009.7.9	湖南省规范性文件管理办法	
15	1997.10.29	江苏省规范性文件备案审查规定②	2009.6.1	江苏省规范性文件备案审查规定	变为全面规制制度,增加制定权限与程序、实施评估以及清理制度
16	2003.6.1	江西省规范性文件备案办法	2010.11.29	江西省规范性文件备案办法(修订)	增加了制定权限、实施评估以及清理制度
	2004.6.1	江西省行政机关规范性文件制定程序规定	2010.11.29	江西省行政机关规范性文件制定程序规定(修订)	
17	2005.10.1	吉林省规章规范性文件监督办法	—	不变	—
	—	—	2013.5.1	吉林省规范性文件制定办法	规定了制定权限与程序、评估以及清理制度
18	2002.12.1	辽宁省规章规范性文件备案办法	—	不变	—
	—	—	2009.10.15	辽宁省规章规范性文件定期清理规定③	规定了评估与清理制度
19	2004.8.17	内蒙古自治区规范性文件制定和备案审查办法	2013.1.11	内蒙古自治区规范性文件制定和备案监督办法	增加了听证程序、评估与清理制度
20	2005.8.1	宁夏回族自治区规范性文件制定和备案规定④	2017.2.1	宁夏回族自治区行政规范性文件制定和备案办法	增加了制定中评估程序、实施后评估与清理制度

---

① 2009年7月9日废止。
② 2009年6月1日废止。
③ 2012年,辽宁省还草拟了《辽宁省行政规范性文件制定规定》,并就草案曾向社会征求意见。
④ 2017年2月1日废止。

(续表)

序号	2008年前实施日	规章名称	2008年后实施日	变化后规章名称	2008年后新增主要内容
21	2004.4.1	青海省规范性文件备案办法①	2014.3.1	青海省行政规范性文件制定和备案办法	变为全面规制制度，增加制定权限与程序、期满失效清理以及追究违法责任制度
22	2002.6.1	陕西省行政机关规范性文件备案规定②	2007.3.1	陕西省规范性文件监督管理办法③	变为全面规制制度，增加制定权限与程序以及清理制度
23	2004.1.1	山西省规范性文件制定与备案规定	—	不变	
23	2006.10.1	山西省行政机关规范性文件制定程序暂行办法	—	不变	
24	2005.5.1	山东省规章和规范性文件备案规定	2012.1.1	山东省行政程序规定	变为全面规制制度，细化制定程序制度
24			2016.5.1	山东省政府部门规范性文件"三统一"办法、山东省政府规范性文件合法性审查办法	
24			—	不变	
25	2004.5.1	上海市行政规范性文件制定和备案规定④	2017.1.1	上海市行政规范性文件制定和备案规定	增加实施情况评估、清理以及追究违法责任制度
26	2005.3.1	四川省行政规范性文件制定和备案规定	2010.8.1	四川省行政规范性文件制定和备案规定（修订）	增加清理制度与追究违法责任制度

---

① 2014年3月1日废止。
② 2007年3月1日废止。
③ 由于《陕西省规范性文件监督管理办法》的内容更接近《监督法》生效后其他省份制定的全面规制规章的规范内容，因此将其归入2008年及其后实施的规制规章类别中。
④ 2016年10月9日废止。

(续表)

序号	2008年前实施日	规章名称	2008年后实施日	变化后规章名称	2008年后新增主要内容
27	2004.1.1	天津市规范性文件备案办法①	2008.2.1	天津市行政规范性文件管理规定	变为全面规制制度,增加制定权限与程序、实施评估以及清理制度
28	1998.1.1	西藏自治区规范性文件备案暂行规定②	2016.1.1	西藏自治区规范性文件制定和备案规定	变为全面规制制度,增加制定权限与程序以及追究违法责任制度
29	2004.5.1	新疆维吾尔自治区行政机关规范性文件备案规定	—	不变	—
29	2004.12.1	新疆维吾尔自治区行政机关规范性文件制定程序规定	—	不变	—
30	2005.1.1	云南省行政机关规范性文件制定和备案办法	—	不变	—
31	2000.7.1	浙江省行政规范性文件备案审查规定③	2010.9.1	浙江省行政规范性文件管理办法	变为全面规制制度,增加制定权限与程序、实施评估以及清理制度

　　基于规制文本核心规范内容的共性与各省规制行政规定所出台的规章作为我国法制有机组成部分所应体现的一致性,这些规制规章的文本内容就具有了进行横向比较分析的可行性和必要性。同时,通过纵向比较2008年前后同一地方规制规章内容的前后变化,可以剖析与总结规制内容的发展趋向。因此,本书以实证统计与横向及纵向对比的方法,对地方省级人民政府行政规定制定程序的规制文本中存在的规制共性和差异点、原因以及制度演化发展趋向作出了以下具体描述和剖析:

---

① 2008年2月1日废止。
② 2016年1月1日废止。
③ 2010年9月1日废止。

(一) 省级地方行政规定规制概况

为了努力发挥行政规定的积极功效、合理控制行政规定的数量、预防行政规定侵犯行政相对人的合法权益,并引导和促使行政规定的制定、发布和监督走上法治轨道,各地省级人民政府在将行政规定备案审查规制活动规范化和制度化的同时,也意识到了将行政规定制定活动规范化和制度化的重要性。因此,一些省级人民政府在完善行政系统内监督制度的基础上,逐渐开始对能够影响行政相对人权益的行政规定的制定权限和程序作出规范和制约。

从 2008 年前各省级人民政府有关规制行政规定的规章内容来看,规制文本主要呈现出三类规制方式:其一,有的省份在同一件规制规章中既对制定主体制定行政规定程序提出直接规制要求,也对制定主体之外行政系统内监督主体通过备案审查方式实行监督提出间接规制要求,因此在本书分析中将这类规制文本归类于"全面规制",并在制定权限和程序规制部分与备案审查监督规制部分分别予以研究,如《上海市行政规范性文件制定和备案规定》;其二,有的省份在规制规章中仅对制定主体之外行政系统内监督主体通过备案审查方式实行监督提出间接规制要求,本书分析中将这类规制文本归类于"间接规制",并在备案审查监督规制部分予以研究,如《甘肃省规章规范性文件备案审查办法》;其三,个别省份在规制规章中独立对制定主体制定行政规定程序作出直接规制要求,本书分析中将这类独立规制制定权限与程序的文本归类于"直接规制",并在制定权限和程序规制部分予以研究,如《安徽省行政机关规范性文件制定程序规定》。然而,从 2008 年后的规制规章内容看,全面规制逐渐增多,单纯的间接规制已经极少,独立规制制定权限与程序的制度则稍有增加。

1. 各省规制规章的名称

(1) 2007 年前后规制变化

在 2007 年前,31 个省份的 34 件省级规章中,有 13 个省份的 16 件规章既对制定行政规定提出直接规范要求,也对监督行政规定提出间接制约要求。因此,全面规制的省份占到 41.9%。其中,福建、广东、广西、海南、内蒙古、宁夏、山西、上海、四川和云南 10 个省份的 10 件规章是在同一件规章文本中以"制定与备案规定（或管理规定）"或者"制定与备案办法（或管理办法）"为规制制度命名的；①而安徽、江西和新疆3个省份的6件规章是采用先后制定"规范性文件制定程序规定"和"规范性文件备案（监督）办法或规定"共同对行政规定予以直接和间接规制。同时，另有18个省份的18件规章仅对监督行政规定提出间接制约要求。因此，间接规制的省份占到58.1%。其中，北京、河北、河南、黑龙江等11个省份将规制规章概括地命名为"备案（或监督）办法或规定"；甘肃、贵州等7个省份则强调了对行政规范性文件予以审查监督的规制目的，因此将规制规章命名为"备案审查办法或规定"或者"审查登记办法"。（详见表2-4）

表2-4　2007年前省级人民政府规制行政规定的类型及其名称差异的原因

	名称	省份	省份个数	总百分比	规章件数	名称差异的原因
全面规制	制定与备案（或管理）规定或办法	福建、广东、广西、海南、内蒙古、宁夏、山西、上海、四川和云南	10	41.9	10	强调了行政系统内制定与监督程序的衔接
	制定程序规定和备案（监督）办法或规定	安徽、江西和新疆	3		6	割裂了行政系统内制定与监督程序的衔接
监督规制	备案（或监督）办法或规定	北京、河北、河南、黑龙江、吉林、辽宁、青海、陕西、山东、天津和西藏	11	58.1	11	仅强调了备案监督程序
	备案审查办法或规定或者审查登记办法	甘肃、贵州、湖北、湖南、江苏、浙江和重庆	7		7	强调了备案和审查两方面监督程序
	合计		31	100.0	34	

在2007年后，除了北京与辽宁制定的规制制度仍然主要侧重监督规制外，②其他29个省份都通过修改或重新制定的方式对行政规定的制定权限与

---

① 广西虽然以"制定程序规定"命名，但是规章的内容则包含着对行政规范性文件的制定和备案监督两个方面都予以规制。

② 事实上，辽宁省人民政府于2012年已经着手调研对行政规定作出全面规制，辽宁省人民政府法制办公室在深入调研的基础上起草了《辽宁省行政规范性文件制定规定（草案）》，并将草案公开征求意见；北京也正在着手对行政规定作出全面规制，2015年6月29日至2015年7月18日北京市政府法制办已经对《北京市行政规范性文件管理办法（送审稿）》公开征求了意见。

程序、备案审查、实施后评估以及清理制度作出全面规制(详见表2-5)。这些新变化既有助于加强行政系统内制定主体与备案审查主体之间的协作,更起到了主动预防与制止违法行政规定生效或者侵害行政相对人合法权益的积极作用。

表2-5 2007年后至今省级人民政府规制行政规定类型的变化

	名称	省份	省份个数	总百分比(%)	规章件数
全面规制	监督管理办法、规范性文件管理办法(或者规定)、制定与备案规定(或办法)	广东、河南、重庆、黑龙江、甘肃、湖北、广西、天津、河北、浙江、海南、内蒙古、宁夏、陕西、上海、四川、云南、青海、西藏、贵州和江苏	21	93.5	21
	制定程序规定和备案监督办法	湖南、吉林、山西、山东、福建、安徽、江西和新疆	8		18
监督规制	备案(或者监督)办法或规定	北京和辽宁(准备修改)	2	6.5	3
	合计		31	100.0	42

(2)值得反思的问题

其一,制定行政规定的程序现已逐步构建起来,但仍有巨大待完善空间。

行政规定制定程序可以说是行政系统内规制影响行政相对人合法权益的行政规定的第一道门槛。这道门槛的存在及完善与否,直接关系到能否提高行政规定的制定质量,能否落实行政相对人知情权与参与权以及能否防止行政规定泛滥成灾。

2007年《监督法》生效之前,从国家最高行政机关(国务院)现实规范行政规定制定程序角度看,尽管2001年国务院发布施行的《国家行政机关公文处理办法》已开始对行政规定制定程序作出了简单规范,但是仅有其作为规制程序制度显然不能够满足现代法治政府行使行政规定权从事行政规定制定活动所应满足的程序正当性要求。从地方省级行政机关统一规范本省地域内行政规定制定程序角度看,截至2007年底,31个省份中仅有13个省对行政规定制定程序明确予以规范,多数省份则仅对行政系统内监督作出规范而没有重视行政规定制定程序的正当性问题。

2007年及之后，一些省级人民政府的规制规章开始关注并细化行政规定制定正当程序。例如，一些省份（如湖南、上海等）的规制制度开始关注具有操作性的起草论证制度，一些省份（如黑龙江、湖北、内蒙古、上海、天津以及吉林等）细化了公众参与制定行政规定的征求意见或听证制度。然而，迄今为止，在具有全面规制制度的29个省级规制规章中，大多数省份（如安徽、重庆、河南、河北、广西、贵州、甘肃、江苏、宁夏、山西、陕西、四川、浙江、西藏等）的制定正当程序仅属因缺乏细节而导致操作性不强的概括性规定，因此程序规制制度仍有巨大可以完善的空间。

其二，多数省份对制定行政规定程序制度与备案审查制度之间的程序衔接仍没有给予应有的关注。

从各省规制内容看，在2007年之前，近2/3的地方省级人民政府对行政规定制定程序制度与行政规定备案审查制度之程序衔接问题并未给予应有的关注。例如，《新疆维吾尔自治区行政机关规范性文件备案规定》规定，制定机关应将规范性文件自公布之日起10日内报送备案，并要求备案机关的法制工作机构对报送备案的规范性文件自收到报备材料之日起30日内将书面审查意见通知制定机关；而《新疆维吾尔自治区行政机关规范性文件制定程序规定》却规定一般的规范性文件自公布之日起30日后即可以施行。在规制制度中，设置这些最长报备期限（公布之日起10日内）、最长审查期限（自收到报备材料之日起30日）以及公布日与施行日之间的最短期限（公布之日起30日）的目的都在于确保在行政规定生效之前，将公民、法人或者其他组织合法权益受到违法或不当行政规定侵害的可能性降到最低。然而，最长10日的报备期限加上最长30日的审查期限已经超过了最短30日的公布日与施行日之间的期间。由此可见，该制度设计很有可能会对行政相对人造成不利结果：在备案审查中，行政监督主体发现行政规定违法或存在严重不当的情况，但是在审查结论得出之前，该特定行政规定就已经生效并对行政相对人的合法权益造成实际损害。这种由两部规章分别从制定程序和备案审查两个方面进行全面规制的方式对行政规定制定程序或备案监督具体规制内容的表述相对较为细化，却会造成同一省份不同时期单独制定的规制规范之间相互脱节的情况（甚至规制内容可能相互矛盾）。

值得欣慰的是,在 2007 年之后,地方省级人民政府开始关注行政规定制定程序制度与备案审查制度的程序衔接问题。例如,2010 年修订后的《江西省规范性文件备案办法》将原来规范性文件最长报备期间 30 日修改为 15 日,要求制定主体尽早将制定完毕的行政规定提交备案。与之对应的《江西省行政机关规范性文件制定程序规定》第 20 条则规定"规范性文件应当自公布之日起 30 日后施行",该最长 15 日的报备期限小于最短 30 日的公布日与施行日之间的期间。因此,修订最长报备期限更有利于发挥备案审查将违法或不当的行政规定遏制于生效之前的功能。这些经验已经被 2007 年后多数省级地方政府修改和重新发布的行政规定规制规章所确认。再如,2015 年 6 月 29 日北京市政府法制办发布的《关于〈北京市行政规范性文件管理办法(送审稿)〉的说明》中提到,送审稿第 12—15 条的内容明确规范了"制定中合法性审查和备案后合法性审查的衔接"。

目前,尽管各省对制定程序与备案审查监督规制之间的衔接问题有所关注,但是多数省份对制定与备案审查两种规制制度之间的衔接问题仍有极大的改进空间。因此,在规制行政规定过程中,规制制度的设计者应该始终关注行政规定制定程序和备案审查程序规制制度之间的内容协调问题,以免出现顾此失彼的问题,努力实现行政规定规制内容的科学决策。

此外,从行政规定规制名称不统一所展示的各省行政规定制定制度和监督制度之间的规制差异,也反映了多数省份并没有将行政规定制定制度和监督制度看作是行政系统内密切联系且需要相互依存和协调的一个系统性规制机制。规制制度的不完善或者众多相互联系的规制制度之间的割裂或脱节,会对行政系统内全面落实行政规定规制制度造成阻碍或不利影响。

2. 各省制定与监督规制制度的发展顺序

(1) 规制状况

地方各省在 20 世纪 90 年代创制的行政规定的规制制度,主要集中于行政系统内部备案监督制约方面。从 2003 年始,一些省级政府在关注行政规定的备案监督制度化问题的同时,也开始对行政规定制定活动本身的权限和程序规制问题给予制度化。到 2016 年底,已有 29 个省份采用涉及行政规定制定权限、程序和备案审查监督问题的全面规制规章代替原先单一以备案审查监督为核心规制内容的规章(参见表2-3与表2-5)。由此可见,各省规制规章的发展变化呈现出备案监督规制制度早于制定程序规制制度出现的特点。例如,新疆维吾尔自治区人民政府于1992年3月15日制定了《规章和规范性文件备案规定》(该规章因自2004年5月1日起施行的《新疆维吾尔自治区行政机关规范性文件备案规定》而被废止),但自2004年12月1日起才开始施行《新疆维吾尔自治区行政机关规范性文件制定程序规定》。

(2)需要全面系统地协调解决的问题

就规制制度发展的进步性而言,随着社会民主法治建设的不断发展,不少省份已经认识到了不仅要在行政规定产生后对其进行监督,而且要重视其制定权限和程序的正当性,因此各省纷纷通过修改原有备案审查制度,全面建立制定制度和监督制度。这一举措对于在行政系统内逐步实现全面规制行政规定而言具有重要意义。

就规制制度发展的应然逻辑而言,完善的行政规定制定权限和程序制度是构建行政规定备案审查监督制度的前提,因此对行政规定制定程序进行规制不仅源于制定程序的法定化(尤其是对行政规定公开程序的制度化)有利于开展备案审查工作,而且源于行政规定制定程序的规范化有助于提高行政规定质量、降低备案审查监督成本与实现备案审查目的。然而,在规制行政规定的过程中,各地首先是将行政规定备案监督事项予以法制化,其后才逐渐将行政规定制定权限和程序等事项予以法制化。这种行政系统内"先规制行政规定监督,后规制制定权限和程序"的情况,与客观事物或活动发展变化的逻辑顺序完全相悖。尽管该情况的形成事实上源于社会和政府对行政规定制定权需要加以管理的理念先于其程序正当性追问理念,但是监督与制定规制制度的"逆序"发展可能引发规制制度名不符实与自相矛盾的问题。

首先,规制制度"逆序"发展会带来名不符实的问题。在仅制定监督规制制度的情况下,监督制度中可能出现规范行政规定制定权限和程序的内容,这使得行政规定监督规制规章的标题与规范内容并不完全相一致。由于监督制度出现在前,监督制度要实现其规制目的,就不得不对一些本应由制定权限和程序制度规范的内容作出部分规范,如《北京市行政规范性文件备案监督办法》就对制定机关的权限和公布程序作出了规范,该办法第4条规定:

"行政规范性文件不得设定下列内容:(一)行政处罚;(二)行政许可;(三)行政性收费;(四)其他应当由法律、法规、规章规定的事项。行政规范性文件对实施法律、法规、规章作出的具体规定,不得增设公民、法人和其他组织的义务,不得限制法律、法规、规章赋予公民、法人和其他组织的权利。"[①]第5条规定:"行政规范性文件应当自施行之日起30日前公布,未经公布的,不得作为实施行政管理的依据;但因保障国家安全、重大公共利益的需要,或者公布后不立即施行将有碍法律、法规、规章执行等情形的除外。"这种将行政规定制定权限与制定程序隐含于监督制度中的做法虽然有助于实现行政规定监督制度的立法目的,但是事实上阻碍了制定权限与制定程序制度的全面系统建立和完善。

其次,规制制度"逆序"发展会引发自相矛盾的问题。也就是说,立法者在不同时期分别设置制定程序和备案审查监督程序规制制度,可能就同一内容作出不同甚至相互矛盾的规定。例如,2004年5月生效的《新疆维吾尔自治区行政机关规范性文件备案规定》第3条规定:"本规定所称行政机关规范性文件,是指各级人民政府和县级以上人民政府工作部门、直属机构依照法定权限和程序制定的、具有普遍约束力的行政文件。"而2004年12月生效的《新疆维吾尔自治区行政机关规范性文件制定程序规定》第3条规定:"本规定所称行政机关规范性文件(以下简称规范性文件),是指各级人民政府和县级以上人民政府工作部门、直属机构(以下统称制定机关)依据法定职权和程序制定的对公民、法人或者其他组织具有普遍约束力的行政文件。"从新疆维吾尔自治区这两份规章的规范对象看,先出现的监督制度中的规范对象是"具有普遍约束力的行政文件",而后出现的制定程序制度中的规范对象则是"对公民、法人或者其他组织具有普遍约束力的行政文件",前者规范对象的范围显然大于后者规范对象的范围。事实上,从各省普遍的规范对象和备案审查监督必要性看,行政系统内备案审查监督的对象恰恰应当是"对公民、法人或者其他组织具有普遍约束力的行政文件"。再如,2007年1月施行的《安徽省行政机关规范性文件备案监督办法》第4条和第9条规定,省、市和县

---

① 2016年制定实施的《北京市行政规范性文件备案规定》也有类似规定。

(市、区)人民政府所属工作部门制定的规范性文件,应当自公布之日起 15 日内,向本级人民政府报送备案,并且本级人民政府法制机构应当自收到备案的规范性文件之日起 30 日内对行政规范性文件进行审查。但是,2003 年 3 月施行的《安徽省行政机关规范性文件制定程序规定》第 22 条和第 25 条则规定,部门规范性文件在印发前,有关部门应将规范性文件送本级政府法制部门进行合法性审查,部门规范性文件未经本级政府法制部门审查不得印发。这两份规章中对部门行政规定应接受同级政府法制部门审查的规定明显呈现出相互矛盾之处,即前者规定公布后审查,但后者规定审查后发布。

3. 各省对规范性文件概念内涵和外延的界定

(1) 规制状况

在 2013 年 5 月实施《吉林省行政规范性文件制定办法》后,31 个省份都对"行政规范性文件"这一专业法律用语在其规制行政规定的地方政府规章中作出明确界定,只是各省对"行政规范性文件"的认识多不一致。就定义的内涵而言,在 2007 年前,各省不同程度地运用制定文件主体、制定依据、制定权限、制定目的、生效形式(即公开发布)、适用频率(即反复适用)、规范效力(即具有普遍约束力)、对行政相对人权利义务的影响、制定程序和法律责任 10 大要素对"行政规范性文件"这一概念的共同本质属性给予概括,以明确规制制度所规范的对象,但在 2007 年后各省重新制定或者修改的概念界定中不再要求具备"明确法律责任"这一要素,并且近年来,行政规定的制定主体、职权与制定程序、涉及行政管理相对人的权利义务、具有普遍约束力以及适用频率等本质属性越来越获得各省的普遍认同,而制定目的、制定依据以及生效形式等要素则逐渐被"淘汰"。就定义的外延而言,在 2007 年后,各省也越来越重视在界定内涵的同时,对"行政规范性文件"的外延作出明确界定,并且多数省份以排除方式(即除规章外)或者以明确列举方式(即指明行政规范性文件包括行政措施、决定和命令等)明确了"行政规范性文件"的外延不包括规章和内部行政规范性文件。(详见表 2-6)

表 2-6 2007 年后 31 个省份的规章中界定规范性文件概念要素的对比表

规范性文件概念的内涵和外延要素		个数	省份名称
内涵方面	制定主体,如行政机关或各级人民政府及其工作部门,以及法律、法规授权的具有管理公共事务职能的组织	31	各省规定的具体制定主体有差异
	根据法律、法规和其他上位法的规定	3	安徽、北京、山西
	职权,如依据法定职权或者在其法定权限内制定的	24	安徽、重庆、河北、湖北、湖南、海南、贵州、广东、甘肃、福建、江苏、辽宁、内蒙古、宁夏、吉林、山西、陕西、山东、四川、上海、天津、西藏、新疆、浙江
	制定目的,如规范行政管理事务	6	安徽、福建、辽宁、贵州、广西、陕西
	生效形式,如公布	6	安徽、北京、山西、四川、宁夏、云南
	反复适用	21	安徽、重庆、广东、广西、贵州、河北、河南、湖北、湖南、吉林、宁夏、内蒙古、青海、上海、山西、陕西、山东、四川、天津、西藏、浙江
	具有普遍约束力	31	全部
	涉及管理相对人的权利义务	26	重庆、福建、甘肃、贵州、广东、广西、河北、河南、湖北、湖南、海南、黑龙江、内蒙古、宁夏、江西、江苏、吉林、辽宁、青海、新疆、山东、四川、天津、西藏、浙江
	依照法定程序	18	重庆、贵州、甘肃、河北、湖北、湖南、江苏、内蒙古、宁夏、辽宁、山西、山东、陕西、四川、天津、西藏、新疆、浙江
在外延方面,排除其他规则	直接或间接地将规章排除在定义之外,如指除政府规章外或行政措施、决定、命令等行政性文件	25	安徽、重庆、福建、甘肃、广西、广东、海南、河北、河南、湖北、湖南、黑龙江、吉林、江西、江苏、宁夏、内蒙古、青海、四川、陕西、上海、天津、西藏、云南、浙江
	其他规则排除,如行政机关为规范内部工作制度和工作程序、表彰奖励、人事任免、转发上级文件以及对具体行政行为作出决定等事项制定的文件,不适用	14	海南、北京、福建、湖北、贵州、内蒙古、辽宁、山西、陕西、山东、青海、天津、西藏、浙江

（2）有待明确的问题

其一，个别省份对"行政规范性文件"一词外延的界定较为模糊，不利于有效达成规制目的。

各省界定"行政规范性文件"这一术语的目的主要在于从内涵与外延两个角度确认行政规定规制制度的规范对象。然而，从每一个省份具体对"行政规范性文件"这一术语作出的不同内涵和外延界定看，到目前为止，一些省份（如安徽与新疆）的规制制度中，对该词语作出界定的内容，并没有完全廓清该术语与规章以及与不具有外部效果的行政内部组织管理规则之间的界限，进而引发规制制度所规范对象的不确定。例如，《安徽省行政机关规范性文件备案监督办法》第3条第2款规定："本办法所称规范性文件，是指行政机关根据法律、法规和其他上位法的规定，在其法定权限内制定的，规范行政管理事务、公开发布并反复适用的，具有普遍约束力的文件。"从该规范内容看，人们并不能确定其所规定的"行政规范性文件"，除了包括具有外部效果的行政规定之外，是否还包括地方政府规章和仅具有内部效果的行政规范性文件。然而，"行政规范性文件"这一术语的明确界定事关规制的必要范围与规制成本（尤其是备案审查的成本效益）。

其二，仍需深入认识与精确界定"行政规范性文件"一词的主要特征要素。

从实践角度看，目前各省规制制度对制定文件主体、制定权限和影响行政相对人权利义务三个方面的本质属性基本予以认可。然而，一些省份尚未对制定行政规定应遵循法定程序的本质特征给予认可。就本质属性的重要性而言，要求制定行政规定遵循法定程序（尤其是公开发布）的特征，不仅从程序上制约了抽象行政规定制定权的恣意行使，而且也使行政规定具有程序正当性。如果行政规定缺少这一本质属性要求，那么就会因程序公正缺失而导致出现行政规定制定权滥用或者行政相对人合法权益无法保障的情况。

从理论角度看，能够将"行政规范性文件"与"行政规章或不具有外部效果的内部行政规范性文件"区分开来的特征才是"行政规范性文件"这一术语的本质属性。在各省"行政规范性文件"一词的含义已经涉及的9个要素中，"制定文件主体""制定权限""制定程序"等要素是将"行政规范性文件"与"规章"相区分的核心要素,而"普遍约束力""影响行政相对人的权利义务"以及"生效形式(即公开发布)"等要素是将"行政规范性文件"与"不具有外部效果的内部行政规范性文件"相区分的重要要素。因此,各省有必要在提高认识水平的基础上,慎重确认规制制度中"行政规范性文件"概念应当具体包括哪些要素。

此外,从界定术语应精炼的角度看,规制制度在界定"行政规范性文件"这一术语时,没有必要运用不同或近似的术语重复强调同一本质属性。例如,目前众多省份(如安徽、重庆等 21 个省份)不仅规定了"具有普遍约束力的文件"的特征,还强调了"反复适用"的特征。事实上,"具有普遍约束力的文件"自然具备"反复适用"的含义在内。因此,在确定"行政规范性文件"具有"普遍约束力"这一本质特征的同时,已没有必要再次声明其具有"反复适用"这一特征。

4. 各省对制定主体的确认

(1)规制状况

在 2007 年前,31 个省份对行政规定制定主体规定的差异既存在于政府及其部门中(如重庆与别的省份规定不同),也存在于政府机构与授权组织中(如广东、河北、贵州、四川 4 个省份的政府办事机构是有权制定行政规定的,安徽、北京等 14 个省份则规定了授权组织的行政规定制定权)。然而,经过十年的变化,随着对授权组织与政府派出机关制定行政规定的普遍确认,对"议事协调机构、临时性机构、部门派出机构以及内设机构"作为制定主体的普遍排除,各省有权制定行政规定的主体相对更为明确,并且各省对于制定主体的规范差异开始变小。(详见表 2-7)

表 2-7　2007 年后各省制定行政规定主体种类的对比表

制定行政规定的主体种类	省份个数	省份名称
各级人民政府、行政公署以及县级以上人民政府部门	31	全部

(续表)

制定行政规定的主体种类		省份个数	省份名称
明确政府部门或机构含义的省份	人民政府所属部门包括工作部门、直属机构、办事机构	6	福建、广东、河北、贵州、山西、四川
	人民政府所属部门包括工作部门、直属机构	5	宁夏、陕西、西藏、新疆、浙江
	部省双重管理单位或国家派驻本直辖市的行政管理部门	3	北京、陕西、云南
赋予人民政府的派出机关、行政公署、城市街道办事处等制定权的省份		18	安徽、北京、福建、贵州、海南、河南、黑龙江、湖南、吉林、江苏、内蒙古、宁夏、青海、山西、陕西、上海、西藏、浙江
授权组织		27	安徽、北京、重庆、福建、甘肃、贵州、广东、广西、海南、黑龙江、河北、湖北、湖南、吉林、江苏、内蒙古、宁夏、青海、山西、陕西、上海、四川、西藏、天津、新疆、云南、浙江
涉及两个以上部门职权范围的事项各有关部门联合制定		4	北京、湖北、云南、江西
排除主体	各级人民政府及其工作部门的内设机构、临时机构不得制定	21	福建、贵州、广东、广西、海南、河北、河南、湖北、湖南、吉林、江西、江苏、内蒙古、宁夏、青海、山西、四川、西藏、天津、新疆、云南
	议事协调机构	14	广东、贵州、海南、河北、河南、湖北、湖南、吉林、内蒙古、宁夏、青海、四川、西藏、天津
	部门的派出机构	12	海南、河南、湖北、湖南、吉林、内蒙古、宁夏、青海、四川、天津、云南、浙江

(2) 主体资格有待统一的问题

2007年后,各省对谁有权制定行政规定的资格配置比2007年前的规制要求有趋同倾向,但是通过比较各省规制制度中关于制定主体的主要差异可以发现,相对于宪法和地方组织法以及有关行政法规确认的行政规定制定主体而言,一些省份存在不适当地放松行政规定制定资格的情况。例如,尽管于2001年1月1日起施行的《国家行政机关公文处理办法》第15条明确规定:"部门内设机构除办公厅(室)外不得对外正式行文",并且人民政府所属办事机构非经授权不具有对外独立承担法律责任的能力,但是仍有福建、广东、河北、贵州、山西和四川等省在规制规章中直接明文赋予政府办事机构制定行政规定的主体资格。

综上,从各省现行规制规章的名称、规制内容的发展变化、概念界定中确认的规制对象以及制定主体等方面看,现行规制制度中存在的主要问题为:尚需在精要准确地界定行政规定概念的内涵与外延的基础上,明确行政规定制定主体及其权限,并需要加强关注行政系统内制定程序与备案审查监督程序的协调与衔接。

(二) 各省行政规定制定原则、权限和程序的规制现状及反思

2008年前,仅有北京、湖北等16个省级地方政府规章对行政规定制定原则、权限和程序作出了规制,2008年后绝大多数省份则已对有关内容作出规范。

1. 对制定原则的规范

(1) 规制状况

2008年前仅北京、安徽等15个省份对制定行政规定应遵循的原则作出规制,在2008年及其后规制制定原则的省份明显增多(详见表2-8)。作为制定行政规定过程中应当始终贯彻执行的准则,各省确认的制定原则既有多数省份都认同的"合法性""权限法定""权责一致""程序法定""维护相对人合法利益""精简、效能、统一""民主公开""符合技术规范"等原则,也有仅少数省份(如重庆、安徽、山西、江西、新疆、云南)才加以确认的"符合政策""合理""便民"等原则。其中,合法性原则确认率最高,其次是权限法定原则。此外,在2008年后,确认"权责一致""程序法定""维护相对人合法利益"以及"精简、效能、统一"原则的省份急剧增加。

表 2-8 2008 年前后各省确认制定行政规定时应遵循的原则比较

制定行政规定应遵循原则	2008 年前 个数	2008 年前 省份名称	2008 年及其后 个数	2008 年及其后 省份名称
合法性	15	北京、安徽、重庆、福建、广东、广西、海南、江西、内蒙古、宁夏、山西、四川、上海、新疆、云南	27	北京、安徽、重庆、福建、甘肃、广东、广西、贵州、海南、河北、黑龙江、湖北、湖南、吉林、江苏、内蒙古、宁夏、青海、山西、陕西、四川、上海、天津、西藏、新疆、浙江、云南
符合法定职权（或授权）范围	9	北京、重庆、福建、广东、广西、内蒙古、四川、上海、新疆	20	北京、重庆、福建、甘肃、广东、广西、贵州、河北、湖北、河南、江苏、宁夏、青海、山西、陕西、四川、上海、天津、西藏、新疆
程序法定	5	福建、广西、四川、上海、新疆	14	福建、重庆、广西、贵州、河北、江苏、宁夏、青海、山西、四川、上海、天津、西藏、新疆
不违反上级行政机关的命令、决定；符合国家和地方现行政策措施	4	重庆、广东、内蒙古、山西	10	重庆、广东、湖北、江苏、内蒙古、宁夏、青海、天津、山西、西藏
体现改革精神，促进政府职能转变	5	安徽、江西、山西、新疆、云南	5	安徽、江西、山西、新疆、云南
精简、效能、统一	6	安徽、福建、海南、山西、四川、云南	14	安徽、福建、海南、黑龙江、湖北、湖南、吉林、内蒙古、山西、四川、天津、西藏、云南、浙江
职权与责任相一致	5	广西、四川、上海、新疆、云南	16	甘肃、广西、河北、黑龙江、湖北、吉林、江苏、内蒙古、青海、山西、四川、天津、西藏、新疆、浙江
合理	1	云南	5	贵州、宁夏、上海、西藏、云南
民主公开（以及保障公众参与）	4	海南、广西、四川、云南	13	海南、广西、河北、湖北、湖南、吉林、内蒙古、陕西、四川、上海、西藏、云南、浙江
维护公民、法人和其他组织的合法权益	7	福建、江西、内蒙古、四川、上海、新疆、云南	14	福建、甘肃、贵州、吉林、江苏、江西、内蒙古、宁夏、山西、四川、天津、新疆、云南、浙江
便民	2	广西、云南	2	广西、云南

(续表)

制定行政规定应遵循原则	2008年前		2008年及其后	
	个数	省份名称	个数	省份名称
符合立法技术规范要求	5	北京、福建、江西、内蒙古、山西	7	北京、福建、江西、宁夏、陕西、山西、天津
不重复规定;控制数量	4	广东、广西、宁夏、云南	8	广东、广西、河南、湖南、宁夏、陕西、天津、云南

(2) 合理科学地确认制定原则的问题

在制定行政规定活动中,遵循基本制定原则是制定高质量行政规定的基本保障。各省确认的制定行政规定应遵从的原则,从各个角度指导与规范着各省的行政规定制定工作。因此,在规制制度中,明确确认制定行政规定的原则既有助于规范行政规定制定权与制定程序,提高行政规定质量,保障行政规定的正当性与权威性,也能够更好地维护行政相对人的利益。但是,在各省规制制度已经确认的原则中,有些是在一个民主法治国家之下制定任何高质量的行政规定都必须遵守的基本准则,如合法性原则(包含权限和程序法定原则)、民主公开原则(包含保障公众参与制定过程原则)、科学原则(包含权责统一原则,精简、效能、统一原则,体现改革精神,科学规范行政行为,促进政府职能转变原则,符合立法技术规范要求原则,以及合理性原则与便民原则);而有些原则却是从逻辑上看明显属于基本原则内含的分原则(如权限法定原则、维护相对人合法利益原则和程序法定原则等都涉及合法性原则的内容;精简、效能、统一原则和权责一致原则也都与合理性原则内容相关或交叉),或者属于在探索如何建设一个民主法治国家过程中的某个特定阶段才需要存在的具体原则(如与WTO原则或其他规范性文件相协调原则,体现改革精神,科学规范行政行为,促进政府职能转变原则)。由此可见,目前各省已经确认的行政规定制定原则主要存在以下两方面的问题:

其一,多样化的制定原则之间的关系有待理顺。地方各省现在确定的各种制定原则并没有区分逻辑层次,即各省往往将并不处于同一个逻辑层面的各种原则放置同一层面中作为指导行政规定制定的基本准则。这不但使各省的行政规定制定原则多呈现出逻辑混乱的状况,而且可能因该省不分层次地罗列基本原则和非基本原则,使得人们对特定原则的理解发生歧义甚至冲突。例如，合法性原则可以狭义地理解为"要求行政规范性文件中有关行政相对人的权利义务规定符合上位法"，也可以广义地理解为包括制定主体的权限合法、制定程序合法和规范行政相对人权利义务的内容合法，当重庆和广东等省份的规章中仅仅明确将"合法性"和"权限法定"列举为制定行政规定应遵循的原则之后，就有可能使人们对该省制定行政规定中是否需要遵循"程序法定原则"产生疑问。这些问题的存在，既造成了制定行政规定应优先遵循哪些基本原则的困惑，也将不利于实现基本原则全面系统地指导行政规定制定活动以提高行政规定质量的目的。

其二，政策性要求与基本原则需要厘清。制定原则本应是一个比政策更为稳定的指导准则。然而，一些省份（如安徽、山西、江西、新疆、云南等）往往将仅在特定时期内指导行政规定制定活动的政策也在规制制度中确认为指导行政规定制定的基本准则。例如，安徽、江西等省份将"合法性原则"和"体现改革精神，科学规范行政行为，促进政府职能转变原则"同时作为行政规定制定原则，就可能因上位法相对滞后于地方改革发展实际需要，致使政策的阶段变动性需求与合法性原则的持续稳定性要求不时发生冲突，从而破坏制定主体对基本原则所应持有的严格遵循理念和敬畏感，进而不利于规制制度中确立基本原则之目的的达成。

2. 对制定权限的规范——禁止创设内容

（1）规制状况

2008年前，31个省市中仅13个省份对禁止设定内容作出了规范；而2008年及其后除安徽和辽宁两省外，其他29个省的规制规章都对行政规定禁止创设内容作出了规范。目前各省大多对行政处罚，行政许可，行政强制，行政收费，限制公民、法人和其他组织的权利与增设其义务，以及其他应当由法律、法规、规章（或上级行政机关决定或命令）规定的事项等禁止行政规定创设的事项作出明确划分。其中，河南、宁夏和云南等省列举的行政基金（或者会费等名义的收费）事项、湖南省列举的"禁止创设属于国家秘密的事项"，以及上海市列举的"禁止创设制约创新的事项"等都具有一定的地方特色（详见表2-9）。

表 2-9　2008 年前后规制制度中明确规范行政规定禁止创设事项的比较

禁止创设事项范围	2008 年前		2008 年及其后	
	个数	省份名称	个数	省份名称
禁设行政处罚、行政许可、行政强制措施	13	北京、重庆、广东、广西、海南、湖北、内蒙古、宁夏、上海、山西、四川、云南、新疆	26	除安徽、辽宁、宁夏、山西以及青海外的 26 个省
禁设行政收费	11	北京、重庆、广东、广西、海南、湖北、上海、山西、四川、云南、新疆	23	北京、重庆、福建、甘肃、广东、广西、贵州、海南、河南、黑龙江、湖北、湖南、吉林、内蒙古、宁夏、山东、陕西、四川、上海、天津、西藏、云南、新疆
不得增设行政相对人的义务；不得限制他们的权利	9	北京、重庆、广东、广西、海南、内蒙古、上海、云南、新疆	25	除安徽、辽宁、江西、山西、山东以及青海外的 25 个省
禁设其他应由法律、法规、规章（或上级行政命令、决定）规定的事项	9	北京、广东、广西、海南、内蒙古、宁夏、四川、上海、新疆	23	北京、福建、甘肃、广东、广西、贵州、海南、河北、河南、黑龙江、湖北、吉林、江苏、江西、内蒙古、宁夏、山东、陕西、四川、上海、天津、西藏、新疆
不得超越本行政机关职权	2	海南、宁夏	6	北京、福建、海南、宁夏、湖北、上海
禁设政府基金、会费等	2	重庆、云南	3	河南、宁夏、云南
行政收费禁设例外	4	重庆、广东、山西、云南	7	广东、贵州、河南、黑龙江、四川、天津、西藏
不得规定属于国家秘密的事项	0	—	1	湖南
禁设行政处分	0	—	1	贵州、黑龙江
禁设地方保护或行业保护内容；排除或限制公平竞争的事项	0	—	2	河北、上海
禁设制约创新事项	0	—	1	上海
除市政府外禁设非行政许可审批、行政确认、行政备案	0	—	1	天津

(2) 行政规定禁设事项是否需要统一规范的问题

合理设定行政规定禁止创设事项，既是合法性原则的具体体现，也是规范行政规定制定主体制定权限范围的必然要求。《立法法》第 8 条已经明文确认法律保留事项；《行政处罚法》第 14 条明确规定，除法律、行政法规、地方性法规、规章外，其他规范性文件不得设定行政处罚；《行政许可法》第 17 条规定，其他规范性文件一律不得设定行政许可；同时，《行政强制法》第 10 条第 4 款也规定："法律、法规以外的其他规范性文件不得设定行政强制措施。"由此可见，行政规定制定主体制定行政规定的权限，首先应受到法律保留事项的限制；其次要受到不得创设应当由法律、法规、规章规范的行政处罚、行政许可和行政强制等事项的限制。此外，随着我国法治发展，行政规定制定主体的制定权限进一步缩小。例如，为了避免行政规定制定主体侵害行政相对人的合法权益，2007 年的《监督法》已经要求地方人大常委会对同级地方人民政府制定的行政规定中"限制或者剥夺公民、法人和其他组织的合法权利，或者增加公民、法人和其他组织的义务的"事项作出审查，并依法有权撤销该行政规定。其后，2015 年修正后的《立法法》也规定："没有法律、行政法规、地方性法规的依据，地方政府规章不得设定减损公民、法人和其他组织权利或者增加其义务的规范。"因此，效力位阶次于规章的行政规定，应无权增设行政相对人的义务或限制其权利。

然而，由于目前我国的法律仅明文禁止行政规定直接创设行政许可、行政处罚和行政强制等事项，而没有统一、明确地禁止行政规定制定主体为行政相对人增设义务或限制权利，①因此，地方各省对行政规定创设行政收费事项或者基金（或以会费等名义的收费）等增设公民、法人和其他组织的义务，以及限制其权利的事项是否属于"应当由法律、法规、规章规定的事项"则各持己见。一些省份在规范制定和监督行政规定的地方政府规章中明文规定禁止创设"行政性收费（行政事业性收费）"和"增设行政相对人的义务或限制

---

① 尽管《监督法》第 30 条与 2015 年修正的《立法法》都间接对行政规定制定权限作出约束性规范，但是两部法对有关约束性内容的表述都不属于直接明确制定权范围，而属于事后监督性质，尤其是《监督法》仅对地方行政规定制定主体的权限作出监督性规范。

行政相对人的权利",认为这些虽没有法律明文禁止行政规定创设的事项也属于应当由法律、法规、规章规定的事项。另一些省份的规制规章(如安徽、辽宁、江西、山西和青海)则对在行政规定中能否创设这些仍没有法律明文禁止行政规定创设的事项作出沉默选择。此外,还有一些省份(如河南、宁夏和云南)则特许省级人民政府或其授权的部门在行政规定中创设行政收费,即将省级人民政府及其授权部门作为禁止创设的例外主体。既然这些行政规定的禁设事项普遍关系着各地行政规定制定权限的范围,那么除了法律已经明确禁止行政规定创设的行政处罚、行政许可和行政强制等事项外,禁止行政规定创设的其他具体事项仍需专门的行政规定制定法或者其他单行行政法进一步明确。

3. 对在制定过程中应由制定机关内部法制机构审核程序的规范

(1)规制状况

2008年前,共有19个省份的规制制度规定了由制定机关的法制机构统一对行政规定草案实施审核或征求意见制度。其中,有11个省份详细规定了应当提交的有关审核材料,7个省份概括规定由制定机关的法制机构对行政规定统一负责合法性审核,而山西省则仅规定"起草机构应当征求法制工作机构的意见"。2007年后,在重新制定或新修订的行政规定规制制度中,除北京、辽宁、福建和陕西①外,有27个省的规制规章中都详细规定了制定主体的内部法制机构审核行政规定的具体程序与要求。(详见表2-10)

---

① 2012年辽宁省草拟并且曾向社会征求意见的《辽宁省行政规范性文件制定规定》与2015年6月29日北京市政府法制办发布的《北京市行政规范性文件管理办法(送审稿)》都详细规定了制定机关的内部法制机构负责对行政规定作出合法性审核的职责。

此外,《陕西省规范性文件监督管理办法》要求制定机关的内部法制机构对起草完毕的行政规定作出合法性审核,并且特别要求,在乡(镇)人民政府制定涉及公民、法人或者其他组织重大利益的行政规定时,由上一级人民政府法制机构实施前置审查。

表 2-10　2008 年前后对由制定机关内部法制机构审核或征求意见的规范变化的对比表

规制制度出台时间		2008 年前		2008 年及其后	
规定内容		省份	省份个数	省份	省份个数
内部法制机构审核	详细规定了内部审核程序及要求	安徽、广东、广西、海南、江西、宁夏、上海、四川、天津、新疆和云南	11	安徽、重庆、甘肃、贵州、广东、广西、海南、河北、河南、黑龙江、湖北、湖南、吉林、江苏、江西、内蒙古、宁夏、青海、山东、山西、上海、四川、天津、西藏、新疆、云南和浙江	27
	概括性规定由内部法制机构审核	福建、内蒙古、贵州、河南、黑龙江、湖南和陕西	7	福建、陕西	2
仅规定征求内部法制机构的意见		山西	1		0

（2）内部法制机构审核程序及其与外部审查监督之间的关系问题

法制审核主要是指行政机关在行政规定起草完毕之后、发布之前由制定主体的内部法制机构对其进行合法性审查。作为行政规定发布生效前的制定机关前置自我审查程序，法制审核对行政规定的合法性起着十分重要的保障作用，直接关系到行政规定的质量。因此，已有行政规定规制研究专家提出，法制审核程序应成为行政规定制定的必经程序。①

目前，在制定行政规定的实践中，各地的行政机关都将内部法制机构审核列为制定行政规定的法定程序，并且这一实践在《国务院关于加强市县政府依法行政的决定》中获得了肯定，该决定提出："制定作为行政管理依据的规范性文件，……未经……合法性审查并经集体讨论决定的，不得发布施行。"然而，我国行政规定制定机关的法制审核制度仍存在着下列问题：

其一，在制定过程中的内部法制机构的事中审核能否变更为上一级法制机构的前置审查？在实践层面，由于县级政府部门以及乡镇人民政府在制定行政规定时缺乏专业的机构和人员，内部法制审核的执行力度普遍不高，行政规定一般由相关科室或下属单位起草后，直接交由领导讨论通过并发布，

---

① 参见李平、何泽岗、栗春坤：《行政规范性文件制定的理论与实务研究》，载《政府法制研究》2007 年第 3 期。

而不经法制审核程序。① 因此,《陕西省规范性文件监督管理办法》第12条明确规定,在乡(镇)人民政府制定涉及公民、法人或者其他组织重大利益的行政规定时,由上一级人民政府法制机构实施前置审查。这一规定,从制度层面上确认了在制定行政规定的过程中,内部法制机构的事中审核可以直接变更为上一级法制机构的前置审查。然而,从理论层面考察,内部法制机构的审核属于制定主体的自我审慎完善行为,审核责任自然是由制定主体自己承担,而前置审查不仅会加重上一级政府的法制机构的工作量,而且由于前置审查属于事先干预制定主体制定行为的外部行为,因此会引发审查责任不明确(即究竟审查责任应由上一级政府承担还是由制定主体承担)的问题。

其二,制定中的审核(或者前置审查)与备案审查之间的协调与程序衔接问题。相对于2007年前的地方规制制度,各省新制定或者经过修订后的行政规定规制制度已经开始重视将法制机构承担的制定中审核工作与备案审查机构承担的备案后审查工作进行协调与衔接,从而积极避免行政系统内的制定中审核(或者前置审查)与制定后的备案审查之间因重复审查而引发浪费审核或审查资源的问题。但是,仍有一些地方尚未处理好制定中审核与制定后备案审查监督之间的关系。例如,在全面规制行政规定的省份中,一些省份既要求制定机关内部法制机构在制定行政规定的过程中对行政规定进行审核,又要求备案审查机关法制机构在行政规定公布后的备案审查监督程序中对行政规定开展主动审查,但是没有对制定中的法制审核重点与制定后的备案审查重点作出区别规范。同时,从这些省份规制制度中内部审核内容与外部审查内容看,行政系统内制定机关内部法制机构的审核规制工作和备案审查机关法制机构的审查规制工作有极大的交叉甚至重叠部分。例如,《上海市行政规范性文件制定和备案规定》第19条第2款规定:"合法性审查主要包括下列内容:(一)是否属于规范性文件;(二)是否超越制定机关法定职权或者法律、法规、规章的授权范围;(三)是否与法律、法规、规章以及国家和本市政策相抵触;(四)是否违反本规定第九条的禁止性规定;(五)是否按照本规定第十三条的规定经过听取意见的程序;(六)是否与相关的规范性文

---

① 参见李平、何泽岗、栗春坤:《行政规范性文件制定的理论与实务研究》,载《政府法制研究》2007年第3期。

件存在冲突;(七)其他需要审核的内容。"同时,该规定第36条规定:"法制办应当对报送备案的规范性文件的下列事项进行审查:(一)本规定第十九条规定的合法性审查的内容;(二)是否符合本规定第十九条、第二十一条、第二十三条规定的程序;(三)是否按照本规定第二十四条规定予以公布;(四)适用简化制定程序的,是否符合本规定的相关规定;(五)自公布之日起未满30日即施行,或者规范性文件溯及既往的,是否符合本规定的相关规定。"由于后一条规定中要求备案审查的内容完全覆盖了前一条规定制定中法制机构审核的内容,因此这种事中审核与事后审查尽管有助于提高行政规定的质量,但是从合理有效发挥行政规制资源的角度看,既然公布前制定机关法制机构已经对行政规定的合法性甚至合理性作出审核,那么公布后监督机关的法制机构再主动对行政规定启动监督审查,提供审查实现纠错的目的之价值不大,还可能浪费规制资源。

4. 制定中的公众参与

（1）规制状况

《国务院关于加强市县政府依法行政的决定》规定:"制定作为行政管理依据的规范性文件,……未经听取意见……的,不得发布施行。"对比此决定发布前后各省的规制程序制度中的有关内容可以发现,2008年后对公众参与行政规定制定程序作出明确规范的省份比此前多了一倍,并且对征求意见与举行听证程序作出详细规范的省份也急剧增加。（详见表2-11）

表2-11 2008年前后各省对制定行政规定中公众参与程序规范情况比较表

	2008年前		2008年及其后	
	省份个数	省份	省份个数	省份
概括规定	9	安徽、广西、海南、江西、宁夏、山西、四川、上海、新疆	13	福建、广西、贵州、江西、辽宁、内蒙古、宁夏、山东、山西、陕西、四川、新疆、浙江
较为详细规定	1	云南	8	甘肃、河北、黑龙江、湖北、吉林、青海、上海、天津

（2）公众参与行政规定制定活动的程序保障问题

从2008年始,尽管越来越多的省级规制规章对制定行政规定中的公众参与程序作了规定,但只有少数省级规制规章对公众如何具体参与征求意见与制定行政规定听证程序作出具体规范。由于公众参与行政规定制定活动的权利需要依靠具体程序规定保障才能实现,因此省级行政规定规制规章仍需要进一步加以完善,给予公众参与行政规定制定活动的权利切实的程序保障。

5. 对行政规定签发与公布效力的规范

(1) 规制状况

目前各省都加强了对签发与公布程序制度的规范。首先,明文规范签发程序的省份急剧增加。在 2008 年前,31 个省份规制规章中,仅有海南、广西等 12 个省份明文规定了行政首长或行政规定制定主体的主要负责人签发程序;而 2008 年至 2017 年初,则有 26 个省份明文规范签发程序制度。其次,对公布程序作出细化规定并且明确强调公布效力的省份日益增多。在 2008 年前,尽管地方行政规定规制规章都要求依法公布行政规定,但是仅有北京、福建等 14 个省的规制规章特别强调规定:行政规定未经公布的,不得在行政执法过程中适用或者无效。相对而言,在 2008 年及其后重新制定或者修订的规制规章中,有更多省份明确强调了公布对行政规定生效的意义。(详见表 2-12)

表 2-12 2008 年前后各省对制定行政规定的签发与公布程序规范情况比较表

规制时间	2008 年前		2008 年及其后	
省份	省份个数	省份名称	省份个数	省份名称
签发程序	12	安徽、北京、海南、广东、广西、宁夏、山西、上海、四川、天津、新疆、云南	26	安徽、北京、广东、广西、贵州、河北、河南、海南、湖北、湖南、吉林、江苏、江西、内蒙古、宁夏、青海、山东、山西、陕西、上海、四川、天津、新疆、西藏、云南、浙江
公布程序	14	安徽、北京、福建、广西、贵州、河南、海南、宁夏、山西、上海、四川、天津、新疆、云南	28	安徽、北京、重庆、福建、广东、广西、贵州、河北、河南、海南、湖北、湖南、吉林、江苏、江西、内蒙古、宁夏、青海、山东、山西、陕西、上海、四川、天津、新疆、西藏、云南、浙江

(2) 存在的问题

签发是表明行政规定制定主体和主要责任承担人法定身份的程序制度,而公布是保障行政相对人知情权的法定程序,因此签发和公布对于追究行政规定的违法责任和保护行政相对人合法权益不受违法行政规定侵害具有重要意义。然而,目前行政规定的签发和公布程序仍存在许多不规范之处。

依照行政首长负责制原则,在制定行政规定的过程中,行政首长或主要负责人应依法对行政规定的合法性和适当性承担责任,因此行政首长或主要负责人签发行政规定即为理所当然。然而,目前仍有一些地方行政规定规制规章没有明确规定行政首长或主要负责人在制定程序上应履行签发义务。这种状况既不利于在行政规定制定活动中贯彻行政首长负责制原则,也不利于对违法行政规定追究责任,更有碍行政相对人对违法或不适当行政规定及时依法申请救济。

同时,从程序正当和公平的角度看,既然影响行政相对人权利义务的行政规定要求行政相对人遵守和执行,那么就应让行政相对人及时了解行政规定制定主体、主要负责人以及行政规定所规范的内容,并通过明确要求制定主体履行公布义务,从而在程序上保障行政相对人对行政规定的知情权。然而,由于目前全国人大及其常委会仍没有通过立法的方式将影响行政相对人权利义务的行政规定与不影响行政相对人权利义务的行政机关内部组织规则作出必要的区别规范,因而一些行政机关不重视行政规定必须向行政相对人公开的观念。这也使行政机关通过制定不公开行政规定而侵害行政相对人合法权益的情况成为可能。

6. 对行政规定施行前最短公布期间的规范

(1) 规制状况

公布期间是指公布与实施之间的期间。31个省市中仅有13个省份对行政规定施行前的最短公布期限作出了规范。其中,12个省份要求"规范性文件的公布日期和生效日期间隔不得少于30日",并对这一法定公布日与施行日之间的法定间隔期作出了因法定情况出现而可以立即公布的例外。只有广西规定"规范性文件自公布之日起施行,也可以确定自公布之日起一定期间后施行"。(详见表2-13)

表 2-13　2008 年前后各省对行政规定施行前的最短公布期间作出规范的比较表

时间　　　　　　省份 施行前 的最短公布期间	省份个数	省份	省份个数	省份
	2008 年前		2008 年及其后	
除法定情况外（即"因保障国家安全、重大公共利益的需要，或者公布后不立即施行将有碍法律、法规、规章执行等情形的除外"），公布期不少于 30 日	12	安徽、北京、重庆、贵州、海南、江西、宁夏、山西、上海、四川、云南、新疆	24	安徽、北京、重庆、广东、甘肃、海南、黑龙江、湖南、吉林、江苏、江西、内蒙古、宁夏、青海、山东、山西、陕西、上海、四川、天津、新疆、西藏、云南、浙江
规范性文件自公布之日起施行，也可以确定自公布之日起一定期间后施行	1	广西	—	—
无明确规定	—	—	5	广西、贵州、河北、河南、湖北

（2）公布期间的科学设定问题

公布期间事关行政机关的执法准备时间，也事关行政相对人对行政规定内容的理解与消化。

从统计结果看，目前各省都是参照国务院《规章制定程序条例》第 32 条规定，确认了在公布日与施行日之间设定一定间隔期，并且允许在例外情况出现时从公布日起实施。这已经成为设定公布期间的一种共识。这一设定原因主要出于以下几点考虑：一是在施行行政规定前，一般情况下都应给予公民了解行政规定的时间；二是在制定行政规定后，制定机关依法应将行政规定提交上级行政规定备案机关审查备案，为了及时听取上级行政机关备案审查意见，并修正行政规定中可能存在的违法或不当问题以确保公布实施的行政规定合法且具有相对稳定的实施效力，需要在公布实施之前存在一个纠正行政规定潜在错误的缓冲期间；三是尽管行政规定的时效性较强，但是只有在涉及国家安全、重大公共利益或者公布后不立即施行将有碍法律、法规、规章执行等例外情况下，行政规定才可以不经法定最短公布期间而在公布后立即实施。由此可见，在行政规定公布日与施行日之间设定一定的间隔期是法治政府理念和在程序上公正设定行政规定的体现，该要求将无疑起到充分保障公民实现行政规定知情权的作用,也有利于保护行政机关在行政规定公布后生效前依据公民的反映和上级备案审查行政机关的建议及时纠正违法或不当的行政规定。同时,行政规定及时公布的例外规定也兼顾了维护国家安全、保护公共利益和及时落实上位法律规范的需要。

然而,目前各省在设定公布日和实施日之间的最短间隔期时,仍没有考虑应当考虑的一些客观必要因素。也就是说,该设定没有显示出足以令人信服的科学依据。目前多数省份将公布日和实施日之间的最短间隔期设定为30日。理论上,设定公布日和实施日之间的最短间隔期应考虑的因素至少包括:地域范围是否广大、交通通信是否发达、省内居民文化水平高低以及行政系统内备案审查机关所需要的一般审查时间等。如果一个省份在设定公布日和实施日之间的最短间隔期时,不论该省的地域广泛与否、信息传递便利与否、居民文化水平高低以及行政系统内备案审查机关所需要的一般审查时间,而是一律将最短间隔期设定为30日,则可能造成地域广大、信息传递不便、居民文化水平相对较低并且行政系统内备案审查机关所需要的一般审查时间较长的省份因其公布与实施之间的间隔期太短,以致不足以实现其设定间隔期的目的;而地域狭小、信息快捷、居民文化水平相对较高并且行政系统内备案审查机关所需要的一般审查时间较短的省份可能因其间隔期太长而阻滞了行政规定及时有效发挥其功能。

7. 对行政规定有效期的规范

(1) 规制状况

2008年前,31个省市中仅宁夏和上海两个省级规制规章就行政规定有效期问题初步作出了规定,即要求:"规范性文件规定的内容属阶段性工作的,制定机关应当在规范性文件中规定规范性文件的终止时间。"但是,在2008年后,共有17个省份(除了原来的宁夏与上海外,增加了天津、湖南、湖北、陕西、福建、重庆、河北、吉林、辽宁、内蒙古、山东、四川、甘肃、青海等)都通过修改规章或发布政策的方式明确规定了行政规定有效期制度。(详见表2-14)

表 2-14　2008 年前后各省规章对行政规定的有效期规范情况比较表

有效期	2008 年前省份	2008 年及其后省份
不超过 5 年	—	福建、陕西
内容属阶段性工作的,应规定其终止时间	宁夏、上海	湖南、宁夏
最长 5 年,例外最长不得超过 10 年	—	天津
最长 5 年(包括未设定有效期的),例外最长不得超过 10 年;暂行或试行 2 年(包括未设定有效期的)	—	重庆、河北、上海
最长 5 年;暂行或试行 2 年(包括未设定有效期的)	—	湖北、湖南、吉林、辽宁、内蒙古、山东、四川
最长 5 年(包括未设定有效期的);暂行或试行 2 年	—	青海
最长 5 年;试行最长 2 年;暂行最长 1 年	—	甘肃

(2) 科学构建有效期的问题

科学构建行政规定有效期制度,不仅有助于改变我国以往行政规定"有生无死"引发的规范内容滞后与数量不断膨胀的状况,使其内容能够跟得上社会现实,抑制数量并保证质量,而且有助于更好地保护受其调整的行政相对人的合法权益。[①] 然而,目前有关行政规定有效期制度的设定中仍存在着应如何合理设定不同类行政规定最长有效期的问题。

确认有效期制度主要基于行政规定在调整社会关系的规则体系中所处的地位及相对较短的时效性。一般而言,行政规定的有效期不宜过长,也不宜过短。相对于法律法规等法文件的调整层次而言,行政规定所调整的事项一般都属于需要政府相对较短时间内发挥行政效率的规范事项,否则该事项就应归属于行政规章、法规或法律调整了。因此,行政规定发挥作用的层次决定了其仅有必要在一段相对法文件而言较短的期间内生效,并且为了适应政策变化其有效期不宜超过政府的一届任期期限。但是,过于频繁变化的行政规定也不利于体现行政规定的相对稳定性和保护行政相对人预期的信赖利益,因此其有效期也不宜太短。

---

① 参见万学忠、阮占江:《湖南在全国率先摸清红头文件家底》,载《法制日报》2011 年 10 月 10 日第 6 版。

在 2008 年前,我国各省行政规定的规制规章中只有宁夏和上海确认了行政规定有效期制度。由此可见,我国一度对行政规定有效期问题没有给予足够关注。其原因,一方面在于我国法治起步较晚,公民和政府最初只关注创制法律、法规、规章甚至行政规定等规则,而没有精力关注那些已经存在但不合时宜的规则该如何与时俱进地变化或退出历史舞台。另一方面,我国长期缺乏制约公权力尤其是制约规则制定权的理念,因此作为制约规则制定权方式之一的有效期制度,也就只可能在制约行政规定制定权理念得到一定发展和认同的情况下才出现。

2008 年以来,随着天津、湖南、陕西和湖北等对行政规定有效期制度的确认,越来越多的人认识到该制度在制约行政规定制定权滥用、减少行政规定数量以及利用有效期保护行政相对人合法权益方面所具有的重要作用。同时,这一规制内容的表述也越来越明确、全面和科学,即由最初仅涉及"规定内容属阶段性工作的规范性文件"才需要设定有效期,发展到将所有行政规定区分为"一般"和"例外"两类,并对各类行政规定设定不同最长有效期要求。例如,2008 年 2 月 1 日起施行的《天津市行政规范性文件管理规定》第 14 条第 1 款规定:"行政规范性文件应当规定有效期限,明确规定生效与废止时间,有效期限一般为 5 年。特殊情况下,有效期限可以适当延长,但是不得超过 10 年。"只是从各省现行有关行政规定有效期规范情况看,如何合理设定不同类型行政规定最长有效期,仍有赖于实践经验的积累和行政规定有效期理论认识的提高。

8. 违反法定程序应承担责任的规范

(1) 规制状况

2008 年前,各省规制制度中鲜见对制定机关及其主要责任人违反法定程序的行为追究违法责任的情况。但是,从 2008 年开始,各省(如湖北、湖南、重庆、河北、河南、黑龙江、内蒙古、宁夏、天津等)重新制定或者修正后的规制制度一般都或多或少对制定机关及其主要责任人违反公开征求意见、法制机构合法性审查、集体讨论决定等法定制定程序的行为设定了应追究的违法责任。例如,《湖北省行政规范性文件管理办法》第 31 条规定,违反规范性文件制定程序规定,未经公开征求意见、合法性审查、集体讨论决定等程序而制发规范性文件的,由政府法制机构予以通报;情节严重,造成不良后果的,由有权部门对负有领导责任的人员和直接责任人员依法给予行政处分。再如,《河南省行政规范性文件管理办法》第31条规定,制定机关"(一)未按照本办法规定程序制定规范性文件的;(二)未按照本办法规定方式向社会公布规范性文件的",由县级以上人民政府法制机构通知其限期改正,并予以通报;逾期不改正的,报本级人民政府责令其改正;造成严重后果的,对直接负责的主管人员和其他直接责任人员,由任免机关或者监察机关依法给予处分。然而,也有一些省份(如贵州、吉林、江苏、山西、陕西等)的规制制度对于制定机关违反法定制定程序应承担何种违法责任尚未作出明确规范。

(2)明确设定追究违反制定程序责任的问题

在规制制度中为制定机关全面设定违反法定制定程序应当承担的法律责任是实现行政规定制定程序正当性的保障。目前,越来越多的省份在规制制度中明确了制定机关违反制定程序应承担的责任。这说明地方已经开始重视行政规定制定程序的重要性。但是,也有不少省份的规制制度并没有对此事项作出明确规范,并且即便已经设定追究违反法定制定程序责任的省份中,也有不少省份的规范内容因不够细致而事实上无法真正追究违反法定制定程序主体的责任。

综上,从行政规定应遵循的基本制定原则、权限配置、起草后法制审核程序、公众参与制定、签发和公布程序、公布日与施行日之间的间隔期设定以及行政规定的有效期等一般地方共有的规制内容看,我国现行规制制度仍有必要从以下几个方面进行完善:其一,需要科学确定制定行政规定应当遵循的基本原则;其二,需要确立以最大限度维护行政相对人合法权益为标准来配置和划分行政规定制定权限;其三,只有协调好公布前制定机关法制机构的法律审核与公布后监督机关法制机构的主动审查之间的关系,才能够避免重复规制并合理有效发挥行政系统内各种现有规制资源的应有功能;其四,进一步规范行政规定的公众参与制定程序、签发以及公布程序制度,对于保障行政相对人的知情权、形成行政规定违法责任追究制度以及及时纠正不适当行政规定具有重大意义;其五,科学确定行政规定公布日与施行日之间的合理间隔期限,有助于实现行政系统内备案审查及时过滤违法和不当行政规定的功能;其六,科学地分类构建有效期制度才能够避免行政规定因滞后出现的不适当情况,并充分体现其相对于立法性规范文件所应具备的独特时效性功能。

三、完善行政规定制定制度的对策

针对前述地方行政规定制定制度中有关制定原则、权限以及程序方面存在的种种问题,有必要提出以下对策性思考:

(一)科学合理地确认制定原则

基于目前各省确认的各种制定原则层次不清,首先需要将行政规定的制定原则划分为基本原则与具体原则。正像《立法法》中将合法性、民主、科学确认为立法活动应遵循的立法基本原则一样,行政规定规制规章中也应科学合理地确认行政规定制定主体进行行政规定制定活动所应遵循的基本原则。从行政规定的效力等级从属于法律法规的理论上讲,《立法法》确定的立法基本原则也理应是制定行政规定必须遵循的基本原则。也就是说,各省规制制度中首先应将合法性原则、民主原则、科学原则确定为制定行政规定应遵循的基本原则。其次,再将基本原则细化为具体原则,即将合法性原则细化为权限法定原则、程序法定原则以及内容与法律法规保持一致或者不抵触原则;将民主原则细化为制定过程与内容依法实行民主公开、保障公众参与制定等具体原则;将科学原则进一步细化为权责一致原则,精简、效能、统一原则,体现改革精神,科学规范行政行为,促进政府职能转变原则,以及合理性原则与便民原则等。

同时,在分层明确制定原则基础上,进一步处理好制定原则与政策性制度要求之间的关系。由于制定原则本应是一个比政策更为稳定的指导准则,并且基本制定原则是行政规定制定主体在制定行政规定活动时应遵循的基本准则,因此应区别于灵活多变的行政规定的制定政策或者方针,并且在规制制度中不宜将仅在特定时期内指导行政规定制定活动的政策性制度确认为指导行政规定制定的基本准则。

(二)明确规范行政规定制定主体及其权限

我国行政主体制定的大量行政规定,都是依法需要向上级行政机关和同级人大常委会备案的,其内容都会或多或少地影响行政相对人的合法权益。因此,只要其生效就必然会发生外部效力,其规范内容就会对行政相对人产生约束力和强制力,并对行政机关具有公定力和执行力。[①] 如果这种文件的制定权配置不当,就不仅会侵害行政相对人的合法权益,而且会损害政府的权威,因此必须慎重配置行政规定制定权。在设定行政权时,不仅应明确哪些行政主体(包括行政机关和授权机构)能够依法行使影响行政相对人合法权益的行政规定制定权,并且明确规定有权主体制定行政规定的具体权限范围,而且应确立最大限度维护行政相对人合法权益的准则来配置和划分行政规定制定权限。

1. 关于制定主体

从各省多样化行政规定制定主体规定中,我们可以发现,各省关于行政规定制定主体规定呈现部分相同、部分不同甚至矛盾的情况,主要原因在于:其一,理论上目前人们对我国行政规定制定主体最低应该具备什么样的资格并没有一个清晰的认识;其二,实践中由于我国中央层面没有对行政规定制定主体明确统一规范,因此地方各省就各行其是。

那么,应当如何在规制制度中科学和恰当地确定能够影响行政相对人权利义务的行政规定制定主体范围呢?从行政法一般原理看,作为我国行政规定制定主体应该具备两个基本条件:首先应具备行政主体资格;其次应是为依法执行行政管理职能所必要。因此,对于前述地方各省已经确认的行政规定制定主体可以依据这两个基本要件作出具体分析。

首先,从我国现行《宪法》《立法法》和《地方组织法》等法律制度的规定及其精神意旨看,目前有权制定行政规定的主体主要包括:国务院及其部委以及具有行政管理职能的直属机构[②]、县级以上各级人民政府[③],以及乡、民族

[①] 参见姜明安主编:《行政法与行政诉讼法》,北京大学出版社、高等教育出版社1999年版,第173页;应松年主编:《行政法与行政诉讼法学》,法律出版社2005年版,第151页。

[②] 《宪法》第89条规定:"国务院行使下列职权:(一)根据宪法和法律,规定行政措施,制定行政法规,发布决定和命令;……"第90条第2款规定:"各部、各委员会根据法律和国务院的行政法规、决定、命令,在本部门的权限内,发布命令、指示和规章。"

[③] 《宪法》第107条第1款规定:"县级以上地方各级人民政府依照法律规定的权限,管理本行政区域内的经济、教育、科学、文化、卫生、体育事业、城乡建设事业和财政、民政、公安、民族事务、司法行政、监察、计划生育等行政工作,发布决定和命令,任免、培训、考核和奖惩行政工作人员。"《地方组织法》第59条规定:"县级以上的地方各级人民政府行使下列职权:(一)执行本级人民代表大会及其常务委员会的决议,以及上级国家行政机关的决定和命令,规定行政措施,发布决定和命令;……"

乡、镇人民政府等。① 因此,乡镇及其以上各级人民政府无疑因法定职权而具备行政规定制定主体资格。

其次,地方的县级以上人民政府所属具有行政管理职能的部门(包括人民政府直属机构)、授权组织是否属于行政规定制定主体范围? 为有效履行行政管理职权和有效执行法律、法规、规章规定的行政管理事项,在各省市有关规制行政规定制定和监督的政府规章中也已经明确赋予了县级以上人民政府所属具有行政管理职能的部门(包括各部委和人民政府直属机构)与授权组织制定能够影响行政相对人权利义务的行政规定职权,因此,县级及其以上地方人民政府所属部门和具有行政管理职能的直属机构以及授权组织依法应当成为行政规定制定主体。

再次,行政公署、地方的县(区)级或不设区的市人民政府的派出机关以及各级人民政府工作部门的派出机构是否属于行政规定制定主体范围? 对此,现行有关法律和行政法规中并没有明确的制度规定,但一些省份有关规制行政规定制定和监督的政府规章明确赋予了派出机关与行政公署制定行政规定的权力,而一些省份则特别否定了各级人民政府工作部门的派出机构制定能够影响行政相对人权利义务的行政规定的权力。从理论上讲,派出机关中除行政公署外都没有制定行政规定的必要性。原因在于:其一,行政公署是我国行政设置的一个形式,相当于现在的省辖市,即行政级别在省级与县级之间。我国原来在中央人民政府下,有省级、地区级、县级和乡镇级人民政府。其中,地区级的往往称为行政公署,而不是称某某地区人民政府,其职能与地方人民政府一样。不过,目前随着城市化进程的推进,行政公署已经越来越少。这类具有行政主体资格的中层派出机关,主要是负责检查与督促下级行政机关贯彻执行上级行政机关的决议和指示的情况,它们需要通过制定行政规定履行行政管理职能,因此目前尚未转变为地级市的行政公署仍有必要依法成为行政规定制定主体。其二,地方的县(区)级或不设区的市人民政府派出机关是人民政府根据工作需要在其所辖区域内设立的代表机关。这类基层派出机关也具有独立的法律地位,它们为了执行上级行政委派机关

---

① 《地方组织法》第61条规定:"乡、民族乡、镇的人民政府行使下列职权:(一)执行本级人民代表大会的决议和上级国家行政机关的决定和命令,发布决定和命令;……"

在行政管理中决定的具体事项、加强行政服务并密切政府和居民的联系,也有必要制定具有普遍规范效力的行政规定。然而,对于各级人民政府工作部门的派出机构而言,因其不具有独立的法律地位,因此在执行被委派专项行政管理事务中无权制定具有普遍规范效力的行政规定。

最后,地方的县级以上人民政府所属办事机构、议事协调机构或临时机构是否属于行政规定制定主体范围?其一,关于办事机构。尽管一些省份的有关规制规章明确赋予了县级以上人民政府所属办事机构制定行政规定的权力,但由于办事机构依法不具备作为行政主体的资格,即办事机构不属于独立的行政管理主体,不能以自己的名义对行政相对人行使行政管理职权,也不能以自己的名义独立承担违法制定行政规范性文件的责任,因此,在规制规章中将办事机构作为行政规定制定主体是不适当的。其二,关于议事协调机构和临时机构。议事协调机构(即领导小组、指挥部、委员会等)和临时机构是为了推动某项特殊性或临时工作,加强组织领导、协调推动工作,而在一级人民政府之下成立的协调机构或临时机构,这类机构的设置往往缺乏规范,并具有临时性质,其承担的行政管理职能也十分有限,因此不宜赋予其制定行政规定的权力。这一点也已经为一些省份有关规制行政规定制定和监督的政府规章所确认。

综上所述,应在总结地方政府及其部门履行行政职能方式和行使行政规定制定权的必要性的基础上,由国务院在统一规制行政规定制定权限与程序的制度中对行政规定主体资格和具体范围作出明文规范。同时,应采用肯定和否定相结合的方式,明文确定行政规定制定主体的范围,即既要明确规定有权制定行政规定的主体应当包括国务院及其部委以及具有行政管理职能的直属机构,地方县级以上各级人民政府及其所属部门、乡、民族乡、镇人民政府以及授权组织等,也要明确禁止不具有独立对外承担法律责任的主体(如行政机关的临时机构或办事机构等)行使行政规定制定权。

2. 关于制定权限

我国一度"在实践中几乎所有尚未立法的领域,都在由行政规定规范和调整,离开了行政规范性文件,一些领域的行政执法工作将难以正常进行,甚至陷入瘫痪"①。同时,我国目前法制实践中,法律法规仍没有统一禁止行政规定为行政相对人创设义务或限制权利。② 因此,有学者认为,我国仍处于经济、政治和社会发展的变革过程中,从对法律规范的需要来看,无法可依的问题远没有解决,许多领域的部分环节仍然缺乏必要的法律调整和法律导向。在这个大的法制变革背景下,基于行政规定具备应变性和应急措施的性质特征,在规范、调整某一新的经济行为、社会行为的法律、法规、规章出台之前,国家行政机关有必要根据实际需要通过迅速制定行政规定,设定相关权利义务,规范调整新的社会关系,从而弥补法律法规的不足与滞后性。因此,"在行政法律规范对行政管理事项没有明确具体的规定时,行政规范性文件(本文指行政规定——引者注)可以创设新的权利义务"③。

然而,基于行政规定主要是根据上位法律规范而进一步作出实施性规范,因此影响行政相对人权利义务的行政规定的制定权限必须受到限制。有学者提出,行政规定"不得缩小或者限制、取消法律法规赋予公民的权利和自由;也不得创设或增加公民之义务或负担",否则将偏离其执行性的行政本义。④ 由此可见,随着社会主义法律体系的初步完善和《行政处罚法》《行政许可法》以及《行政强制法》明文禁止行政规定为行政相对人创设行政处罚和行政许可等义务,随着人们对行政收费设定权的深入讨论,也随着须由有立法权的法定议事机关或其代表机关才能为行政相对人创设义务或限制权利理念的树立,人们已经开始认同行政相对人的权利义务应由法律规范确定的理念。也就是说,只有法律、法规和行政规章能依法为行政相对人创设义务或限制权利外,行政规定制定主体只能够为实施法律、法规、规章作出具体化规定,而无权在行政规定中为行政相对人创设包括行政许可、行政处罚、行政强制措施、行政收费、非行政许可审批事项等在内的任何义务或限制其权利。

从依法行政发展趋势看,行政规定禁止设定事项范围正随着我国法治进

---

① 周佑勇:《行政法原论》,中国方正出版社 2000 年版,第 204 页。
② 尽管 2015 年修正后的《立法法》规定,没有法定依据规章不得设定减损公民、法人和其他组织的权利或者增加其义务,但是仍未对行政规定的设定权作出明文限制。
③ 金国坤:《论行政规范性文件的法律规范》,载《国家行政学院学报》2003 年第 6 期。
④ 参见陈丽芳:《非立法性行政规范研究》,中共中央党校出版社 2007 年版,第 102 页;邱继伟:《论制定行政规范性文件之行为属性》,载《行政与法》2007 年第 9 期。

程的深化而扩大和细化。但是，通过专项立法逐步明确行政规定制定权之事项设定权限的方式（即制定一部《行政处罚法》限制了行政规定设定行政处罚的权力、制定一部《行政许可法》限制了行政规定设定行政许可的权力、制定一部《行政强制法》限制了行政规定设定行政强制措施的权力），虽然体现了我国法治进程中逐步规范行政规定制定权的理念，但也因行政规定制定权限不明而造成对行政相对人合法权益保护不力的状况。因此，当前迫切需要对行政规定制定权的具体事权作出一般禁止性规范。

从职权法定、《立法法》第2条和第8条法律保留事项所蕴含的法理看，当法律缺位（即法律、法规和规章没有规定）时，从行政合法性原则、合理性原则、服务行政以及人本主义的角度出发，各级行政机关在法定职责范围内创设有关行政相对人权利义务时，理应遵守以下两条规则：

其一，只有为了更好地保护行政相对人的权利或者为了给行政相对人提供更好的服务，在制定行政规定中才能行使权利创设权，并且创设的目的必须是为了更加公正、充分地保护行政相对人的合法权益。

其二，当行政规定是在实施法律、法规或规章等上位法律规范时，行政规定中规定的有关公民、法人和其他组织的权利义务内容只能限于具体细化或从程序保障上对上位法予以落实，而不得在实施性行政规定中增设行政相对人的义务或消减其权利。

总之，非依法规定时，行政规定不能创设对公民、法人和其他组织造成不利影响的事项，即禁止增设行政处罚、行政许可、行政强制、行政收费以及其他义务等或限制行政相对人的权利。此外，即使由于国情或促进地方经济文化和社会发展需要在特定禁止创设事项中允许存在例外情况，这种行政规定例外创设禁止事项的权限也应通过授权程序规范行使，以确保行政相对人的合法权益免受不具有权限正当性的行政规定的侵害。

（三）中央层面应立法统一规范行政规定制定程序

程序是看得见的正义。正是行政规定制定程序中一个个具体的环节、方法和步骤，才使人们感受到行政规定本身所蕴含的正义之光。同时，由于良好设计的行政程序制度可以将"官僚主义的独断专横和过分的危险限制在最小的范围内"①,因此,在缺乏议事机关制定的外部行政法程序制度规范之时,行政系统内的行政自制性程序规范制度对于控制行政规定制定权就具有重要意义。在当代民主宪政体制下,制定机关制定行政规定应当经过公众参与并听取意见、法律审核、集体讨论决定和主要负责人签发与公开发布等法定环节,才能够确保影响行政相对人权益的行政规定具备程序正当性。缺乏这些基本制定程序而出台的行政规定,都会有碍行政规定制定正义之光的彰显。

目前,地方省级制定程序制度中有关行政规定的起草调研、论证、征求意见、法制机构核查、制定机关组成人员审议讨论决定、签署和公开发布等具体程序制度已经对保障行政规定制定权的正当行使发挥了重要作用。它们使得行政规定制定主体能够更加审慎地对待行政规定制发工作,进而减少或改变了行政机关以往仅凭一两次会议或领导一个指示就随意制定和发布影响行政相对人合法权益的行政规定现象。②然而,迄今为止,我国仍缺乏统一的行政规定规制程序,并且从目前地方各省人民政府对行政规定设定的有关规制程序内容看,地方各省对行政规定制定程序的正当性仍然重视不够。

考虑到从中央到地方的行政规定制定程序中主要环节、步骤和方法所存在的共性,以及考虑到全国人大常委会或国务院统一规范行政规定制定程序的权威性,在总结地方已经成形的行政规定制定程序制度的基础上,全国人大常委会或国务院有必要在总结地方规制程序的经验教训基础上,以法律或行政法规的形式,统一对影响行政相对人权利义务的行政规定制定程序具体从以下几方面作出更为明确、全面和权威的规范:

1. 细化听取意见程序

行政规定制定的不同程序环节主要追求和体现的价值理念应有所不同。在行政规定起草调研环节应均衡体现正当性和行政效率价值,在听取意见程序环节应重点追求正当性价值理念,而在行政规定审议讨论后的决定和签署程序环节则应注重体现行政效率。

---

① 〔美〕欧内斯特·盖尔洪、B.勃耶:《略论美国行政程序法》,叶必丰译,载《法学评论》1989年第3期。

② 参见应松年主编:《行政法与行政诉讼法学》,法律出版社2005年版,第152页。

目前,尽管各省制定程序一般都对听取意见程序作出了规范,但是具体内容却存在较大差异。例如,上海市和四川省在程序制度中都规定了听取意见程序,但从《上海市行政规范性文件制定和备案规定》(2017年1月1日施行)和《四川省行政规范性文件制定和备案规定》(2010年8月1日施行)中有关规定内容看,上海不仅详细规定了行政主体制定行政规定时采用的召开论证会、听证会和公开征询社会公众意见等不同听取意见方式的具体适用范围与条件,而且详细规范了举行听证会与公开向社会公众征求意见的具体程序,四川则仅以两个条文简单笼统地规定制定主体可以采用座谈会、论证会、听证会和公开向社会征求意见等听取意见的方式。比较两者的差异,不难发现上海比四川的有关规范更有利于实践中民意的表达,因而也更符合程序正当性理念要求。因此,细化规范论证会、听证会和公开征询社会公众意见等不同听取意见方式所应当适用的范围与条件、步骤以及方法,既有助于在制定行政规定的过程中贯彻落实发扬民主的价值理念,确保行政机关公正行使行政规定制定权,又有助于提高行政效率。

2. 完善制定机关内部法制机构的审核程序

只有详细规定制定机关内部法制审核程序与审核方式,才有可能充分发挥内部法制审核的应有作用。因此,首先,有必要进一步完善规制制度中有关制定主体法制机构应遵循的具体审核程序。其次,有必要将前置审查变为前置征询意见制度。行政规定制定机关的法制审核制度的目的与备案审查的目的不同。前者是行政规定制定主体为了将违法或不合理的行政规定消灭在萌芽之中而设定的制定程序制度,而后者是为了减少违法或不适当的行政规定对行政相对人造成侵害而在行政系统内设定的制定主体的上一级行政机关对行政规定实施审查的监督制度。这决定了制定过程中的合法性审核责任主体与备案审查监督中的合法性审查责任主体不同,即前者是行政规定制定机关,而后者是具有监督权的上一级行政机关。基于此,为了明确区分制定主体与监督主体各自应该承担的责任,即使在制定主体没有内设法制机构或者在内设法制机构力量薄弱的情况下,监督主体也不宜将审查行政规定的程序前置,而是可以考虑构建制定机关就行政规定合法性疑问向上一级行政机关的法制机构提出征询意见的程序制度。最后,有必要将制定机关内部法制审核方式确认为全面审核。相对于备案审查主体仅对行政规定的合法性承担监督责任而言,制定主体应对行政规定的合法性与合理性全面承担责任,因此规制制度应将制定主体的法制审核方式确认为全面审核,而将备案监督审查方式确定为必要的合法性审查,以此协调好法制审核与监督审查的相互关系,进而适度节约规制资源。

3. 明确规范签发和公布程序

随着依法行政理念的建立和《政府信息公开条例》的出台,越来越多的地方行政规定规制制度开始关注到了行政规定签发和公开程序的重要性,并在行政规定规制规章中将签发和公开程序作为制定行政规定程序环节的最后法定程序环节给予制度化,一些省份甚至将行政规定是否公布作为其是否具有法律效力的一个必要条件。由此可见,建立与完善行政规定签发和公开程序制度已经成为促进我国行政规定法治进步的一个重要标志。

就签发程序的作用而言,行政规定的签发程序具有明确行政规定制定主体、确认其效力以及依法追究违法制定行政规定责任的重要意义。由于我国目前规制行政规定的规章都没有对签发程序提出全面强制性要求,因此行政规定主体在发布一份行政规定时极少注明签发人,这就使得我国公民甚至法律专家面对一份行政规定时,不得不困惑地探究和回答究竟谁是该行政规定的制定主体、该行政规定是否有效以及在其违法的情况下追究哪个行政主体及其主要负责人责任的疑问。这些疑问不可避免地对我国各地缺少签发程序的行政规定本身的正当性和权威性造成了负面影响。因此,签发应成为行政规定制定程序中的一个法定环节。

就公布程序而言,行政规定公布制度是对行政规定制定主体分散寄发行政规定管理制度的重大改革。在我国,行政系统内一度实行通过邮寄或者机要通讯渠道分散寄发行政规定的制度。分散寄发行政规定主要存在三方面的弊端:其一,行政规定发行范围很小,使得许多切身利益受文件影响以及应当知晓文件内容的行政单位和公务员得不到行政规定正式文本或者文件全文,从而妨碍了行政规定的有效执行。其二,当行政规定具有直接或间接的外部法律效果时,不公开发布的不适当或违法行政规定侵犯了受该行政规定影响的行政相对人的知情权,并且因他们无法对行政规定有效监督而致使行政主体及其人员恣意行使行政执法权力。在实践中,曾经发生过一些行政机关故意扣押、曲解、篡改上级机关的行政规定而侵害行政相对人权益的案例。其三,行政系统内长期且大量分散寄发的行政规定在发送和接受过程中有时可能出现脱节情况,这会导致出现行政规定无法归档或因滞后而失效的情况。因此,在法定刊物或网站上公布具体行政规定,不仅有助于行政规定的及时贯彻执行、使其接受公众监督以及保障行政相对人的知情权,而且有助于全面落实行政规定的归档和清理工作。由此可见,行政规定公开发布应成为法定的一个制定程序环节。

(四) 全面明确并细化设定行政规定制定程序违法责任

首先,全面明确并细化设定行政规定制定程序违法责任具有重要意义。如前所述,现行规制制度中,已经有一些省份设定了程序违法责任。这些有关追究程序违法责任的规范不仅确保了正当制定程序得到有效落实,而且保障了行政相对人拥有行政规定知情权、参与权和维护自身合法权益不受侵害的权利,还有助于提高行政规定决策的科学性和因充分吸收民意而使行政规定获得更高的权威性,因此,有必要在全国层面的行政规定制定程序制度中对行政规定制定程序的违法责任加以确认。

其次,从各省现行规制制度对制定程序违法责任规定的现状看,已经作出明确规范的制度多数仅是概括性规定对于制定机关违反行政规定制定程序的行为应当追究法律责任,而没有进一步明确对违法起草、公众参与、法制机构内部审核、协商等具体法定制定程序分别应由哪一具有监督权的主体依据何种具体监督程序追究何种具体违法责任。没有这些具体规范内容就难以实际追究违反法定制定程序的责任。因此,在借鉴地方构建这一制度的基础上,有必要在构建全国性规制制度时细化设定行政规定制定程序的违法责任。

四、关于授权制定行政规定的规范

(一) 授权制定行政规定

授权制定行政规定是指没有行政规定制定权或者不具有制定特定事项行政规定权的行政主体,依据法律、法规和规章的明文规定或者有权主体的授权,在授权的具体事项、范围、权限和方式内,制定从属于该法律、法规和规章并与之相配套的特定行政规定。

在我国,《宪法》第 89 条规定了国务院有权行使行政规定制定权,第 90 条规定了国务院部委有权行使行政规定制定权以及第 107 条规定了县级以上人民政府有权行使行政规定制定权。其后,《地方组织法》第 61 条规定了乡镇人民政府有权行使行政规定制定权。接着,各个地方省级人民政府通过制定规章确认了县级以上部门有权行使行政规定制定权,但是海南、广东、广西、福建、湖北、江西、四川、宁夏、新疆、云南 10 个省份的地方政府规章排除了各级人民政府及其工作部门的内设机构、临时机构等主体制定行政规定的权力,海南、广东和四川等省还排除了议事协调机构、各级人民政府工作部门的派出机构、实行省以下垂直管理体制的省政府工作机构的所属单位制定行政规定的权力。这些法定主体制定行政规定的制度导致实践中出现了两种授权制定行政规定的情况:其一,依法没有行政规定制定权的行政主体因法律、法规和规章授权而获得了就广泛事项制定行政规定的权力;其二,不具有制定特定事项行政规定权的行政主体因法律、法规和规章的特别授权或者有权主体的特别授权而获得就特定事项制定行政规定的权力。前者如,国务院颁布并于 2001 年 1 月 1 日起施行的《国家行政机关公文处理办法》中,以间接赋权的方式,授权国务院办公厅拥有制定和发布包括行政规定在内的公文的权力。该办法第 2 条、第 7 条和第 15 条规定,行政机关的公文是行政机关在行政管理过程中形成的具有法定效力和规范体式的文书;各级行政机关的办公厅(室)是公文处理的管理机构,主管本机关的公文处理工作并指导下级机关的公文处理工作;部门内设机构除办公厅(室)外不得对外正式行文。后者如,《上海市人大常务委员会关于促进和保障浦东新区综合配套改革试点工作的决定》规定:"市人民政府和浦东新区人民政府可以就浦东新区综合配套改革制定相关文件在浦东新区先行先试,并报市人民代表大会常务委员会备案……"浦东新区人民政府虽然有行政规定制定权,但浦东新区综合配套改革涉及较大行政规定制定权限甚至涉及立法权,按照《立法法》的立法精神,浦东新区政府的行政规定原本无权对此事项作出规定,通过地方性法规授权,就使得浦东新区政府获得了超越其自身制定行政规定事项的权力。

(二)值得反思的问题

尽管我国学界对立法授权制度有一定研究,但是对于行政规定制定权的授权制度鲜见有人关注,对授权制定行政规定的权限范围与行使授权应受约束的问题就更鲜有人讨论。然而,授权权限范围与行使授权的行政规定制定权应受约束的其他事项事关被授权主体(即没有行政规定制定权或者不具有制定特定事项行政规定权的行政主体)依据授权开展制定行政规定活动的规范化和正当化问题。这也是制定行政规定活动中全面实现依法行政的一个不可或缺的组成部分。

1. 关于授权权限范围的探讨——以国务院办公厅行使授权行政规定制定权为例

尽管《宪法》和《国务院组织法》并没有规定有关国务院办公厅制定行政规范性文件的职权,但是国务院颁布并于2001年1月1日起施行的《国家行政机关公文处理办法》中,以间接赋权的方式,首次模糊授权国务院办公厅拥有制定和发布包括行政规定在内的公文的权力。从行政授权有限理论角度看,依法拥有行政规定制定权的国务院,通过制定《国家行政机关公文处理办法》授权其办公厅行使行政规定制定权时,为了确保授权权限具备正当性,至少不能违背下述限制性原则:其一,授权事项有限原则。为了及时有效地履行制定和发布行政规定的职责,国务院在亲自履行重要行政措施、决定和命令等行政规定制定与发布权的前提下,虽然可以将一些次要的行政规定制定和发布权限授予国务院办公厅代其行使,但授权应有所节制,即国务院既不能将自身制定和发布行政规定的全部权限授予国务院办公厅行使,也不能将一些重要的或确实需要其亲自行使的行政规定制定与发布权授予国务院办公厅。其二,超权的行政规定无效原则。依据现有法律规定,国务院目前制定行政规定的职权至少应当受下列限制:(1)不得创设《立法法》第8条规定的法律保留事项;(2)不得创设《行政许可法》第14条和第17条中规定的除设定临时性行政许可事项外的许可设定事项;(3)不得创设《行政处罚法》第14条规定的行政处罚设定事项;(4)依据《行政强制法》第10条不得创设行政强制措施。这些国务院在制定行政规定时依法不能超越的法定权限,自然对国务院办公厅行使国务院授予的行政规定制定权时也具有相应的约束力。因此,如果国务院办公厅超越了这些权限,那么其制定的行政规定应属无效。

值得探讨的是,除了前述目前我国已经存在的法律限制外,行政规定制定权限范围还应当受到哪些方面的限制?一些行政法学者认为,要使行政规定的制定权符合依法行政原则的要求并获得正当性,其权限范围至少还应受到下列几方面的限制:(1)不得规定只能由法律、法规、规章规定的事项;(2)不得缩小或限制、取消法律、法规赋予行政相对人的权利和自由;(3)在增设行政相对人的权利或者减免行政相对人的义务时符合平等对待原则;(4)不得创设或增加行政相对人的义务或负担;(5)不得超越法律、法规的规定改变(转移、创设或增加)国家机关的权力,也不得改变(转移、缩小或取消)宪法、法律、法规为其所设定的义务或职责。① 这些授权行政规定制定权力有限的讨论,必将有助于廓清行政立法权与行政规定制定权之间的关系,也有助于防止行政规定越权侵害行政相对人的合法权益。这些讨论一定程度上还曾获得国务院发布的行政规定的肯定,如2004年3月22日国务院发布的《全面推进依法行政实施纲要》中就规定:"没有法律、法规、规章的规定,行政机关不得作出影响公民、法人和其义务的决定。"由此可见,国务院办公厅制定行政规定的权限范围相当有限。基于此,对一些涉及国务院办公厅行政规定效力疑问的司法案例和"2003年至2008年国务院及其办公厅规范性文件公布情况"进行考察后,国务院办公厅一些行政规定制定权的正当性就很值得人们反思:

其一,国务院办公厅制定行政规定的权限不但已经涉及只能由法律、法规、规章规定的事项,而且涉及将国务院的行政法规立法事项转授给地方政府行使的情况。例如,《国务院办公厅关于征收水资源费有关问题的通知》不仅涉及对本应由国务院依法制定行政法规作出规范的行政征收事项被国务

---

① 参见陈丽芳:《非立法性行政规范研究》,中共中央党校出版社2007年版,第102—103页;李平、何泽岗、栗春坤:《行政规范性文件制定的理论与实务研究》,载《政府法制研究》2007年第3期。

院办公厅直接以行政规定作出规范,①而且涉及将其无权行使的行政法规制定权暂时转授给地方行政规章制定主体的问题,即国务院办公厅把1988年1月颁布的《水法》第34条中规定的由国务院制定行政法规事项权——水资源费的征收办法——暂时转授给省、自治区、直辖市等地方政府。此外,它还涉及违背行政相对人平等对待原则,直接免除对中央直属水电厂的发电用水和火电厂的循环冷却水的水资源费的行政征收。尽管该行政规定自称所规范事项"经国务院同意",似乎取得了国务院的授权,但是即使是其依据授权制定行政规定的权力也不能无所限制。更何况,依据限制转授权理论,国务院根本没有权力将《水法》授权制定行政法规的立法事项直接转授权给国务院办公厅,并由国务院办公厅再次将部分国务院的行政法规立法事项转授权给省级地方政府。②

其二,国务院办公厅制定的行政规定存在消减法律法规赋予行政相对人权利或增加行政相对人义务的情况。例如,2007年12月31日发布的《国务院办公厅关于限制生产销售使用塑料购物袋的通知》规定:"经国务院同意,现就严格限制塑料购物袋的生产、销售、使用等有关事项通知如下:……一、禁止生产、销售、使用超薄塑料购物袋……二、实行塑料购物袋有偿使用制度……"国务院办公厅发布的上述规定,不但从2008年6月1日起取消了有关企业生产、销售、使用厚度小于0.025毫米的塑料购物袋的权利,还增加了到超市、商场、集贸市场等商品零售场所的商业经营者不提供免费塑料购物

---

① 《国务院办公厅关于征收水资源费有关问题的通知》规定:"各省、自治区、直辖市人民政府,国务院各部委、各直属机构:自1988年7月1日起施行的《中华人民共和国水法》规定,水资源费征收办法由国务院规定。在国务院未发布水资源费征收办法的情况下,一些省、自治区、直辖市先后制定了征收水资源费的办法,在本行政区域内开征了水资源费。经国务院同意,现就有关问题通知如下:一、水资源费征收和使用办法已经列入国务院的立法工作计划,水利部和建设部应当抓紧起草,尽快报国务院审批。二、在国务院发布水资源费征收和使用办法前,水资源费的征收工作暂按省、自治区、直辖市的规定执行。但是,对中央直属水电厂的发电用水和火电厂的循环冷却水暂不征收水资源费,已经征收的,不再重新处理;对在农村收取的水资源费,按照《中共中央办公厅、国务院办公厅关于涉及农民负担项目审核处理意见的通知》的规定,缓收5年。"

② 1988年1月颁布的《水法》第34条第3款规定:"水费和水资源费的征收办法,由国务院规定。"直到2006年,国务院才制定了《取水许可和水资源费征收管理条例》。1988年至2006年期间,一些地方政府率先制定了有关"资源费征收办法"的行政规章,如1997年《甘肃省水资源费征收和使用管理暂行办法》、2002年《山东省水资源费征收使用管理办法》、2003年《湖南省取水许可和水资源费征收管理办法》等。

袋的义务以及消费者购买塑料购物袋的负担。①

2. 关于授权制定行政规定应受约束的事项

从《立法法》对授权立法的规范看,授权立法活动应受主体资格、权限、授权方式、授权期限、监督授权立法以及终止授权程序等种种事项的约束与规范。相对而言,从地方省级规制行政规定的规章内容看,在授权制定行政规定方面,各省除了提到被授权组织可以制定行政规定与模糊涉及规范授权行政规定的有效期限外,现行规制制度鲜见对授权主体与被授权主体的主体资格、授权制定行政规定的事项范围、授权方式、终止(或延长)授权、监督程序以及适用效力等事项作出明确规范。例如,《重庆市行政规范性文件管理办法》第3条规定,法律、法规、规章授权的组织依照法定权限和程序可以制定行政规定,并且在第29条中模糊规定授权行政规定的有效期,即标题冠以"暂行"或者"试行"的行政规定,有效期最长不超过2年。然而,从授权制定行政规定活动本身的严肃性、权限与程序正当性以及应受特别监督的必要性上看,由于授权制定行政规定是由有权制定行政规定的主体向本没有制定行政规定权限的主体转移制定权,并且授权主体与被授权主体的主体资格事关授权行政规定的权威与质量,授权制定行政规定的事项范围事关授权主体与被授权主体的权限范围,授权方式事关授权约束力的强弱,②终止(或延长)授权、监督程序以及适用效力事关授权行政规定能否实现授权目的与应受监督程度,因此有必要在规制制度中全面、明确地对授权制定行政规定作出规范。

第三节 备案审查规制

一、行政系统内行政规定备案审查的含义、必要性及其规制意义

(一)备案审查含义及其存在的必要性

行政系统内行政规定备案审查,是指上级行政机关基于行政领导和监督

---

① 此处讨论仅涉及该规范设定权的合理归属问题,并不涉及限制生产销售使用塑料购物袋本身是否具备正当性问题。

② 一般而言,从授权内容中是否具体明确了特别授权目的、授权具体事项、授权期限,以及被授权主体实施授权制定行政规定时应遵循的原则等,可以将授权方式划分为综合性授权与具体授权,并且相对而言,综合性授权的授权约束力比具体授权弱。

的关系,对下级行政机关制定的行政规定进行登记备案和审查,并且在审查后,对审查发现不符合法律规定或不适当的行政规定作出予以撤销或者责令下级行政机关自行予以撤销、修改的决定,或者建议下级行政机关自行改正。①

行政系统内行政规定备案审查是基于上下级行政关系进行的监督性活动,因此其与制定主体内部法制审核不同。制定过程中的法制审核是在本行政主体内进行的,因其完全是"自我革命",可能使审查残留有违法或不当之盲点。相对而言,在行政系统内备案审查制度中,上级行政机关既具备专业知识和技能,又摆脱了制定机关自身天然无法避免的反思盲点,因而由其对下级行政机关制定的行政规定是否违法或不当进行审查和层级监督,应该更加合理和必要。

(二) 规制意义

行政系统内行政规定备案审查,既是在行政系统内上级行政机关对下级行政机关制定行政规定的行为履行监督职能的体现,也是政府贯彻依法行政原则和预防违法或不适当的行政规定破坏法治秩序的必然要求,还是自我过滤违法和不适当的行政规定,以保护行政相对人合法权益免受或少受侵害的重要措施。因此,行政系统内行政规定备案审查规制至少具有两方面的意义:其一,完善层级监督规制制度有助于全面落实依法行政;其二,在行政规定发布后,备案审查制度能够及时阻止违法或不适当的行政规定继续对行政相对人造成侵害。②

二、备案审查主要规制内容和存在的问题——以省级备案审查规制文本研究为例③

行政系统内行政规定备案审查是通过行政层级监督实现切实保障行政规定正当性和维护法制统一的一项重要措施。在行政系统内,为实现对行政

---

① 参见《规范性文件备案审查制度理论与实务》,中国民主法制出版社2011年版,第23—24页。
② 参见马宝明:《"红头文件"也须合法——从审查武威市政府制定的一起规范性文件案谈起》,载《发展》2009年第3期。
③ 关于本部分研究样本的取样方法及样本数情况,详见本章第二节"行政规定制定权限和程序规制"中第二部分的内容。

规定的有效监督规制,并贯彻 2004 年国务院颁布的《全面推进依法行政实施纲要》中备案审查的要求,我国 31 个地方省级人民政府都制定了规制行政规定备案审查活动的规章制度,2008 年以后这些规制制度又经历了重新制定或修订。[①] 这些规制规章的名称各有不同,对行政规定规制的监督内容和重点也存在一定差异,但是出发点都是为了规范行政规定备案审查活动,提高行政规定设定质量,因此各省的备案审查规制规章一般都包含了以下备案审查监督规制的核心内容:备案管理工作的基本要求和备案审查原则、审查内容、报送备案(审查)期限、报送备案材料的文本要求、被动审查方式下启动审查动议权及其处理程序、审查主体及其内设机构之权限、制定主体拒不报送或拖延报送责任以及因违反该责任而引发对行政规定作出处理、制定主体拒不纠正或拖延纠正行政规定错误的责任以及因违反该责任而引发对行政规定作出处理等。

规制核心内容是否被科学合理地设定、各核心内容之间是否协调以及监督规制程序是否完善等问题,直接关系到能否实现备案审查规制制度设计者所追求的目的。运用实证分析的方法,能够对地方各省级人民政府有关备案审查规制文本内容进行归类统计,客观呈现规制文本中有关规制核心内容的现状,并在比较分析的基础上,能够全面、客观、真实、系统地认识我国行政系统内行政规定备案审查规制制度的发展现状及其存在的问题,进一步完善我国现行监督规制制度,正确把握和处理好行政系统内备案审查层级监督与行政复议监督之间、系统内备案审查与系统外人大常委会备案审查监督之间的关系,并为推动我国行政规定法治化进程贡献应有的力量。

(一) 关于备案管理工作的基本要求和审查原则

1. 规制状况

备案与审查都是规制行政规定的有力手段。因此,在规制制度中,明确备案管理工作的基本要求和审查准则,是指导备案审查工作顺利进行的必要保障。在 2008 年前各省的备案审查规制制度中,仅有过半数省份对备案管

---

① 《全面推进依法行政实施纲要》规定,规范性文件要依法报送备案、依法严格审查,做到有件必备、有备必审、有错必纠。参见吴兢:《31 个省级政府"红头文件"全备案审查防"走形"》,载《人民日报》2005 年 9 月 12 日第 10 版。

理工作的基本要求和审查原则作出明确规范,而 2008 年后重新制定或修订的制度中对有关内容作出明确规范的省份已增加到 25 个。然而,相对而言,2008 年后各省的规制制度已经不再特别强调备案审查工作的基本要求,一些省份(甘肃、内蒙古、江苏、青海、陕西、上海、浙江等)甚至出现了将制定行政规定应遵循的原则与备案审查应遵循的原则混同规范的情况(详见表 2-15)。例如,《青海省行政规范性文件制定和备案办法》第 5 条就规定:"规范性文件的制定和备案,应当遵循下列原则:(一)依照法定权限和程序;(二)维护法制统一和政令畅通;(三)坚持职权和责任相统一;(四)有件必备、有备必审、有错必纠。"从该规定内容看,前三项原则是明确要求制定主体与备案审查主体在履行各自职责中都应该遵循的具有共性的原则,但是第四项原则却是应当分别适用于制定主体与备案审查主体两种不同主体的具有特色性的原则。其中,"有件必备"的原则应是侧重强调制定主体履行将行政规定提交备案主体的责任时应遵循的原则,而"有备必审、有错必纠"的原则却是侧重强调备案审查主体在履行备案管理与审查监督职责时应遵循的原则。

表 2-15 2008 年前后各省对备案管理基本要求和审查原则作出不同规范的对比表

	规制时间	2008 年前		2008 年及其后	
	各省规定备案审查应遵循的原则和要求	省份个数	省份	省份个数	省份
备案管理基本要求和审查原则	审查登记工作应坚持合法高效	5	重庆、北京、安徽、福建、广东	1	安徽
	合理性审查	2	安徽、福建	2	安徽、黑龙江
	可行性审查	1	福建	1	黑龙江
	合法性审查是原则,可行性和合理性审查是例外	2	重庆、广东	3	福建、重庆、广东
	备案与制定遵循相同原则		—	7	甘肃、内蒙古、江苏、青海、陕西、上海、浙江
	有件必报(备)、有报(备)必审、有错必纠	12	重庆、广西、贵州、河北、河南、内蒙古、湖北、青海、山西、山东、上海、天津	15	北京、重庆、福建、广西、河北、河南、湖北、黑龙江、宁夏、青海、山西、山东、陕西、上海、西藏

(续表)

规制时间	2008 年前		2008 年及其后	
各省规定备案审查应遵循的原则和要求	省份个数	省份	省份个数	省份
备案管理基本要求和审查原则 — 实行分级管理（或层级监督）；四级备案、三级审查	7	河南、湖北、天津、贵州、青海、山东、西藏	2	北京、山东
上下贯通	1	湖北	—	—
各负其责	2	山东、青海	—	—
首长负责	1	天津	2	广东、浙江

2. 合理设定备案管理工作的基本要求和审查原则的问题

目前，一些省份（如安徽、黑龙江、湖北、内蒙古、甘肃、福建、天津、西藏等）的备案审查规制制度仍然要求，审查主体除了对行政规定进行合法性审查外，还有责任对其合理性和可行性也给予审查。例如，内蒙古自治区就明确规定备案审查机关应就行政规定是否适当作出审查。这些审查原则的具体确认，不仅关系到审查机关需要审查的程度，关系到审查机关审查行政规定的工作量，也关系到行政相对人是否具有就特定行政规定的合理性和可行性提出审查动议的权益。考虑到我国目前行政规定数量庞大的现实情况，要求审查主体在有限的审查期间内，既要遵循合法性原则、合理性和可行性原则，实现对行政规定内容的全面审查，又要达成及时高效审查并纠错的目的，是极不现实的。再者，从备案审查规制与制定规制制度的不同规制目的看，制定行政规定应遵循的原则与备案审查应遵循的原则的侧重点应有所不同，制定行政规定的原则侧重点是指导制定主体开展制定行政规定的活动，备案审查的原则却重在指导备案审查机关开展监督活动。因此，首先，行政规定规制制度应依据规制目的针对制定机关与备案审查监督机关的不同工作职责分别设定具有特色的制定原则与备案审查监督原则。由于制定主体应对行政规定的合法性、合理性负责，因此合法性原则与合理性原则都应属于制定主体必须遵循的基本原则。但是，对于备案审查监督主体而言，其责任主要在于通过监督确保行政规定合法,而不是通过监督代替制定主体承担一切责任,因此合理性原则与可行性原则作为合法性审查原则的例外是可行的,但不适宜作为备案审查主体必须遵循的基本原则。这将有助于明确界定与区分制定主体与备案审查监督主体各自不同的责任并有助于提高监督效率。其次,各省规制制度中的备案管理基本要求和审查原则有必要作出区分。尽管备案与审查都是监督工作,并且二者密切相关,但是从备案与审查的不同含义可知,备案是为监督做准备,在监督程度上属于弱监督;而审查需要监督主体依据一定标准对特定行政规定作出监督判断,在监督程度上属于强监督。由于备案与审查的目的与功能不同,因此,备案审查主体在开展备案与审查活动中也应遵循不同的原则,即应将"有件必备"与"分级备案管理"确定为备案主体开展备案登记管理活动必须遵循的基本要求,而将"有备必审"与"有错必究"确立为审查主体为履行职责应遵循的工作原则。因此,在以后完善备案审查规制制度时,有必要纠正我国现行规制制度中将备案基本要求与审查原则不作区分的情况。

(二)关于审查内容

1. 规制状况

审查内容是备案审查原则的细化,也是备案审查主体开展审查工作的具体要求。多数省份不仅要求对行政规定制定权限、内容、程序等具体事项进行合法性审查,而且要求对内容的适当性和制定技术规范作出审查。这些详细列举的审查事项不但有助于审查主体掌握审查重点和合理分配审查资源,而且有利于行政相对人明了其可以对行政规定存在的哪方面问题提出审查建议。

各省的审查内容主要是对合法性审查原则和合理性审查原则进行了细化。其中,将合法性审查原则细化为:是否与法律、法规、规章(以及上级行政规定——包括上级行政决定、命令)相抵触;是否违法设定行政处罚、行政许可、行政强制措施、行政收费、政府基金、集资以及超越权限设定减免税或者其他应当由法律、法规、规章设定的事项;是否超越权限限制或者剥夺公民、法人和其他组织的合法权利或者增加公民、法人和其他组织的义务;制定机关是否具有相应的法定职权;是否违反其他法定制定程序(如是否按照规定的方式公布)等审查事项。同时,将可行性和合理性审查原则细化为:行政规定的规定内容是否适当;同级人民政府所属工作部门制定的行政规定之间、上级人民政府所属工作部门与下级人民政府制定的行政规定之间,对同一事项的规定是否一致;是否与 WTO 原则相协调;有无地方保护和行业保护的规定或者部门利益法制化问题;行政规定是否同国家和省的现行方针、政策相违背;行政规定涉及两个以上部门职责或者与其他部门关系紧密的,制定机关是否充分征求其他部门意见;行政规定的制定是否符合规范化要求等审查事项。

从各省备案审查规制制度列举的具体审查事项变化看,2008 年后,更多省份明确规范了关于行政规定应与法律规范以及上位行政规定保持一致性的合法性审查要求,并且有越来越多的规制规章中明确强调应对"是否越权;是否限制或剥夺公民、法人和其他组织的合法权利,或者增加公民、法人和其他组织的义务"问题,以及"行政规定设定行政权限的事项"①作出审查。然而,明确对"适当性问题"与"制定技术规范化"作出审查监督要求的省份在减少。这些审查监督事项要求的具体变化显示了地方在实施层级备案审查监督工作过程中,审查侧重点已经由合法性审查与适当性审查并重转移到以合法性审查为主,适当性审查为辅。(详见表 2-16)

表 2-16　2008 年前后各省规制制度中对审查监督主要内容的对比表

规制时间	2008 年前		2008 年及其后	
审查的主要事项	个数	省份	个数	省份
是否与法律、法规、规章(以及上级行政规定——包括是否同上级行政决定、命令)相抵触;是否同国家和省的现行方针、政策相违背	27	安徽、北京、重庆、吉林、福建、甘肃、广西、贵州、河北、河南、黑龙江、湖北、湖南、江苏、江西、辽宁、内蒙古、宁夏、上海、山西、山东、陕西、青海、新疆、天津、西藏、浙江	29	安徽、北京、重庆、吉林、福建、甘肃、广东、广西、贵州、河北、河南、黑龙江、湖北、湖南、江苏、江西、辽宁、内蒙古、宁夏、上海、四川、山西、山东、陕西、青海、新疆、天津、西藏、浙江

---

① 这些设定行政权限的事项主要包括:行政处罚、行政许可、行政强制措施、行政收费、政府基金、集资以及减免税或者其他应当由法律、法规、规章设定事项的权限等。

（续表）

规制时间	2008年前		2008年及其后	
审查的主要事项	个数	省份	个数	省份
同级人民政府所属工作部门制定的行政规定之间、上级人民政府所属工作部门与下级人民政府制定的行政规定之间，对同一事项的规定是否一致或相协调	22	安徽、重庆、湖北、湖南、黑龙江、贵州、河北、河南、广西、江西、江苏、内蒙古、辽宁、宁夏、甘肃、陕西、山东、山西、青海、天津、新疆、西藏	13	安徽、广西、湖北、江苏、江西、内蒙古、辽宁、宁夏、山西、山东、上海、青海、新疆
与WTO原则相协调，无地方保护和行业保护的规定或者部门利益法制化问题	4	重庆、湖南、辽宁、青海	3	辽宁、河北、黑龙江
涉及两个以上部门职责或者与其他部门关系紧密的，是否充分征求其他部门意见	1	安徽	2	安徽、湖北
是否有相应法定职权；是否超越权限，限制或剥夺公民、法人和其他组织的合法权利，或者增加公民、法人和其他组织的义务	24	安徽、北京、重庆、吉林、福建、广西、甘肃、河北、河南、黑龙江、湖南、江苏、内蒙古、辽宁、宁夏、陕西、上海、山西、山东、青海、新疆、天津、西藏、浙江	25	安徽、北京、重庆、吉林、福建、广东、广西、贵州、河北、河南、黑龙江、湖南、江苏、内蒙古、辽宁、宁夏、陕西、上海、山西、山东、四川、青海、新疆、天津、浙江
是否违法设定行政处罚、行政许可、行政强制措施、行政收费、政府基金、集资①以及超越权限设定减免税②或者其他应由法律、法规、规章设定的事项	6	甘肃、江西、宁夏、山东、陕西、浙江	15	北京、重庆、福建、广东、河北、河南、黑龙江、湖南、江西、宁夏、山东、陕西、上海、四川、青海
规定是否适当	15	安徽、吉林、湖北、湖南、河南、辽宁、青海、天津、宁夏、甘肃、上海、山东、山西、新疆、内蒙古	10	安徽、吉林、江苏、内蒙古、辽宁、山西、山东、天津、新疆、西藏

---

① 仅宁夏规定。
② 仅江西规定。

(续表)

规制时间	2008 年前		2008 年及其后	
审查的主要事项	个数	省份	个数	省份
是否违反其他法定制定程序(是否按照规定的方式公布)	22	安徽、吉林、河北、河南、福建、湖北、湖南、黑龙江、广西、辽宁、江苏、内蒙古、宁夏、甘肃、山西、山东、陕西、青海、天津、新疆、西藏、浙江	19	安徽、吉林、重庆、河北、河南、湖北、黑龙江、江苏、内蒙古、辽宁、山西、山东、陕西、青海、上海、四川、天津、新疆、浙江
是否符合规范化要求	4	福建、黑龙江、湖北、陕西	—	—
其他需要审查的事项(或政府法制工作机构认为应审查的其他事项)	11	河北、福建、广西、江苏、甘肃、贵州、宁夏、内蒙古、山东、山西、浙江	10	福建、河南、黑龙江、江苏、内蒙古、山西、山东、青海、上海、西藏

2. 审查监督重点应与其监督职能相互匹配的问题

从国家机构职能设定的角度看,备案审查的职能首先应是既对制定主体制定的违法或者重大不适当的行政规定实施监督,实现优化配置监督审查资源的目的,也要充分尊重制定主体的积极主动性与权威性。因此,在审查过程中不宜对行政规定的内容作出事无巨细的审查。通过比较地方省级备案审查制度对审查具体事项规范的变化,也可以发现各省对行政规定作出审查监督的重点已经变得相对更为突出,但是仍存在以下问题:

其一,一些省份的规制制度仍将审查监督事项与制定机关法制机构自我审查事项混同。这种监督规制制度对审查监督事项侧重点不作区分的不良后果是:一方面可能因审查主体全面开展主动审查、均衡用力于所有审查事项而造成浪费审查资源的不良后果,另一方面也会因审查监督事项过于宽泛引发审查期间过长而致使备案审查的主要目的(及时纠正行政规定违法或重大不适当现象)落空。

其二,地方在规制制度中明确设定具体审查事项时,多基于规制者的主观见识而非源于客观地方特色。从各省规制制度有关变化内容看,一些省份在原来规制制度中明确要求审查的特定事项在现行制度中不再明确规范。例如,广西原来备案审查制度中要求对"程序是否合法"作出审查,但最近修改实施的现行规制制度中仅规定备案审查机关对行政规定开展合法性审查,而没有特别强调要审查制定程序是否合法。① 同时,河北省规制制度原本没有要求对"地方保护和行业保护"问题作出审查,但现行规制制度则强调应对该事项作出审查。由此可见,各省在设定具体审查事项时所依据的标准较为主观随意而非源于一定的科学标准或者客观地方特色。

(三)关于报送备案期限

1. 规制状况

报送备案期限是实现层级备案监督的程序性要求,也是有效实现备案审查监督目的的前提条件,还是督促制定主体在法定期限内向监督主体积极履行报送行政规定以接受行政系统内的必要监督的责任。各省关于报送备案期限的规定,多参考了《立法法》和《法规规章备案条例》中有关规章报送备案期限的规定,即"自发布之日起 30 日内"报送备案。当然,一些省份也结合地方特色而将其规定为"自发布之日起 15 日内"报送备案。相对于 2008 年前的规制制度,不少重新制定或修改规制制度的省份(如重庆、福建、广西、上海、青海等)作出了缩短最长报送备案期间的规定,但是也有一些省份(如北京、湖北等)则延长了最长报送备案期间。此外,还有一些省份(如江苏、河南等)原本对政府与政府部门等不同制定行政规定主体规定了不同的最长报送备案期间,但是现在却对不同制定主体都要求同样的最长报送备案期间。(详见表 2-17)

表 2-17 2008 年前后各省对报送备案期限规定变化的对比表

规制时间	2008 年前		2008 年及其后	
各省规定的报送行政规定备案期限	省份个数	省份	省份个数	省份
除法律、法规另有规定外,行政规定应当在发布后 30 日内报送	13	福建、广东、广西、辽宁、江西、内蒙古、宁夏、青海、陕西、山东、上海、四川、浙江	8	北京、广东、湖北、辽宁、内蒙古、宁夏、陕西、山东

---

① 《广西壮族自治区规范性文件监督管理办法》第 16 条第 1 款规定:"规范性文件合法性审查的范围包括:(一)是否超越制定机关的法定权限;(二)是否符合法律、法规、规章和国家方针政策;(三)是否与相关的规范性文件相冲突。"第 25 条规定:"对报送备案的规范性文件,经审查合法的,予以备案。……"

(续表)

规制时间	2008年前		2008年及其后	
各省规定的报送行政规定备案期限	省份个数	省份	省份个数	省份
自公布日起5日内	—	—	1	重庆
自发布之次日起7个工作日内	1	重庆	—	—
自公布日起15日内（或刊登日起15日内）	11	安徽、北京、甘肃、河北、黑龙江、湖北、湖南、吉林、贵州、山西、云南	15	安徽、福建、广西、河北、河南、黑龙江、湖南、江苏、江西、山西、上海、四川、西藏、云南、浙江
地方各级政府，自发布日起30日内；地方县级以上政府部门，自发布日起10或20日内	2	江苏、河南	—	—
自发布日起20日内	2	天津、西藏	2	天津、青海
自签发日起或自公布日起10个工作日内	2	海南、新疆	3	贵州、海南、新疆

2. 合理设定最长报送备案期间的问题

从地方各省规制制度变化看，地方各省在设定最长报送备案期间时，并没有充分考虑可能影响科学、合理地设定最长报送备案期间应考虑的因素。确定具备地方特色的报送备案审查期限时，应该考虑的因素理应包括：该省的地域范围大小、通信发达与否、交通是否便利以及报送备案审查主体与受理备案审查主体之间接触的便利程度等，以便尽可能科学地确定适合本地实际情况的报送备案期限。因此，依常理而言，随着交通、通信以及公文处理技术的发展与改进，各省在公布行政规定后能够提交备案的期间应是趋向于缩短，但是在一些省份的规范中却不合常理地延长了最长报送备案期间，由此很难得出，各省在设定最长报送备案期限时，考虑了客观上应该考虑的因素。再如，相对于贵州而言，北京的地域相对狭小、交通较为便利且通信较为发达，其规定的最长报送备案期间是"发布后30日内"报送，然而贵州省要求报送的最长备案期限是"自公布日起10个工作日内"报送。由此可见，在设定报送备案期限时，各省鲜有考虑地域特色。综上所述，关于如何科学、适当地设置报送备案期限，以符合客观实际需要和融入地方特色，地方尚需进一步科学论证。

(四)关于审查方式与被动审查期限

1. 规制状况

审查方式可以分为主动审查和被动审查两种。主动审查是审查机关在收到制定机关报送备案的行政规定后,依据"有备必审"的规制制度积极主动地启动审查程序,对行政规定及时进行全面或仅合法性审查的方式。被动审查则是指审查机关依据行政相对人的申请或其他国家机关的建议对行政规定启动审查程序的审查方式。[①]

就常理而言,任何规则制定主体都不是先知先觉、公正无私的"上帝",在制定规则的过程中,其可能因主客观因素制定出或多或少违背上位法或不公正的规则,进而对公民、法人或社会团体等行政相对人的合法权益造成侵害。基于此,一些现代民主发达国家确认了行政规定违宪或违法审查制度,这些制度使得遭受行政规则侵权的行政相对人能够获得及时、必要的行政、司法甚至立法监督救济。

我国曾一度缺乏规则侵权及其司法救济的理念、制度及其实践。从21世纪初以来,随着法治进程的不断深化,在强化行政规定应接受必要监督理念的基础上,行政系统内通过信访途径开始对行政规定实施内部监督,并且为了从产生规则的源头预防违法或不当规则出现,一些地方政府的备案审查规制制度中开始赋予公民、法人和社会团体等行政相对人向制定机关或备案审查主体提出审查行政规定建议的动议权。申请审查动议权使得行政系统内依行政相对人申请而有目的地纠正规则侵权行为成为可能,也增加了被违法规则侵犯的行政相对人获得救济的途径。由此可见,这种因行政相对人动议而使行政机关在行政系统内启动审查程序的独特监督方式正是我国行政系统本身开始正视和积极应对行政规定侵权问题的体现。在31个省级地方政府规制规章中,2000年7月1日施行的《浙江省行政规范性文件备案审查规定》率先确认了公民提出审查行政规定的动议权,但处理公民提出的审查行政规定动议的具体程序,则直到2002年12月1日施行的《辽宁省规章规

---

① 参见《规范性文件备案审查制度理论与实务》,中国民主法制出版社2011年版,第110页。

范性文件备案办法》第 9 条中才首次明确规定。目前,多数省份已经确认了行政相对人动议权和行政系统内由此而对行政规定开展被动审查的程序。

2008 年后,多数省份新创制或者修订的规制制度既确认了主动审查方式也确认了被动审查方式,甚至有更多省份明确了被动审查处理程序及其期限。其中,一些省份(如福建、广西、河北等)将主动全面审查改为主动合法性审查;一些省份(如福建、黑龙江、内蒙古等)在采用主动审查方式的基础上增加了被动审查方式,并且增加对被动审查处理程序及其期限作出明确规范;但是,也有一些省份(如广西、吉林)将原来监督规制制度中已经明确规范的审查方式以及被动审查期限变更为不再对审查方式与被动审查期限作出明确规范(详见表 2-18)。此外,从程序正当及穷尽必要行政救济手段的角度讲,规制制度应允许行政相对人对被动审查行政规定的结果提出异议,并且有必要对异议处理程序作出规范,但是各省的规制制度都没有对有关内容作出规范,这使得规制被动审查程序制度显得有失公正。

表 2-18　2008 年前后各省规制制度中审查方式变化与被动审查期限对比表

规制时间			2008 年前		2008 年及其后
审查方式		个数	省份	个数	省份
主动审查	主动全面审查	27	安徽、福建、甘肃、广西、贵州、河北、河南、黑龙江、湖北、湖南、江苏、江西、吉林、辽宁、内蒙古、宁夏、青海、陕西、山西、山东、上海、四川、天津、西藏、新疆、云南、浙江	25	安徽、重庆、甘肃、贵州、河南、黑龙江、湖北、湖南、江苏、江西、吉林、辽宁、内蒙古、宁夏、青海、陕西、山西、山东、上海、四川、天津、西藏、新疆、云南、浙江
	主动合法性审查	3	北京、重庆、广东	5	北京、福建、广东、广西、河北
被动审查及其反馈		25	安徽、北京、重庆、广东、广西、甘肃、贵州、河北、河南、湖北、湖南、海南、江西、吉林、辽宁、宁夏、青海、陕西、山西、山东、上海、天津、新疆、云南、浙江	29	安徽、北京、重庆、福建、广东、甘肃、贵州、河北、河南、黑龙江、湖北、湖南、海南、江苏、江西、辽宁、内蒙古、宁夏、青海、陕西、山西、山东、上海、四川、天津、西藏、新疆、云南、浙江

（续表）

规制时间	2008年前		2008年及其后	
审查方式	个数	省份	个数	省份
明确被动审查期限	10	安徽、重庆、广东、广西、河北、河南、海南、湖南①、吉林、天津	13	安徽、重庆、福建、广东、河北、河南、黑龙江、海南、湖北、湖南、内蒙古、天津、浙江

2. 主动审查可能引发监督资源配置不当甚至监督结果矛盾的问题

选择采用主动审查或被动审查方式，主要涉及需要对监督资源优化配置的问题与对行政相对人权益的保护问题，即就主动审查方式而言，需要考虑的问题主要是，既然制定主体法制机构在制定阶段已经开展全面审查，那么在备案后，备案审查主体是否有必要积极主动地启动审查程序；就被动审查方式而言，需要注重的问题则是，既然一些省份对如何处理行政相对人的审查动议请求作出限期处理的程序性规范，那么在现行规制制度中，是否还应设定行政相对人有权对审查机关的审查结果提出异议以及相应处理程序。

此外，就被动审查方式而言，规制制度还需要面对的一个问题是：在行政相对人向行政系统备案审查机关提出审查动议后，能否再向人大常委会备案审查机关提出审查动议，目前未有明确规定。

（五）关于审查主体及其内设机构的权限

1. 规制状况

在2008年后，审查主体内设法制机构的权限变小，并且除广西与吉林外，各省级规制制度都规定备案审查监督机关的法制机构仅有权向制定机关提出撤销或改正其制定的行政规定的建议，在制定机关不按该建议作出处理的情况下，由审查主体或者其他有监督权的主体责令制定机关纠正（详见表2-19）。各地有关法制机构具体权限变化如下：其一，2008年前，曾有一些省份（如重庆、甘肃、云南、陕西等）的规制规章授权审查主体的法制机构直接撤销违法或不适当的行政规定，或者撤销逾期不纠正的行政规定，一些省份（如湖南、江苏、浙江）的规制规章允许人民政府授权其法制机构直接行使改变和撤销权。但是，在现行有效的备案监督规制制度中，甘肃、重庆、江苏与浙江

---

① 2004年《湖南省规章规范性文件备案审查办法》没有处理公民动议的具体期限，但2008年《湖南省行政程序规定》要求在收到申请之日起30日内作出处理，并将处理结果书面告知申请人。

等省份已经摒弃了由审查主体内设机构直接撤销被监督行政规定的做法。其二,仍有一些省份(如云南与湖南)的规制规章,对于明显违反法定程序的情况(如制定机关未按规定方式公布行政规定),授权审查主体的法制机构可以直接确认行政规定无效。

表 2-19　2008 年前后审查主体及其内设机构权限比较表

规制时间 审查主体及其 内设机构权限	2008 年前		2008 年及其后	
	个数	省份	个数	省份
监督机关的法制机构建议制定机关自行纠正	—	—	1	广西
监督机关的法制机构建议制定机关自行纠正;制定机关不处理的,监督机关或者提请有权机关责令制定机关纠正(或撤销)	30	安徽、北京、福建、甘肃、贵州、广东、广西、河北、河南、海南、黑龙江、湖北、湖南、江苏、江西、辽宁、吉林、宁夏、内蒙古、青海、上海、陕西、山西、山东、四川、天津、云南、新疆、西藏、浙江	29	安徽、北京、重庆、福建、甘肃、贵州、广东、河北、河南、海南、黑龙江、湖北、湖南、江苏、江西、辽宁、宁夏、内蒙古、青海、上海、陕西、山西、山东、四川、天津、云南、新疆、西藏、浙江
市政府法制办公室应责令制定机关立即停止执行并予以撤销	3	重庆①	—	—
逾期不修改或废止的,由备案审查的政府法制工作机构予以撤销		甘肃②、云南③、陕西④	2	云南、陕西

---

① 《重庆市行政机关规范性文件审查登记办法》第 21 条第 1 款规定:"市政府工作部门违反本办法,擅自发布内容涉及本办法第 6 条规定事项的规范性文件的,由市政府法制办公室按下列规定处理:(一)责令制定机关限期按照本办法规定报送审查,逾期不报的,予以撤销;(二)规范性文件内容违反本办法第五条……的,直接予以撤销。"第 22 条第 2 款规定:"规范性文件有违反本办法第六条……的,市政府法制办公室应责令制定机关立即停止执行并予以撤销。……"

② 《甘肃省规章规范性文件备案审查办法》第 10 条第 2 款规定:"经审查,发现规范性文件超越法定权限,同法律、法规、规章相抵触,或者不适当的,由备案审查的政府法制工作机构发出责令纠正通知书、处理决定书,制定机关应当……修改或者废止,逾期不修改或废止的,由备案审查的政府法制工作机构予以撤销。"

③ 《云南省行政机关规范性文件制定和备案办法》第 45 条第 1 款规定:"县级以上人民政府法制机构经审查发现规范性文件违法的,应当建议或者责成制定机关限期自行纠正;拒不纠正的,予以改变、撤销或者向社会公告,宣布该规范性文件无效。"

④ 《陕西省规范性文件监督管理办法》第 29 条规定:"制定机关应当……自行改正,并书面回复办理结果。逾期不改正或者拒不改正的,政府法制机构应当报请本级人民政府予以撤销或者改变;规范性文件超越法定权限,同法律、法规、规章、国家政策相抵触的,政府法制机构应当直接予以撤销。"

(续表)

规制时间 审查主体及其 内设机构权限	2008年前 个数	2008年前 省份	2008年及其后 个数	2008年及其后 省份
行政规定未按规定方式公布的,由有管辖权的政府法制部门确认无效	2	吉林①、云南	2	云南、湖南②
经本级政府授权后,政府法制机构决定变更或者撤销	3	湖南③、江苏④、浙江⑤	—	—

2. 合理区分审查主体与其内设法制机构之间的权限问题

从组织机构的职权与职责须相适应的理论视角看,人民政府的法制机构是政府内设机构,其具体职能是对本级政府部门和下级人民政府制定的行政规定实际开展具体备案审查工作,并向备案审查机关(地方一级人民政府)提供如何行使监督权的决策意见。因此,作为备案审查工作的直接担当者,人

---

① 《吉林省规章规范性文件监督办法》第14条规定:"行政机关、法律法规授权的组织或者行政机关委托的组织制定不具有普遍约束力的行政文件作为行政执法依据的,有管辖权的政府法制部门可以确认其没有执行效力。"

② 《湖南省规范性文件管理办法》第25条规定:"政府法制部门或者部门法制机构审查发现规范性文件违法的,应当书面建议制定机关立即停止执行并自行纠正……逾期不报告纠正结果的,按照下列规定处理:(一)超越职权,或者依法需经批准而未经批准,或者未经统一登记、统一编号、统一公布的,由负责审查的政府法制部门或者部门法制机构确认该规范性文件无效;(二)内容违法的,由负责审查的政府法制部门提请本级人民政府撤销该规范性文件,或者由负责审查的部门法制机构提请本部门撤销该规范性文件。……"

③ 《湖南省规范性文件备案审查办法》第11条第1款第1项规定:"……制定机关在规定的期限内不自行修改或者废止的,由政府法制机构提出处理意见报本级人民政府批准后予以变更或者撤销,或者经本级人民政府授权后,由政府法制机构决定变更或者撤销。"

④ 《江苏省规范性文件备案审查规定》第8条规定:"备案的规范性文件有下列情形之一的,……拒不改正的,由政府法制部门提请本级人民政府予以变更或撤销,或者经本级人民政府同意后,由政府法制部门决定变更或撤销,并应视情况建议有权部门对单位主要负责人或直接责任人员给予行政处分:(一)同法律、法规、规章以及党和国家的方针、政策相违背的……"

⑤ 《浙江省行政规范性文件备案审查规定》第11条规定:"备案机关的法制工作机构审查发现报送备案的行政规范性文件有下列情形的,依照法定权限作出处理:(一)行政规范性文件同法律、法规、规章相抵触或者其设定的权利、义务和法律责任依据不充分的,提出改正意见并责令其限期改正;在限期内不改正的,报请本级人民政府予以变更或者撤销,或者经本级人民政府授权后,直接予以改变或者撤销……"

民政府的法制机构在审查发现行政规定存在违法或不适当问题时,有权直接建议制定机关纠正问题,也有权将问题报告给本级人民政府并由人民政府责令行政规定制定主体纠正问题,但是没有资格和能力以自己的名义直接对行政规定制定主体行使监督权。然而,在实践中,湖南、陕西和云南等省份的规制规章却将变更或撤销权直接交由法制机构行使。这种由法制机构"越俎代庖"的制度设定,不仅有违政府法制机构的职能设定,而且有碍备案审查的权威性和职责承担。

(六)关于制定主体拒不报送或拖延报送责任以及对未报送备案行政规定的处理

1. 规制状况

为了落实报送行政规定备案制度,各省的备案审查规制规章确认了行政规定制定主体承担报送备案的强制性义务。与该义务相对应的法律责任是:如果制定主体不履行该义务,则不仅需要在一定期限内承担继续履行报送的义务,而且需要承担逾期不履行报送义务的不利法律后果,包括通报批评、撤销或中止行政规定,以及追究制定机关主要负责人和其他直接责任人的行政责任等。

2008年前,除河南外各省对制定主体拒不报送行政规定备案行为应承担法律责任作出了明确规定,但在2008年后修改的规制制度中,广西、吉林、四川、西藏4个省份都对制定主体拒不报送或拖延报送责任不再作出明确规范。同时,仅有重庆、广东、甘肃3个省级规制制度对制定主体逾期仍不报送的行政规定是否有效问题作出了明确规范。(详见表2-20)

从2008年前后规制变化看,各省对制定主体拒不报送或拖延报送规定的法律责任以及对未报送备案行政规定的处理有较大差异。这些差异表现在:其一,有的省份规定了严格的行政责任,并以"撤销"方式否定该行政规定继续生效。例如,广东和重庆等省份明确规定备案审查机关应"责令制定机关限期报送审查,逾期不报的,予以撤销",并对制定主体不履行报送义务的情节严重、产生严重不良后果的行为,或者由于执行无效的行政规定而损害公民、法人和其他组织合法权益的行为,政府法制机构可以提请行政监察部门依法追究制定机关主要负责人和其他直接责任人的行政责任,同时广东省

表 2-20 2008 年前后各省对拒不报送或拖延报送责任以及
处理行政规定作出规范的对比表

规制时间			2008 年前		2008 年及其后	
		省份个数	省份	省份个数	省份
对制定主体的责任	通知其限期报送	30	安徽、北京、重庆、福建、甘肃、贵州、广东、广西、河北、黑龙江、海南、湖北、湖南、吉林、辽宁、宁夏、内蒙古、江西、江苏、青海、山东、山西、陕西、四川、上海、新疆、西藏、天津、云南、浙江	25	安徽、北京、重庆、福建、甘肃、贵州、河北、河南、黑龙江、海南、湖北、辽宁、江苏、江西、内蒙古、宁夏、青海、山东、山西、上海、陕西、新疆、天津、云南、浙江
	逾期仍不报送的,通报批评	27	安徽、北京、甘肃、贵州、广西、河北、黑龙江、海南、湖北、湖南、吉林、辽宁、江苏、江西、内蒙古、宁夏、青海、山东、山西、上海、陕西、四川、新疆、西藏、天津、云南、浙江		
	人事任免或监察机关追究制定机关直接主管和其他直接责任人的责任	23	安徽、北京、重庆、甘肃、广东、广西、贵州、河北、海南、湖北、湖南、江苏、江西、吉林、辽宁、宁夏、青海、山西、山东、四川、陕西、天津、云南	22	安徽、重庆、福建、甘肃、广东、河北、河南、黑龙江、海南、湖北、湖南、江苏、辽宁、宁夏、青海、山西、山东、上海、陕西、天津、云南、浙江
处理行政规定	无效或撤销	2	重庆、广东	3	重庆、广东、甘肃
	中止执行	1	福建	—	—

还规定,对未经政府法制机构审查同意以及未经规定载体发布的部门规范性文件,政府法制机构可以根据有关规定向社会公示该文件无效。其二,一些省份修改后的制度对逾期拒不报送行政规定的责任追究变得弱化。例如,2008 年前的规制制度中,北京市与贵州省等省级规制制度中都对逾期拒不报送行政规定的违法行为规定了相对严格的行政责任,即制定机关如不履行报送义务,则应限期报送,并给予通报;逾期拒不报送的,由人事任免机关或者监察机关按照处理权限,追究制定机关直接负责的主管人员和其他直接责任

人员的责任。但是，这些省份 2008 年后修改的规制制度不再对制定主体逾期拒不报送行政规定的主管人员与直接责任人是否应承担责任作出规范。此外，甘肃省修改后的规制内容，明确增加规定了对逾期拒不报送并且拒绝改正违法行为行政机关制定的行政规定应依法予以撤销。

2. 需要科学决策应否规范以及如何规范不报送行政规定备案的问题

既然规制制度中规定行政规定制定机关应当向备案审查机关报送行政规定的义务是法定职责，那么对于制定机关违反法定职责的行为当然应当设定法律责任，并且在设定的制定主体拒不报送或拖延报送责任的同时有必要对制定主体违法所涉及的行政规定作出处理。比较 2008 年前后的规制制度可以发现，规制制度设定的制定主体拒不报送或拖延报送责任主要存在以下问题：

其一，需要查明 2008 年后不少省份修改或者重新制定的规制制度为何对不报送行政规定备案的规范作出弱化。2008 年后，有的省份进一步健全了对制定机关不报送行政规定备案的责任规范，但不少省份却弱化了对制定机关不报送行政规定备案的责任规范。这一现象表明，有必要在调研制度变化原因的基础上，对制定机关不报送行政规定备案的责任作出科学设定。

其二，目前多数地方备案审查规制制度在设定追究制定主体拒不报送或拖延报送法律责任的同时，并没有对行政规定能否继续生效问题给予必要关注。在设定制定主体拒不报送或拖延报送责任时，如果同时规定备案审查机关可以中止行政规定继续生效或撤销，那么不仅可以增强备案审查机关的权威性，而且可以及时防止违法或不当的行政规定继续侵害行政相对人的合法权益。

其三，多数现行规制制度对制定主体逾期不报送行政规定应承担的法律责任不够明确和具有必要威慑力。"限期报送"是一种继续履行义务，通报批评和撤销或中止行政规定才是因制定主体不履行备案义务而应承担的一种具有实际威慑力的不利法律后果。行政规定规制规章中之所以对制定主体设定报送备案的强制性义务，其目的在于通过备案控制行政规定制发数量，并为行政规定接受审查提供必要条件，因此，只要制定主体违反了按时报送行政规定的义务，就应承担必要的法律责任。然而，由于一些省份对行政规定制定主体违反法定报送备案义务时所应承担的具有威慑力的必要法律责任认识不清晰,多数制度设定者误将"责令限期报送行政规定"当作是制定主体应承担的不利法律责任。这种将继续履行报送义务的行为误解为一种法律责任承担方式,导致制定主体对自身拒不报送或拖延报送违法行为几乎不必承担任何实际具有威慑力的法律责任,进而削弱了备案审查这一规制方式的应有监督制约功能。同时,由于多数省份没有将制定主体拒不报送或拖延报送违法行为的后果与行政规定自身效力相关联,使得备案审查规制方式的应有监督功能进一步被弱化。

(七) 拒不纠正或拖延纠正错误的责任以及对未被纠正行政规定的处理

1. 规制状况

备案审查的目的主要在于纠正行政规定中出现的错误,以确保行政规定的权威,避免或降低违法(或不当)行政规定对行政相对人造成侵害。备案审查规制规章要求,制定主体依据行政规定审查主体提出的审查意见,承担及时纠正其制定的行政规定中存在的违法或不适当情况的强制性义务。然而,制定主体有可能违反这一义务而拒不纠错。这一情况的出现必然会引发两方面的法律后果:其一是追究制定主体拒不纠错的违法责任;其二是为了阻止违法或不当行政规定进一步对行政相对人造成侵害和损害行政机关的权威,备案审查机关通过行使中止或撤销权来阻止行政规定继续生效。

2008 年前,就制定主体拒不纠错而应承担的行政责任而言,除西藏外,30个省份都对行政规定制定机关收到书面审查意见后,拒不纠正或拖延纠正行为作出了追究行政责任的规定。2008 年后修改或重新制定的规制制度中,除了广西和吉林没有对制定主体拒不纠正或拖延纠正违法行政规定行为作出规范外,更多省份明确规定了制定主体的责任与处理违法行政规定的措施。(详见表 2-21)

表 2-21 2008 年前后各省对拒不纠正或拖延纠正责任以及处理行政规定作出规范的对比表

规制时间		2008 年前		2008 年及其后	
拒不改正违法行政规定，应承担的责任		省份个数	省份	省份个数	省份
对制定主体的责任	政府法制工作机构给予责令限期改正，通报批评	16	安徽、贵州、甘肃、河北、湖南、黑龙江、江苏、吉林、内蒙古、宁夏、青海、山西、山东、上海、新疆、浙江	20	安徽、福建、贵州、甘肃、河北、河南、湖北、黑龙江、江苏、内蒙古、宁夏、青海、山西、山东、上海、陕西、四川、天津、西藏、新疆
	建议有关机关对制定机关直接负责的主管和其他直接责任人，予以告诫或依法给予行政处分	17	安徽、广东、广西、贵州、黑龙江、甘肃、河北、湖南、江苏、吉林、内蒙古、宁夏、青海、山西、山东、上海、浙江	20	安徽、福建、贵州、甘肃、广东、河北、河南、湖北、江苏、内蒙古、宁夏、青海、山西、山东、上海、陕西、四川、天津、西藏、
	造成严重后果的，依法追究行政责任	3	重庆、江西、青海	2	重庆、黑龙江
处理行政规定	由备案审查机关的法制机构报请备案审查机关决定（或报本级政府同意后）予以变更或撤销	7	北京、河南、辽宁、广东、四川、陕西、新疆	20	北京、重庆、贵州、甘肃、广东、河北、河南、黑龙江、湖北、江苏、辽宁、内蒙古、宁夏、青海、陕西、四川、天津、西藏、新疆、浙江
	中止执行或停止执行（或法制机构报本级政府或者本部门决定，并通知制定机关）	3	重庆、江西、青海	7	福建、重庆、江苏、宁夏、青海、上海、浙江
	政府法制工作机构应依法办理变更或者撤销手续，并应制作变更或者撤销决定书	4	福建、云南、天津、湖北	2	福建、云南

2. 存在的问题

尽管在 2008 年后，多数省份对拒不纠正或拖延纠正责任以及处理违法行政规定作出了明确规范，但是仍有一些省份（如安徽、湖南、浙江、云南等）在追究制定主体拒不纠正或拖延纠正责任和处理有关行政规定效力这两个不同问题上表现出一种顾此失彼的状态。这主要表现为：要么仅对拒不纠正行政规定错误的制定主体设定法律责任，要么仅设定中止或终止行政规定的效力。

备案审查规制制度设定制定机关承担纠正行政规定中存在的错误之义务，并以违反该义务则承担通报批评及行政处分等不利的法律责任。设定这种强制性义务的目的在于：通过强制制定机关纠正行政规定中存在的错误，提高行政规定的质量，同时预防违法或不当行政规定对行政相对人造成侵害。因此，如果行政规定审查主体已经发现被审查行政规定存在问题，并且制定主体拒不纠正错误，规制制度中至少应对合理处理行政规定效力和追究行政规定制定主体责任作出明确规范：其一，为了防止有问题的行政规定继续引发不良法律后果，备案审查机关通过行使停止执行或撤销权的方式来中止或者终止该行政规定继续生效是非常必要的；其二，依据行政层级监督原理，制定主体及其责任人应因拒不履行纠错而承担通报批评或行政处分的不利法律责任。

综上，目前，虽然我国地方行政系统内层级备案审查制度已得到较为普遍的执行，但现行的备案审查制度仍不够完善，其主要问题或缺陷有：其一，国务院还没有对备案审查程序统一规范，各省备案审查规制对象不统一；其二，需要合理区分备案审查原则与制定基本原则；其三，备案审查主体和审查机构的权限并不明确，需要科学设置；其四，规制制度中设定具体审查内容时多基于规制者的主观认识；其五，行政系统制定机关与上级机关在备案前后短时间内全面重复审查有浪费审查资源之嫌；其六，主动审查中的报送备案期限设置与制定程序中的公布至生效之间的期间设置有待科学化；其七，被动审查方式下，具体回应处理程序尤其是异议程序有待完善；其八，追究拒不报送与拒不纠正违法行为责任及处理相应行政规定效力的程序不健全。

三、完善行政系统内行政规定备案审查制度的对策

（一）在国家立法层面全面系统地构建行政系统内备案审查规制制度

从制度上看，如何全面、系统地对所有行政规定构建行政系统内备案审查监督体系，国务院2004年发布的《全面推进依法行政实施纲要》已有原则

性要求:"……规章和规范性文件应当依法报送备案。对报送备案的规章和规范性文件,政府法制机构应当依法严格审查,做到有件必备、有备必审、有错必纠。公民、法人和其他组织对规章和规范性文件提出异议的,制定机关或者实施机关应当依法及时研究处理。"从理论上看,该纲要对我国行政系统内所有行政规定主体作出了全面监督规制,即在行政系统内,除国务院自己制定的行政规定外,国务院的办公厅和部门、地方各级(省、市、县)人民政府及其办公厅和部门、乡镇(民族乡)人民政府以及授权组织,在制定行政规定后,都应依据备案审查监督制度向有备案审查监督权的主体进行备案,并接受行政系统内的层级审查监督。同时,党的十八届四中全会决定明确要求,"行政机关不得法外设定权力,没有法律法规依据不得作出减损公民、法人和其他组织合法权益或者增加其义务的决定"。因此,为了防止有行政规定制定权的行政机关成为不受监督的主体,所有行政规定制定主体都应接受备案审查监督。

然而,从制度层面看,《立法法》《监督法》以及《法规规章备案条例》都没有对所有行政规定制定主体应接受全面备案监督作出规范。同时,从监督实践层面看,目前国务院的办公厅、国务院部门、省级人民政府制定的行政规定在行政系统内并没有受到备案审查监督制度的规范。也就是说,首先,在行政系统的中央层面,国务院并没有对其办公厅和国务院各部门制定和发布行政规定的权力作出备案审查监督规制。目前中央层面的行政机关制定行政规定仅需要遵守2001年国务院发布的《国家行政机关公文处理办法》即可。即使国务院个别部门制定了行政规定备案审查规制制度,如1990年《能源部规章、规范性文件备案办法》、1996年《交通部规范性文件备案审查制度》、2007年《中国民用航空总局职能部门规范性文件制定程序规定》、2010年《水利部规范性文件审查与备案管理办法》等,其内容也是中央部门对地方部门制定行政规定的监督,而不包括对国务院部门自身制定行政规定的监督。其次,在地方层面,依据2001年《规章制定程序条例》第36条、2004年《全面推进依法行政实施纲要》、2008年《国务院关于加强市县政府依法行政的决定》和2010年《国务院关于加强法治政府建设的意见》等国务院的规定和要求,所有省级人民政府都已经建立了备案审查规制制度,但是这些规制制度也不包括对省级人民政府制定行政规定的监督,而是对省级人民政府之外的所有其他地方行政主体制定行政规定的权力开展备案审查监督。(详见表2-22)

表2-22 目前行政规定制定主体在行政系统内接受备案审查监督的情况

政府及其办公厅(局)	是否已经受备案审查监督	政府同级部门	是否已经受备案审查监督
国务院及办公厅	×	国务院部门	×
省级人民政府及办公厅	×	省级人民政府部门	√
县级人民政府及办公室	√	县级部门	√
乡、镇人民政府	√	—	—

基于此,目前在部门行政系统或者地方行政系统的各自权限内建立的自上而下的备案审查监督规制制度,主要存在两方面的问题:

其一,在行政系统内规制中,存在部分行政规定主体不受备案审查监督的状况。这可能引发中央行政机关和省级人民政府的行政规定在行政系统内不受备案审查监督的特权思想。依据行政层级监督管理原则,国务院部门和省级人民政府及办公厅制定的行政规定应当向国务院法制部门备案并接受审查监督,但由于国务院没有出台规制行政规定的备案审查监督程序制度,因此国务院部门和省级人民政府及办公厅制定的行政规定目前并不向国务院法制部门备案。由于不受备案审查制度规范,人们会产生行政法规与国务院行政规定以及部门规章与部门行政规定在性质上是否存在根本差异的看法。

其二,地方政府越权规制。省级地方政府在依照国务院《法规规章备案条例》第21条建立行政规定备案审查制度时,一般都会在规制制度中规定"人民政府制定的规范性文件,报送上一级人民政府备案",这容易造成下级行政机关立法要求上级行政机关履行监督职责的情况。例如,《江西省规范性文件备案办法》第3条规定:"规范性文件应当自公布之日起30日内,按照下列规定报送备案:(一)人民政府制定的规范性文件,报送上一级人民政府备案;……"依据该规定,江西省人民政府制定的行政规定应提交国务院备案审查,但以江西省政府规章的规范权限而言,要求国务院审查江西省人民政府制定的行政规定事实上已是越权规范。再如,2005年1月生效的《吉林省规章规范性文件监督办法》第 16 条规定:"……规范性文件的制定机关认为政府法制部门作出的处理决定违法、不当的,可以向其上一级政府法制部门申请复核。上级政府法制部门应当自接到复核申请之日起 30 日内进行审查,作出处理,并通知申请机关。"如果行政规定的制定机关是省级政府部门,作出处理决定的必然是省级政府法制部门,那么依据该办法第 16 条的规定,省级政府部门申请复核时,复核机关应是国务院法制办公室,而吉林省人民政府规章为国务院法制办公室设定复核义务显然超出了省级人民政府规章的立法权限。

为了对所有行政规定的制定权限和程序作出无差别的全面规范和监督,并且为了避免前述因制定主体特殊而不受监督或者出现地方规制制度越权规范监督权的问题,有必要由国务院以行政法规的形式,统一建立自上而下的行政系统内备案审查监督制度。

(二) 进一步明确审查原则和审查内容

在备案审查制度中,应确立合法性审查为原则、可行性和合理性审查为例外的行政层级审查准则,并应以充分保障行政相对人合法权益为限,细化合理性审查事项。

就审查原则而言,如前所述,目前我国不同省级地方规制制度备案审查原则与制定基本原则未加区分。考虑到我国目前行政规定数量较为庞大的现实情况,要求审查主体在有限的审查期间内,既要遵循合法性原则、合理性原则和可行性原则,实现对行政规定内容的全面审查,又要达成及时高效审查并纠错的目的,是极不现实的。再者,从备案审查规制与制定规制制度的不同规制目的看,制定行政规定应遵循的原则与备案审查应遵循的原则的侧重点应有所不同,制定原则的侧重点是指导制定主体开展制定行政规定的活动,备案审查原则却重在指导备案审查机关开展监督活动。因此,在同时规范行政规定制定与备案审查监督的规制制度中,立法者对制定原则与备案审查原则作出明文规范时,应特别关注以下两个方面:

其一,行政规定规制制度应依据规制目的,针对制定机关与备案审查监督机关的不同工作职责分别设定具有特色的制定原则与备案审查监督原则。由于制定主体应对行政规定的合法性、合理性负责,因此合法性原则与合理性原则都应属于制定主体必须遵循的基本原则。但是，对于备案审查监督主体而言，其责任主要在于通过监督确保行政规定合法，而不是通过监督代替制定主体承担一切责任，因此，为了充分发挥审查资源的应有功能，达到有效地监督行政规定的目的，各省在备案审查规制规章中有必要确立合法性审查为原则、可行性和合理性审查为例外的基本审查准则。这样既可以明确界定与区分制定主体与备案审查监督主体各自不同的责任，又可以使备案审查机关将有限的审查人力、物力等资源重点运用于行政规定的合法性审查，还能够在行政规定存在明显不合理或缺乏可行性问题或出现行政相对人申请审查适当性时，对其进行必要的合理性或可行性审查，从而最终实现全面提高行政规定质量的目的。

其二，有必要对规制制度中的备案管理基本要求和审查原则作出区分。尽管备案与审查都是监督工作，并且二者密切相关，但是从备案与审查的不同含义可知，备案是为监督做准备，在监督程度上属于弱监督；而审查需要监督主体依据一定标准对特定行政规定作出监督判断，在监督程度上属于强监督。由于备案与审查的目的与功能不同，因此，备案审查主体在开展备案与审查活动中也应遵循不同的原则，即应将"有件必备"与"分级备案管理"确定为备案主体开展备案登记管理活动必须遵循的基本要求，而将"有备必审"与"有错必究"确立为审查主体为履行职责而应遵循的工作原则。因此，在以后完善备案审查规制制度时，有必要纠正我国现行规制制度中将备案基本要求与审查原则不作区分的情况。

同时，就审查内容而言，规制制度中具体列举的审查事项是审查原则的具体化。目前各省规制制度有关合法性原则的具体化列举事项内容大体相同，主要包括权限合法、程序合法、内容合法等事项，并且从这些规制制度在2007年前后所设定的具体审查内容变化看，地方规制制度设计者在确认规制制度中的具体审查事项时，多基于其主观认识。鉴于合理性事项内容相对较为庞杂，各省对合理性审查事项的列举再多再细都无法穷尽其可能性，并且各省列举的合理性具体化事项都以合理保障行政相对人的合法权益为目的，因此行政规定规制制度中有关合理性审查事项的具体列举，应以保障行政相对人合法权益为限度。这就要求，在未来完善行政规定备案审查规制制度中有关合理性审查具体事项时,立法者应从以下两个方面加以细化:其一,在调研与总结审查实践经验教训的基础上,需列举一些符合合理性审查客观实际需要的具体合理性审查事项;其二,在借鉴国外司法审查标准的基础上,也需要在规制制度中确认一些有助于落实合理性审查原则的一般标准。从目前国内外行政法学界有关正当行使行政权论述看,这些标准至少应包括:制定行政规定的动机、目的和具体规定是否符合法律的目的、原则和精神;相似情形是否给予相似处理;是否考虑相关因素;对具体问题的规定是否符合客观情势以及采取的行政措施是否超过了必要的限度等。

(三)健全组织法并合理设定审查机关及其法制机构的各自权限

目前,我国组织法的职权法定和行政授权理论尚不发达。学界对行政机关与其内设机构之间的权限关系并没有一个清晰的界定,并且研究行政机关可以或不能将自己哪些行政职权授予其内设机构的理论也依然缺失。因此,在行政授权实践中,行政主体几乎可以没有边界地将自己的职权随意授予其内设机关。对现实中存在的这一状况,从行政组织法理论上讲,职权法定是公权力合法且公正行使的必然要求。为了保证行政职权主要由法定主体行使,也为了保障行政职权的权威性,并有效防止有权主体不作为情况发生,法定行政主体将自己行使的职权授予其内设机构时当然应受到必要限制。这就要求,特定行政主体将其部分职权授予自身的某一内设机构时,对于自身必须亲自行使的核心职权是不可以授权的。其原因在于:

其一,依据行政机关有限授权原理,特定行政机关的核心职权是否由其亲自行使不仅涉及其自身之所以存在的理由,而且涉及该职权应具有的权威性,如特定行政主体行使的人事任免权、行政决策权以及行政监督权就是这样一些核心职权。

其二,尽管特定行政主体将自身职权中的监督权授予其内设机构行使,会强化其内设机构行使监督权的行政效率、权威性和责任感,但是这种授权也会导致两方面的负面影响:一方面,该行政监督主体会因授权而推卸或放松自身对被监督管理对象的监督管理职责;另一方面,授权会削弱行政机关核心职能的应有权威性和扰乱正常的行政组织秩序。

其三,依据被授权主体须具备必要资格的现代行政法理念,被授权主体应有一定的资格限制。其中,资格限制之一便是被授权主体能够以自己的名义独立承担因行使授权行为而带来的法律责任,但是内设机构既不具备以自己的名义进行授权活动,更不具备独立承担由于行使授权而引发的法律责任。

综上所述,规制行政规定的规章在确认备案审查机关及其法制机构的权限时,可以作以下规定:备案审查机关可以改变或撤销违法(或不适当)的行政规定,备案审查机关的内设法制机构可以向备案审查机关行使改变或撤销违法(或不适当)行政规定的建议权。

(四) 对主动审查与被动审查方式慎重地作出必要规范

地方现行规制制度对审查监督方式的不同选择,充分反映了各省对管理和监督规制行政规则的主动性、规制资源配置及其效益的认识方面存在相当大的分歧。有的规制制度设计者认为,为节约审查资源起见,备案审查监督主体在备案后没有必要再次主动开展全面审查;也有规制制度设计者认为,为了实现行政系统内积极的层级监督,备案后备案审查主体的主动审查与制定机关法制机构在制定阶段的法制审核共同对避免或减少行政规则违法或不当起着双重保障作用,因此确认了行政规定一经备案即会引发监督机关的主动全面审查。考虑到大多数行政规定制定主体的内设法制机构已经承担了合法性与合理性审查的职责,并且从应充分发挥监督资源应有功能的视角看,地方规制制度有必要慎重考虑转换设定审查方式的理念,即将现行重视全面主动审查方式而忽视落实被动审查的理念,转换为充分重视被动审查监督方式并适当运行主动审查的理念。

在我国,关于公民动议权的制度设计不应是一个孤立事项,而应是一套系统化的制度设计。目前,公民动议权制度由行政系统内的公民动议审查和权力机关系统的公民动议审查两个密切相关的方面共同构成。各省备案审查规制规章规定,在行政规定公布后,只要公民认为行政规定同法律、行政法规、地方性法规和省政府规章相抵触,就可以向制定主体或上级备案审查机关提出审查动议。同时,《监督法》规定,公民认为行政规定同法律、行政法规、地方性法规和省政府规章相抵触,就可以向同级人大常委会提出审查动议。因此,在制度没有明确限制行政相对人同时向不同审查主体提出审查动议的情况下，理论上，公民既可以依据本省备案审查规制规章向行政系统内的行政规定制定主体或上一级备案审查机关提出审查，同时也可以依据《监督法》向行政系统外的行政规定制定主体的同级人大常委会提出审查动议。这种双轨制的审查将可能导致行政系统与权力机关系统监督资源的浪费，甚至出现审查结论相互矛盾的问题。因此，在规制规章中设定的赋予公民动议权及其落实程序制度，有必要与人大常委会外部监督系统中设定的赋予公民动议权及其落实程序制度相协调。

（五）科学设定公布后的最长报送备案和主动审查期间

与行政复议中的附带审查相比较，行政系统内的备案审查是在违法或不当的行政规定对行政相对人造成侵害之前，审查机关开展的预防性行政层级监督活动。其目的在于预防侵犯行政相对人合法权益的事件发生。而行政复议中的附带审查，则是在违法行政规定对行政相对人发生具体侵权事实之后，复议机关或复议机关要求有权审查机关开展的复议附带审查活动，其目的首先在于确认具体行政行为所依据的行政规定是否合法，以及纠正已经侵犯行政相对人合法权益的违法行政规定的错误。因此，在公布行政规定后，制定机关应在尽可能短的时间内报送行政规定，审查机关也应在尽可能短的时间内及时审查行政规定，这对于预防甚至避免违法行政规定对行政相对人造成实际侵害，具有重要意义。[①] 随着现代通信技术与交通工具的发达，行政规定在途时间已经大大缩短，并且随着审查人员经验的积累，减少制定机关最长报送备案期间与审查机关最长主动审查期间是完全可行的。同时，比较2008年前与2008年后修正或重新制定的地方行政规定规制制度有关内容也可以看出，不少省份2008年后的制定机关最长报送备案期间与审查机关最长主动审查期间明显缩短。

现行备案审查规制制度中，备案加审查的期间大大长于公布至生效之间的期间。这一情况使审查行为严重滞后于行政规定的生效，由此削弱了备案审查制度积极预防违法或不适当行政规定侵害行政相对人合法权益的制度

[①] 参见马宝明：《"红头文件"也须合法——从审查武威市政府制定的一起规范性文件案谈起》，载《发展》2009年第3期；王锴：《我国备案审查制度的若干缺陷及其完善——兼与法国的事先审查制相比较》，载《政法论丛》2006年第2期。

预设功能。例如,如果某个行政规定在公布6个月后经备案审查被上级行政机关予以撤销,而此时该文件已经生效5个月了,由此产生的社会负面影响和纠正的代价都较大,并一定程度上影响了备案审查监督的实际效果。

2008年,国务院《关于加强市县政府依法行政的决定》提出要完善行政规定备案制度,并且明确规定公布后的最长报送备案期间为15日。[①] 但是,这一规定事实上值得进一步慎重商榷。其原因在于:其一,国务院这一规定与省级地方备案审查规制规章中有关行政规定公布后的最长报送备案期间内容并不一致。省级地方备案审查规制规章有关公布后的最长报送备案期间多数规定为公布后30日内报送备案。国务院的上述规定与省级地方现行备案审查规制规章中的相关内容冲突,将导致地方市县政府无所适从。其二,相对于县级政府向省级政府报送备案而言,县级部门向县级政府报送备案会更加便捷,但是《关于加强市县政府依法行政的决定》将二者最长报送备案期间都设定为15日,考虑到应督促制定机关公布后尽早报送行政规定备案以确保监督机关及时开展审查监督,国务院规定县级部门行政规定公布后最长报送备案期间15日显然太长,尤其是在利用电子政务平台的情况下,完全有可能大大缩短公布后最长报送备案期间。

同时,虽然国务院的《关于加强市县政府依法行政的决定》没有对审查程序尤其是最长审查期限作明确规定,但是目前省级备案审查规制规章中规定的公布后最长报送备案期间多为10—30日,并且备案后最长审查的期间也多为30—60日,即最长公布后备案加审查的期间最长多为40—90日。由于依据地方规制规章的规定,行政规定公布后最短生效期间一般为30日,因此从理论上讲,省级地方备案审查制度中公布后最长备案审查期间一般至少会大于公布后最短生效期间10天以上(详见表2-23)。可见,现行地方规制制度尽管已经有所改进,但仍然不利于充分发挥备案后主动审查及时过滤违法行政规定的功能。因此,在公布后最短生效期间一定的情况下,如何适当缩短公布后最长报送备案期间和备案后最长审查期间,是未来完善备案审查制

[①] 《关于加强市县政府依法行政的决定》规定:"市县政府发布规范性文件后,应当自发布之日起15日内报上一级政府备案;市县政府部门发布规范性文件后,应当自发布之日起15日内报本级政府备案。"

度的立法者应予考虑的一个重要问题。这样,备案审查制度所构筑的行政规定备案审查程序才能够对提高行政规定质量、及时保护行政相对人的合法权益不受违法行政规定侵害发挥重要作用。

表 2-23 现行省级监督制度中公布后最短生效期间与公布后最长备案审查期间对比表

	公布后最短生效期间	公布后最长备案审查期间		公布后最短生效期间与公布后最长备案审查期间关系
		最长报送备案期间	备案后最长审查期间	
江西①	30 日后	15 日内	无明确规定	可能大于
安徽	30 日后	15 日内	30 日内	大于
新疆	30 日后	10 日内	30 日内	大于
广西②	30 日后	15 日内	无明确规定	可能大于
山西	30 日后	15 日内	30 日内	大于
上海③	30 日后	15 日内	无明确规定	可能大于

综上所述,相对于最短公布生效期间而言,行政规定公布后最长报送备案期间和审查期间越短,则越有利于发挥备案审查的监督功能。因此,为了保障备案审查机关通过及时审查发现行政规定中存在的违法或不当情况,如果在规制制度中设定了备案审查监督机关主动开展合法性审查制度,那么有必要适当延长公布后最短公布生效期间,同时缩短最长公布后报送备案和审查期间。

(六)对制定主体不作为行为应设定法律责任,并明确所涉行政规定的效力

立法中设定的强制性义务行为应与法律责任一一对应,以更好地实现法律权威。依照这一立法理论的要求,备案审查规制制度,对制定主体逾期履行报送或逾期不纠正行政规定错误的违法行为,应依据情节设定必要的行政责任。同时,为了确保所有行政规定都接受备案审查监督,有效防止制定主

---

① 2007 年前,江西省规定的公布后的最长报送备案期间是 30 日。
② 2007 年前,广西壮族自治区规定的公布后的最长报送备案期间是 30 日。
③ 2007 年前,上海市规定的公布后的最长报送备案期间是 30 日,备案后最长审查期间是 30 日。

体采用拖延报送或拖延纠正错误的方式规避监督,并且阻止审查中发现存在违法问题的行政规定危害行政相对人权益的情况发生,在备案审查规制制度中,还应对制定主体违法行为所涉及的行政规定之效力给予必要处理。

鉴于地方省级规制制度中仅有极少部分省份同时对制定主体逾期不报送或逾期不纠正行政规定应承担的法律责任以及由此引发的行政规定效力问题作出了明确规制,同时考虑到备案审查的首要目的是通过强调行政层级备案审查,防止行政规定侵害行政相对人的合法权益,笔者认为,应依据违法情节对逾期不报送或逾期不纠正行政规定的违法行为设定必要法律责任,并应明确由此引发的行政规定效力问题。也就是说,在完善规制制度中,首先,有必要规定在出现制定主体逾期不报送或逾期不纠正的违法情况下,备案审查主体在要求制定机关限期继续履行报送义务或纠正义务的同时,还应要求制定主体承担通报批评的法律责任,并且在制定主体未履行完其义务前中止执行该行政规定。其次,在出现制定主体拒不报送或拒不纠正违法情节严重或后果严重的情况下,备案审查主体不仅应对制定主体拒不报送或拒不纠正的违法行为给予通报批评,而且应由有权监督机关依法追究制定机关主管人员和其他直接责任人员的渎职责任,同时直接撤销该行政规定。事实上,在追究违法行政规定制定机关及其主要负责人的行政违法责任方面,个别地方政府有关备案审查规制规章已经作出了值得在全国层面推广和强化落实的科学规范。例如,《石家庄市行政规范性文件管理规定》已经规定,制定机关对违法行政规定损害行政相对人合法权益的后果,应依法承担赔偿责任,并应依法追究其主要负责人和直接责任人员的行政责任。①

---

① 2006年12月1日施行的《石家庄市行政规范性文件管理规定》第46条规定:"政府法制机构对规范性文件的制定和管理情况进行监督检查,根据不同情况作出如下处理:……(三)违反本规定制定规范性文件,情节严重,产生严重不良后果和负面影响的,或者由于执行无效的规范性文件而损害公民、法人或者其他组织合法权益的,制定机关应依法赔偿,政府法制机构可一并提请监察机关等有关部门依法追究其主要负责人和直接责任人员的行政责任……"

第四节 清理规制

一、概述

(一) 清理的概念和特点

清理行政规定是指行政规定制定机关按照一定程序,对一定时期和一定范围内由其制定实施的行政规定内容进行审查和系统梳理,并确定其法律效力的活动。清理规制是指对行政机关定期或专项清理的权限、程序以及应承担的违法责任进行规范。从我国行政系统内行政规定清理实践看,如何科学构建清理规制制度主要是由清理的特点决定的。

目前,我国行政系统内行政规定的清理主要呈现出以下三方面的特点:

(1) 清理的主体是制定机关

清理工作需要就一定时期内发布生效的行政规定中的特定事项或全部事项进行专项或全面审查,而制定机关是最了解行政规定内容的行政主体。因此,制定主体是判断行政规定是否过时或者其与上位法是否仍保持一致的最佳承担者。从现行地方有关清理行政规定的规制制度看,正式已经确认清理的性质为行政机关自我完善,在 2008 年前,山西、吉林、河南、陕西、广东、广西、贵州、四川、云南 9 个省级地方政府的清理规制规章都将制定机关确认为行政规定清理主体,并且在 2008 年后修改与重新制定的行政规定规制制度中,规定了清理制度的 27 个省份里的大多数将制定主体确认为清理主体,但也有个别地方(如上海)规定由向制定机关提交政府行政规定草案的主体或者制定主体作为清理主体。[①] 这种由起草机关负责清理的制度有一定的道理,因为起草机关具有的专业性能够及时有效地判断是否有必要对具体行政规定作出清理。但是,由起草机关直接负责清理工作并不符合行政权限合法性要求,起草机关事实上并不能够行使清理工作中的宣布失效或修改权。因

---

① 2017 年 1 月 1 日施行的《上海市行政规范性文件制定和备案规定》第 47 条第 1 款规定:"市或者区人民政府规范性文件的具体清理,由起草部门负责;市人民政府工作部门、派出机构负责本部门、本机构制定的规范性文件的清理;其他规范性文件,由制定机关负责清理。"

此,可由起草机关对自己起草的行政规定开展审查、梳理工作并向行政规定制定机关提出清理建议,之后再由制定机关依据清理建议行使宣布失效或修改权,即起草机关仅仅是建议清理主体,制定机关依然是清理主体。这样的规制清理制度才能够既提高清理效率,又符合权力行使的应然职责权限,因此相对更为合理。另外,在学术界,还有学者主张行政规定清理主体应是行政规定制定主体的上一级政府。① 从行政机关职能划分与实现清理目的的角度看,这种观点值得商榷。因为如果将行政规定制定主体的上一级政府确认为清理主体,则行政规定清理活动的性质将变为行政监督。从行政监督理论看,上一级行政监督主体只能行使撤销或废除权,不可能在清理活动中对行政规定行使审查、整理、宣布失效或修改权。因此,这种学术观点事实上存在不合理之处。

(2) 清理的性质应属于制度自我完善的范畴

清理是在行政规定生效后,行政系统内的行政主体为了排除过时的行政规定、废除因时代变迁而违法或不适当的行政规定,并为了完善行政规定内容和维护法制统一,由制定主体对自己一段时期内发布生效的行政规定集中开展审查、整理、修改或废止的一种自我完善活动。尽管有时行政规定清理起因于国务院或上级行政机关(一般是省级政府或国务院部门)要求,并在清理结束后需向备案审查机关报送清理后继续生效的行政规定,但是清理活动主要是由行政规定制定主体内设法制机构承担的,行政规定制定主体内设法制机构需要甄别、审核并剔除违法或不适当的行政规定,并以制定主体的名义重新公布继续生效的行政规定。

(3) 清理具有摸清"家底"、梳理评估、过滤与更新行政规定的功能

首先,摸清"家底"功能。由于我国缺乏专门规范行政规定制定程序的法律和法规,多数行政规定的公布并没有统一的标准和形式,再加上没有建立统一的行政规定登记制度和失效制度,以至于在实践中有效外部行政规定与大量的普通行政公文以及失效行政规定混淆在一起。行政规定清理可以使行政规定制定机关健全行政规定登记和失效制度并了解自己到底制定了多

---

① 参见王娟娟:《行政规范性文件定期清理制度浅议》,载《法制与社会》2009 年第 9 期。

少行政规定、以什么形式公布、有多少仍在生效、哪些需要修改或废除,从而掌握自身有关行政规定的"家底"。例如,据2010年北京市政府法制办新闻发言人发布的信息,北京市经清理,摸清了截至2009年5月1日全市共有155571件行政规定(其中,6401件需要被宣告废止或失效,535件需要修改后生效)的"家底"。[①]

其次,梳理评估功能。经过一段时间的生效实施之后,客观上行政规定可能因所依据的上位法变化或时代变迁而与上位法不一致或滞后于社会现实,因此行政规定制定主体定期或适时地针对特定事项对自己发布生效的一定范围内的行政规定进行梳理和评估审查,就成为一种避免行政规定因情势变迁而违法或不适当的客观需要,也成为行政规定制定主体不断自我完善行政规定的需要。通过梳理和评估,行政规定制定主体不但可以及时掌握一定时期内自己发布实施的行政规定的效力状况,而且可以在分析和评定现行行政规定质量高低的过程中总结行政规定制定工作的经验教训,从而为未来制定高质量的行政规定做准备。

最后,过滤与更新功能。这一功能是由清理的目的所决定的。为了维护法制统一和确保行政规定符合时代要求,在摸清一定时期内自己制定的行政规定"家底"和详情的基础上,通过梳理和审查评估行政规定,制定主体能够对不适当的行政规定加以修改、对违法行政规定予以废除,并对过期或不合时宜的行政规定宣布失效。制定主体对清理结果的处理既会对违法和失效行政规定进行过滤和剔除,也会对不适当行政规定给予修改更新。例如,河南省在2008年对全省行政规定进行清理的过程中就对97504件行政规定中的45777件予以废除,并对5491件行政规定作出修改决定,从而过滤了违法或不适当的行政规定,并通过修改更新使行政规定跟得上时代发展的要求。[②]同时,由于行政规定清理的摸底和梳理评估清理功能主要是为实现过滤与更新功能提供条件或服务的,因此清理功能的重点在于实现过滤与更新功能。

[①] 参见李立:《北京叫停"红头文件"6400余件 占到清理总数的41%》,载《法制日报》2010年1月22日第6版。

[②] 参见《中国到底有多少"红头文件"? 河南清理67万件废止4.5万件》,载《领导决策信息》2009年第2期。

此外,清理过程中的评估审查与行政系统内备案审查在审查时机和审查目的及其功能方面存在着不同。就审查时机而言,清理审查是在行政规定生效实施了一段时间后,制定主体通过审查的方式剔除或修改不合时宜行政规定的活动;而备案审查是在行政规定开始生效之时,由有监督权的上级行政机关发现并纠正行政规定中潜在的违法或不适当规定的活动。就审查目的和审查功能而言,清理的自我完善性质和实现行政规定与时俱进的目的决定了清理的主要功能是过滤掉因时代变迁而出现的违法与不适当的行政规定,以确保行政规定跟得上社会发展需要;而在行政规定生效后法定时间内进行的行政规定备案审查,是为了预防或及时阻止发布后的违法行政规定生效或继续生效,以实现行政层级监督目的。

(二)行政规定清理实践与规制制度的发展历史

在改革开放的大背景下,我国社会、政治、经济形势甚至相对稳定的法律都发生着急剧变化,行政规定的内容经常发生下述两种情况:其一,行政规定所规范的内容因跟不上时代发展而被新的法律、行政法规、规章或者行政规定所代替;其二,因行政规定中存在行政"寻租"、越权等因素而侵犯了行政相对人的合法权益。因此,通过清理行政规定既可以降低行政规定因过时而出现的违法和不适当情况,也可以消除行政规定中存在的行政"寻租"和越权等违法因素。

1. 清理行政规定实践的产生与发展

1954年我国首次启动了法律清理活动。[①] 到目前为止,全国已经一共开展了12次大规模的法律、法规以及规章清理活动,其中6次为全面清理,6次为专项清理。[②] 相对于法律规范清理实践而言,行政系统内的行政规定清理首次出现于1984年。为贯彻落实党的十二大提出的总任务,确保体制改革和对外开放工作的顺利进行,国务院决定对新中国成立以来所有的法规规章进行一次全面清理。1983年9月22日,国务院办公厅发布《关于转发国务院经济法规研究中心〈关于对国务院系统过去颁发的法规、规章进行清理的建

---

① 参见李小健:《追溯建国以来全国人大三次法律清理》,载《中国人大》2009年第13期。
② 参见秦佩华:《"红头文件"清理:从源头上制止乱摊派乱收费》,载《人民日报》2011年11月17日第17版。

议〉的通知》,之后地方省级政府在部署对地方性法规和规章进行清理的过程中增加了对行政规定的清理要求。例如,1984年2月25日,山西省政府办公厅印发《关于清理建国以来地方性法规规章和规范性文件的通知》就增加了对行政规定进行全面清理的任务。①

相对于单一行政规定的修改和废除而言,行政制定主体对繁杂而无序的行政规定成批地集中进行定期清理或专项及时清理,既有助于阻止违法或不适当的行政规定继续生效,实现行政规定自我更新、维护法制统一性和树立行政权威,还能够节约单一行政规定完善阶段所需要耗费的宣布无效、修改以及废除行政规定的资源。因此,从20世纪80年代开始到2011年为止,行政系统内开展的行政规定专项和全面清理已达13次,其中8次专项清理为:1989年因与《行政诉讼法》、1992年因与转换企业经营机制、1996年因与《行政处罚法》、2001年因与《世贸组织规则》、2003年因与《行政许可法》、2004年因含有地区封锁内容与市场经济活动、2006年因与限制非公有制经济发展以及2011年因与《行政强制法》等不相适应而进行清理;而5次的全面清理为:为消除行政规定与体制改革和对外开放工作、行政规定与社会主义市场经济以及与推进依法行政的不相适应,应国务院要求在1983年、1994年、2004年、2008年、2010年先后5次开展全国性行政规定全面清理活动。

此外,省级地方政府建立行政规定清理制度之后,在一定时间内,也会在其地域权限范围内启动全面清理行政规定的活动,如《湖南省行政程序规定》生效之后于2008年7月启动了湖南省全面清理行政规定的活动,其结果是宣布35630件行政规定失效或废除。② 这些行政规定清理实践不仅确保了行政规定能够与时俱进,最大限度地保证了行政规定的合法性和可执行性,有效防止了失效或过时的行政规定成为行政执法的依据,提高了行政管理效率和制发行政规定本身的严肃性,而且事实上减少了因行政规定滞后或失范而发生的扰民或侵权事件。除了这些突击性专项清理实践外,常规化的定期清理实践也逐步随着定期清理制度的出现而展开。这种定期清理实践最初是

---

① 参见马春生:《山西省人民政府规章和规范性文件清理工作历史回顾》,http://www.sxfzb.gov.cn/Article/ShowArticle.asp?ArticleID=1329,最后访问时间:2012年7月14日。

② 参见王宏志:《湖南省3.5万份"红头文件"被废止》,载《政府法制》2009年第4期。

源于一些地方(如山西、吉林等省)的规制制度中确认了常规化定期清理制度而出现,之后随着2010年《国务院关于加强法治政府建设的意见》规定了定期清理行政规定的要求,即"每隔2年定期清理1次",大多数地方开始在行政规定规制实践中逐步落实国务院的定期清理政策。

2. 清理行政规定制度的产生与发展

我国行政规定清理规制制度是在清理实践的基础上发展而来的,清理规制制度是规范清理实践的需要和经验总结,因此全国行政规定清理实践早于清理规制制度而产生。

有关清理行政规定的规制制度最早出现在地方省级政府有关清理规章和行政规定的规范中。直到2004年,贵州和山西省政府有关备案审查的规章才对及时或定期清理行政规定加以规范。目前,已有27个省份正在生效的省级备案审查监督规章为行政规定制定主体设定了及时或定期清理行政规定的义务。

在中央层面,经历了三十多年的清理实践发展之后,国务院开始重视建立规章和行政规定的定期清理制度。2004年3月22日,国务院发布了《全面推进依法行政实施纲要》。该文件提出,规章和行政规定的制定机关要定期清理规章和行政规定。同时,2008年5月12日发布的《国务院关于加强市县政府依法行政的决定》细化了行政规定清理制度,要求"建立规范性文件定期清理制度。市县政府及其部门每隔两年要进行一次规范性文件清理工作,对不符合法律、法规、规章规定,或者相互抵触、依据缺失以及不适应经济社会发展要求的规范性文件,特别是对含有地方保护、行业保护内容的规范性文件,要予以修改或者废止。清理后要向社会公布继续有效、废止和失效的规范性文件目录;未列入继续有效的文件目录的规范性文件,不得作为行政管理的依据"。2010年《国务院关于加强法治政府建设的意见》再次重申:"加强对行政法规、规章和规范性文件的清理。……对不符合经济社会发展要求,与上位法相抵触、不一致,或者相互之间不协调的行政法规、规章和规范性文件,要及时修改或者废止。建立规章和规范性文件定期清理制度,对规章一般每隔5年、规范性文件一般每隔2年清理一次,清理结果要向社会公布。"由此可见,行政系统内清理行政规定制度已经处于不断规范化的发展过程

（三）建立和完善清理行政规定规制制度的必要性

清理是行政规定制定主体自我完善行政规定的一种活动。依据民主宪政理论，任何一种行政权都应遵从一定的权限和程序制度行使，并且行使行政权的主体应承担自身行政行为引发的行政责任。因此，在行使行政规定清理权时，行政机关也应受到必要的权限和程序制约，并应承担相应的违法行政责任。也就是说，建立和完善清理行政规定规制制度存在以下几方面的必要性：

1. 制度发展完善的需要

从清理制度产生和发展的客观渐进性看，有必要逐步建立和完善清理规制制度。由于清理行政规定是先有实践，而后才有制度规范，并且行政规定清理规制制度的发展也经历了先有清理地方行政规定和规章的规制制度，而后才有中央层面国务院发布的清理行政规定的规制制度。目前，除了辽宁省政府专门制定了定期清理行政规定的规制规章外，无论是中央层面还是地方层面的其他规制制度中，对于清理权限、程序以及行政主体违反清理义务而应承担相应违法责任等有关清理规制制度的核心规范内容仍没有建立或尚需完善。

2. 规范清理实践的需要

从清理实践出现的原因及其所发生的问题看，建立和完善清理规制制度有助于解决清理实践中存在的障碍和疑问，促进清理实践规范化和法治化发展。

清理行政规定实践是在我国行政规定违法失效以及到期自动失效理念缺失情况下出现的。① 中央和地方政府为维护社会主义法制统一，不得已作出了以突击运动的方式集中清理违法或不适当行政规定的选择。在我国，立法主体多元化与行政规定制定主体多元化增加了法律、行政法规、规章以及行政规定相互之间矛盾冲突的可能性，再加上20世纪70年代末开启改革开

---

① 参见王春业、郭剑峰：《设立行政规范性文件的自动失效制度》，载《社会科学辑刊》2009年第6期。

放实践后社会、政治和经济的急剧变化,违法或不合时宜的行政规定屡见不鲜。为了维持清理行政规定的良好效果并改变突击运动式清理违法或不适当行政规定后违法行政规定出现反复的状况,更为了充分发挥定期清理(如两年一次)和及时专项清理(在特定上位法——如行政强制法——发布后清理行政规定中的相关内容)两种清理模式的长处,我国需要将定期清理和及时专项清理通过立法予以制度化。这不仅有助于确保行政规定合法且相互协调,而且有助于行政规定制定机关依法积极主动地开展清理工作,以确保行政规定能够与时俱进,提高行政规定规范效能,并充分保障行政相对人的合法权益。

目前,在我国现行清理实务中,仍存在着行政规定制定主体的清理工作相对被动、清理标准不统一、[①]清理制度与有效期制度脱节、清理制度与行政复议制度以及与备案审查制度脱节等问题。[②] 这些阻碍清理功能实现的问题之所以存在,主要是因为我国现行清理规制制度相对缺失或不完善。因此,建立和完善清理规制制度,不仅有助于解决清理实践中存在的障碍和疑问,而且必然会促进清理实践规范化和法治化发展。近年来,山西和吉林等省级人民政府备案审查规制规章对清理内容已经作出一定程度的规范,2009年《辽宁省规章规范性文件定期清理规定》的出现也充分印证了清理规制的必要性。

3. 依法履行清理行政职责和优化清理资源配置的需要

如前所述,从20世纪80年代开始到2011年为止,行政系统内已经13次开展行政规定专项和全面集中清理活动。每次行政机关在开展这些清理实践活动时,临时配置的人力、物力和财力等资源难以达到行政资源优化配置要求,并且清理责任也因其活动的临时性而被基本忽视。随着清理活动的定期化和常规化,制定机关如何依法承担及时或定期清理责任,以及如何优化配置行政规定清理资源都需要作出制度化回应。

[①] 参见马春生:《规章和规范性文件清理的理论与实践》,http://www.chinalaw.gov.cn/article/dfxx/dffzxx/sx/201007/20100700258548.shtml,最后访问时间:2010年12月20日。
[②] 参见秦佩华:《"红头文件"清理:从源头上制止乱摊派乱收费》,载《人民日报》2011年11月17日第17版。

二、清理规制现状及其存在的问题——以现行省级有关清理制度为例①

(一)行政规定清理制度概况及其存在的问题

1. 规制制度概况

在地方政府层面,省级地方政府规章中,仅辽宁省于2009年专门建立了清理规制制度,即《辽宁省规章规范性文件定期清理规定》。安徽、福建、重庆、甘肃、广东、广西、贵州、河北、河南、黑龙江、湖南、湖北、江苏、江西、吉林、宁夏、内蒙古、山西、山东、陕西、四川、上海、天津、青海、云南、浙江26个省级地方政府则将清理行政规定的规制制度混合设置在有关现行制定程序或监督程序的规制制度中。其中,有的原来设定在省级有关行政规则制定程序的规章中,如《广西壮族自治区规范性文件制定程序规定》(2005),后来则重新规定在综合规制制定与监督的规制规章中,如《广西壮族自治区规范性文件监督管理办法》(2010);有的原来设定在省级有关行政规则备案规章中,如《河南省规章规范性文件备案办法》(2015),后来则重新规定在综合规制制定与监督的规制规章中,如《河南省行政规范性文件管理办法》(2015)。

2. 存在的问题

其一,清理规制制度被混合设置在备案审查监督的规制制度中,容易造成制定主体与监督主体在清理活动中所承担不同义务的混淆。行政规定清理在本质上属于行政规定生效一定时间之后,制定主体对自己发布生效的行政规定进行自我梳理和完善的一种行政活动,因此,清理义务应由制定主体承担,而备案审查主体仅需要对清理结果进行监督。这也就必然要求,有关行政规定清理程序和责任方面的规制制度,要么应当在有关定期评估与清理程序的法文件中给予专门规范,要么应当在规制制定程序与清理程序的法文件中进行混合规范。然而,目前我国多数地方政府将"清理"这一具有自我完善性质的行政活动误认为是监督,因而将清理程序规制制度方面的内容放置在备案审查监督规章中予以规范。笔者认为,尽管清理结果要公开并向上一级行政机关报送备案,以接受行政相对人和上一级行政机关的监督,但是清

---

① 目前,在中央政府层面,只有2010年《国务院关于加强法治政府建设的意见》规定了定期清理行政规定的要求。

理程序制度的主要目的在于规范制定主体的清理行为,而备案审查监督制度的主要目的在于规范备案审查主体的监督行为,因此清理程序制度应设定在行政规定制定程序中。

其二,大多数地方清理程序制度仍太过粗疏。相对于 2007 年前的清理规制制度,尽管目前已有多达 27 个省份的备案审查监督规章为行政规定制定主体设定了及时或者定期清理行政规定的义务,但是除了辽宁省外,这些有关清理程序制度的设定往往对清理的主体、期限、步骤、方式和方法等必要程序内容和责任承担表述得语焉不详,缺乏可操作性。例如,一些省份(如广东、广西、四川)仅以一个条文设定制定主体应及时或定期履行清理义务,但是这些省份既未具体确定如何"及时清理",也未明确"定期"为"每隔多久",更未进一步规范行政规定清理的具体方法和步骤。这就造成了清理法律义务虚置,并且部分行政规定在情势变更之后仍继续生效和执行的状况,进而对行政相对人造成了不必要的侵害。例如,2004 年 1 月 1 日生效的《山西省规范性文件制定与备案规定》第 28 条已经规定行政规定制定机关应定期清理违法或不适当的行政规定,但是从山西省法制办 2008 年对 50 个省直部门于 2006 年 10 月 1 日至 2008 年 6 月 30 日期间制定的行政规定进行监督审查发现有 221 件违法行政规定的结果看,这 50 个部门对自己制定的行政规定并没有依法履行定期清理制度。①

(二) 有关清理制度的具体规定及其存在的问题

1. 关于清理主体及其法律责任

(1) 规制状况

目前尽管已有辽宁和山西等 27 个省份的清理制度都确认行政规定制定主体是清理主体,但是在规制制度中,迄今为止仍鲜见对制定主体违反清理义务而应承担的法律责任作出明确规范。

(2) 存在的问题

违法责任是监督和控制行政权依法行使的必要条件。如果清理规制制度仅仅设定行政规定主体承担清理义务,而没有同时设定违法责任,清理主

---

① 参见山西省人民政府法制办公室编:《政府法制工作简报》2009 年第 6 期。

体就可能不履行清理义务且无须承担任何责任,进而造成清理义务虚置。

2. 关于清理方式

(1) 规制状况

清理方式既关系到清理工作的连续性问题,也关系到清理任务的大小和清理资源的配置。依据行政规定清理是否属于定期计划,可以将清理方式划分为定期清理、不定期专项清理以及不定期及时清理三种方式。相对而言,有计划的定期清理有利于保持清理工作的连续性,并利用有限的清理资源有效实现其制度不断更新和过滤功能;而不定期专项清理则有利于实现在特定事件或情况发生(如《行政许可法》公布实施)时,集中大量清理资源对行政规定中的特定事项进行及时专项修正。

在 2008 年前,仅有 9 个省级地方规章规定了清理方式,其中,山西、吉林、河南和陕西确认了定期清理方式;而广东、广西、贵州、四川、云南则确认了非定期清理方式。随着 2010 年《国务院关于加强法治政府建设的意见》对行政规定定期清理提出要求,在各省重新制定或者修改的现行规制规章中,规定了清理方式的省份已经增加到了 27 个,并且出现了不少省份确认了定期清理与即时清理结合使用的清理方式。(详见表 2-24)

表 2-24 2008 年前后各省关于清理方式规定的比较表

清理方式		2008 年前省份	2008 年及其后省份
及时清理		广东、广西、贵州、四川、云南	安徽、广东、贵州、四川、山东、上海、天津、云南
及时;专项(或定期)		—	河北、吉林、宁夏
定期清理	定期	山西	广西、山西
	1 次/2 年;即时清理	—	甘肃、黑龙江、湖南、江苏、辽宁、内蒙古、青海
	1 次/3 年;专项;及时	—	重庆、浙江
	1 次/3 年	吉林①	福建、河南、江西
	1 次/5 年;即时清理	河南、陕西②	湖北、陕西

---

① 自 2005 年 10 月 1 日起施行的《吉林省规章规范性文件监督办法》第 17 条规定:"县级以上政府要建立规章、规范性文件定期清理制度,……规范性文件每 3 年清理一次。规章、规范性文件的清理结果,应当予以公布,并报送上一级政府法制部门。"

② 《陕西省规范性文件监督管理办法》第 17 条规定:"制定机关应当每 5 年对规范性文件进行一次清理,其修订或者废止结果应当向社会公布,并报送备案。"

（2）存在的问题

其一，地方现行清理规制制度中，在清理方式的选择上，仍有省份（如山西）仅选择采用定期清理这一相对单一的清理方式。从理论上讲，定期清理方式与不定期的及时清理方式各有其优势。相对于及时清理而言，定期清理能够在短时间内更加有效地利用人力和物力等清理资源从而降低清理成本，但定期清理仍可能因清理间隔期内清理滞后而导致不合时宜的行政规定仍生效的情况。也就是说，及时清理可以随时清理与上位法出现冲突的情况，如《行政处罚法》生效后，各级行政机关及时清理其行政规定中与《行政处罚法》不一致的内容；而对于设定了有效期的行政规定的清理而言，定期清理则可以批量解决行政规定到期失效或重新公布生效的问题。正是基于在清理规制制度中仅设置定期清理或者仅设置及时清理方式，都不能够全面实现清理的应有功能，在清理规制制度中，有必要规定定期清理与不定期的及时专项清理两种方式结合使用。

其二，在定期清理的间隔期的设置中，地方与中央确定的定期清理间隔期存在差异。定期清理的间隔期设置事关清理功能的合理发挥和清理资源的有效利用。2010年《国务院关于加强法治政府建设的意见》要求行政规定制定主体一般应每隔2年定期清理1次行政规定，并应向社会公布清理结果。而现行生效的多个地方政府规章中，有的省级规章规定的清理间隔期长于国务院要求的清理间隔期，如《湖北省行政规范性文件管理办法》第29条第5款规定："制定机关每5年组织一次规范性文件清理，及时向社会公布继续有效、废止和失效的规范性文件目录"；有的省级规章规定的清理间隔期短于国务院要求的清理间隔期，如《辽宁省规章规范性文件定期清理规定》第8条规定："规章、规范性文件实行定期清理制度……规范性文件实施后，每2年清理一次"。如果说辽宁等部分省级地方政府有关定期清理间隔期的规制内容是由于其创设于2010年《国务院关于加强法治政府建设的意见》公布实施之前，因而造成其规定的定期清理间隔期的不一致，那么2015年生效的湖北省有关清理间隔期的规定仍与国务院上述意见规定的定期清理间隔期不一致就不仅令人难以理解，而且有违法制统一和定期清理的权威性。这也促使人们思考一个问题，即如何客观、合理和科学地确定定期清理间隔期。

其三,确定定期清理间隔期没有全面考虑应该考虑的因素,因而现在规制制度中确定的清理间隔期有欠客观科学。确定定期清理的间隔期至少应该考虑以下几方面的因素:(1)清理主体所能够动用的人力、物力和财力资源;(2)行政规定年发布实施的数量;(3)定期清理所要实现的清理目的;(4)行政规定的有效期限。这些因素共同决定了清理任务的多寡和完成清理任务的可能性以及清理的必要性。目前清理规制制度中的有关清理间隔期主要有:2年1次、3年1次或5年1次。目前,各地清理间隔期的设定很难看出设定该项制度的主体在确定清理间隔期时已经全面考虑了前述应该考虑的客观要素。

3. 关于清理内容

(1)规制状况

现行规制制度中关于清理内容一般主要涉及三个方面,即合法性、适当性、有效性。2008年之前9个已对清理制度明确规范的省份中,有7个省份对具体清理内容作出了规范。2008年发布的《国务院关于加快市县政府依法行政的决定》明确提出了四个方面的清理内容:"对不符合法律、法规、规章规定,或者相互抵触、依据缺失以及不适应经济社会发展要求的规范性文件,特别是对含有地方保护、行业保护内容的规范性文件,要予以修改或者废止。"之后,27个对清理制度作出明确规范的省级政府规制规章中,明确规定了具体清理内容的省份增加到15个。然而,这些省份的清理内容要求与国务院的政策要求有一定差异。相对于2008年前的规制清理内容而言,现行规制清理内容已经作出了相对更为详细的规范,但也有一些省份(如广西、四川等)在重新制定的规制制度中不再对具体清理内容作出规范。(详见表2-25)

表2-25 国务院的行政规定和2008年前后省级政府规章有关清理内容规范的对比表

清理内容	《国务院关于加快市县政府依法行政的决定》	2008年前			2008年及其后			
		广西	河南、云南、贵州	山西、四川、广东	重庆、河南、云南、贵州、辽宁、江苏、浙江	安徽、河北、广东、宁夏、山西	青海、上海、黑龙江	
违反法律法规规章和上级行政规定	√	√	√	√	√	√	√	

（续表）

清理内容	《国务院关于加快市县政府依法行政的决定》	2008年前			2008年及其后		
		广西	河南、云南、贵州	山西、四川、广东	重庆、河南、云南、贵州、辽宁、江苏、浙江	安徽、河北、广东、宁夏、山西	青海、上海、黑龙江
适用期已过或者调整事项已不存在	√	—	√	—	√	√	√
行政规定内容滞后	√	—	√	√	√	√	√
含有地方保护、行业保护内容	√						
不适应经济社会发展要求		—	—	—	√	—	√
与政府职能转变的要求不一致							√
其他应及时清理的		—	—	—	√	—	√

（2）存在的问题

其一，规制制度在确定清理内容时，对清理所要实现的目的及其所需动用的清理资源没有清晰认识。由于清理效果与清理目的的达成程度和清理成本密切相关，因此确定清理内容需要考虑和平衡两方面的因素：一方面是清理所要实现的目的；另一方面是清理所需要的资源。否则，清理内容会阻碍清理目的和应有效果的达成。这是因为，过于简单的清理内容难以达成清理目的，而过于繁杂的清理内容则可能导致因清理成本过大或无法及时完成清理任务而削弱希望达成的清理效果。

其二，规制制度确定清理内容时，不仅应考虑客观需要性和可能性，还应考虑清理主体的主观意愿。2008年国务院发布的有关清理制度中有一项要求是，地方行政规定制定主体应将"含有地方保护、行业保护内容"作为清理内容，然而即使是在已经修改或重新制定的地方省级有关清理规制规章中，都鲜见提及国务院特别强调要求清理的该项内容。探究使国务院这一清理要求落空的原因，恐怕与清理属于地方制定机关对其自身制定的行政规定作出自我规制密切相关。从权力自我规范的理论视角看，地方制定主体在清理活动中可能通过清理实现行政规定自我完善，但难以通过清理进行彻底的自我"革命"。事实上,地方政府在行政规定中设定地方保护或者行业主管部门在行政规定中设定行业保护是其追求和维护自身利益的主观意愿使然,要纠正行政规定中的这种主观意志导致的问题,须通过行政系统内层级监督审查或者行政系统外权力机关或司法机关监督才能有效解决。

4. 关于公众参与清理

(1) 规制状况

为了保证清理行政规定的全面性、公正性,规制的清理制度有必要赋予公民或行政相对人对清理事项的知情权、建议权和参与权,即在制定机关启动清理之前,可以发布公告,保障公民向制定机关提出清理建议权。目前,已有《辽宁省规章规范性文件定期清理规定》和《上海市行政规范性文件制定和备案规定》对如何保障行政相对人的知情权、建议权和参与权作出了明确规定并对这些权利的具体行使程序作出了规范。此外,作为社会参与清理的方式之一,委托第三方开展清理前评估,也已经开始制度化。例如,黑龙江与湖北的规制清理制度都对委托第三方开展清理前评估作出了明确规范。

(2) 存在的问题

多数地方政府的现行清理制度都忽视了对公众参与清理活动的规范。一方面,依据行政控权理论,公众参与行政活动有助于监督行政权依法行使,因此允许和保障公众参与行政规定制定活动尤其是参与对行政相对人利益可能产生影响的行政规定制定活动已经成为现代行政法治理念的基本要求。行政规定清理是行政规定制定主体完善行政规定的一种方式,当然也需要接受公众的监督并保障公众的参与权。另一方面,清理规制制度明确规范公众参与清理活动,有助于实现节约清理资源和降低清理成本。这是因为,公民可以将其认为不合法、不合理的行政规定内容及要求清理的理由,以政府指定的方式告知清理机构;在制定机关对行政规定清理的过程中,也可以听取公民或行政相对人对行政规定内容提出的清理建议。这些将对制定机关有的放矢地开展清理工作并降低清理评估成本具有重要意义。

5. 关于不同清理结果的处理程序

(1) 规制状况

行政规定清理结果有继续生效、废除、失效以及修改四种情况。相对而言,2008年后更多省份的规制制度对不同清理结果的处理程序作出了明确规范,并且更多省份针对不同清理结果规定了不同的处理程序,但是多数省份并未特别重视对不同清理结果应明确规定不同处理程序的问题,甚至仍有不少省份对不同清理结果应遵循何种程序作出处理未作规范。(详见表2-26)

表2-26　2008年前后各省规制制度对不同清理结果的处理程序的对比表

2008年前					2008年及其后				
省份	继续生效	失效	废除	修改	省份	继续生效	失效	废除	修改
山西、广西、广东	—	—	依照制定程序	依照制定程序	山西、广东	—	—	依照制定程序	依照制定程序
—	—	—	—	—	广西、辽宁、山东	—	—	重新公布	依照制定程序
陕西	—	—	公布	公布	陕西	—	—	公布	公布
河南、云南	公布	公布	公布	修改后重新公布	重庆、福建、河北、甘肃、黑龙江、湖南、江西、四川、上海、云南	公布	公布	公布	修改后重新公布
—	—	—	—	—	河南、湖北、江苏、内蒙古、浙江	公布	公布	公布	公布
—	—	—	—	—	青海	—	—	公布	公布
贵州、四川	—	—	—	—	安徽、宁夏、贵州	—	—	—	—

(2) 存在的问题

其一,清理废除或修改程序不宜适用制定程序。清理结果中需要废除或修改后生效的行政规定是成批量的,相对于单一行政规定的废除和修改,清理中的行政规定修改和废除程序可以相对简单,以提高行政规定清理结果的处理效率,因此清理中废除或修改行政规定都没有必要完全遵循制定程序。理论上,在清理结果中,只有需要修改后继续生效的行政规定才有必要在修改过程中履行部分行政规定制定程序中必须经历的核心程序,这些核心程序包括修改稿须经本机关法制部门审查和须向社会广泛征求意见以及必须经过一定的公布期间后才能够生效等。现行清理制度中,山西、广西、广东等省份不仅要求清理中修改行政规定须依照制定程序进行,而且要求废除行政规定也应遵循制定程序进行,这种程序上的繁复要求有违集中清理资源以实现高效更新行政规定的清理初衷。

其二,目前的规制制度混淆了两个不同程序,即清理结果公布程序与清理结果所涉行政规定处理程序。行政规定经过清理后,可能出现四种结果,该结果的公布是对行政规定清理工作结束的宣告,也是行政规定制定主体对行政规定评估和审查获得信息的公开,而对清理结果中所涉行政规定的处理则是行政规定制定主体为了确认行政规定的效力或完善行政规定而进行的,因此清理结果公布程序与清理结果所涉行政规定处理程序应有所不同。在目前清理实践中,由于清理结果为废除和失效的行政规定的处理程序是公告废除与失效行政规定目录,因此清理结果公告同废除与失效行政规定目录公告同时进行,但是如果清理结果中有行政规定需要修改后继续生效,则不仅清理结果公告中需要公告被修改行政规定的目录,而且在修改主体遵循修改程序修改行政规定完毕后仍需要集中公布修改后的行政规定本身及其目录。

6. 关于定期清理间隔期与最长有效期的衔接

(1) 规制状况

目前,各省级地方有关清理规制制度中,有的省份(如辽宁)将行政规定的定期清理间隔期与最长有效期期间设置为不同期间,并且定期清理间隔期小于最长有效期期间;有的省份(如陕西)将行政规定的定期清理间隔期与最长有效期期间设置为同一期间。(详见表 2-27)

(2) 存在的问题

现行规制制度中设定的行政规定的定期清理间隔期与最长有效期期间都较长,这不利于实现清理功能。以陕西省为例,2007 年 3 月 1 日起生效的《陕西省规范性文件监督管理办法》将行政规定的定期清理间隔期与最长有效期期间都设定为 5 年,由于各个行政规定生效日不一样,因此每年应该都有一定的行政规定因满 5 年最长生效期间而到期,而 5 年的清理间隔期则意味着假设如 2007 年为陕西省第一个清理年度,那么在 2012 年之前,即使每年都有大量行政规定期满 5 年,也只有到 2012 年行政规定批量清理年度才会

表 2-27　陕西与辽宁省关于定期清理间隔期与最长有效期期间规制状况

省份	定期清理间隔期	最长有效期期间
陕西	每 5 年 1 次①	5 年②
辽宁	每 2 年 1 次③	5 年;暂行 2 年④

对 2007—2012 年 5 年间所有到期的行政规定集中进行评估和审查。这可能造成大量行政规定即使设定了有效期,但依然因清理不及时而超期生效的状况,也可能造成制定主体在清理年度的短期内要评估大量到期行政规定而不堪重负或使清理审查流于形式。从陕西省的清理实践看,2011 年 3 月 1 日发布的《陕西省人民政府关于规范性文件清理结果的公告》,首次依据 2007 年《陕西省规范性文件监督管理办法》启动行政规定清理,其清理对象是 2005 年 6 月 30 日(含 6 月 30 日)以前发布的所有行政规定,而不是发布生效满 5 年以及实施 5 年以上的所有行政规定。这种要求制定主体在短期内完成多年堆积的行政规定评估、修改和重新发布任务的情况,势必有碍清理功能的发挥和清理目的的实现。造成这种不良清理效果的原因主要在于:一方面,《陕西省规范性文件监督管理办法》规定了清理间隔期和最长有效期,但没有规定首次启动清理的具体时间要求,导致首次清理工作在规制规章生效 4 年之后才得以开展;另一方面,《陕西省规范性文件监督管理办法》规定的清理间隔期过长,即使在第一次全面清理之后,制定主体在其后清理年度也需要在短期内对 5 年中积累下的大量到期行政规定开展评估、修改和重新发布工作。

---

① 《陕西省规范性文件监督管理办法》第 17 条规定:"制定机关应当每 5 年对规范性文件进行一次清理,其修订或者废止结果应当向社会公布,并报送备案。"

② 《陕西省规范性文件监督管理办法》第 16 条第 1 款规定:"规范性文件有效期一般不得超过 5 年。但程序性规定、技术性规范和实施法律、法规、规章的规定除外。"

③ 《辽宁省规章规范性文件定期清理规定》第 8 条规定:"规章、规范性文件实行定期清理制度。规章实施后,每 5 年清理一次;规范性文件实施后,每 2 年清理一次。但有下列情形之一的,应当即时清理……"

④ 《辽宁省规章规范性文件定期清理规定》第 10 条第 1 款规定:"规范性文件在一定时期内适用的,应当规定有效期。规范性文件未规定有效期的,有效期最长为 5 年,标注'暂行'、'试行'的,有效期不超过 2 年。有效期满的,规范性文件自动失效。"

7. 关于评估制度及其与清理制度的关系

（1）规制状况

2008年前9个明文构建了清理制度的省份中，仅有河南、广东和广西3个省份的省级规制规章对于评估制度作出了明文规范。在2008年及其后重新制定或者修改的省级政府规制规章中，27个明文确认了清理制度的省份中已有15个省份明确规范了评估制度，并且在这些省份中，除了个别省份详细规定了评估主体、评估内容以及程序（如上海）外，大多数省份仍然是仅简单地确认了行政规定在清理前应开展评估工作（如河北）。此外，个别省份（如湖北、黑龙江）还对行政规定在实施一段时间后委托第三方评估作出了明文规范。（详见表2-28）

表2-28　2008年前后各省对评估制度作出规范的变化情况

评估	2008年前省份	2008年及其后省份	评估主体
实施后评估	河南	甘肃、河北、江西、内蒙古、宁夏、山东、上海	制定机关
	广东、广西	重庆、吉林、江苏、辽宁、四川、天津	制定机关或者实施机关
满5年；或有效期届满	—	黑龙江；湖北	起草部门或者实施部门；受托的第三方机构

（2）存在的问题

其一，从多数地方规制制度尚未明确规范评估活动的统计结果看，地方目前尚未意识到评估制度的重要性。

其二，多数地方的现行规制制度仍仅对清理制度作出规范，这种做法往往会引发清理主体与评估主体混同、清理主体与评估主体职责不清以及清理效率相对低下等问题。

其三，一些地方（如重庆、吉林、江苏、辽宁等）的现行规制制度中，规定制定机关可以作为评估行政规定的直接责任担当者，这既不利于专业评估资源的优化配置，又可能引发评估结果是否足够客观、公正的揣测。

综上，我国设定清理规制制度仍处于起步阶段，其核心内容还存在下列需要逐步解决的几个问题：其一，现行清理规制制度大多附属性地设置在备案审查规制制度中，这弱化了清理制度自我完善的性质和功能；其二，清理制度中没有明确清理主体的违法责任,由此可能导致清理不作为情况的发生;其三,现行清理制度未全面对定期清理和专项即时清理给予规制,并且定期清理方式的清理间隔期设定有待科学化;其四,定期清理内容未考虑清理资源配置和清理主体的主观意愿;其五,清理制度没有对公众参与权利和程序保障给予足够重视和关注;其六,清理结果公布与清理结果的处理程序有待分别予以制度化;其七,评估清理机制有待进一步合理构建。

三、完善清理规制的对策

(一) 将行政规定清理制度纳入行政规定制定程序制度

在清理活动中,制定机关不仅要对一定时期或涉及一定事项内容的所有行政规定进行梳理、评估和审查,并得出每一行政规定可以继续生效、需要废除或宣布失效以及需要修改后继续生效的清理结论,而且要依据法定公布程序公布废除和失效的行政规定并依据法定程序修改行政规定,即公布清理结果后,行政规定制定机关需要遵循行政规定制定程序中的起草修改稿、法制机构审核、征求意见、制定机关组成人员讨论以及行政首长签发和公布等类似于行政规定制定程序的具体方法步骤修改行政规定,以使其在清理后能够继续生效。鉴于行政规定清理主体就是行政规定制定主体,并且清理结果处理程序与行政规定制定程序多有相同之处,因此有必要将行政规定清理制度纳入行政规定制定程序制度。

(二) 合理设定定期清理内容

清理内容是清理主体对行政规定进行清理评估的标准。设定清理内容需要注意两个方面:一是清理方式,二是清理主体的主观意愿。

首先,清理方式应与清理内容相互匹配。一般而言,及时专项清理方式适合运用于相对简单和单一的特定清理内容,而定期清理方式则适合运用于相对复杂和多面的清理内容。不过,基于定期清理行政规定涉及的清理内容较为广泛,并且定期清理主体需要面对一定时期内所有行政规定内容中累积的各种违法或过时情况,因此在设定清理规制制度时,需要对定期清理内容随着社会发展变迁而予以适当调整。目前定期清理内容一般主要涉及下列两个方面:一是与法律、法规、规章以及上级行政规定不一致的;二是与经济社会发展要求明显不适应的。例如,随着社会发展和人们对平等权认识的提高,地方政府或部门定期清理规制制度中就增加设置了有关行政规定中含有侵犯乙肝表面抗原携带者入学、就业权利的清理内容。①

其次,应将违背制定主体清理意愿的清理审查内容提交监督主体履行该项审查职能。清理主体的清理意愿与完成清理任务的可能性和效果密切相关。如果清理内容有违清理主体(行政规定制定者)自身意愿,那么清理主体对该内容的清理自然没有实际履行审查过滤的积极性。同时,由于违背清理主体意愿的清理内容从本质上看属于监督事项而不属于制定主体自我完善事项,因此在设定清理内容时,没有必要将本质上不属于自我完善并且有违清理主体愿意的地方保护主义或行业保护主义等设定为清理内容。

(三) 清理制度应重视不同清理方式的有机结合

定期清理方式和非定期的及时清理方式在实现清理目的和功能方面各有特色。从两种清理方式各自的特点看,相对而言,定期全面清理是属于具有间隔期和连续性的常规清理,而专门事项及时专项清理则属于因突发事件的发生而进行的突袭和运动式的非常规清理。从两种清理方式所能够发挥的作用看,定期清理有利于长期连续地清除行政规定实施过程中出现的违法或过时等常见问题;而非定期的及时专项清理则能够突击地对专门事项集中清理力量进行重点清理。因此,两种清理方式的结合既有利于实现全面彻底清除行政规定中违法或过时不适当的内容,也有利于让行政规定的内容及时顺应上位法的变化而不滞后。例如,《行政处罚法》实施之后,尽管行政规定制定主体对1996年前行政规定中累积的有违《行政处罚法》规定的内容集中进行了及时专项清理,但是,在这次及时清理之后行政规定违反《行政处罚法》的现象仍可能会出现在新制定的行政规定中,因而需要在1996年及时清理之后,采用定期清理方式对行政规定中是否存在违反《行政处罚法》的情况不断进行清理,才能够减少或避免新行政规定中出现违反《行政处罚法》的情况。然而,目前在我国现行有关规制制度中,要么是仅规范定期清理方式,要

---

① 参见马春生:《规章和规范性文件清理的理论与实践》,http://www.chinalaw.gov.cn/article/dfxx/dffzxx/sx/201007/20100700258548.shtml,最后访问时间:2010年12月20日。

么是仅涉及及时清理方式,而鲜见同时对两种清理方式予以规范。为了优化配置清理资源、充分发挥清理功能和高效地实现清理目的,我国未来完善行政规定清理规制制度中有必要同时对两种清理方式进行科学设定,进而形成定期全面清理和专门事项及时清理有机结合的混合清理方式。

(四)构建和完善公众参与程序

行政规定均涉及公民、法人及其他组织等行政相对人的权利义务。为了维护行政相对人的合法权益,发挥公众集思广益的作用,保障公众对于行政规定清理活动的知情权、建议权和参与权,清理规制制度有必要构建和不断完善社会公众参与行政规定清理的程序制度。同时,随着民主法治理念的树立,公众参与影响行政相对人权益的行政规定清理活动已成为时代需要。目前,在现行清理实践和制度中,公众参与实践与程序制度已经出现,但仍有待于进一步发展。就实践而言,无锡市劳动和社会保障局早在 2007 年 8 月 15 日就已经在无锡政府网站上发布了《无锡市劳动和社会保障局关于网上征求现行行政法规规章及相关文件清理建议的通告》。[①] 其后,农业部于 2010 年 5 月 26 日发布了《关于征求农业部规章和规范性文件清理建议的公告》[②],并于 2010 年 10 月 22 日公布了《关于征求农业部规章和规范性文件初步清理结果意见的通知》。同时,商务部于 2010 年 8 月 10 日也在其官网上设立了《规章、规范性文件初步清理结果公开征求意见》栏目,听取社会公众有关初步清理结果的意见和建议。[③] 就制度而言,《辽宁省规章规范性文件定期清理规定》首先对公众参与权利和程序作出了规范。这些有关公众参与清理活动的实践和制度都促使我们思考如何在清理规制制度中更好地构建和完善公众参与权利和程序。笔者认为,需要从清理之初、清理之中和清理形成初步结论以及公开清理结果四个方面保障公众在清理过程中的参与权利:首先,要在清理之初通过新闻、网络媒体广泛向社会征求建议。对社会公众反映较

---

① 资料来源:http://lss.wuxi.gov.cn/doc/2007/08/17/601800.shtml,最后访问时间:2017 年 1 月 20 日。
② 资料来源:http://www.ny155.com/ArticleShow.asp?ClassID=122&ArticleID=573,最后访问时间:2017 年 1 月 20 日。
③ 资料来源:http://www.shandongbusiness.gov.cn/index/content/sid/117482.html,最后访问时间:2010 年 12 月 20 日。

多、争议较大的行政规定,在清理过程中予以重点研究。其次,在清理之中,对一些重大法律问题或法理问题以及技术问题,邀请有关专家、学者召开座谈会,进行研究咨询或论证,或是有针对性地到有关社会组织、基层进行调研。再次,在清理形成初步结果后,应当向社会公众广泛征求意见。最后,在清理工作结束后,要按照要求公开清理结果。有关公开的途径和内容主要包括:(1)以政府公报和当地主要平面媒体等法定形式,公开行政规定清理(继续有效、废止、失效或需要修改)目录及继续有效(包括继续有效和修改后继续生效)的行政规定的正式文本;(2)在政府网站向社会公开;(3)编辑印发行政规定清理目录及继续有效行政规定的正式文本向社会公开。[①]

(五)合理设定定期清理期间与最长有效期期间

行政规定的定期清理间隔期与最长有效期期间是两个不同的概念。定期清理间隔期是确定每隔几年有一个批量清理行政规定年度,而最长有效期间是确定每一份行政规定经过多长时间后因到期而需要被清理。一般而言,二者之间的关系是:定期清理间隔期越短,清理年度中因到期而需要清理的行政规定就越少,失效行政规定及时被清除的可能性就越大。反之,清理规制制度中设置的定期清理间隔期越长,则已过有效期的行政规定及时被清除的可能性就越小,这可能造成行政规定即使设定了有效期,但依然因清理不及时而超期生效的状况。如果清理间隔期和最长有效期期间设置合理,制定主体不仅能够及时清除行政规定中不合时宜或与上位法相冲突的规范内容,而且可以避免因清理资源紧张而引发的下述问题:(1)因清理间隔期与最长有效期都过长,制定主体在清理年度的短期内要评估大量到期行政规定而不堪重负或流于形式;(2)制定主体因清理间隔期和最长有效期间都过短,清理活动过于频繁而浪费清理资源并影响行政规定保持其必要的稳定性。笔者认为,在行政规定规制制度中,设定较短的定期清理间隔期,并且设定的定期清理间隔期比最长有效期期间相对较短,不仅可以及时清理违法或不适当行政规定,维护法制统一和保障行政相对人的合法权益,而且可以避免到期行

[①] 参见马春生:《规章和规范性文件清理的理论与实践》,http://www.chinalaw.gov.cn/article/dfxx/dffzxx/sx/201007/20100700258548.shtml,最后访问时间:2010年12月20日。

政规定大量堆积而造成清理主体在清理年度不堪重负的局面，因此从及时清理违法或不当行政规定和有效利用清理资源以实现清理过滤功能的角度而言，有必要在有关清理规制制度中设定2—3年的定期清理间隔期，而设定一般行政规定最长有效期为5年，暂行行政规定最长有效期为2年，而不应将定期清理间隔期与最长有效期期间设置为同一期间。

（六）分别设定清理结果公布程序与清理结果处理程序

如前所述，由于清理结果公布目的与清理结果所涉行政规定处理目的不同，因此清理结果公布程序与清理结果所涉行政规定处理程序应有所不同，进而必然要求行政规定清理规制制度分别设定清理结果公布程序和清理结果处理程序。也就是说，在构建和完善清理程序制度时，首先，应设定行政规定清理结束的公告程序。该程序内容具体包括：宣布清理结束，公布行政规定继续有效、修改后生效、废除、失效四种清理结果的统计公告数据，并公布与四种清理结果相关的行政规定目录。关于这一事关公民知情权的清理结果公布程序制度，2008年5月12日发布的《国务院关于加强市县政府依法行政的决定》也已经作出了规范。该决定要求清理后要向社会公布继续有效、失效的规范性文件目录。其次，应设定清理结果处理程序。行政规定清理结果公告后，需要修改的行政规定原制定主体应启动修改程序，对需要修改后才能够继续生效的行政规定进行修改。同时，在修改行政规定完毕后，仍需要集中公布修改后的行政规定及其目录。

（七）进一步完善评估与清理制度并构建合理的评估清理机制

相对于稳定的法文件而言，行政规定具有更强的时效变动性。在行政规定实施一段时间之后，通常需要对其必要性、可行性、合理性以及合法性作出评估，并且依据评估结论对行政规定是否继续生效、需要修改还是废除作出清理决策。由此可见，在行政规定规制制度中，有必要同时构建评估与清理制度。由于多数地方的现行规制制度已经构建了清理制度，因此，需要从以下几方面进一步完善评估与清理制度并构建合理的评估清理机制：

其一，需要通过修改现行规制制度的方法逐步构建并完善评估清理制度。

其二，需要理顺并处理好评估与清理之间的程序衔接关系。在规制行政规定活动中,评估与清理之间一定意义上可以说是手段与目的的关系。无论是定期清理还是及时清理,其前提条件是需要对行政规定作出评估。因此,在对评估与清理作出规范时,需要特别关注与安排好这两种监督活动之间的程序衔接。

其三,制定机关不适合作为评估行政规定责任的直接担当者。尽管评估与清理之间关系密切,但是从评估仅涉及对行政规定实施情况作出评价而清理需要行使法定决策权的视角看,作为自我规范的清理活动,承担清理职责的主体理论上应是制定机关,而作为需要运用专业技术对制定机关制定的行政规定作出客观、公正评价的活动,评估职责更适合由起草主体、实施主体或者制定机关与实施机关之外的第三方承担。

(八)建立不作为违法责任和监督制度

法定义务与相应法律责任一一对应有助于保证义务承担者更好地履行法定义务。清理义务虽然属于行政规定制定者承担的自我完善的法定义务,但是如果清理主体不履行该义务,就可能造成违法或不当行政规定继续危害行政权威和侵害行政相对人合法权益的局面。因此,为了确保行政规定制定主体积极依法履行法定清理义务,在规制制度中,首先要在行政规定清理制度中明确设定清理主体因不作为而应承担的违法责任(尤其是不作为违法责任),其次对行政规定制定主体不予清理的行政规定应设定由监督机关行使监督权中止或直接撤销该违法或不当行政规定的处理程序。

第五节 复议附带审查规制

行政规定复议附带审查是指公民、法人或者其他组织认为行政机关的具体行政行为所依据的行政规定不合法,在对具体行政行为申请行政复议时,一并向行政复议机关提出对该行政规定的审查申请,由复议机关进行依法审查处理或转交有权处理机关审查处理。行政规定复议附带审查是通过个案审查实现对行政规定进行有效规制的一种重要救济和监督制度。

一、行政复议规制概况及其存在的问题

由于行政复议附带审查行政规定具有行政系统内个案审查功能,备案审

查与行政复议附带审查行政规定能够对行政相对人形成事前与事后双重保障,并且相对于司法审查,行政系统内复议附带审查具有专业且高效的审查优势,因此,我国《行政复议法》及其配套的《行政复议法实施条例》,以及国务院部门与地方政府及其部门有关行政复议法实施的具体规定共同对行政复议附带审查行政规定作出了规制。由于这些规制制度的具体规范内容直接关系着行政复议附带审查行政规定能否实现行政系统内个案审查功能,因此除《行政复议法》和《行政复议法实施条例》之外,笔者还收集了国务院部门和地方政府及其部门在 2010 年 10 月前已在公开刊物及政府网站上发布的 8 种有关行政复议附带审查配套制度(详见表 2-29),以客观描述这些现行规制制度的规制内容并分析其存在的问题。这将有助于科学构建行政复议附带审查规制制度和探究如何实现行政复议附带审查的应有救济和监督纠错功能。

表 2-29　国务院部门和地方政府及其部门发布的部分复议附带审查配套规制

配套制度名称	发布机关	性质	实施时间	配套制度名称	发布机关	性质	实施时间
公安机关办理行政复议案件程序规定	公安部	规章	2003.1.1	安徽省行政复议程序暂行规定	安徽省人民政府	规章	1999.10.10
税务行政复议规则	国家税务总局	规章	2010.4.1	合肥市政府法制办公室行政复议办案程序暂行规定	合肥市政府法制办公室	行政规定	2006.9.18
海关实施《行政复议法》办法	海关总署	规章	1999.10.1	广州市行政复议规定	广州市人民政府	规章	2004.6.1
北京市粮食局行政复议程序规定	北京市粮食局	行政规定	2005	宁陕县行政复议案件办理程序规定	宁陕县人民政府	行政规定	2007.3.26

(一)关于附带审查的范围

1. 规制状况

依据《行政复议法》第 7 条的规定,附带审查的范围包括:(1)国务院部门的规定;(2)县级以上地方各级人民政府及其工作部门的规定;(3)乡、镇人民政府的规定。这表明,在行政复议个案附带审查的范围中,不包括国务院

及其办公厅以及法律、法规授权的行政组织制定的行政规定。(详见表2-30)

表 2-30 行政系统内行政规定是否属于附带审查范围的情况

行政规定制定主体	是否属于附带审查的范围	行政规定制定主体	是否属于附带审查的范围
国务院及其办公厅	—	较大的市人民政府部门	√
国务院部门	√	县级人民政府及其办公室	√
省级人民政府及其办公室	√	县级人民政府部门	√
省级人民政府部门	√	乡镇人民政府	√
较大的市人民政府及其办公室	√	法律、法规授权行政组织	—

2. 存在的问题

基于任何行政机关行使行政权的过程中都可能因主客观原因出现违法行为的常识,《立法法》中已经要求全国人大常委会对国务院制定行政法规的行为予以监督。由此可以看出,国务院及其办公厅发布行政规定的行为也可能出现不合法的情况。然而,《行政复议法》仅对国务院及其办公厅以及法律、法规授权行政组织之外的行政机关制定的行政规定实施附带审查。这一做法会导致行政规定复议附带审查成为一种不彻底的层级审查监督。

《行政复议法》中这种因行政规定制定主体身份差异而确定对其审查与否的做法,不仅不符合行政法治中对行政规定制定权予以全面控制和监督的理念,而且可能增加附带审查行政规定的障碍,这是因为当国务院部门或地方行政机关制定的行政规定符合国务院及其办公厅的行政规定,但与部门规章或地方性法规或地方政府规章不一致时,需要国务院对自身及其办公厅制定的行政规定合法性问题作出审查,否则行政复议附带审查监督机关就不可能对该不合法但与国务院行政规定保持一致的部门或地方行政机关的行政规定开展复议附带审查活动。

(二)关于附带审查主体和审查性质

1. 规制状况

规制制度中明确附带审查主体(复议机关或复议机关外有权机关)和审查性质(层级监督性质或自我完善性质)有助于实现附带审查的纠错功能。

特定附带审查主体得出审查结果后,不论审查性质确定为自我完善还是层级监督性质,对于审查结论为行政规定违法的情况,都会启动撤销、废止或修改的纠错程序。但是,如果附带审查制度仅规定了审查主体,而没有明确审查性质,那么审查主体即使得出行政规定违法的审查结论,也不会启动纠错程序。从理论上看,附带审查的性质取决于附带审查主体与被审查行政规定制定主体之间的关系。(详见表2-31)

表2-31 审查主体与被审查行政规定之间的关系以及附带审查性质

审查行政规定的主体			行政规定制定主体	审查处理的性质
复议机关			复议机关	制定主体的自我完善
			复议机关的下级机关	行政系统内层级监督
复议机关外有权机关	制定机关		复议机关之外的制定机关	制定主体的自我完善
	复议机关之外人民政府的同级权力机关		同级人大常委会	行政系统外监督
	制定机关的上级行政机关	人民政府的上一级政府	复议机关之外的人民政府	行政系统内层级监督
		政府部门的同级人民政府	复议机关之外的政府部门	行政系统内层级监督
		政府部门的上一级政府部门		

《行政复议法》第26条规定,审查主体为复议机关或有权处理机关。由于《行政复议法》并没有明确审查主体与被审查行政规定之间的关系,因此仅从行政复议法确认的行政规定审查主体并不能够看出附带复议审查的性质是属于层级监督性的审查还是自我完善性的审查。国务院部门和地方政府及其部门发布的不同复议附带审查配套规制制度对审查主体与被审查行政规定的关系作出了不同的规范:

(1)有的行政复议配套规制制度明确规定了审查主体与被审查行政规定之间的关系,因此附带审查行政规定的性质可能是自我完善也可能是层级监督。例如,公安部《公安机关办理行政复议案件程序规定》中规定,有复议权的复议机关可以对自己制定的行政规定作出自我完善性质的审查(即复议机关废止或者修订自己制定的违法行政规定),并可以对复议机关下一级公安机关制定的行政规定作出层级监督审查(即撤销下级行政机关制定的违法行政规定)或者责令复议机关下一级公安机关对该机关自己制定的行政规定作出自完善性质的审查(即责令下级公安机关废止或者修订违法行政规定);公安行政复议机关外同级其他有权机关可以对自己制定的行政规定作出自完善性质的审查(即复议机关外同级其他有权机关可以废止或者修订该机关自己制定的违法行政规定),并可以对复议机关外同级其他有权机关的下一级行政机关制定的行政规定作出层级监督审查(即复议机关外同级其他有权机关可以撤销其下级行政机关制定的违法行政规定)。

(2)有的行政复议配套规制制度并没有明确审查主体与被审查行政规定之间的关系,因此附带审查行政规定的性质是自我完善还是层级监督并不明确。例如,《安徽省行政复议程序暂行规定》和《海关实施〈行政复议法〉办法》中对复议机关和复议机关外有权机关开展的复议附带审查究竟属于自我完善还是层级监督没有明确。

(3)有的行政复议配套规制制度仅仅明确了复议机关有权作为审查主体时其与被审查行政规定之间的关系,因此仅仅明确了复议机关对自己制定的行政规定开展附带审查的自我完善和复议机关对其下级行政机关制定的行政规定进行层级监督的性质。例如,《广州市行政复议规定》中规定,有复议权的复议机关可以对自己制定的行政规定作出自完善性质的审查(即复议机关废止或者修订自己制定的违法行政规定),并可以对复议机关下一级行政机关制定的行政规定作出层级监督审查(即撤销下级行政机关制定的违法行政规定),但对复议机关外其他有权机关审查的性质没有明确。(详见表2-32)

表2-32　复议附带审查配套规制制度有关附带审查主体及审查性质规范情况

配套制度名称	审查主体	性质	配套制度名称	审查主体	性质
公安机关办理行政复议案件程序规定	公安行政复议机关	自我完善	安徽省行政复议程序暂行规定	复议机关	未明确自我完善还是监督
		监督或责令自我完善			
	复议机关外有权机关	自我完善或监督		复议机关外有权机关	

(续表)

配套制度名称	审查主体	性质	配套制度名称	审查主体	性质
税务行政复议规则	复议机关	未明确自我完善还是监督	合肥市政府法制办公室行政复议办案程序暂行规定	市政府复议机关	监督
	复议机关外有权机关			市政府复议机关外有权机关	未明确自我完善还是监督
海关实施《行政复议法》办法	复议机关	确认合法与否	广州市行政复议规定	复议机关	自我完善和监督
	复议机关外有权机关	确认合法与否		复议机关外有权机关	未明确自我完善还是监督
北京市粮食局行政复议程序规定	复议机关	自我完善	宁陕县行政复议案件办理程序规定	复议机关	自我完善和监督
		监督			
	复议机关外有权机关	未明确自我完善还是监督		复议机关外有权机关	监督

2. 存在的问题

行政复议附带审查主体和审查性质不明确引发了以下一系列问题：

其一，由制定机关对自己制定的行政规定是否具备合法性作出审查，并且没有规定申请人参与审查和提出异议的权利与程序，这既违背了"自己不得为自己案件的法官"的古老法治原则，也侵害了行政相对人在复议附带审查行政规定中应该享有的知情权和申辩权。目前，复议附带审查机关在两种情况下可能是制定机关：（1）复议机关正是被审查行政规定的制定主体；（2）复议机关外有权机关是行政规定的制定主体。对申请附带审查行政规定的行政相对人而言，在这两种情况下，因审查主体是对自己制定的行政规定开展审查，因此附带审查的公正性和审查结论的可信度可能存在疑问。然而，当出现行政复议附带审查申请人对行政规定制定主体自己得出的行政规定合法的审查结论持异议时，行政复议附带审查规制制度并没有要求有监督权的上级行政机关对该有争议的审查结论进一步作出复核，这使得制定机关在复议附带审查中不仅可以自己做自己案件的法官，而且可以不受其他形式的监督。

其二，复议附带审查主体之一即复议机关外有权机关的具体范围并不明确。这不仅造成了复议机关向有权机关送转被审查行政规定时的困惑,而且不利于保护提出附带审查行政规定的行政相对人的权利,还降低了复议附带审查的效率。《行政复议法》第 26 条规定审查主体为复议机关或有权处理机关,但何谓"有权处理的行政机关"？宪法、立法法和组织法的有关规定中表明,理论上,复议机关外有权处理行政规定机关分别是:复议机关外有权制定行政规定的机关和复议机关外有权监督行政规定的机关(具体包括制定行政规定的人民政府的上级人民政府、制定行政规定的政府部门的同级政府,甚至还包括制定行政规定的人民政府的同级人大常委会)。多元化的有权机关对复议机关选择送转审查主体势必造成困扰,因为复议机关在送转自己无权审查的行政规定给有权机关时,不仅需要选择将行政规定送转给行政规定的制定机关还是送转给对行政规定制定机关有监督权的机关,而且这种选择可能引发复议机关面对两难困境,即如果复议机关将行政规定送转给行政规定的制定机关,则行政规定合法的审查结果可能受到行政相对人的质疑；如果复议机关将行政规定送转给行政规定制定机关的监督机关,则因启动监督审查需要花费更多的时间而引发行政复议附带审查效率相对低下。同时,对于地方部门制定的行政规定而言,在目前实行双重领导体制下复议机关需要面对选择上级部门还是选择同级政府作为送转审查机关的问题。例如,某县公安局制定的行政规定究竟应移送市公安局还是移送同级的县人民政府处理,复议机关有可能会无所适从。而更无所适从的则可能是申请附带审查行政规定的行政相对人,因为依据行政复议法,行政相对人只知道受理复议案件的机关,而不知道对行政规定的复议审查主体是谁,这使得行政相对人难以参与附带审查活动,也难以对行政规定审查结果提出异议。此外,行政系统外的制定行政规定的人民政府同级权力机关事实上也有权监督行政规定,只是因附带审查主要发生在行政系统内,因此复议机关一般不会将需要审查的行政规定送转给有权监督的权力机关而已。总之,这种附带审查行政规定主体多元,尤其是附带审查有权监督主体不明确的状况,不仅有碍现代行政复议法所应当具有的沟通和监督功能发挥作用,而且使得行政相对人难以在申请附带审查行政规定的程序中获得公正救济。

其三,行政复议附带审查性质不明确有碍实现行政复议附带审查的纠错功能。目前，国务院部门和地方政府及其部门发布的不同复议附带审查配套规制制度中，有的配套制度明确了行政复议附带审查的性质是层级监督或者自我完善，但也有配套制度没有明确行政复议附带审查的性质是层级监督还是自我完善，而是仅要求对行政规定作出合法性审查结论。例如，《海关实施〈行政复议法〉办法》第33条和第35条都仅要求附带审查得出是否合法的审查结论即可，并没有明确规定对审查结论为违法的行政规定应予以撤销、废除或修改，这就使得附带审查主体可能对违法行政规定不作任何处理（撤销、废除或修改）。① 这种没有明确附带审查自我完善或层级监督性质的规制制度，不仅阻碍了附带审查纠错功能的实现，而且可能使得已审查认定为违法的行政规定在附带审查后依然生效，并继续侵害广大行政相对人的合法权益。

（三）关于审查内容

1. 规制现状

《行政复议法》设定的审查内容是"合法性"。合法性审查中的"法"，依据《立法法》的规定，至少应是包括宪法、法律、法规和规章等。合法性审查的具体要求是行政规定的制定主体及其权限合法、行政规定内容合法以及制定行政规定的程序合法。然而，一些地方或部门（如广州市和公安部）在细化合法性审查制度的过程中增加了审查内容，即不仅要审查行政规定制定权限、内容和制定程序等是否符合宪法、法律、法规和规章等法规范，而且要审查行政规定是否与上位阶的行政规定相抵触或者是否与同位阶的行政规定不一致。（详见表2-33）

---

① 《海关实施〈行政复议法〉办法》第33条规定："申请人在向海关申请行政复议时，一并提出对本办法第七条所列有关规定的审查申请的，海关行政复议机关对该规定有权处理的，应当在三十日内依照下列程序处理：（一）依法确认该规定是否与法律、行政法规、行政规章相抵触；（二）依法确认该规定能否作为被申请人作出具体行政行为的依据；（三）书面告知申请人对该规定的审查结果。海关行政复议机关应当制作《行政复议规范性文件审查告知书》，并送达申请人、被申请人。"第35条规定："有权处理的上级海关应当在六十日内依照下列程序处理：（一）依法确认该规定是否合法、有效；（二）依法确认该规定能否作为被申请人作出具体行政行为的依据；（三）制作《行政复议规范性文件审查告知书》，并送达海关行政复议机关、申请人、被申请人。"

表 2-33　不同复议附带审查制度中审查内容比较

	制度性质	审查内容	与行政复议法附带审查事项相比
行政复议法	法律	合法性	相同
公安机关办理行政复议案件程序规定	部门规章	是否与上位阶的规范性文件相抵触;是否与同位阶的规范性文件相矛盾;是否属于制定机关的法定职权范围	大于
税务行政复议规则	部门规章	合法性	相同
海关实施《行政复议法》办法	部门规章	合法性	相同
广州市行政复议规定	地方政府规章	是否与上位阶的规范性文件相抵触;是否与同位阶的规范性文件规定不一致;是否符合制定机关的法定职权;是否符合制定程序;内容是否适当;其他需要审查的事项	大于
合肥市政府法制办公室行政复议办案程序暂行规定	行政规定	合法性	相同
北京市粮食局行政复议程序规定	行政规定	—	—
宁陕县行政复议案件办理程序规定	行政规定	合法性	相同

2. 存在的问题

部门或地方行政复议法配套实施规章中增加审查内容可能引发审而难决的情况。例如,《公安机关办理行政复议案件程序规定》规定,复议机关有权对行政规定作出附带审查的,应对行政规定"是否与上位阶的规范性文件相抵触"作出审查,如果复议机关在审查过程中发现,本机关制定的行政规定确实与上位阶的行政规定相抵触,但本机关制定的行政规定与相关上位法不抵触,而是上位阶的行政规定与相关上位法相抵触,那么行政复议机关必将面对一个相对较为尴尬的局面,即复议机关是依据有关法律法规宣布被审查行政规定合法有效,还是依据《公安机关办理行政复议案件程序规定》宣布行政规定与上位阶的行政规定相抵触而无效,抑或是中止行政复议案件审理,先建议上位阶的行政规定制定主体废除或修改该违法行政规定,然后再依据《行政复议法》宣告被审查行政规定合法?

(四)关于附带审查行政规定的程序

1. 规制现状

附带审查无论性质属于自我完善还是属于行政层级监督,审查权的落实都需要正当程序保障。从理论上看,行政复议附带审查的程序应不同于行政复议程序。这是因为,《行政复议法》第 26 条规定,行政复议中出现需要对具体行政行为所依据的行政规定作出合法性审查时,首先需要中止具体行政行为复议案件,然后才对行政规定启动附带审查程序,因此附带审查行政规定的程序与复议程序不同。同时,在较多的复议附带审查行政规定的过程中,行使审查权的实际审查主体是复议机关以外的其他有权机关,该主体更不可能适用行政复议程序审查行政规定。① 此外,即便复议机关对行政规定有权处理,复议机关也要在中止审理复议案件的基础上,启动对行政规定是否合法进行审查的专门程序。②

《行政复议法》和《行政复议法实施条例》中对如何开展附带审查行政规定程序仅有原则性规定,即《行政复议法》第 26、27 条仅规定了限期处理复议附带审查,并没有进一步明确在一定期限内依据什么程序审查与处理违法行政规定。因此,为落实《行政复议法》第 26、27 条,国务院部门或地方政府就有必要配套制定附带审查具体操作程序。然而,从笔者收集的国务院部门或地方政府有关行政复议法配套实施制度看,目前多数省级地方政府或国务院部门实施行政复议法的配套制度中并没有细化复议附带审查行政规定的程序规范;仅有少数部门和地方政府的行政复议法实施配套制度对附带审查行政规定的具体操作程序作出了一定程度的规范。例如,《北京市粮食局行政复议程序规定》第 10 条明确规定,复议机关对自身或自身与其他机关联合发布的行政规定按照原制定程序进行审查处理。但是,该文件既没有规定复议机关有权审

---

① 参见江必新:《是恢复,不是扩大——谈〈若干解释〉对行政诉讼受案范围的规定》,载《法律适用》2000 年第 7 期。

② 参见周佑勇:《完善对行政规范的复议审查制度》,载《法学研究》2004 年第 2 期。

查下级机关制定的行政规定的具体审查程序,也没有规定对行政复议机关外有权机关依照什么程序进行审查处理。①《宁陕县行政复议案件办理程序规定》第 39 条没有明确复议机关有权审查行政规定的审查程序,但明确规定了复议机关外有权机关的审查程序需要遵循审查监督程序。②（详见表 2-34）

表 2-34　国务院部门和地方政府行政复议附带审查程序配套制度规范情况

配套制度	审查权		审查程序	配套制度	审查权	审查程序
广州市行政复议规定	复议机关		审查程序不明确	税务行政复议规则	复议机关	审查程序不明确
	复议机关外有权机关				复议机关外有权机关	
合肥市政府法制办公室行政复议办案程序暂行规定	合肥市政府有权审查的		与《行政复议法》相同,审查程序不明确	公安机关办理行政复议案件程序规定	公安行政复议机关	审查程序不明确
	市政府无权审查的				公安行政复议机关外有权机关	
北京市粮食局行政复议程序规定	复议机关有权处理的	北京市粮食局制定	按原制定程序进行审查处理	宁陕县行政复议案件办理程序规定	复议机关有权处理的	复议机关负责法制工作的机构直接审查,审查程序不明确
		区县粮食行政主管部门制定	复议机构依法作出处理,审查程序不明确			
	复议机关无权处理的	北京市粮食局和区县粮食行政主管部门之外的其他行政机关	按照法定程序转送有权处理的机关,审查程序不明确		复议机关无权处理的	根据规范性文件审查监督程序处理

---

① 《北京市粮食局行政复议程序规定》第 10 条规定:"申请人在申请行政复议时,一并提出对《行政复议法》第七条所列有关规定的审查申请的,复议机构按照下列规定作出处理:(一) 被申请审查的规定属于本局制定或者与其他机关联合发文的,按原制定程序进行审查处理;(二) 被申请审查的规定属于区县粮食行政主管部门制定的,由复议机构依法作出处理;(三) 被申请审查的规定属于其他机关制定的,由复议机构在七日内按照法定程序转送有权处理的机关依法处理。处理期间,中止对具体行政行为的审查。"

② 《宁陕县行政复议案件办理程序规定》第 39 条规定:"复议机关对有权处理的规范性文件的审查申请,应由复议机关负责法制工作的机构直接审查。复议机关对无权处理的规范性文件的审查申请,应当制作《规范性文件转送函》,在 7 日内直接转送给有权处理的行政机关,由其根据规范性文件审查监督程序处理。处理期间,中止对具体行政行为的审查。"

2. 存在的问题

其一,《行政复议法》第 26、27 条与国务院的《行政复议法实施条例》没有规定在审查主体不同(即制定机关自己或监督机关)的情况下,行政复议附带审查程序是应遵循制定程序还是审查监督程序,并且缺乏提出附带审查申请人参与程序,这妨碍了行政复议附带审查行政规定的具体操作和落实。依据《行政复议法》第 26、27 条的规定,在复议机关中止行政复议后,审查机关应启动附带审查行政规定的程序,并在一定期限内(复议机关在 30 天内,复议机关外有权机关在 60 日内)审查完毕。然而,《行政复议法》既没有规定审查主体依据何种审查程序进行审查,也没有规定提起附带审查行政规定的行政相对人如何参与审查程序。尽管有些部门或地方的行政复议配套制度中规定复议审查机关应遵循制定程序,或者规定复议机关外有权机关应遵循审查监督程序进行审查,但这些配套制度有关审查程序的规范也并不全面和合理。例如,尽管《北京市粮食局行政复议程序规定》第 10 条要求复议机关对自身或自身与其他机关联合发布的行政规定按照原制定程序进行审查处理,但是事实上审查行政规定是否合法的程序与制定行政规定的程序不可能一样。即使复议机关审查发现被审查行政规定违法,复议机关需要对该违法行政规定进行修改或废除,该修改或废除行政规定的部分程序与原制定行政规定程序相同,但修改或废除行政规定的整体程序也不可能与原制定行政规定的程序完全一样。

其二,附带审查结论为合法时,缺乏申请附带审查行政规定的行政相对人提出异议的程序,不利于附带审查申请人的权益保障。现代行政法具有促进行政机关与行政相对人沟通和交流的功能。《行政复议法》中设定的附带审查行政规定程序规范也应具有促进行政复议附带审查申请人与审查行政规定的行政机关之间沟通与交流的功能。然而,在现有行政复议附带审查规制制度下,附带审查行政规定的审查主体遵循缺乏行政相对人参与和表达意见的行政规定审查程序,对自己制定的行政规定是否具备合法性作出审查结论,这显然有失客观和公正。同时,即使申请附带审查的行政相对人对行政规定审查结论不服,在附带审查程序制度中也找不到提出异议权利的有关规范和异议程序。

（五）关于违法行政规定的处理程序

1. 规制现状

《行政复议法》设定附带审查行政规定的目的应该有两个：其一，认定具体行政行为所依据的行政规定是否合法，以阻止特定违法行政规定继续侵害个案中申请行政复议的行政相对人的合法权益；其二，经附带审查，在确认特定行政规定违法后，通过废除或修改违法行政规定，避免该违法行政规定继续侵害行政相对人的合法权益。因此，从理论上看，在行政复议附带审查过程中，审查确认行政规定违法与否，并将审查结论通知复议机关的程序与得出审查结论后对违法行政规定予以废除、修改或撤销的程序应该是两种不同的程序。同时，附带审查确认行政规定是否违法的程序与处理违法行政规定的程序应该是因审查机关不同（复议机关和复议机关外的有权机关）和行政规定制定主体多样而有所差异。（详见表2-35）

表 2-35 理论上不同的附带审查认定程序与违法行政规定处理程序对比表

审查机关		审查的性质	行政规定制定主体	附带审查认定是否违法程序	处理违法行政规定程序
复议机关		制定主体的自我完善	本机关制定	审查并宣布结论	废除或修改行政规定程序
		行政系统内层级监督	下级机关制定		启动撤销或建议制定机关废除或修改行政规定的程序
有权审查机关	制定机关	制定主体的自我完善	复议机关之外的制定机关	审查并回复复议机关结论	启动废除或修改程序
	同级权力机关	行政系统外监督	复议机关之外的人民政府		启动撤销或建议制定机关废除或修改行政规定的程序
	上一级政府	行政系统内层级监督	复议机关之外的人民政府及其部门		启动撤销或建议制定机关废除或修改行政规定的程序

然而，从笔者目前收集到的国务院部门或地方政府制定的有关行政复议法配套实施制度看，在现行配套规制制度中并没有将两种程序予以区分。其中，有的配套制度仅仅规定了审查程序。例如，《海关实施〈行政复议法〉办

法》第33、35条仅规定复议机关或复议机关外有权机关审查确认行政规定是否合法,而没有要求审查机关对违法行政规定作出撤销、废除或修改。有的配套制度则将认定行政规定违法与否附带审查程序同得出审查结论后对违法行政规定予以废除或修改的程序结合在一起。例如,《公安机关办理行政复议案件程序规定》第45、49条规定,复议机关或复议机关外有权机关在审查确认行政规定不合法后,审查机关同时应对违法行政规定作出撤销、废除或修改。[①] 这就需要审查行政规定主体在审查得出行政规定违法结论的同时启动处理违法行政规定程序,并对违法行政规定处理结束后再将审查结论告知复议机关。

2. 存在的问题

《行政复议法》及其配套实施制度没有将附带审查结论认定程序与违法行政规定处理程序作出区别对待,致使行政复议及时救济原则与行政法治中的及时纠错原则相互冲突。

在行政法理论中,行政复议及时救济原则与行政法治中的及时纠错原则的要求和所要实现的目的是不同的。行政复议及时救济原则要求行政复议机关经济并及时地给予行政相对人救济,其首要目的在于以较低的救济成本与较高的效率及时解决违法行政规定对特定行政相对人造成侵害的问题,以实现对行政相对人合法权益的最佳保护。[②] 而行政法治中的及时纠错原则要求,通过行政系统内层级监督或自我审查的方式,由行政规定制定主体或上级行政机关撤销或废除违法行政规定,及时纠正行政规定的违法状态,以防止违法行政规定继续对包括提起复议案件在内的所有行政规定涉及的行政相对人的合法权益造成更大侵害,并维护行政权威。因此,在设定附带审查结论认定程序时应贯彻行政复议及时救济原则,而在设定违法行政规定处理

---

① 《公安机关办理行政复议案件程序规定》第45条规定:"公安行政复议机关对认定为不合法的规范性文件,按以下原则处理:(一)属于本级公安机关制定的,应当在三十日内予以废止或者作出修订;(二)属于下级公安机关制定的,应当在三十日内予以撤销或者责令下级公安机关在三十日内予以废止或者作出修订。"第49条规定:"依照行政复议法第二十六条、第二十七条对有关规范性文件作出处理的机关,应当将处理结论书面告知制定机关和公安行政复议机关。前款规定中的处理结论包括:(一)规范性文件合法的,决定予以维持;(二)规范性文件不合法的,根据情况,予以撤销或者废止,或者提出修订意见,并责令制定机关限期修订。"

② 参见崔文俊:《〈行政复议法〉上的"规范"处理制度之重构》,载《法治论丛》2010年第3期。

程序时则应落实行政法治中的及时纠错原则。然而,在现行行政复议规制制度中,对审查结论认定程序与违法行政规定处理程序不加区分地予以规范,并在得出行政规定违法结论的同时要求对违法行政规定作出废除或撤销的决定。这种审查并处理违法行政规定的做法会延长行政复议案件审理期限,尤其会使行政不作为案件中复议申请人的合法权益得不到及时保护,因而违反了行政复议及时救济原则。

目前行政法学界对得出审查结论与纠正行政规定错误两种程序是否需要分别规范也有不同认识。这些学者所持观点的差异之处可以从不同学者对《行政复议法》中"依法处理"含义的不同认识看出。有学者认为,《行政复议法》中"依法处理"是指仅需要认定行政复议中附带申请审查的特定行政规定是否合法,但不需要对违法行政规定的后续效力问题作出处理。[①] 事实上,持该观点者肯定了附带审查程序与违法行政规定处理程序之间存在差异。而有的学者则认为,《行政复议法》中"依法处理"是指不仅需要认定行政复议中附带申请审查的特定行政规定是否合法,而且需要对涉案的违法行政规定的后续效力作出处理,即复议机关对该行政规定有权审查的,在认定涉案特定行政规定违法后,复议机关要对该违法行政规定进行撤销、废止或修改处理,而复议机关因无权而转交有权机关认定行政规定违法的,由有权机关对审查认定为违法的行政规定的后续效力作出处理。[②] 持这一观点者事实上混同了附带审查程序与违法行政规定处理程序。

通过上述分析可知,我国行政复议附带审查规制制度中存在的主要问题有:其一,附带审查行政规定的范围没有涵盖全部行政规定,违法行政规定附带审查不彻底。其二,行政规定制定主体审查自己制定的行政规定,并且经其审查后结论为合法的行政规定不受上级行政机关复核监督,弱化了审查结论的公正性。其三,行政复议附带审查规制制度没有明确审查属于自我完善还是行政层级监督的性质,这阻碍了行政复议附带审查纠错功能的落实。其

[①] "规范性文件行政复议的审查结果并不必然对后续案件有影响力。"参见张淑芳:《规范性文件行政复议制度》,载《法学研究》2002年第4期。

[②] 参见蔺耀昌、王宇清:《"红头文件"的失范及其规制》,载《南京工业大学学报(社会科学版)》2008年第3期。

四,部分国务院部门或地方行政机关的配套实施制度中的审查内容已经超越了《行政复议法》要求的合法性审查范围,与上级行政机关制定的行政规定保持一致性的要求可能削弱合法性审查。其五,规制制度未明确行政复议附带审查程序是应遵循制定程序还是审查监督程序,并且缺乏保障附带审查申请人行使参与权和异议权的正当程序。其六,复议附带审查规制制度没有将附带审查结论认定程序与违法行政规定处理程序作出区别对待,致使行政复议及时救济原则与行政法治中的及时纠错原则相互冲突。

二、完善《行政复议法》的必要性

相对于司法审查,行政复议审查行政规定因具有行政系统内层级监督审查的专业优势和增加了行政相对人获得救济的机会,而具有独特个案审查的存在必要性。① 尤其是在我国当前司法审查资源仍相对稀缺的状况下,由于行政复议机关比法院更熟悉和了解行政规定,既具有行政系统专业资源优势,又处于较被审查行政规定制定机关相对更高的行政地位,行政复议审查应比司法机关审查更可能置行政规定于高效监督之下,因此,我国1999年《行政复议法》对复议附带审查作出了规范。然而,从复议附带审查权的正当性、监督程序正当性以及纠错功能的角度看,仍有必要从以下几方面改进《行政复议法》:

(一) 自我完善还是层级监督事关复议附带审查权的正当性

尽管有学者认为复议附带审查的性质是属于层级监督,②但是笔者认为,从行使复议附带行政规定审查权的主体看,《行政复议法》并没有对复议附带审查的性质是属于层级监督还是属于自我管理完善作出明确规定。这是因为,虽然具体行政行为复议本身属于行政系统内的层级监督,该定性应是没有争议,但是由于附带审查行政规定的主体可能是上级行政机关也可能是行政规定制定机关,因此当复议机关审查的行政规定是由下级行政机关制定时,复议附带审查的性质应该属于层级监督;而当复议机关审查的行政规定

---

① 参见〔德〕汉斯·J.沃尔夫、奥托·巴霍夫、罗尔夫·施托贝尔:《行政法(第三卷)》,高家伟译,商务印书馆2007年版,第271页。

② 参见张淑芳:《规范性文件行政复议制度》,载《法学研究》2002年第4期。

是由复议机关自己制定时,复议附带审查的性质应该属于自我管理和完善性质。审查性质的不确定问题,可能引发申请复议附带审查行政规定的行政相对人质疑审查主体自己审查自己制定的行政规定并得出审查结论的公正性。

(二)复议附带审查主体、权限、程序和审查内容需要明确和细化

《行政复议法》和《行政复议法实施条例》都没有对行政复议审查主体、权限、内容、审查程序作出相对明确且详细的规定。其后,国务院的部门或地方政府在进一步落实行政复议附带审查时,有的仅对审查程序和审查内容作出了细化规范,如《广州市行政复议规定》和《公安机关办理行政复议案件程序规定》。其中,《广州市行政复议规定》在"第七章 行政复议审查"专设"第五节 规范性文件的附带审查"对复议机关附带审查权限、审查程序以及审查内容都作出了规定。然而,不少地方政府或政府部门在实施行政复议法律和法规的过程中仅简单重复了《行政复议法》第7、26和27条中有关附带审查规范的内容,如《安徽省行政复议程序暂行规定》和国家税务总局《税务行政复议规则》。这种附带审查制度的不完善势必会阻碍复议附带审查行政规定的实践。

(三)明确违法行政规定处理程序以强化复议附带审查的纠错功能

在行政系统内构建对行政规定的复议附带审查,既是保护个案中特定行政相对人不受违法行政规定侵犯的需要,也是防止经过备案审查后仍存在的漏网之特定违法行政规定继续危害潜在行政相对人合法权益的需要。然而,《行政复议法》仅规定复议机关或有权处理行政规定的行政机关"依法处理",至于"处理"二字是仅仅指复议机关和有权处理机关得出被审查的行政规定违法与否的结论,从而达到救济行政复议案件中的行政相对人的目的,还是不仅要得出审查结论而且要对违法的行政规定作出废止或撤销的决定,从而既实现个案救济又达到监督行政规定的目的,《行政复议法》和《行政复议法实施条例》并未明确。在行政法学界,有学者认为:"在复议过程中,如果有权机关认为具体行政行为依据的规范性文件不合法,就以适用依据错误为由,决定撤销、变更或确认具体行政行为违法,并不对被复议的规范性文件作出撤销或终止处理。此案中规范性文件不合法,并不影响以后依据该规范性文件的彼案具体行政行为的效力。也就是说,规范性文件复议审查的法律效果

仅具个案性。"①因此,复议附带审查结论并不具有预后性。② 然而,如前所述,在实务界,从部分地方及其部门有关行政复议法配套实施制度看,行政规定复议审查的法律效果不仅仅具有个案纠错功能,还具有预后纠错功能。例如,《公安机关办理行政复议案件程序规定》第 45 条就规定:"(对行政规定审查后的处理程序)公安行政复议机关对认定为不合法的规范性文件,按以下原则处理:(一)属于本级公安机关制定的,应当在三十日内予以废止或者作出修订;(二)属于下级公安机关制定的,应当在三十日内予以撤销或者责令下级公安机关在三十日内予以废止或者作出修订。"此外,行政复议的预后纠错功能不仅体现在复议裁决变更具体行政行为或确认具体行政行为违法案件所涉及的违法行政规定纠错方面,而且体现在复议裁决维持具体行政行为案件所涉及的违法或不当行政规定也都予以彻底纠正方面。③ 基于行政复议附带审查行政规定具有极其强大的彻底纠错功能,笔者认为,国务院部门或地方政府落实有关复议附带审查行政规定的具体实施性规范中,有必要明确规定,复议机关或有权处理机关在得出行政规定违法审查结论后,须同时承担撤销、废止或修改违法行政规定的职责,才能够全面彻底地实现行政复议附带审查行政规定的纠错功能。

三、完善复议附带审查规制法律制度的综合对策

《行政复议法》第 7 条首次规定了复议机关或复议机关外有权机关应行政相对人申请而对行政规定启动附带审查制度,开了我国个案审查行政规定的先河,具有重要的意义。但是,由于理论准备不足和规范内容过于原则性,在实践中还存在难以落实的具体困难。④ 为了落实复议附带审查所应具备的救济行政相对人合法权益和纠错功能,基于《行政复议法》及其配套制度中附带审查规制制度存在前述问题以及完善《行政复议法》的必要性,笔者认为应采取下述综合性对策不断完善行政复议附带审查规制制度:

---

① 潘荣伟:《抽象行政行为行政复议制的缺陷与完善》,载《行政法学研究》2003 年第 3 期。
② 参见刘杰明:《论规范性文件的行政复议制度及完善》,载《法制与经济》2010 年第 7 期。
③ 2009 年,国务院法制办就对全年复议审查中"凡是发现有关规范性文件或者其他关联行为有错误的,也都及时作了纠正"。参见李立:《行政复议法修订列入今年国务院立法计划》,载《法制日报》2010 年 1 月 27 日第 6 版。
④ 参见刘松山:《违法规范性文件之责任追究》,载《法学研究》2002 年第 4 期。

(一) 扩大附带审查行政规定的范围

行政复议附带审查具有两方面的作用：其一，审查行政规定为行政相对人提供了一种救济渠道，客观上对行政相对人的合法权益具有更好的保障作用；其二，审查行政规定制约了行政机关滥发行政规定的违法行为，并对行政规定制定权起到了自我纠错或行政层级监督的作用。因此，《行政复议法》第7条规定复议机关和复议机关外有权机关对行政规定开展审查。然而，该条并没有覆盖所有行政主体制定的行政规定。在目前的情况下，国务院及其办公厅和法律、法规授权行政组织履行着大量的行政管理职权，它们也制定了许多能够影响行政相对人权益的行政规定，但是附带审查行政规定的范围并没有涵盖这些行政规定，因而使得我国对违法行政规定开展的附带审查工作具有很大的局限性。为了充分保障行政相对人的合法权益不受违法行政规定侵害，防止这些行政规定游离于复议审查监督之外，《行政复议法》有必要将国务院及其办公厅和法律、法规授权的行政组织制定的行政规定一并纳入行政复议附带审查范围。

(二) 扩大附带审查内容

《行政复议法》规定，复议附带审查事项是行政规定是否合法，而对行政规定合理性没有要求审查。这种规定不仅不符合《行政复议法》保护公民、法人和其他组织的合法权益的宗旨与原则，而且违背了我国宪法与组织法有关上级行政机关有权撤销下级人民政府及其工作部门不适当决定、命令的要求，再加上实践中一些国务院部门或地方政府制定的附带审查配套制度已经将审查内容从合法性事项扩大到了合理性事项，因此应修改《行政复议法》，扩大行政规定附带审查内容，即在原来合法性审查事项的基础上，增加适当性审查内容。

(三) 在必要的前提下，实行附带审查复核制

为了提高附带审查效率，《行政复议法》规定，附带审查主体需要对自己制定的行政规定合法性作出审查。这事实上违反了"自己不得为自己案件的法官"的法治原则。为了确保复议附带审查高效运行并防止附带审查权不公正行使情况的出现，《行政复议法》应对制定主体作为附带审查主体的审查权限加以必要监督。也就是说，复议附带审查规制制度需要规定：当行政规定

制定主体应行政复议附带审查申请人的申请对行政规定开展审查时,在审查认定自己制定的行政规定合法的情况下,应由行政规定制定主体的上级行政机关对审查结论进行复核。在复议附带审查规制制度中确认复核制度的原因在于:行政规定主体最了解自己制定的行政规定内容,因此行政规定制定主体能够及时审查并高效得出行政规定是否合法的结论。但是,作为自我完善性质的附带审查,当行政规定制定机关审查结论是自己制定的被审查行政规定合法时,行政相对人对这一复议附带审查结论可能持有异议。修改《行政复议法》,规定行政规定制定主体的上级机关应对自我完善性的复议附带审查的合法结论进行复核,可以确保审查结论的公正性。此外,由于《行政复议法》中存在两种自我审查情况(即复议机关是制定机关;复议机关外有权机关是行政规定的制定机关),因此有必要修改《行政复议法》,增加规定:"当复议机关自我审查结论为合法和复议机关外有权机关自我审查结论为合法时,因行政相对人异议并申请而允许引发复核。"(详见表2-36)总之,在《行政复议法》中设定行政复议附带审查复核权限和程序,既可以排除行政规定制定主体"自己为自己案件的法官"可能出现的不公正情况,又可以减轻行政规定制定主体上级监督机关在审查行政规定中所承担的审查成本,因此复核制度具有重要意义。

表 2-36　审查主体、审查性质与需要复核的主体

审查行政规定的主体			审查处理的性质	审查结论为合法的行政规定的复核主体
复议机关	复议机关就是制定机关		制定主体的自我完善	复议机关的上级行政机关
	复议机关是制定机关的上一级行政机关		行政系统内层级监督	—
复议机关外有权机关	制定机关		制定主体的自我完善	复议机关外制定机关的上级行政机关
	人民政府的同级权力机关		行政系统外监督	
	制定机关的上级行政机关	人民政府的上一级政府	行政系统内层级监督	
		政府部门的同级人民政府	行政系统内层级监督	
		政府部门的上一级政府部门		

(四) 细化行政复议附带审查程序

审查程序是审查权得以依据一定的步骤和方式有效落实的保障,也是确保审查结论具备正当性的重要措施。《行政复议法》第 26 条规定了复议机关和复议机关外有权机关作为审查主体时,在法定期限内审查行政规定的程序要求,这有助于确保附带审查的行政效率。但是,目前仅有个别地方行政复议的附带审查配套规制制度对附带审查行政规定的程序有所规范。例如,2001 年 12 月 19 日发布的《江苏省人民政府法制办公室行政复议办案程序暂行规定》规定,附带审查机关可以要求行政规定制定机关提交有关行政规定内容、制定权限和制定程序是否违法的说明及其相关证据和材料,然后由附带审查承办人在法定期限内作出审查报告。[①] 然而,多数规制复议附带审查的程序制度既没有细化规定审查主体在审查期间应遵循何种程序开展附带审查行政规定,也没有明确规定可否允许行政相对人参与审查以及申请人对审查结论的异议程序。这不利于附带审查行政规定规制制度的具体操作,更无助于附带审查申请人救济权利的充分保障。因此,有必要在《行政复议法》及其附带审查配套规制制度中增加附带审查行政规定的程序、行政相对人参与审查程序以及申请人对审查结论的异议程序。

(五) 分别设定附带审查结论认定程序与违法行政规定处理程序

行政复议附带审查结论认定程序是在复议机关收到附带审查行政规定申请后,复议机关因需要等待附带审查行政规定结论而中止审理行政复议案件,并且为了确认行政规定是否违法,由附带审查主体审查特定行政规定所遵循的必要步骤和方法;而违法行政规定处理程序则是在附带审查结论出台后,行政规定制定主体或行政规定审查监督主体行使撤销、废止或修改等权力处理附带审查结论为违法的行政规定时应遵循的步骤和方法。由于行政复议附带审查结论认定程序与违法行政规定处理程序要实现的目的是不同的,即前者在于得出审查结论,而后者在于彻底纠正违法行政规定的错误,因此这两种程序不可能同一。退一步讲,即使复议附带审查行政规定的机关就

[①] 《江苏省人民政府法制办公室行政复议办案程序暂行规定》规定:"46. 制定机关提交说明及相关证据、材料后,承办人应于 15 日内提出该规范性文件是否合法的审查报告。"

是制定行政规定的行政机关,在复议附带审查机关审查中认定自己制定的行政规定违法,并启动对该违法行政规定的修改或废除程序,复议附带审查机关在确认行政规定是否违法的过程中所采用的方法与步骤也不可能与修改或废除违法行政规定所遵循的方法与步骤一样。因此,在《行政复议法》及其附带审查配套规制制度中,应分别设定复议附带审查结论认定程序与违法行政规定处理程序。

第六节 对行政系统内规制机制的反思及其完善对策

一、对行政系统内行政规定规制机制的反思

从前述我国现行行政规定规制制度内容和实践情况看,目前不仅我国行政规定规制制度内容需要进一步科学设定和完善,而且行政系统内各种行政规定规制制度之间也需要加以相互协调和改进。目前各种行政规定规制制度之间主要存在下列问题:

(一)行政规定制定程序制度与备案审查制度之间相互脱节

我国现行行政规定制定程序制度与备案审查制度之间相互脱节造成了下述不良后果:

其一,行政规定制定程序规制制度缺失或者备案审查监督规制制度先于制定程序规制制度出台,使得行政规定备案审查监督制度虚置。按照常理而言,控制行政规定制定权恣意行使以及保障行政规定制定权公正运行的程序制度应先于备案审查监督制度存在。这是因为,制定程序制度既是启动备案审查规制制度的前提,也是审查行政规定制定程序是否具备合法性的审查内容。然而,我国多数省级地方备案审查监督规制制度先于行政规定制定程序制度而出现。例如,湖南省政府规制备案审查的规章《湖南省规章规范性文件备案审查办法》于2004年7月1日生效,但直到2008年10月1日《湖南省行政程序规定》才对行政规定制定程序给予规制;再如,山东省政府规制备案审查的规章《山东省规章和规范性文件备案规定》于2005年5月1日生效,而2012年1月1日生效的《山东省行政程序规定》才对行政规定制定程序作

出规范。这些规制制度的出台顺序前后倒置。该现象不仅使得备案审查制度难以启动和落实，而且使得部分备案审查监督内容落空。前者如，《湖南省规章规范性文件备案审查办法》第 6 条要求行政规定公布后 15 日内报送备案，但是直到《湖南省行政程序规定》第 39 条规定行政规定公布程序制度之前，湖南省行政规定制定程序制度并不存在，制定机关制定的影响行政相对人权益的行政规定并不一定向社会公布，因此缺乏公布程序的行政规定也势必不会启动报送备案程序，这使得备案审查制度难以落实。后者如，《湖南省规章规范性文件备案审查办法》第 9 条和《山东省规章和规范性文件备案规定》第 10 条都要求，审查机关应对行政机关制定的行政规定是否违背法定制定程序作出审查，但由于既不存在有关行政规定制定程序的法律法规，也不存在地方省级行政规定制定程序规制规章，因此备案审查监督机关根本无法对行政规定是否违背法定制定程序作出审查。

其二，同一省份不同时期制定的备案审查监督规制制度与制定程序规制制度对同一调整事项的规范内容出现矛盾情况，并且因此干扰了备案审查监督功能的落实。例如，《湖南省规章规范性文件备案审查办法》和《湖南省行政程序规定》都对行政相对人向有关人民政府法制部门提出审查申请权利作出了规范。但是，《湖南省规章规范性文件备案审查办法》第 14 条规定，行政相对人认为行政规定"与法律、法规和省人民政府规章相抵触，或者规范性文件之间相矛盾的"，可以向有关人民政府法制部门提出审查申请，而《湖南省行政程序规定》第 53 条则规定，行政相对人认为行政规定"违法的"，才可以向有关人民政府法制部门提出审查申请。显然，前者规定的行政相对人提出审查申请权利范围大于后者，并且后者相对不利于对行政相对人的权益进行保护。

(二) 行政规定清理制度与行政规定备案审查制度脱节

由于 31 个地方省级人民政府都已建立备案审查制度，地方各级人民政府及其部门制定的行政规定都须备案，因此无论是在定期清理还是在不定期的专项清理之后，被废除、失效或者修改的行政规定都涉及消除原生效行政规定备案记录以及修改后的行政规定重新备案问题。这对备案审查机构及时更新备案记录，全面做好备案审查监督工作以及预防行政规定侵害行政相对人合法权益具有重要意义。然而,从地方现行有关行政规定规制制度所规范的内容看,2008年前已经对行政规定清理作出规范的9个省份中,只有贵州、陕西和吉林3个省份明确要求清理行政规定后应将清理结果报送政府备案审查法制机构;在2008年及其之后,27个已对行政规定清理作出规范的省份中,也仅有福建、贵州、湖北、内蒙古、天津、陕西6个省份明确要求清理行政规定后应将清理结果报送备案。由此可见,目前只有极少行政规定规制制度明确规范了清理程序与备案审查相互衔接问题。

(三)行政复议附带审查制度有待与行政规定备案审查制度相协调

从理论上看,备案审查和行政复议附带审查规制制度应该是行政系统内密切相关且具有监督功能相互补充作用的两种高度协调一致的规制制度。然而,目前我国行政复议附带审查规制制度中仍存在审查性质不明确、审查主体相对不合理、审查内容不全面,以及对审查结论为违法或不适当的行政规定纠错程序不明确等需要与备案审查规制制度相互协调的问题。

其一,科学设定复议附带审查主体及其审查性质以与备案审查制度相衔接。我国现行的行政备案审查与复议附带审查在审查主体与审查性质方面存在差异,即行政备案审查主体都是具有监督权的层级监督主体,而复议附带审查主体不仅包括了具有监督权的层级监督主体,而且包括行政规定制定主体;同时行政备案审查的性质是行政层级监督,而复议附带审查的性质可能是行政层级监督也可能是自我完善。(详见表2-37)

表2-37 行政复议附带审查与行政备案审查的审查主体与审查性质对比情况

复议附带审查		行政备案审查	
审查主体	审查性质	审查主体	审查性质
复议机关	制定主体的自我完善	人民政府机关的上一级人民政府机关	行政系统内层级监督
	行政系统内层级监督		
有权审查机关 制定机关	制定主体的自我完善	人民政府部门的同级人民政府机关	
有权审查机关 同级权力机关	行政系统外监督		
有权审查机关 上一级政府	行政系统内层级监督		

由于现行自我完善性质的复议附带审查存在"审查主体作为自己案件法官"的情况,并且在自我完善性复议附带审查结论作出后,附带审查主体仍需

要将修改或废除行政规定的情况向行政规定监督主体报送备案并接受其审查监督,因此自我完善的复议附带审查不仅难以消除自我审查的不公正嫌疑,而且不会减少行政监督主体的工作量。

然而,从纠错功能和合理利用行政系统内审查资源看,行政备案审查是监督主体对行政规定开展的常规审查,复议附带审查是为解决特定行政规定在个案中能否作为合法依据的问题,如果将复议附带审查定性为监督审查而不是自我完善并由有备案监督权的行政主体承担复议附带审查工作,则不仅使复议附带审查结论更加具有权威性,而且有助于使对行政规定的备案审查全面监督与个案审查监督形成有效的监督互补机制,并且备案审查主体在审查行政规定工作中所积累的专业审查经验也有助于高效作出复议审查结论。因此,为了避免复议附带审查中出现的不公正情况,并且充分利用有监督权的备案审查主体所拥有的审查资源,有必要在行政复议法中确认复议附带审查的监督审查性质,并将行政备案审查和复议附带审查资源进行合理整合。

其二,复议附带审查内容需要扩大。行政复议附带审查的审查内容仅为合法性审查,而行政备案审查的审查内容相对广泛,包括合法性和适当性审查两个方面。从两种行政审查都具有监督行政规定制定权合法合理行使并且具有维护行政相对人合法权益的功能看,行政复议附带审查仅仅要求对行政规定是否合法进行审查,不足以实现其应有的监督纠错功能,尤其是在出现行政规定之间相互矛盾的情况下,开展适当性审查有助于更好地维护行政相对人的合法权益。因此,行政复议附带审查内容有必要从合法性审查扩大到对行政规定的合法性和适当性都进行审查。

其三,复议附带审查纠错程序与备案审查纠错程序有待协调。目前,我国现行行政复议附带审查规制制度中有关违法行政规定的纠错程序主要包括两种:一种是复议附带审查机关就是行政规定制定主体,因此规制制度要求修改或废除违法行政规定应遵循制定程序;另一种是复议附带审查机关是行政规定制定主体的上一级行政机关,因此附带审查机关要么建议违法行政规定制定机关依据制定程序修改或废除该违法行政规定,要么直接行使监督权,依据监督撤销程序撤销该违法行政规定。在现行备案审查规制制度中,对违法或不适当行政规定设定的纠错程序与复议附带审查规制制度中设定的后一种纠错程序基本相同。考虑到作为行政规定制定主体的复议附带审查机关在依据制定程序修改违法行政规定后，仍需要向备案审查机关报送备案并接受备案审查监督机关的审查监督，因此有必要使复议附带审查纠错程序与备案审查纠错程序相互协调。

二、完善行政系统内行政规定规制机制及解决制度间冲突的对策

（一）树立和强化行政系统内全面规制理念

为了维护行政制定权的权威性、确保制定程序公正高效、及时对行政规定侵犯行政相对人合法权益的事件在行政系统内依法给予准司法救济以及降低行政规定的纠错成本，行政系统内有必要设定各种规制制度共同对行政规定"从生到死"作出全面规制。这就要求规制制度设计者在设定行政规定制定程序、备案审查程序、行政复议附带审查纠错程序和清理程序时，一方面要考虑在实现对行政规定管理和监督的过程中如何科学地利用好各种规制资源以降低行政规定规制成本和提高规制效益，另一方面则需要考虑各种规制程序的正当性以确保行政相对人能够有效地实践行政规定制定过程中的参与权和制定之后的救济权。

1. 降低行政规定规制成本和提高规制效益

科学设置行政规定规制组织机构的职能有助于降低行政规定规制成本和提高规制效益。目前，在行政系统内，行政规定从产生到失效至少要受到四个环节的审查规制：其一，制定程序中，要受到制定主体法制机构的审查；其二，在行政规定制定公布后一段时间内，要接受上一级行政机关备案审查监督；其三，在公布生效之后，行政规定要受行政复议中的附带审查监督；其四，在公布生效之后，行政规定还会受到清理审查规制。然而，规制制度在设定各种规制审查职能时，由于缺乏审查资源共享和审查成本效益理念指引，因而造成了下列问题：

一是，规制制度设计者没有从行政系统内全局规制的层面考虑不同性质规制组织机构的审查职能衔接问题，这导致制定主体和备案审查主体的法制机构在行政规定制定前后的短时间内重叠履行具有事先过滤功能的全面审查行政规定职能，进而造成审查资源浪费。尽管制定程序制度中要求制定行

政规定主体的法制机构在行政规定制定过程中对行政规定合法性和适当性作出全面审核属于自我完善性质的审查,而备案审查制度要求在行政规定发布后备案审查主体的法制机构对行政规定合法性和适当性主动作出全面审查属于监督性质的审查,但是两种性质的审查内容基本相同。同时,如果负责法律审核工作的机构认真负责,制定程序中的公布前法律审核作用应当相当显著,如安徽省法制机构的公开信息显示,安徽省 2004 年提出合法性审查修改意见的数量就占报送审核行政规定总量的一半以上。① 因此,在行政系统内规制中,如果在制定程序中设置了公布前的法律审核制度,就没有必要在备案审查程序中要求备案审查机关在行政规定公布后的短时间内主动开展全面审查。

为了避免备案后的审查监督成为制定审核职能的简单重复,应将制定程序制度和监督程序制度看作是行政系统内规制行政规定的一个系统工程。既然行政系统内部对行政规定规制已经贯彻了"有件必备,有备必审"的备案审查原则,那么就有必要界定行政规定制定过程中制定主体的法制机构审查与备案审查过程中的法制机构审查之间的职责权限,否则不同主体的法制机构之间可能因相互推诿审查职责而使得审查功能虚化或者因相互重复审查而浪费审查资源。考虑到制定主体的法制机构对行政规定质量负责,而备案审查主体仅对行政规定实施监督,因此,笔者认为,可由制定主体的法制机构对行政规定负责全面审查,而备案审查主体的法制机构则由主动进行合法性和适当性全面审查改为依据行政相对人请求而开展被动的合法性和适当性审查。这将有利于协调和整合行政系统内各种审查规制资源。

二是,规制制度设计者没有将行政系统内可以由同一规制组织机构履行的同一性质的规制职能作出必要整合。例如,备案审查、复议附带审查具有监督审查性质,并且二者在过滤违法行政规定和落实纠错功能方面具有互补

---

① 2003 年 3 月 1 日至 2005 年 8 月,安徽省法制办共收到省政府各部门和机构报送前置审查的规范性文件 164 件,经认真审查,依法提出有关合法性审查意见的 90 件,约占报送审查数的 55%;2004 年,安徽省各市、县(区)政府法制机构共办理前置审查的部门规范性文件 1221 件,其中依法提出合法性审查意见的 659 件,约占总数的 54%。参见程利民:《强化规范性文件前置审查 完善行政监督机制》,http://www.chinalaw.gov.cn/article/fzjd/bagz/200603/20060300056876.shtml,最后访问时间:2010 年 8 月 18 日。

作用。尤其在备案审查主体因行政相对人请求而被动开展重点审查的前提下，将复议附带审查行政规定工作纳入备案审查主体职责范围，既有利于发挥备案审查主体在审查违法或不适当行政规定中所具有的专业层级审查优势，也有助于提高复议附带审查结论的公正性和权威性。

2. 需要全面贯彻程序正当和行政法治理念

行政系统内对行政规定制定和监督进行规制的目的主要在于两方面：其一是行政规定制定权限和制定程序须面对正当性拷问；其二是所有具有行政外部效力的行政规定制定权都须受行政层级监督的法治理念约束。因此，不仅有监督权的行政机关要从行政规定制定权限、程序以及内容合法的角度对影响行政相对人权益的行政规定加以管理和监督，而且应在各种行政规定规制程序制度中增设行政相对人参与和异议程序，如在规制制度中增设有助于实现行政相对人参与行政规定制定、复议附带审查以及清理的具体程序，并增设行政相对人对行政备案审查结论和复议附带审查结论提出异议程序，从而保障行政规定规制制度因行政相对人的全面参与而具备正当性。

（二）解决制度间冲突并协调行政系统内各个规制程序环节之间的关系

如前所述，目前我国行政系统内主要存在制定程序、备案审查、行政复议审查、清理四种规制制度。依常理而言，行政系统内共同对行政规定进行规制的这四个规制环节理应设置成为：程序能够相互衔接、规制资源配备科学合理、能够共同对行政规定的合法有效形成极为重要的保障，从而有效实现行政系统内综合治理行政规定的规制目标。然而，由于目前行政系统内设置各种行政规定规制环节时鲜有考虑各个规制环节中的组织机构职能配备和程序之间的衔接和协调问题，导致了规制资源相互脱节或职能重叠的状况，进而造成行政规定规制效能相对较低和规制资源配置不良的后果。为了改变现状，有必要理顺下列规制制度之间的关系：

1. 制定程序制度与备案审查制度之间的关系

从行政法治理论中有关制约行政规定制定权和保障行政相对人合法权益的规制目的出发，行政规定制定程序的正当性要求和对行政规定开展备案审查监督都源于保障行政相对人合法权益的必要性，因此具有外部效力的行政规定都应受到制定程序制度和备案审查监督制度的规范。又由于制定程序制度和备案审查监督制度规制内容各有侧重但又密切相关,因此在设定这两种制度时既应明晰各自规制内容之差异又要重视二者之间的必要衔接,以达到科学高效规制的目的。从前述制定程序规制制度与备案审查监督规制制度文本内容描述可知,目前我国这两种规制制度所设定的内容存在着下述种种不协调现象:制定程序规制制度与备案审查规制制度的共用法律术语不统一;制定程序规制制度隐含于备案审查规制制度中但没有分别明确规范各自的审查原则和审查事项;制定行政规定的规制程序与备案审查的规制程序衔接不合理(如江西省公布实施最短期间与公布报备最长期间之间的不合理衔接)。因此,在设定行政规定制定程序制度和备案审查监督程序制度时,有必要从以下几个方面处理好二者之间的关系:

(1)统一设定制定程序规制制度与备案审查规制制度的共用法律术语

从前述地方省级制定程序与备案审查制度的文本实证分析中不难看出,各地在设定各具地方特色的行政规定制定程序与备案审查规制内容时,由于立法文字的措辞比较随意,因此导致同一省份制定程序与备案审查制度中使用的同一概念(如"行政规范性文件""行政规范性文件制定机关"等)外延不同,并且没有考虑综合发挥制定程序与备案审查规制功能所应考虑的共用术语的协调性(如前述湖南行政规定制定程序与备案审查制度中的行政相对人提出审查申请权利范围存在差异),因此,有必要在中央层面由国家最高行政机关(国务院)在总结地方行政规定规制制度经验教训的基础上,以行政法规形式对行政规定制定程序与备案审查程序作出全面、统一的科学设定。

(2)在制定程序规制制度与备案审查规制制度中应分别设定各自的审查原则和审查事项

首先,为了达到科学设定行政规定制定权限、程序和备案审查监督等规制制度的目的,规制立法者应避免将行政规定制定权限与制定程序规范内容隐含于备案审查监督制度中。由于多数地方行政规定备案审查制度先于行政规定制定程序制度出台,因此一些省份在备案审查监督规章中设定了制定机关制定行政规定时应遵循的基本原则、禁止设定内容以及公布程序等规范内容。这种在调整备案审查权限和程序内容的规制制度中顺便调整行政规定制定权限和程序的做法可能引发两个问题:其一,不能够引起制定主体的足够关注,因而使得备案审查规制制度中有关制定权限和制定程序规范内容难以落实,因而达不到规范制定权限和程序的目的;其二,在行政规定制定程序制度单独出台后,备案审查制度中先设定的有关制定权限和程序规范内容可能与后出台的行政规定制定程序制度调整的相同事项相互冲突。因此,行政规定制定程序制度和备案审查制度的规范内容可以明确地共同设定于同一法文件中(如《行政规定制定程序和备案审查条例》),也可以明确地分别设定在两个不同法文件中(如《行政规定制定程序条例》和《行政规定备案审查条例》),但是不可以将行政规定制定程序的部分规范内容隐含于备案审查规制制度中。

其次,由于制定程序制度的规范内容侧重于体现程序正当性价值理念,备案审查制度的规范内容则侧重于实现行政层级监督的纠错功能,因此规制制度的设计者即使在同一法文件中对制定程序制度和备案审查监督制度全面作出规范,也应对具有不同价值功能的审查原则和审查事项等类似规制内容分别规定。例如,目前一些省级地方将行政规定的制定和备案审查放在同一规制规章中进行统一规范,但在同一部法文件中仅规范制定原则或者仅规范备案审查原则,而没有对制定原则和备案审查原则分别规范。然而,从逻辑理性视角看,由于制定原则和备案审查原则各有侧重但又有交叉内容,制定原则除了应遵循合法性原则以确保法制统一外,还侧重强调民主公开原则与符合技术规范的科学性原则,而备案审查原则除了重点强调合法性原则外还要求遵循可行性审查原则、合理性审查原则和有错必纠原则。因此,在全面规制规章中应对指导制定行政规定活动的原则和指导行政规定备案审查活动的原则分别规定。依据现有统计结果看,31个省份中有15个规定了制定行政规定应遵循的原则,有17个规定了备案审查应遵循的备案管理基本要求和审查原则(详见表2-38)。通过比较有关原则规范内容可以发现,即使在以不同规章分别规制制定程序和备案审查监督活动的省份,也没有对这两种不同原则都作出明确规范。例如,《安徽省行政机关规范性文件制定程序规定》第4、5条对制定原则作出了明确规范,但是《安徽省行政机关规范性文件备案监督办法》并没有对备案审查原则作出明确规范。鉴于制定原则和审查原则处于不独立状态不利于有效规范行政规定制定和备案审查实践工作,因此在今后完善行政规定制定程序和备案审查规制规章时有必要特别强调将制定原则和备案审查原则分别明确规范。

表 2-38　31 个省对制定原则与备案审查原则规范情况

原则	有规定		无规定
	都有	仅有	
制定原则	北京、重庆、福建、广东、广西、内蒙古、山西、上海	安徽、海南、江西、宁夏、四川、新疆、云南	甘肃、黑龙江、湖南、辽宁、吉林、江苏、陕西、浙江
备案审查原则		贵州、河北、河南、湖北、山东、天津、青海、西藏	

（3）制定程序制度和备案程序制度中相互关联的规范内容需要加以协调

一般而言，将行政规定制定程序和备案审查监督程序两种规制手段放在同一地方政府规章中，容易确保制定程序和备案程序制度相互关联的规范内容相互协调衔接。若将行政规定制定程序和备案监督程序分别在不同地方政府规章中予以规制，则容易造成同一省份不同时期制定的行政规定制定程序与备案程序相互脱节甚至出现相互矛盾的情况。目前，我国行政规定制定程序制度和备案审查程序制度中比较突出的脱节情况是公布实施最短期间与公布报送最长期限之间缺乏衔接。

从理论上看，科学、合理地设定制定程序制度中的公布后最短实施期间和备案审查制度中公布后最长报备期限有助于备案审查机关在行政规定生效前后及时行使审查权，进而避免或减少违法或不适当的行政规定在生效后造成不良影响或损害行政相对人的合法权益。然而，从现行规制制度实践看，目前只有少数省份（如重庆、新疆等）在设定公布后最长报备期限与公布后最短实施期间时，对它们之间的衔接问题给予了必要关注。例如，重庆市规制规章中设定公布后的备案期限是"自发布之次日起 7 个工作日内报送备案"，而其设定公布后的施行期间是"应自发布之日起 30 日后施行"。最长备案期间 7 日与最短实施期间 30 日之间的时间间隔为备案审查开展事先审查工作提供了可能性，达到了将违法或不适当行政规定消灭于其生效之前的目的，并因其有助于实现备案审查的过滤功能而具有制度合理性。多数省份（如湖北、江西、宁夏、上海、四川等）的有关规制制度则忽视了它们之间的合理衔接问题。(详见表 2-39)从行政系统内要求行政规定备案后便及时启动审查程序的制度设计初衷看,备案审查制度之所以要求制定主体在公布行政规定后一定期间内尽快报送备案并接受审查,其目的在于通过及时审查纠正行政规定中存在的违法或不当问题。如果将相互关联的公布生效最短期间和公布报送备案最长期间设定为同样的期间(如 30 日),就会因两种期间之间没有时间间隔而使得生效前的备案审查成为不可能,并由此发生阻碍备案审查功能落实的情况,也可能扩大行政规定对行政相对人合法权益的侵害,因而规制制度设定的提交备案审查的最长期限应比公布实施最短期间短,二者之间的衔接才具有合理性。尤其是在规制规章要求备案审查主体开展事先审查工作的情况下,设定公布报送备案最长期限一定要大大短于公布施行最短期间,否则事先审查就会成为一句仅仅悬挂于纸面上的空话。

表 2-39　各省有关公布报备最长期限与公布实施最短期间的衔接情况

公布报备最长期限	公布实施最短期间
福建、广东、广西、辽宁、江西、内蒙古、宁夏、青海、陕西、上海、山东、浙江、四川等除法律、法规另有规定外,在发布后 30 日内报送备案	安徽、北京、重庆、贵州、海南、江西、宁夏、上海、四川、云南、新疆等自公布之日起 30 日后施行
江苏、河南等地方政府自发布之日起 30 日内;地方政府所属工作部门自发布之日起 10 或 20 日内	
天津、西藏等自发布之日起 20 日内	
安徽、北京、甘肃、河北、黑龙江、湖北、湖南、吉林、贵州、山西、云南等自公布之日起 15 日内	
海南、新疆等自发布之次日起 10 日内	
重庆自发布之次日起 7 日内	

2. 备案审查制度与复议附带审查制度之间的关系

(1) 将行政复议附带审查与备案审查的审查主体同一化有助于降低规制审查成本

从制度表面上看,行政复议附带审查和备案审查之间存在着不少差异:其一,审查时机不同。行政复议附带审查出现在行政规定影响行政相对人利益具体个案发生之后,是对行政复议个案涉及的行政规定开展的事后审查;而备案审查出现在行政规定影响行政相对人利益具体个案发生之前,是对所有公布后需要备案的行政规定开展的事先审查。其二,审查主体不同。行政复议附带审查主体可能是行政规定制定主体,也可能是行政规定制定主体的上级行政机关,只是行政规定制定主体作为审查主体时,当其作出行政规定合法审查结论时,为避免不公正嫌疑,理论上该审查结论应受行政规定制定主体的上级行政机关复核监督;而备案审查主体是有监督权政府的上一级行政机关或者部门的同级人民政府。其三,审查目的不同。行政复议附带审查的目的在于确认行政规定是否违法,从而维护行政诉讼个案中作为原告的特定行政相对人的合法权益不受违法行政规定侵害;而备案审查的目的则在于通过审查报送备案的所有行政规定是否违法或者适当,监督行政规定制定权合法且适当行使,并预防行政规定侵害行政相对人合法权益情况的发生。

然而,从审查主体中承担审查任务的机构、审查性质、审查功能及审查纠错程序看,行政复议附带审查和备案审查之间又存在着密切联系:其一,部分审查主体同一。当二者都是由有监督权的行政机关作为审查主体时,审查主体中承担审查任务的机构都是行政规定制定主体的上一级行政机关的法制机构。行政复议附带审查主体是由有审查权的行政规定制定主体的法制机构或者行政规定制定主体的上级行政机关(即人民政府的上一级政府或者政府部门的同级人民政府)的法制机构承担审查任务,而备案审查主体中承担审查任务的机构都是行政规定制定主体的上级行政机关的法制机构。由此可见,在有监督权的行政规定制定主体作为审查主体时,二者承担审查任务的机构应当是同一行政机关的同一机构。也就是说,行政机关的法制机构既承担着备案审查职责,也承担着复议审查职责。其二,部分审查性质相同。从审查性质看,备案审查是层级行政监督性质,而复议附带审查则部分属于层级行政监督性质,部分属于自我完善性质。其三,审查功能互补。从审查时机先后顺序与审查功能看,个案发生之前的备案审查监督一般主要是对报送备案的行政规定开展批量审查监督,而行政规定侵权个案发生之后的复议附带审查则仅对被行政相对人申请审查的特定行政规定开展个案审查监督。可见,备案审查监督具有事前普遍性预防纠错功能,而复议附带审查则具有事后个案特定性救济纠错功能。因此,行政复议审查中对行政规定进行的个案监督应是备案审查中对行政规定进行批量监督的必要补充,事先审查和事后审查共同构成了行政系统内全面有效的层级监督机制。其四,审查纠错处理程序基本相同。备案审查主体得出行政规定的审查结论为违法或不适当时,审查主体会建议制定主体对违法行政规定作出修改或废除,或者是由审查主体启动监督程序撤销违法行政规定;行政复议附带审查主体得出行政规定的审查结论为违法时,如果审查主体就是行政规定制定机关,则应启动修改或废除程序,而当审查主体是行政规定制定机关的上一级监督行政机关时,则会建议制定主体对违法行政规定作出修改或废除,或者启动监督程序撤销违法行政规定。由此可见,二者的审查纠错处理程序基本相同。基于行政复议附带审查与备案审查前述相互关联之处,为有效发挥二者的行政监督和维护行政相对人合法权益的功能,有必要考虑将行政复议附带审查与备案审查的审查主体同一化,并使纠错程序制度相互衔接。

(2) 中央层面统一立法协调复议附带审查与备案审查之间的关系,对于实现行政系统内点面结合的行政监督功能意义重大

备案审查只能起到一定的监督纠错作用,但无法杜绝违法行政规定个案的出现。其原因在于:其一,目前我国备案审查规制制度不健全,仍存在缺乏备案审查规制的部分行政规定。行政系统内没有建立自上而下的系统化备案审查监督机制,目前的行政复议附带审查对部分不受备案审查监督的行政规定(如省级政府发布的行政规定)起到了补位行政监督作用,从而强化了在行政系统内对行政规定尽可能实现全面行政层级监督的行政法治理念。其二,备案审查后仍可能存在或出现行政规定违法情况。尽管地方省级(不包括省级人民政府)以下的行政系统内建立的行政规定备案审查已经纠正了大量违法行政规定,但是备案审查只能够减少违法行政规定出现,并不可能确保审查能够过滤一切违法行政规定,同时在对行政规定审查完毕后,还可能存在因上位法修改或废除等原因而引发的行政规定违法情况。例如,早在2004年5月1日生效的《湖北省规范性文件备案审查规定》中已经要求行政规定的备案审查工作应做到"有件必备,有备必审",该省的备案审查机关也积极开展了行政规定备案后的审查工作,并且省政府备案审查机构在2004年审查该省劳动和社会保障厅发布实施的某劳社文〔2004〕162号文件时认为并不存在违反《工伤保险条例》的问题。然而,到2006年3月1日《治安管理处罚法》取代了《治安管理处罚条例》后,该省劳动和社会保障厅发布实施的

某劳社文〔2004〕162号文件中有关"受到机动车事故伤害的,不包括职工本人无证驾驶和酒后造成的伤害"规定就与《工伤保险条例》的规定相互冲突。这一变化的原因在于:2004年施行的《工伤保险条例》第16条第1项规定"因犯罪或者违反治安管理伤亡的"行为不得认定为工伤,而《治安管理处罚条例》第27条规定,无证驾驶机动车的行为属于违反治安管理的行为,因而某劳社文〔2004〕162号文件当时是符合《工伤保险条例》规定的。然而,依据《治安管理处罚法》第64条规定,无证驾驶自己的机动车辆不再是违反治安管理处罚法的违法行为,因而某劳社文〔2004〕162号文件从《治安管理处罚法》生效后开始与《工伤保险条例》的相关规定相违背。① 由此可见,当备案审查结束后,一旦出现行政规定因上位法变迁而出现违法并侵害行政相对人合法权益的情况,就需要在行政复议中赋予行政相对人一个提出附带审查的必要救济渠道。

对于全面而及时救济行政相对人以维护其合法权益不受违法行政规定的侵害和维护行政法制权威而言,备案审查和行政复议附带审查,具有相互补充且协同监督行政规定制定权的重要意义。然而,由于目前尚未从国家立法层面构建备案审查制度,备案审查行政规定的范围极其狭窄,并且由于国家立法层面的行政复议法所构建的复议附带审查行政规定的范围也没有覆盖所有行政规定(详见表2-40),导致备案审查和行政复议附带审查制度协同监督行政规定制定权的作用还相当有限。因此,科学构建行政系统内点面结合的监督机制和充分发挥其作用,还需要通过国务院统一制定备案审查行政

表2-40 目前行政规定接受行政系统内备案审查和复议监督的情况

政府及其办公厅(局)	备案审查	可以复议	政府同级部门	备案审查	可以复议
国务院	×	×	国务院部门	×	√
国务院办公厅	×	√			
省级人民政府及办公厅	×	√	省级人民政府部门	√	√
县级人民政府及办公室	√	√	县级部门	√	√
乡、镇人民政府	√	√	—		

① 参见余朝晖:《从一行政复议案件看清理规范性文件的紧迫性》,http://Law.xinjiang.gov.cn/2010/01/29/140795.html,最后访问时间:2017年5月10日。

法规和全国人大常委会修改《行政复议法》，并且扩大备案审查和复议附带审查对行政规定的监督范围才能够实现。

（3）复议附带审查与备案审查规制制度之间主要需要协调审查内容和违法行政规定处理程序两方面的事项

其一，审查内容的一致化。目前《行政复议法》确认的审查内容仅为对行政规定进行合法性审查，而现行地方备案审查规章确认的审查内容则不仅包括对行政规定进行合法性审查而且包括对行政规定进行合理性审查。由于备案审查规章制度一般都允许行政相对人对其认为不合理的行政规定向备案审查机关提出审查请求，因此当复议附带审查的行政规定属于合法而不合理的情况时，如果复议附带审查机关不予审查，行政相对人有可能转而向备案审查机关提出审查申请。这种复议附带审查案件中仅对行政规定的合法性进行审查的情况，既不利于全面有效地保护行政相对人的合法权益，也不利于行政规定制定权正当行使理念的贯彻，还可能因行政相对人寻求救济中向复议附带审查机关和备案审查机关双重提出审查请求造成审查资源的浪费。为了避免出现这些问题，在备案审查主体和行政复议附带审查主体同一化的基础上，基于审查主体是行政系统内具有行政规定审查专业优势的行政机关，其能够对行政规定是否具备适当性作出判断，有必要在完善复议附带审查制度时，扩大复议附带审查行政规定的审查内容，使其与备案审查行政规定的审查内容相互一致。

其二，复议附带审查后处理违法行政规定程序应与备案程序相衔接。复议附带审查后处理违法行政规定程序与备案程序相衔接不仅关系着行政规定备案信息是否得到及时更新，而且关系着在经复议附带审查认定为违法的行政规定经过修改后是否要接受备案审查机关监督的问题。目前仅有极少数地方行政复议法配套实施规章中规定，制定机关应依据行政规定制定程序修改或废止复议附带审查认定违法的行政规定，并将修改后公布的行政规定报送备案审查机关。因此，在未来完善复议附带审查行政规定程序制度时有必要明确规定，在修改违法行政规定后，应将修改后的行政规定报送备案并接受备案审查机关的审查监督，以确保我国备案审查行政监督制度覆盖所有应接受行政系统内备案审查监督的行政规定。

3. 备案审查与清理制度之间的关系

在科学合理地设定备案审查与清理制度时,主要需要处理好二者之间以下两个方面的关系:

其一,合理设置清理处理程序制度。目前,省级地方有关清理处理程序制度多数设置在备案审查规制制度中。其原因在于,制度设计者将清理看作是行政规定在收受备案审查监督一定时期后再次接受定期全面或不定期专项行政层级监督的一种监督制度,而没有认识到无论定期全面清理还是不定期专项清理都是由行政规定制定主体承担清理审查评估,并在得出清理结果后对违法或不适当行政规定予以修改或废除的一种自我完善制度。依据现行清理制度所确认的清理主体和清理程序看,清理是制定机关的职责,并且制定机关处理清理结果中违法或不适当行政规定时,修改或废除程序与制定程序密切相关(如修改行政规定须经过法制机构的审核和公布程序环节),因此清理制度应该设置于制定程序制度中。

其二,使清理处理程序与行政规定备案审查程序相衔接。对行政规定开展行政系统内备案审查的目的是,通过行政层级监督,及时预防违法或不适当的行政规定侵害行政相对人的权益和保障行政规定权的正当行使。基于行政规定应全面接受行政层级备案审查监督的理念,在清理机关对清理结果中违法或不适当行政规定进行修改或废除后,被修改的行政规定在公布后一定时期内同样需要报送备案审查机关,并接受备案审查机关的审查监督,因此清理制度中设定的处理违法行政规定的程序应与备案审查制度中的备案程序相互衔接。

综上所述,规制制度的设定者不仅需要正确全面地认识现行规制制度的每一个细节,而且需要综合考量影响规制制度实现其规制功能的所有因素,还需要在合理地界定行政规定制定、备案监督、附带复议审查以及清理评估审查等规制主体各自权责关系的基础上,科学、协调地配置规制资源。

第三章 行政系统外规制

第一节 概 述

一、概念

所谓行政系统外对行政规定规制,是指行政系统外部的权力机关和司法机关通过立法控制和制约行政规定制定权限和程序[①]、建立和完善人大常委会对行政规定的备案审查制度、对违法行政规定启动权力机关个案审查撤销程序,以及通过司法适用审查和建议行政规定制定主体自我纠错制度,对行政规定从制定到实施全程控制和监督的活动。

二、种类

依我国现行宪政体制下行政系统外规制主体和规制方式的不同,可将行政系统外对行政规定规制区分为两类,即各级权力机关直接设定权限和程序进行规制、备案审查以及个案审查规制;司法审查间接规制。

1. 权力机关规制

根据我国现有法律和地方性法规的规定,我国权力机关对行政规定的规制内容具体包括两个方面:其一,通过立法规范行政规定制定权限和程序,以保障行政规定制定主体行使权限和程序具备合法性;其二,通过要求行政规

[①] 目前我国全国人大及其常委会没有制定《行政程序法》,也就不存在像美国国会制定的《联邦行政程序法》那样对行政机构作出制定程序方面的控制。不过,在《监督法》实施之后,多数省级地方人大常委会制定的行政规范性文件备案办法或条例中,开始要求对行政机关制定行政规定的程序有所规制,如要求制定主体履行行政规定公开程序。

定向权力机关备案并接受审查和权力机关对违法行政规定行使撤销权以实现事后监督。依据我国宪法和组织法以及监督法的规定,权力机关对行政规定可以直接审查并撤销违法或不适当的行政规定,其规制方式具有依照法定职权直接监督的性质。

2. 司法机关规制

依据我国《行政诉讼法》和最高人民法院有关司法解释的规定,目前在行政诉讼案件中,司法机关并没有权力对行政规定是否合法或适当直接作出审查结论,而是对行政规定经审查判断后可以不适用。法院这种"不适用行政规定"事实上间接否定了行政规定在该行政案件中的规范效力,因此属于间接规制。

三、行政系统外监督的必要性

(一)行政系统外监督是权力制约监督理论的必然要求

孟德斯鸠有关权力分立并相互制约的理论,目前已经得到了人们的普遍认同。他说:"当立法权和行政权集中在同一个人或同一个机关之手,自由便不复存在了;因为人们将要害怕这个国王或议会制定暴虐的法律,并暴虐地执行这些法律。""如果司法权不同立法权和行政权分立,自由也就不存在了。如果司法权同立法权合而为一,则将对公民的生命和自由施行专断的权力,因为法官就是立法者。如果司法权同行政权合而为一,法官便将握有压迫者的力量。"[①]孟德斯鸠关于国家权力分立以保障公民权利以及权力相互制约以防止滥用权力的理论,经马克思主义经典作家的演绎和批判性继承,演化生成了人民民主专政宪政体制下的社会主义国家权力分工与制约理论。

权力分工与制约理论在我国宪法和法律中具体体现为下列几个方面:第一,在人民和国家机关及其工作人员的关系上,规定人民有权对国家机关及其工作人员提出批评、建议、控告、检举等,重在以人民权利监督和控制国家权力。第二,全国人大是最高国家权力机关,全国人大及其常委会行使立法权;国家主席是国家最高代表;国务院是最高国家权力机关的执行机关,是最

---

① 〔法〕孟德斯鸠:《论法的精神》,张雁深译,商务印书馆1961年版,第156页。

高行政机关；中央军委是领导全国武装力量的机关；人民法院是国家的审判机关，人民检察院是法律监督机关。我国宪法中的这些规定显示出，在权力配置体制中，我国实际上也遵循了现代国家关于权力分工的基本原理。第三，由于宪法规定国家行政机关、审判机关、检察机关都由人民代表大会产生，对它负责，受它监督，因此在国家权力横向结构上，我国人大及其常委会有权监督和制约由它选举产生的国家机关（行政机关和司法机关）。第四，为充分保证执法机关正确执法，充分保障人民的民主权利，在国家权力纵向结构上，我国宪法明确规定，行政机关和司法机关在本系统内实行监督和制约。这些理论和制度说明，我国行政机关行使的行政规定制定权，不仅应接受行政系统内自上而下的层级监督管理，而且应接受国家权力机关（同级人大及其常委会）的监督和管理，接受人民提出的批评、建议、控告、检举等，甚至在行政诉讼案件中一定程度上还应接受司法审查权力的监督制约。

（二）行政系统外监督是全面法律监督的现实需要

在近现代宪政国家中，行政系统内的上级行政机关和行政系统外的立法机关有权对行政规定的制定和实施共同开展全程的法律控制和全面监督。全程的法律控制主要体现为在行政规定制定过程中，行政规定制定主体依法律规定或授权决定行使行政规定制定权，并从启动制定程序到制定完毕接受行政系统内备案审查、行政复议附带审查监督以及接受同级人大常委会的备案审查和个案审查都应符合法律规定；而全面监督是指不仅由行政系统内对行政规定制定和实施进行全程监督，而且理论上由于行政系统内自我规制也并不能够消除行政系统内可能出现自我偏袒的嫌疑，因此需要由行政系统外的权力机关和司法机关对行政规定制定权限和程序以及行政规定内容作出必要的监督制约。

2003年8月在郑州召开的全国行政规范性文件备案工作会议之后，我国地方行政系统内备案审查制度已基本建立起来，这标志着我国在规范与治理行政规定方面已取得了一定实质性的进展。尽管行政系统内对行政规定制定和审查作出了较为严格和完善的自我规范性约束，但是由于行政系统内规范和监控行政规定的规制制度本身存在难以消除的缺陷，如一些地方政府制定的行政规定制定和备案审查监督规章中缺乏处理违法行政规定的程序制度,并且缺乏追究违法行政规定制定责任和不履行备案审查监督责任的制度,因此实践中违法或不适当行政规定仍不时出现。① 对于这些不时出现的违法或不适当的行政规定,需要行政系统外立法监控、司法监控发挥规制作用。我国行政规定规制的实践也表明,只有扬长避短地发挥行政系统内和行政系统外不同规制力量的独特作用,充分利用行政系统内部和外部的各种规制资源,共同积极地对行政规定进行规制,并形成综合控制和监督行政规定的有效规制机制,才有可能既发挥行政规定的高效行政管理职能,也减少和避免违法或不适当行政规定带来的负面作用。也就是说,有效治理违法和不适当的行政规定,需要建立科学、合理的行政系统内和行政系统外共同规制机制。

(三) 给予行政相对人公正救济需要

目前我国行政规定侵犯行政相对人合法权益时,依据《行政诉讼法》和《行政复议法》的规定,行政相对人既不能直接针对行政规定提起行政诉讼,请求司法救济,也不能直接针对行政规定申请行政复议,而只能在出现具体行政行为侵权的情况下通过行政复议附带审查行政规定的方式获得救济。现行救济机制没有将行政系统外具有相对独立和公正地位的司法救济作为最终救济途径,这不仅导致违法或不适当的行政规定很难因行政相对人提请个案审查而否认其预后效力,增加了行政相对人在遭受行政规定侵权情况下维护其合法权益的难度,而且行政相对人可能因无法获得行政系统外相对独立和公正的司法救济而激化矛盾或出现上访事件,进而影响社会稳定。因此,在构建行政规定规制机制中,不仅应确保受行政规定侵权的行政相对人获得行政系统内多样化救济,而且应确保其能够获得行政系统外权力机关监督和司法审查救济。

四、国外议事机关对行政规定规制的比较研究及其启示

为了规范行政机关依法合理行使制定行政规则的权力,并且保障行政相对人的合法权益不会因此受到不利影响,各国议事机关(尤其是国会)对行政

---

① 参见秦平:《违法"红头文件"是怎么出台的》,载《民主与法制》2004年第22期。

机关行使的抽象行政规定制定权,主要从行政制定程序规范和外部立法否决等方面作出了必要规制,只是各国(如美国、德国和法国等)在具体规制方式上存在不同程度的差异。①

(一)美国

在美国,行政系统外的国会通过立法对行政规则制定和监督程序作出基础性规制。由于不同行政规则对效率价值与民主性价值的衡量取舍具有差异性,即一些行政规则一定程度上强调效率优于民主性价值,而一些行政规则却一定程度上强调民主性优于效率价值,因此行政规则需要依据制定规则所应体现行政效率与民主性的恰当衡量而确定应遵循的相应程序类型。

美国《联邦行政程序法》规定,行政机关应遵循的法定规制程序主要有正式程序、非正式程序与例外程序三类。其中,制定规则最低程度应遵循的非正式程序包括通告、评论、公布最终规则以及生效日期等具体程序环节,而正式程序比非正式程序多出了一个由行政机关举行的、类似审判的听证环节。这些不同类型的规制程序各有其优缺点,如正式程序因强调听证程序而充分体现了民主性,但同时造成了行政规定制定效率相对低下;非正式程序因要求公众通过书面评论方式参与而提高了制定行政规则的效率,但由于公众参与的机会不充分,因而相对降低了规则的民主性。因此,在行政机关制定不会造成行政外部效力的行政规则时,主要依据《联邦行政程序法》第553条所规定的非正式制定程序。这一快速、高效的规则制定程序,已经被美国行政法历史上最具有影响力的学者肯尼斯·卡尔普·戴维斯(Kenneth Culp Davis)评价为具有"能如政府机构所期待的那样完全复制立法过程"特点的"现代政府最伟大的发明"。②

1970年以来,为了更好地综合平衡行政规则规制程序中所体现出的民主性和效率价值,美国在行政规则制定程序方面进一步发展出了介于正式程序

---

① 鉴于西方行政法较为发达的国家中,美国、德国和法国行政法学者对非立法性行政规定有较多的专门研究论述,因此为方便全面收集国外研究资料和充分了解相关信息起见,本书仅选取美国、德国和法国这三国的行政规定(即非立法性行政规定)规制情况进行对比性研究,以期对完善我国行政规定规制有所借鉴或启示。

② 参见〔美〕肯尼斯·C.戴维斯:《裁量正义——一项初步的研究》,毕洪海译,商务印书馆2009年版,第70页。

与非正式程序之间的例外程序,如混合程序和协商程序。① 这些发展一定程度上有助于完善美国行政规定制定程序制度。

此外,为了满足行政公开和透明度的基本要求,1935 年美国国会出台了《联邦登记法案》(Federal Register Act of 1935),该法案创设了一种记录联邦政府机构及其活动的出版物,被称为"联邦登记簿"(Federal Register,FR)。该出版物为行政相对人和司法机关监督行政规则提供了极大的便利。②

同时,美国学界也在推动非立法性规则制定程序进一步法制化。随着非立法性规则作用的扩张性发展,这些包括行政机构手册、指导方针以及备忘录等形式多样化的非立法性规则日渐增多,即从该机构认为足够重要并在联邦登记册或《联邦法规法典》(CFR)上公布的行政规则,到依照个人要求提供指导而向其发送的信件,再到内部行政机构的指导性文件等都成为行政机关的重要工具,它们能够"令(行政机关)就行政解释和政策事先通知被监管人士和有关监管受益者"。因此,它们能够以比通知和评论程序"明显更快、更便宜"的方式向行政机构的工作人员与公众提供有价值的信息。③ 为了发挥非立法性规则在行政规制过程中的积极功效,美国法学界已有学者从注重实效的视角探索如何通过立法或者修改现行行政程序法来推动非立法性规则的法制化。例如,有学者建议国会应该修改《联邦行政程序法》,使之包括非立法性规则的规定。④ 不过,也有学者认为,在实施行政管理的过程中,并非所有的问题均可以法典化,由于行政机关就行政管理事项颁布非立法性规则也可以切实提高行政机关的规制能力,因此对于行政管理事项的规范,尽管国会应当鼓励行政机关使用立法程序来颁布规则与政策,但也应该不阻碍行

---

① 混合程序是行政机关制定法规时,在非正式程序以外再增加进行协商、成立咨询委员会、举行非正式的口头听证以及允许有限制提出盘问等程序环节,以在保证行政效率的基础上增强民主参与程度;协商程序是在非正式程序的通告环节之前增加一个协商环节,即由可能受即将制定行政法规影响的各种利益团体及行政机关选派代表,在一个调解人的主持下举行协商会谈,以制定出参与协商各方能够共同接受的法规草案,之后才开展通告、评论、公布最终规则以及生效日期等程序环节。参见王名扬:《美国行政法》,中国法制出版社 1995 年版,第 359—373 页。
② 参见姚国强:《美国档案开放利用的历史考察》,山东大学 2006 年硕士论文。
③ See Thomas J. Fraser, Interpretive Rules: Can the Amount of Deference Accorded Them Offer Insight into the Procedural Inquiry? Boston University Law Review, 2010, Vol. 90, p. 1308.
④ See Russell L. Weaver, An APA Provision on NonLegislative Rules? Administrative Law Review, 2004, Vol. 56, No. 4, pp. 1179, 1193.

政机关通过非立法性方式阐明政策,并且只要非立法性规则满足了特定条件,法院就应该尊重行政机关的解释。① 美国行政法学者对非立法性规则持有的这些观点和论述,事实上已对美国国会、行政机关和法院如何更好地规制非立法性规则产生了一定的影响。

(二) 德国

德国国会对行政机关制定行政规定应遵循的制定程序要求依照是否具有外部效果而不同。若行政规定不具有外部效果,即行政规定只在行政机关内部具有约束力而不对下级行政机关之外的行政相对人发生法律效力时,由于其制定权源于"业务领导权"以及由此派生的发布一般指令的权力,因此其制定程序相对简单、迅速,原则上制定机关只需要通知应受该规则约束的相应下级行政机关即可,而并没有什么具体手续要求,如大区政府主席只需要向县机关转发公函。若行政规定具有外部效果,对下级行政机关之外的行政相对人发生法律效力,则因其制定权超越了"业务领导权"以及由此派生的发布一般指令的权力范围,而应当履行公布程序。此外,通过行政诉讼,法院已经明确,即使是仅具有内部行政效果的行政规定,个案行政程序参与人(以及行政程序参与人的律师)也有权请求行政机关以通知方式公开有关行政规定。②

(三) 法国

到20世纪70年代末,基于全球范围内对行政保密原则开展质疑的历史大背景,法国学者开始呼吁改善行政机关与行政相对人之间的关系,增强行政活动的透明度。在其后的30年间,随着行政机关转变自身观念和改变行为习惯,法国在法律制度层面上确立了政务公开的原则,并采取了一系列旨在增强行政活动透明度的措施。③ 因此,在法国,当行政主体在制定非立法性规范时,主要受到独立于行政机关之外的权力机关对行政机关文件是否具备合法性的监督规制。

---

① See Gwendolyn McKee, Judicial Review of Agency Guidance Documents: Rethinking the Finality Doctrine, Administrative Law Review, 2008, Vol. 60, No. 2, p. 371.
② 参见〔德〕哈特穆特·毛雷尔:《行政法学总论》,高家伟译,法律出版社2000年版,第608页。
③ 参见张莉:《法国政务公开述评》,载《行政法学研究》2004年第2期。

1978 年 7 月 17 日，法国颁布的《改善行政机关和公众关系法》第 1 条规定，行政上的各种文件原则上应当公开，其中包括内部行政措施文件在内。①其后，1983 年 11 月 23 日的一个条例规定，利害关系人对行政机关可以利用依据《改善行政机关和公众关系法》要求公开的内部行政措施。除了这两个规定外，法国国会或政府制定的成文法很少对行政措施制定程序作出规范。法国关于内部行政措施的法律制度，主要由行政法院的判例所确立。②

　　在法国，行政措施制定程序，依据行政措施是否对行政系统外部人员具有执行力而接受不同的程序规制：若行政措施对行政系统外部人员不具有执行力，程序规制仅要求其制定后公开；若行政措施对行政系统外部人员具有执行力，那么该行政措施的制定应受行政立法程序规范。法国行政立法规制程序显示出两个特色：其一，是咨询行政法院意见程序，即"最高行政法院必须对政府被授权颁布的具有法律效力的命令、公共行政条例以及具有公共行政形式的命令提出意见"③。在行政立法程序中，要求行政机关征询法院意见的目的，一方面在于抑制行政立法权过度行使，另一方面则意在使利害关系人的合法权益获得公平对待。其二，尽管行政立法中的利害关系人不直接参与行政立法程序，但是利益代表委员、技术专家所组成的利益代表审议会（commission representative des intérêts）直接参与行政立法程序，如处于制定程序中的行政立法草案几乎都被要求接受经济社会审议会（Conseil économique et social）以及各部附属的中央审议会（Conseils supérieurs）的咨询。④该程序设计实现了并不直接参与行政立法程序的利害关系人的合法权益在行政规范制定过程中能够获得程序上的保障。

（四）小结及启示

　　美、德、法三国的议事机关都依据各自国情，设定了能够体现正当程序价

---

① 经 2002 年 12 月 20 日修订后的《改善行政机关和公众关系法》第 1 条规定："行政文件"指所有出自国家、地方团体、承担公共服务管理职能的公务法人或私法组织的个案卷宗、报告、笔录、会议记录、统计数据、对现行法作出解释或行政程序描述的内部通令、指示、各部回函和批复，以及意见、预测和决定等。参见张莉：《法国政务公开述评》，载《行政法学研究》2004 年第 2 期。
② 参见王名扬：《法国行政法》，中国政法大学出版社 1988 年版，第 179 页。
③ 萧榕主编：《世界著名法典选编（行政法卷）》，中国民主法制出版社 1997 年版，第 119 页。
④ 参见〔日〕皆川治广：《法国行政的程序性控制》，载《自治研究》第 59 卷第 11 号，第 132 页。

值的各具特色的行政规定制定程序,并以此来约束和预防行政规定制定主体侵害行政相对人的合法权益。从前述我国权力机关对行政规定规制历史看,虽然我国权力机关十分重视对行政规定的事后监督,但却相对忽略了事前对行政规定的制定程序作出必要规范。我国权力机关这种缺乏事先预防性制约而仅注重事后补救性监督的做法一定程度上也放任了行政规定失范并不时发生侵害行政相对人合法权益的状况。因此,我国权力机关很有必要通过立法尽快出台能够体现程序正当性的《行政规定制定权限与程序法》,以实现依法规范行政规定制定程序,进而彻底改变行政主体滥发行政规定的现状,并且从根本上预防发生违法或不适当行政规定侵害行政相对人合法权益的事件。

第二节 权力机关对行政规定的规制

审查行政规定并纠正违法或不适当的行政规定是人大常委会实施法律监督的一项重要职责,也是我国宪政体制下各种力量共同规制行政规定的综合治理措施之一。

一、规制制度和实践的发展变迁

(一) 20世纪80年代初的概括性立法规制

根据1982年《宪法》第67、104条的规定,全国人大常委会有权撤销国务院违法(同宪法、法律相抵触)的决定、命令;县级以上的地方各级人大常委会有权撤销本级政府"不适当的决定和命令"。同时,依照《地方组织法》第8条第11项、第9条第9项和第44条第8项的规定,不仅县级以上的地方各级人大与县级以上的地方各级人大常委会都有权撤销本级政府"不适当的决定和命令",而且乡、民族乡、镇的人民代表大会也有权撤销本级政府"不适当的决定和命令"。这些明确规定由人大或其常委会行使行政规定撤销权的法律规范体现了在国家立法层面对行政规定的初步规制。

在现实中,《宪法》和《地方组织法》中有关撤销权的原则性规定需要配套程序性规定才能够落实。然而,长期以来,由于全国人大常委会和地方人大及其常委会没有建立有关行使行政规定撤销权的配套性程序制度,因此作为行政规定监督权主体,全国人大常委会和地方人大及其常委会一度并未实际有效履行该项职能。

(二) 20 世纪 90 年代进一步立法规范行政规定制定权限

1996 年 3 月 17 日,第八届全国人大第四次会议通过的《行政处罚法》第 14 条明确规定:"除本法第九条、第十条、第十一条、第十二条以及第十三条的规定外,其他规范性文件不得设定行政处罚。"这是国家层面的立法首次从实体上明确缩小了行政规定制定权限范围。其后,2003 年 8 月 27 日,第十届全国人大常委会第四次会议通过的《行政许可法》第 17 条规定:"除本法第十四条、第十五条规定的外,其他规范性文件一律不得设定行政许可。"该规定再次从实体上明确缩小了行政规定制定权限范围。2011 年 6 月 30 日,第十一届全国人大常委会第二十一次会议通过的《行政强制法》第 10 条第 4 款规定:"法律、法规以外的其他规范性文件不得设定行政强制措施。"该规定再次缩小了行政规定制定权限范围。这些规定都反映了权力机关通过立法活动从权限实体上控制行政规定影响行政相对人权益的态度。

(三) 20 世纪 90 年代之后构建备案审查监督程序制度

1. 20 世纪 90 年代至 2006 年底,部分地方建立了人大常委会备案审查监督程序制度

公权力的运行要"于法有据",由于缺乏人大常委会对行政规定监督程序的具体法律规范,因此尽管 1982 年《宪法》规定了全国人大常委会和地方人大常委会对各级政府制定行政规定行使监督权,但在实践中长期没有实际启动和运作这项工作。直到 1991 年 6 月 28 日福建省第七届人大常委会第二十二次会议通过《福建省权力机关、行政机关规范性文件管理办法》,才出现专门调整地方人大常委会依据何种监督程序规制行政规定的制度。其后,2000 年,全国人大常委会委员长会议通过了《行政法规、地方性法规、自治条例和单行条例、经济特区法规备案审查工作程序》。同时,一些地方也开始着手建立和健全人大常委会对行政规定开展备案审查监督的规制程序制度(如 2000

年施行的《重庆市人大常委会关于规范性文件备案审查的规定》①、2003 年施行的《河南省人大常委会规范性文件备案办法》和 2004 年施行的《云南省人大常委会关于政府规章备案审查的规定》②)。但在实践中,全国人大在 2004 年 5 月才在全国人大常委会法工委设立了法规备案审查室,正式从实践操作层面上对法规开展备案审查工作。然而,全国人大常委会并没有对国务院及其办公厅的行政规定启动备案审查工作,而地方人大常委会也多在《监督法》生效之后才对地方政府的行政规定实际启动备案审查工作。

总之,在这一阶段,尽管全国人大常委会和一些地方的人大常委会开始重视行政规定的备案审查工作,通过出台监督行政规定的程序性规制制度,将行政规定备案审查工作规范化和程序化,提高了人大常委会对行政规定行使监督权的权威性,并取得了一些实际监管成效,但从总体上讲,此项工作还是各级人大常委会法律监督的一个薄弱环节,较普遍地存在着既不要求制定机关报送行政规定备案又不审查或者仅随意地审查收到的行政规定的情况。同时,为了维护政府权威,即使人大常委会对违法或不当的行政规定开展审查监督工作,也多是建议行政规定制定主体对违法或不适当行政规定自行予以纠正。③

2. 2007 年《监督法》实施之后,地方人大常委会备案审查规制程序全面建立

2007 年实施的《监督法》第 29 条规定:"县级以上地方各级人民代表大会常务委员会审查、撤销……本级人民政府发布的不适当的决定、命令的程序,由省、自治区、直辖市的人民代表大会常务委员会参照立法法的有关规定,作出具体规定。"这是我国首次在国家立法层面上明确要求省级人大常委会建立和健全监督地方行政规定的程序制度。这一规制要求得到了地方积极响应。因此,在 2007 年后,多数省级地方人大常委会先后出台或完善了行政规定备案审查监督制度。这些新出台的备案审查规制制度既引发了在地方人

---

① 该规定已于 2009 年 7 月 1 日《重庆市实施〈监督法〉办法》生效时被废止。
② 该规定已于 2010 年 7 月 30 日《云南省各级人大常委会规范性文件备案审查规定》生效时被废止。
③ 参见顾正伟:《应完善规范性文件审查制度》,载《人大研究》2003 年第 10 期。

大常委会中全面构建备案审查机构的冲动,也推动了人大常委会系统如何对行政规定开展备案审查工作的理论探讨热潮。①

二、我国行政系统外备案审查规制现状及其存在的问题——以省级人大常委会规制文本研究为例

目前,除了北京、黑龙江、内蒙古、上海4个省份外,共有27个省份的人大常委会通过制定行政规定备案审查法规或《监督法》实施办法的方式,建立和健全了权力机关对行政规定开展备案审查监督应遵循的程序制度(详见表3-1)。这些制度不同程度地对权力机关开展备案审查所涉及的下列事项作出了必要规范:主要监督对象、审查内容、审查主体及其内设机构的权限、报送备案的期限、报送备案材料的文本要求、审查方式、被动审查方式下动议权及其处理程序、拒不报送或拖延报送责任及对有关行政规定的处理、拒不纠正责任及对有关行政规定的处理等。

表3-1　27个地方省级人大常委会为规制行政规定发布监督制度的情况

序号	实施日	名称	序号	实施日	名称
1	2003.12.1	河南省人大常委会规范性文件备案办法	4	2007.9.27	陕西省实施《监督法》办法
2	2007.7.1	安徽省各级人大常委会实行规范性文件备案审查的规定	5	2007.10.1	广东省各级人大常委会规范性文件备案审查工作程序规定
3	2007.10.1	辽宁省实施《监督法》办法	6	2008.1.1	福建省各级人大常委会规范性文件备案审查规定

---

① 参见段有刚、王治国:《不具有立法权的市、县级人大如何审查规范性文件》,载《人大研究》2005年第11期;王昀:《怎样做好对地方政府规范性文件的备案审查》,载《人大研究》2007年第6期;蒲元年:《青海省人大专题总结和研究规范性文件备案审查工作》,http://npc.people.com.cn/GB/15017/6320050.html,最后访问时间:2017年1月24日;易峥嵘:《如何完善地方人大常委会规范性文件备案审查制度》,载《人大研究》2007年第6期;王世贵:《规范性文件备案审查的范围、内容和程序》,载《人大研究》2010年第3期;马骏:《规范性文件备案审查工作的原则》,载《人大研究》2010年第3期;刘昶军:《做好新形势下人大常委会规范性文件审查备案工作——云南省人大常委会办公厅规范性文件备案情况综述》,http://www.zffz.yn.gov.cn/ynrdcwh/10107766413679656960/20090106/191123.html,最后访问时间:2011年1月24日。

(续表)

序号	实施日	名称	序号	实施日	名称
7	2008.1.1	吉林省实施《监督法》办法	18	2009.3.1	甘肃省各级人大常委会规范性文件备案审查规定
8	2008.1.1	江苏省各级人大常委会规范性文件备案审查条例	19	2009.7.1	重庆市实施《监督法》办法
9	2008.1.1	浙江省各级人大常委会规范性文件备案审查规定	20	2009.7.1	宁夏回族自治区人大常委会规范性文件备案审查条例
10	2008.1.1	贵州省各级人大常委会监督条例	21	2009.9.1	西藏自治区各级人大常委会规范性文件备案审查条例
11	2008.3.1	湖南省规范性文件备案审查条例	22	2010.6.1	四川省《监督法》实施办法
12	2008.9.1	湖北省实施《监督法》办法	23	2010.7.30	云南省各级人大常委会规范性文件备案审查规定
13	2008.10.1	江西省实施《监督法》办法	24	2010.10.1	山西省实施《监督法》办法
14	2008.10.1	青海省各级人大常委会规范性文件备案审查条例	25	2011.1.1	河北省实施《监督法》办法
15	2009.1.1	广西壮族自治区各级人大常委会规范性文件备案审查条例	26	2011.1.1	新疆维吾尔自治区各级人大常委会规范性文件备案审查条例
16	2009.1.1	山东省各级人大常委会规范性文件备案审查规定	27	2010.11.1	海南省实施《监督法》办法
17	2009.1.1	天津市人大常委会和区县人大常委会审查监督规范性文件办法	—	—	—

鉴于各省人大常委会备案审查法规的规制目的及其主要规范内容应存在的共性，并且主要规范内容的设置质量对能否实现规制目的起着决定性作用，这些地方性法规规制文本内容具有了进行横向比较分析的可行性和比较价值。为了清楚地了解地方人大常委会对行政规定开展备案审查监督工作所依据制度的发展现状，认清人大常委会在监督行政规定工作中所应承担的职能定位，本书以分类统计地方性法规规制文本中主要内容设定情况的实证方法，将27件省级备案审查法规的主要规范内容进行横向对比，并对地方省

级人大常委会备案审查规制现状及其存在的问题作出描述与剖析。

(一)备案审查的监督对象

(1)规制现状

27个已经制定备案审查监督规范的省份都要求省级、地市级(包括较大的市级)和县(区)级的人大常委会对同级人民政府制定的行政规定开展备案审查监督工作(详见表3-2)。只是各省有关监督对象对具体范围因"规范性文件"一词的不同界定而存在较大差异。例如,《广东省各级人大常委会规范性文件备案审查工作程序规定》界定的"规范性文件"是"县级以上地方人民政府发布的决定、命令",这与《监督法》一致,但《福建省各级人大常委会规范性文件备案审查规定》界定的"规范性文件"是"县级以上地方人民政府发布的决定、命令;经县级以上地方人民政府批准以政府组成部门、办事机构、直属机构名义发布的文件",而《重庆市实施〈监督法〉办法》则是"市人民政府发布的决定和命令及其他具有普遍约束力的办法、规定等;市人民政府及其部门、根据法规授权就本市地方性法规适用中的具体问题所作的解释和制定的实施细则、办法等"。

表3-2　省级备案审查规制法规中监督的具体范围

备案审查对象	规制省份
省级人民政府的行政规定	安徽、重庆、福建、甘肃、广东、广西、贵州、海南、河北、河南、湖北、湖南、江苏、江西、吉林、辽宁、宁夏、青海、陕西、山西、山东、四川、天津、西藏、新疆、云南、浙江
行政公署和地市级人民政府的行政规定	
区(县)级人民政府的行政规定	
乡镇级人民政府的行政规定	—

(2)存在的问题

其一,受行政规定制定主体身份影响,监督对象相当有限。因《监督法》第五章"规范性文件的备案审查"没有要求全国人大常委会对国务院制定的行政规定开展备案审查,也没有要求乡镇级人大对其同级人民政府制定的行政规定开展备案审查,其设定的监督对象十分有限。因此,省级地方性法规在设定备案审查监督对象时也是"依葫芦画瓢"——设定了极其有限的监督范围,即"县级以上人民政府发布的不适当的决定、命令",而没有涉及"乡镇人民政府发布的不适当的决定、命令"。这种有限的监督范围既与人民主权理论中权力机关可以对同级人民政府行使全面监督权的理念不相符,也有违我国现行《地方组织法》第9条第9项规范所要实现的立法意旨。

其二,《监督法》确认的行政规定范围过窄,这既引发了各省在确定备案审查对象的具体范围时发生分歧,也不利于实现权力机关开展备案审查工作的监督目的。《监督法》第29条仅确认了地方县级以上人大常委会对"决定和命令"两类行政规定开展备案审查监督,使得审查对象范围极其有限。然而,不少地方省级备案审查法规中不仅设定人大常委会对"决定和命令"两类行政规定开展备案审查监督,还设定人大常委会对行政机关依据授权制定的行政解释或批准的规范性文件等开展备案审查监督。地方性法规中扩大备案审查监督对象的做法虽然符合《监督法》的精神意旨,并且实质上有利于达成权力机关对行政规定开展备案审查的维护法制统一和有力保护行政相对人合法权益的目的,但从字面含义上,各省扩大监督对象与《监督法》第29条相抵触,因而有违背上位法的嫌疑。这引发了学者对权力机关备案审查监督范围的争议,有学者主张不能仅限于《监督法》"决定、命令的字面含义";① 也有学者主张同归《监督法》,不能随意扩大或缩小规范性文件备案审查的范围。② 同时,"县级以上地方各级政府发布的公告、通告、通知、批复、意见等规范性文件是否应当接受同级人大常委会备案审查",也常使地方人大常委会在备案审查实务工作中感到困扰。③

(二) 审查内容

(1) 规制状况

27件省级地方性法规中,多数省份要求对行政规定是否超越法定权限,同法律、法规相抵触,同上级和本级人大及其常委会的有关决议、决定相抵触,违背法定程序,因不适当而应当予以纠正等事项作出审查。其中,除广东

---

① 参见王世贵:《规范性文件备案审查的范围、内容和程序》,载《人大研究》2010年第3期。
② 参见李春燕:《论规范性文件备案审查的范围——回归监督法》,载《人大研究》2010年第11期。
③ 参见陈述晓:《对地方人大备案审查工作中规范性文件范围的若干思考——析〈监督法〉第五章相关规定》,载《法治论坛》2009年第2期。

外,安徽、重庆、福建等26个省的地方性法规要求应对制定权限和内容合法性事项作出审查;除广东和河南外的25个省要求对行政规定是否适当作出审查;除广东、广西、河北、湖北、湖南、吉林、辽宁外,有20个省的地方性法规要求对行政规定是否同上级和本级人大及其常委会的有关决议、决定相抵触作出审查;除广东、福建、广西、湖北、湖南、辽宁、陕西和西藏外,有19个省的地方性法规要求对行政规定是否违背法定程序作出审查。(详见表3-3)

表3-3　27个省份备案审查法规中设定审查事项的情况

审查事项	个数	要求审查的省份
超越法定权限的	26	安徽、重庆、福建、甘肃、广西、贵州、海南、河北、河南、湖北、湖南、江苏、江西、吉林、辽宁、宁夏、青海、陕西、山西、山东、四川、天津、西藏、新疆、云南、浙江
同法律、法规相抵触的		
同上级和本级人大及其常委会的有关决议、决定相抵触的	20	安徽、重庆、福建、甘肃、贵州、海南、河南、江苏、江西、宁夏、青海、陕西、山西、山东、四川、天津、西藏、新疆、云南、浙江
违背法定程序的	19	安徽、重庆、甘肃、贵州、海南、河北、河南、江苏、江西、吉林、宁夏、青海、山西、山东、四川、天津、新疆、云南、浙江
不适当,应当予以纠正的	25	安徽、重庆、福建、甘肃、广西、贵州、海南、河北、湖北、湖南、江苏、江西、吉林、辽宁、宁夏、青海、陕西、山西、山东、四川、天津、西藏、新疆、云南、浙江

(2)存在的问题

省级地方性法规中有关行政规定备案审查的具体规范大都规定了大致相同的审查事项。但是,在这些审查事项中,有些事项是适合行政系统外的人大常委会行使审查权的事项。例如,要求人大常委会对行政规定是否同上级和本级人大及其常委会的有关决议、决定相抵触作出审查。而有些审查事项是不适合人大常委会审查的事项。例如,要求人大常委会对行政规定是否违背法定程序作出审查。其原因在于,事实上,目前我国国家立法层面没有制定统一的行政规定制定程序制度,地方层面也仅有不多的一些地方省级人民政府制定了行政规定制定程序规制规章,因此行政系统外的人大常委会很难实际对行政规定制定程序合法性作出审查。

（三）最长报送备案期间

（1）规制状况

27个省份都对报送备案审查的最长期间作出了规范。其中，福建、甘肃、广东等22个省份规定了较长的报送备案期间，即"自发布之日起30日内报送"；重庆和云南选择了较短的报送备案期间，为"自发布之次日起15个工作日内报送"；而河南和陕西2个省份则选择了相对折中的报送备案期间，为"自公布之日起20日内报送"。此外，依据制定行政规定属于解释性还是非解释性的不同类别，安徽省将报送备案期间区分为"对地方性法规具体应用问题的解释，应当自公布之日起30日内报送"和"其他规范性文件应当自公布之日起15日内报送"。（详见表3-4）

表3-4　27个省份备案审查法规对报送备案期限规定情况表

各省规定的报送备案期限	个数	省份
自公布之日起30日内	22	福建、甘肃、广东、广西、贵州、海南、河北、湖北、湖南、江苏、江西、吉林、辽宁、宁夏、青海、山西、山东、四川、天津、西藏、新疆、浙江
自公布之日起20日内	2	河南、陕西
自发布之次日起15个工作日内	2	重庆、云南
对地方性法规具体应用问题的解释，应当自公布之日起30日内报送，其他规范性文件应当自公布之日起15日内报送	1	安徽

（2）存在的问题

各省法规中设定最长报送备案期间的科学性和可行性有待进一步论证。从各省人大常委会地方性法规目前设定的最长报送备案的期间看，最长报送期间的长短与地域范围的大小、交通的便捷与否关系不大。因为相对而言，宁夏比云南、河南以及陕西的地域范围要小得多，并且宁夏行政规定报送中所需在途合理时间应该不会比云南更长，但宁夏行政规定最长报送期间是30日，而云南则是15日。这反映了各省法规没有考虑设定最长报送期间应考虑因素而随意设定行政规定最长报送期间的问题。

(四) 审查方式

(1) 规制状况

除山西外,目前有 26 件省级地方性法规中明确人大常委会可以应行政相对人申请采用被动审查方式对行政规定开展审查,同时安徽、江西、山东和天津 4 个省份还明确规定人大常委会可以对行政规定主动开展审查。① (详见表 3-5)

表 3-5　各省地方性法规中有关审查方式的规范情况

审查方式	个数	省份
明确采取主动审查与被动审查方式相结合	4	安徽、江西、山东、天津
明确规定可以采用被动审查方式	26	安徽、重庆、福建、甘肃、广东、广西、贵州、海南、河北、河南、湖北、湖南、江苏、江西、吉林、辽宁、宁夏、青海、陕西、山东、四川、天津、西藏、新疆、云南、浙江

(2) 存在的问题

在行政系统内已经对行政规定开展制定主体内部法制机构全面审查和备案审查机构对报送备案行政规定开展"有备必审"的前提下,人大常委会已经没有必要采取主动审查方式再次对行政主体提交备案的行政规定作出全面主动审查。其原因在于,一方面,人大常委会采取主动审查方式会造成审查资源的浪费。假如行政系统外人大常委会在备案审查工作中主动对行政规定开展审查,那么尽管人大常委会的审查比行政系统内审查增加了一项审查内容(即对行政规定是否与上级和本级人大及其常委会的有关决议、决定相抵触开展审查),但是由于多数审查事项与行政系统内重复,因而人大常委会对行政规定开展主动审查多数情况下很可能是在浪费审查资源。另一方面,被动审查方式有助于提高人大常委会审查监督行政规定的效率。行政系统外备案审查实务专家认为,主动审查的面不宜铺得太宽,主动审查只能限

---

① 实践中,各省采用的审查方式与制度并不完全相同。例如,河南、河北、海南和重庆等省份对报送备案的行政规定采取全面主动审查;江西省、市、县的人大常委会采取全部主动审查方式;安徽采取有重点的主动审查方式;青海对拟报送备案的行政规定甚至采取提前介入向制定机关提出意见或建议。参见《规范性文件备案审查制度理论与实务》,中国民主法制出版社 2011 年版,第 114 页。

定在比较小的范围内。人大常委会对政府及其部门制定的行政规定都进行主动审查不仅不现实,而且光看条文很难找到冲突,只有在实施中才会暴露出问题。① 因此,在行政系统已经开展备案审查的基础上,同级人大常委会仅应开展被动审查监督。

(五)被动审查动议权及其处理程序

(1)规制状况

除山西外,有 26 个省份在省级人大常委会备案审查法规中规定了国家机关和行政相对人行使行政规定审查动议权。但是,只有 23 个省级地方性法规要求人大常委会受理被动审查动议的备案审查机构应依照法定程序处理,并要求将处理结果告知要求审查单位或建议审查人。其中,没有一个地方性备案审查法规对限期得出审查结论和限期告知都作出明确规制,仅甘肃、广西、云南 3 个省份要求限期处理和给予审查行政规定动议人书面回应。(详见表 3-6)

表 3-6 各省规定被动审查动议权及其处理程序的情况

	被动审查动议处理程序	个数	省份名称
被动审查动议处理程序	限期处理(如 60 日内),并告知审查要求单位或建议人	3	甘肃、广西、云南
	未限处理期限,仅要求审查结束后,限期(如 10 日内)告知	20	安徽、福建、广东、贵州、海南、河北、湖北、湖南、江苏、江西、吉林、辽宁、宁夏、青海、山东、四川、天津、西藏、新疆、浙江
	未限审查期限,也未规定告知结论的	3	重庆、河南、陕西

---

① 参见邬立群:《关于规范性文件备案审查若干问题思考》,http://rd.changning.sh.cn/gclsjdfzt-tlh/248.htm,最后访问时间:2017 年 4 月 24 日。此外,不同实务专家事实上对行政系统外权力机关开展行政规定备案审查应采用的审查方式是持有不同看法的,主要表现为以下几种观点:一种观点认为,备案审查是法律赋予权力机关的法定职权,备案审查应当实行全面主动审查;另一种观点则认为,备案审查应当实行主动审查与被动审查相结合,以被动审查为主、主动审查为辅,即公民、法人与其他组织不提出问题,不进行主动审查;第三种观点认为,对行政规定的审查工作应当制度化、规范化,对审查的范围、审查的程序、审查的标准应当进一步作出具体的规定,以维护备案审查工作的严肃性。参见俞荣根:《规范性文件备案审查和立法后评估工作研讨会情况简报》,载《人大参阅》2010 年第 6 期;《规范性文件备案审查制度理论与实务》,中国民主法制出版社 2011 年版,第 115 页。

（2）存在的问题

其一，主要审查方式不明确阻碍了动议权的行使。目前从地方已建立行政规定规制程序制度情况看，在启动机制方面，仅有4件省级地方性法规规定"可以"采用被动与主动审查相结合的方式，而没有明确规定人大常委会审查方式是积极主动审查为主还是消极被动审查为主。这使得人大常委会对行政规定开展审查完全成为一项自我裁量是否履行的职责。在缺少审查职责外部制约的情况下，主要审查方式不明确，不仅激发不起审查机关履行审查职能的积极性，而且阻碍了利益相关人动议权的行使。正由于被动审查方式地位不明，导致各地人大常委会在实践中对被动审查的态度呈现出差异，即有的地方人大常委会对公民或组织建议审查行政规定仅作一般意义上的程序性答复，而有的地方人大常委会则对公民或组织建议审查的行政规定进行实体审查后作出实质性答复。①

其二，在现行省级人大常委会的备案审查法规中有关被动审查行政规定的处理程序相对粗疏，并且因其缺少行政相对人参与审查行政规定的程序和异议程序而有违程序正当性要求。② 从1982年《宪法》看，各级人大常委会肩负着保障法制统一的职责。履行这一职责的方式之一就是：接受其他国家机关、组织和公民审查行政规定的建议或申请，行使监督权，对同级人民政府制定的行政规定作出审查，并依法处理违法或不适当的行政规定，以维护法制统一。尤其在《监督法》颁布之后，多数省级地方性备案审查法规明确赋予有关国家机关和行政相对人有权对行政规定提起审查动议。这有助于推动权力机关对行政规定实际行使监督权。只是行政系统外的被动审查动议能否对行政规定合法有序发展发挥实际作用，还有赖于一系列程序制度（如审查机关回应审查建议的期限、允许行政相对人参与审查的程序、告知审查结论以及不服审查结论的异议程序等）的进一步完善。如果对被动审查动议人提出的审查要求或建议可以任意对待，既无具体回应期限，也没有参与审查程序、告知审查结论和允许异议的程序，那么这一被动审查动议制度的设计就可能无法实现其推动人大常委会对行政规定依法行使监督权和保障法制统

---

① 参见《规范性文件备案审查制度理论与实务》，中国民主法制出版社2011年版，第132页。
② 同上书，第133页。

一的目的。

(六)拒不报送或拖延报送应承担的行政违法责任

(1)规制状况

规范备案审查的 27 件省级地方性法规中,安徽、重庆、福建、甘肃、广西、河南、江苏、宁夏、陕西、山东、西藏、新疆、云南 13 个省份都对制定主体拒不报送或拖延报送责任作出了规范。其中,安徽、宁夏、陕西和新疆等 10 个省份仅规定拒不报送或拖延报送行政规定的制定主体承担"限期报送"责任;重庆、福建、甘肃、广西、河南、江苏、西藏和云南 8 个省份则要求逾期不报送行政规定备案的制定主体承担"通报批评并改正"的责任;只有山东省对逾期不报送的行为规定了建议有关机关对责任人员依法给予行政处分的责任。各省都没有对不报送备案的行政规定本身是否有效作出规范。(详见表 3-7)

表 3-7　各省对拒不报送或拖延报送责任规范情况

责任	个数	省份
通知其限期报送	10	安徽、重庆、福建、广西、河南、江苏、宁夏、陕西、山东、新疆
逾期仍不报送的,通报批评,并责令改正	8	重庆、福建、甘肃、广西、河南、江苏、西藏、云南
建议有关机关对责任人员依法给予行政处分	1	山东

(2)存在的问题

人民政府制定的行政规定报送同级人大常委会备案是落实权力机关对行政机关实施监督的前提条件之一,因此地方性备案审查法规需要明确行政规定制定主体及其责任人履行报送行政规定的违法责任,以确保报送备案职责的有效落实。然而,从目前省级备案审查法规有关规范内容看,在行政规定制定主体拒不履行或拖延履行报送的情况下,明确要求行政规定制定主体承担违法责任的地方性法规不到一半。这一情况既不符合地方性法规中行政规定制定主体承担报送义务应与违法责任相对应的科学设定法律规范原则,也不利于人大常委会认真负责地对行政规定行使监督职责。

（七）监督纠错程序和拒不纠错应承担的行政违法责任

（1）规制状况

27个省份都对行政规定制定机关收到书面审查意见后，拒不纠正责任作出了相应规范。其中，在发生制定主体拒不执行人大常委会自行修改或撤销的书面审查意见的情况下，27个省份都要求人大常委会依法定程序审议对该行政规定的撤销议案，但只有2003年12月1日生效的《河南省人大常委会规范性文件备案办法》第11条对不执行省人大常委会撤销决定的行为，规定了省人大常委会对主要责任人或者责任单位可以依法作出处理。（详见表3-8）

表3-8 监督程序和拒不纠错责任规范情况

监督程序与制定主体拒不纠错责任		个数	省份
处理违法行政规定的监督程序	制定机关接到人大常委会的书面修改或撤销审查意见后，拒不修改或者撤销的，人大常委会依法定程序审议对该行政规定的撤销议案	27	安徽、重庆、福建、甘肃、广东、广西、贵州、海南、河北、河南、湖北、湖南、江苏、江西、吉林、辽宁、宁夏、青海、陕西、山西、山东、四川、天津、西藏、新疆、云南、浙江
拒不纠错责任	对不执行省人大常委会撤销决定的，省人大常委会对主要责任人或者责任单位可依法作出处理决定	1	河南

（2）存在的问题

为了显示对行政规定制定主体的必要尊重和维护行政规定的权威，各省的备案审查法规都对人大常委会审查机构发现的违法或不适当行政规定首先设定了制定主体自我纠错程序，其次才规定在制定主体不予纠正理由不成立的情况下由人大常委会依法定程序启动撤销该行政规定的程序。但是，除了河南外，26个省份都没有对人民政府拒不执行同级人大常委会书面审查意见是否应承担法律责任作出规定，这将大大削弱人大常委会在监督和纠正违法或不适当行政规定功能中所应发挥的作用。

综上所述，目前我国行政系统外备案审查监督制度主要存在下列问题：其一，受行政规定制定主体身份影响，人大常委会能够监督的具体行政规定相当有限，且容易引发有关备案审查监督范围大小的争议；其二，现行法规设定的审查内容、最长报送备案期间、主要审查方式的科学性和可行性有待进一步论证和改进；其三，人大常委会处理被动审查行政规定的程序尚需细化；其四，没有设定行政规定制定主体承担拒不报送备案和拒不纠正违法行政规定的责任以及处理违法行政规定的程序。这些问题不仅阻碍了权力机关对行政规定有效行使监督权，也造成了行政系统外与行政系统内的备案审查对象重叠、审查效益不高、审查职责不清和没有审查结论冲突解决机制等问题。

三、解决权力机关规制问题的对策

（一）中央立法应全面、系统地界定行政规定制定权限和完善规制程序

目前，我国全国人大及其常委会一方面通过制定单行法（如《行政处罚法》《行政许可法》和《行政强制法》等）分散地对行政规定制定权作出限制，即行政主体无权以行政规定创设行政处罚、行政许可和行政强制措施；另一方面，通过《监督法》第30条第1项对地方层面的行政规定制定权作出了限制，即地方层面的行政规定不得"限制或者剥夺公民、法人和其他组织的合法权利，或者增加公民、法人和其他组织的义务"。这些立法限制性规制远不能解决权力机关本应对行政规定制定权作出的全面、系统规制，也难以解决行政规定制定主体利用法律罗列禁止事项之外的其他名目（如行政收费）扩大自身的行政规定制定权并侵害行政相对人的合法权益。因此，只有全国人大及其常委会对行政规定制定权限作出全面和系统化界定（如是否所有主体制定的行政规定都无权设定行政收费；包括国务院在内的所有行政规定制定主体制定的行政规定是否都无权增加行政相对人的义务等），行政规定制定主体依法行使的行政规定制定权才具有权力来源正当性，并且各级人大常委会才能全面监控和阻止行政主体越权制定行政规定。

同时，由于程序记录了权力运行的轨迹，并且正当程序承载着确保权力正当和合理运行的使命，因此，权力机关规制行政规定的具体内容不仅应包括明确配置行政规定制定、备案审查以及撤销等权限，还应包括建立和健全制定、备案审查以及撤销等正当程序。然而，目前无论是全国人大及其常委会还是地方人大及其常委会，都鲜见直接对行政规定制定、备案审查以及撤销程序作出明确规范。因此，全国人大有必要在未来的《行政程序法》和《监

督法》修正案中设专章对制定行政规定、备案审查以及撤销程序作出规范。

（二）科学设定各级人大常委会备案审查制度

1. 科学设定行政系统外备案审查范围

《监督法》中有关行政规定的备案审查，并未将所有的行政规定都纳入备案审查的范围。《监督法》仅涉及了县级以上地方各级人大常委会对本级地方人民政府制定的行政规定进行备案审查的事项，而没有涉及对国务院及其办公厅、国务院部门以及各级政府工作部门制定的行政规定备案审查事项。由于权力机关依宪法对行政规定制定权及其运行情况进行监督，是由符合中国国情的政权组织形式所决定的，因此，各级人民政府制定的法规、规章以及行政规定都应送同级人大常委会备案并接受审查监督。鉴于国务院依据法定程序制定的行政法规依照《立法法》规定都应向全国人大常委会备案，应由全国人大常委会对行政法规行使备案审查监督权。但是，国务院及其办公厅制定的行政规定制定程序比立法程序相对简单，并且在行政系统内没有受到备案审查监督，且置于全国人大常委会备案审查监督范围之外，这使得行政相对人权益在受到这些缺乏程序正当性且不受行政系统内外备案审查监督的行政规定影响后，无法获得必要救济。因此，应修改《监督法》，将影响行政相对人权益但在行政系统内未对其设置备案审查监督的行政规定全部纳入人大常委会系统的备案审查监督范围。

2. 确立权力机关全面备案而依申请审查的备案审查原则

目前依据《监督法》的规定，仅各级地方人大常委会对地方人民政府制定的行政规定进行备案审查监督，但各地方人大常委会对行政规定备案后是否应主动开展审查的认识并不一致。[①] 从理论上看，备案是人大常委会将行政主体制定生效的行政规定登记在案，而审查是人大常委会对登记在案的行政规定的合法性作出判断。这种备案审查应属于一种必要的、对特定行政相对人侵权行为已经发生的事后性监督，即人大常委会对行政规定行使的备案审查监督权力是一种消极意义上被动行使但又必不可少的权力，其目的主要在于通过对行政规定合法性问题开展审查监督，维护法制统一性和保障行政相

---

① 参见本节第二部分"（四）审查方式"相关内容。

对人的合法权益。因此,相对于行政系统内备案审查预防和及时过滤行政规定违法或不适当出现的主要功能而言,权力机关开展备案审查的主要功能在于通过备案审查监督实现事后救济和纠错功能。从行政系统内外备案审查实践看,由于行政系统内已经对行政规定建立"有备必审"的全面备案审查制度和实践,因此地方人大常委会对于备案的行政规定没有必要在政府已经备案审查之后再次进行职能重叠的全面审查,而应在一般情况下实施备而不审的备案审查监督制度。也就是说,在操作层面上,只有行政相对人向人大常委会申请对其同级人民政府制定的行政规定进行审查时,有权受理申请的人大常委会备案审查机构才有必要对该行政规定启动审查,并且依据申请人在申请审查的书面申请中附带提交的有关行政规定违法或不适当的具有针对性的说明(说明要具体指出相关行政规定中违法或不适当的具体条款以及违反上位法的具体情况)作出审查。当然,审查机构对该行政规定的审查内容不限于行政相对人申请事项,即审查机构在重点审查行政相对人申请审查内容的基础上,对被审查行政规定的内容是否合法和适当作出全面审查。在审查机构发现行政规定中确实存在违法或不适当情况后,为对行政规定制定机关表示必要的尊让,审查主体可以建议行政规定制定机关在一定期限内纠正行政规定违法或不适当事项,但如果行政规定制定机关在纠错期内不作为,作为审查主体的人大常委会应对已经审查认定违法或不适当行政规定作出撤销的裁决。这样既能够给行政规定制定机关形成权力机关有权依法行使监督的压力,又可以节约权力机关审查和处理违法或不适当行政规定的资源。退一步讲,即使行政系统内备案审查的部分结论出现问题或者人们对行政系统内自我约束性备案审查结果不信任,权力机关也可以通过设定追究行政系统内负责备案审查责任的主体及其直接负责人员的失职或渎职责任,实现权力机关通过事后审查救济行政相对人和纠正行政规定错误的功能。由于人大常委会没有必要主动地对已经在行政系统内备案审查的行政规定全面进行重叠审查,因此在《监督法》中应确立权力机关全面备案而依申请审查的备案审查原则。

3. 健全被动审查处理程序制度

如前所述,目前行政系统外的人大常委会处理被动审查动议的程序很不健全,因此有必要通过修改地方性备案审查法规进一步明确下列程序制度:在人大常委会收到审查动议之后,人大常委会应该在一定期限内审查行政规定;允许行政相对人了解和参与审查过程;在审查结束后,应在一定期限内告知审查动议人有关审查结论;在审查动议人不服审查结论的情况下,允许审查动议人在一定期限内对审查结论提出异议;在审查结论认定行政规定违法的情况下,对违法行政规定作出撤销或要求制定机关限期修改的处理程序等。完善这些程序制度,既有助于强化各级人大常委会依法积极履行对行政规定的被动审查监督职责,也有助于切实保障受到违法行政规定不利影响的行政相对人及时获得有力救济,还有利于彻底消除违法行政规定的后续不良影响。

4. 建立和健全制定机关拒不报送和拒不纠正应承担的行政违法责任

依据宪法和《监督法》的有关规定,制定行政规定的机关负有报送行政规定备案和依据审查机关建议纠正违法或不适当行政规定的法定义务,而对制定机关拒不履行报送和纠正违法行政规定的行为设定违法行政责任则有助于确保权力机关对行政规定行使备案审查监督权得以有效实现。目前,部分有关备案审查的省级地方性法规已经对行政规定制定机关逾期拒绝将行政规定向人大常委会备案的行为设定了通报批评并且责令改正的行政违法责任,而对行政规定制定机关拒绝纠正违法行政规定的行为设定了有权人大常委会可建议有关机关对特定行政规定制定机关的主要负责人依法给予行政处分。同时,也有部分有关备案审查的省级地方性法规(如河南)已经对制定行政规定的机关拒绝纠正违法行政规定错误的行为设定了给予违法行政规定制定机关主要责任人行政处分的行政违法责任。这些要求行政规定制定机关及其主要负责人承担行政违法责任的做法,对于落实权力机关的备案审查监督权、有效纠正行政规定违法和制止违法行政规定继续侵犯行政相对人的合法权益具有重要作用。因此,有必要通过修改《监督法》和修改有关备案审查地方性法规,建立和健全制定机关拒不报送行政规定或拒不纠正违法行政规定主体及其责任人承担行政违法责任的法律规范。

第三节　司法审查规制

一、司法审查行政规定的含义、分类

司法审查行政规定是指法院通过司法程序对行政主体制定的行政规定进行违法性审查甚至违宪审查监督的活动。法院对行政规定开展审查监督是平衡国家权力和约束行政权滥用的必然要求。①

依据行政相对人能否直接向法院提起审查行政规定的诉讼,可以将司法审查行政规定分为两类:其一是直接审查,即行政相对人就侵犯其合法权益的行政规定向法院提出审查请求,通过行政诉讼确认行政规定是否具备合法性。其二是附带审查,即行政相对人对侵犯其合法权益的具体行政行为向法院提起行政诉讼的同时,请求法院对具体行政行为所依据的行政规定作出是否具备合法性的审查。同时,依据在行政诉讼法中是仅涉及行政规定在行政诉讼个案中是否适用的问题还是法院在对行政规定实施附带审查后需要明确确认或否决该行政规定的效力问题,可将附带审查区分为:法官适用性附带审查;确认或否决效力的附带审查。

我国司法审查行政规定的现状是,首先就直接审查而言,由于涉及行政诉讼的受案范围和行政规定本身的效力问题,目前仍停留在理论探讨和《行政诉讼法》修改建议草案中。只是随着行政法治建设的发展,越来越多的行政法学学者明确主张,通过修改《行政诉讼法》将行政规定纳入行政诉讼受案范围,以使法院能够依据行政相对人审查行政规定的诉讼请求直接审查行政规定。② 其次就适用性附带审查而言,由于在行政诉讼法中仅涉及行政规定在行政诉讼个案中是否适用的问题,而不涉及确认或否决行政规定效力问

---

①　参见陈力铭:《违宪审查与权力制衡》,人民法院出版社2005年版,第180页。
②　参见马怀德主编:《司法改革与行政诉讼制度的完善——〈行政诉讼法〉修改建议稿及理由说明书》,中国政法大学出版社2004年版,第15页;江必新主编:《中国行政诉讼制度的完善》,法律出版社2005年版,第53页;刘丽:《行政规范的司法审查》,载胡肖华主编:《权利与权力的博弈》,中国法制出版社2005年版,第328页;姜明安:《对新〈行政诉讼法〉确立的规范性文件审查制度的反思》,载《人民法治》2016年第7期。

题,因此早在 2015 年修订《行政诉讼法》之前,最高人民法院通过司法解释和发布会议纪要的形式事实上确认了这类附带审查的制度,并且法院对行政规定的适用性审查实践也较为常见,例如,在《上海法院 30 年经典案例(1978—2008)》和 2005—2009 年《上海法院案例精选》刊载的 109 个行政案例中,有 30 个案例共涉及 54 件行政规定的适用性附带审查问题。① 在 2015 年新《行政诉讼法》实施之后,法院对行政规定开展适用性附带审查的制度得以法定化。最后对确认或否决效力的附带审查而言,目前也仍处于理论探讨和争议阶段。②

二、国外司法审查对行政规定规制的情况

(一)美国

在美国,行政机关作出普遍适用的行政规则(广义上包括立法性行政规则和非立法性行政规则)时,依照该规则将对行政相对人合法权益产生影响的不同程度,分别受到正式程序、非正式程序或混合程序等制定程序的规制,同时还会受到行政系统外部的司法审查监督规制。只是立法性行政规则和非立法性行政规则受制定程序规制的程度有所不同,并且在司法审查中获得法院尊重的程度也有所不同。

在美国,法院对行政机关依正式程序制定的立法性法规和依非正式程序制定的非立法性规则能够审查的范围不同,并且审查的严格程度也不同。法院对依非正式程序制定的非立法性规则首先进行以下三方面的审查:是否超越权限范围或者专横、任性、滥用自由裁量权;是否遵守制定程序;是否符合宪法和法律等。其次还要审查非立法性规则本身是否合理。由此可见,法院对非立法性规则的监督和控制更加严格。③

尽管美国法院可以对行政机关制定的任何非立法性规则作出合法性和合理性司法审查,甚至可以对越权、不符合授权法的目的、不遵守法定程序制

---

① 参见王庆廷:《隐形的"法律"——行政诉讼中其他规范性文件的异化及其矫正》,载《现代法学》2011 年第 2 期。
② 参见张光宏:《抽象行政行为的司法审查研究》,人民法院出版社 2008 年版,第 120 页。
③ 参见王名扬:《美国行政法(下)》,中国法制出版社 1995 年版,第 723 页。

定的规则或者在通告评论程序中存在不合理情况的立法性法规,作出否认其法律效力或撤销的裁决,①但是随着行政国家的兴起和行政自我控制制度的发展完善,美国法院事实上越来越承认行政自我规制的可能性,并放宽了对非立法性规则的审查标准,从1944年的斯基德莫诉斯威福特案起,最高法院认为虽然法院应对法律解释作出自己的独立判断,但是也应对行政机关具有专业说服力的法律解释给予必要承认和尊重。法院这种自己判断但放松对行政机关非立法性解释规则审查的行为被称为"斯基德莫尊重"(Skidmore deference)。② 其后,在1984年的谢弗林诉自然资源保护委员会案中,最高法院进一步提出,如果行政机关的解释是合理的,那么法院就不必用自己的解释来代替行政机关的解释,即"谢弗林尊重"(Chevron deference)。③ 谢弗林案引起了现代行政国家下的权力位移,改变了行政机关和法院、立法机关之间权力的配置。④ "谢弗林尊重"的出现也进一步说明,基于现实社会行政管理发展的需要和行政自我规制的可能性,美国法院事实上放松了对行政机关非立法性规则制定的监督和控制。不过,法院对包括行政解释性规则在内的非立法性规则是应给予建立在自己判断基础上的"斯基德莫尊重",还是给予建立在行政解释性规则具有说服力基础上的"谢弗林尊重",法官之间仍存在争议。例如,在克里斯滕森诉哈里斯县(Harris County)案中,斯卡利亚(Scalia)法官认为,在谢弗林案后,由于"斯基德莫尊重"已经变得没有地位,法官应对非立法性行政解释规则给予"谢弗林尊重"。然而,克里斯滕森案的大多数法官认为,行政机关有关法规解释的非正式行政文件(如意见函)应被给予"斯

---

① 参见王名扬:《美国行政法(下)》,中国法制出版社1995年版,第718—727页。
② See Skidmore v. Swift & Co., 323 U.S. 134 (1944).
③ 1984年的谢弗林诉自然资源保护委员会案中,案件所争论的主要问题是:1977年《清洁空气法(修正案)》中"固定的污染来源"(stationary sources of air pollution)一词的意义。最高法院认为,当法律不明确,很难对其进行严格审查时,法院应当适用"谢弗林两步法"(Chevron Two-Step)。第一步,法院要确定国会对待解释的问题是否存在特定意图,如果存在,法院和行政机关都必须遵循国会所表达的明确意图;第二步,如果法院确证国会没有特定意图,法律对待解释的问题没有规定或者规定模糊不清时,那么转向谢弗林分析,考察行政机关的解释是否合理,如果行政机关的解释是合理的,那么法院就不会用自己的解释来代替行政机关的解释。See Chevron U.S.A., Inc. v. Natural Resources Defense Council, Inc., 467 U.S. 842—844(1984).
④ See Cass R. Sunstein, Law and Administration After Chevron, Columbia Law Review, 1990, Vol. 90, No. 8, pp. 2074—2075.

基德莫尊重",而不是"谢弗林尊重"。① 美国法院法官们因对非立法性规则应该如何尊重而持有的这种矛盾心态,也正如美国行政法学者小理查德·J. 皮尔斯(Richard J. Pierce, Jr.)提到的人们对行政规定所持有的矛盾心态,即"规则制定的历史反映了在两种文化价值观上的紧张……事实上,在任何时期,都存在着强大的社会力量推动法律制度向极端发展:扩大规则颁布的数量来强调效率、公平和责任;减少规则的颁布来警惕专制的风险"②。

(二)德国

德国行政机关行使的法规命令和行政规定的抽象规范制定权也受行政法院司法审查的规制,并且行政法院对法规命令和行政规定的审查内容和审查程度也有所区别。

对于法规命令,《行政法院法》第 47 条规定,认为法规命令侵害其权利或者在可预测的时间之内侵害其权利时,任何人都可以申请高级行政法院进行规范审查,以确认法规命令无效,并且行政法院不仅要审查法规命令是否具有充分授权、授权根据是否符合《基本法》第 80 条第 1 款的规定,以及是否符合《基本法》其他规定(特别是基本权利规定),还要审查制定法规命令的程序是否合法。③

对于行政规定,因其在传统上只具有内部效力或者间接外部效力,一般不直接影响国民,并且法院可对其进行完全审查,因而对法院裁判国家和公民关系并没有直接的法律意义。因此,在行政诉讼争议案件中,当涉及行政规定具有外部法律效果问题时,行政法院首先应对行政机关制定的行政规定是否具有外部效果予以确认,并对其是否符合法律和法规命令作出审查。④ 然而,随着人们对行政规定外部化必要性及其法律拘束力认识的深入,在当代德国,尽管仍有一些行政法学者对法院是否应对行政规定给予尊重持传统上的否定态度,但是也有越来越多的行政法学者认可法院应对具备专业性和

---

① See Christensen v. Harris County, 529 U. S. 576 (2000).

② 〔美〕小理查德·J. 皮尔斯:《规则制定与行政程序法》,高秦伟、王芳蕾摘译,载《国家行政学院学报》2006 年第 2 期。

③ 参见〔德〕哈特穆特·毛雷尔:《行政法学总论》,高家伟译,法律出版社 2000 年版,第 339—341 页。

④ 同上书,第 598—602 页。

合理性的行政规定给予必要尊重的观点。例如,学者迪·法比奥(Di Fabio)就认为,行政机关为执行法律而作出非立法性行政决定时,若该决定权限处于法律授权范围之内,则法院应加以尊重;学者欧森布尔(Ossenbühl)也认为,当法律保留有漏洞,而行政机关为履行其行政功能而不可避免地制定行政规定时,法院应接受行政规定的"过渡法"(übergangsrecht)性质;学者 Vgl 则直接主张行政规定来自法律规范的授权,具有民主正当性,因而应获得法院的尊重。① 由此可见,相对于二战前以及联邦德国建立之初法院对行政规定的严格审查监控,当代德国法院对行政规定的审查监控在规制行政规范制定权合法行使方面仍起着重要作用,但这种司法监控,事实上因法院对行政规定制定权给予专业性尊重而有所放松。

(三) 法国

在法国,行政主体可以制定具有普遍适用范围的条例、行政命令和部分对行政系统外部人员具有执行力的行政措施(如条例性通令和指示)。早在19世纪,法国已经形成"为了保证法律受到尊重和公民的权利得到保护,机关的文件应当受到法院的审查"的观念。同时,有学者主张:"行政机关活动所固有的决定权及其各项决定的约束力,公正地以下述情况为前提,即:如果公民不能对这些决定向负责审理法律纠纷的公道的、最能解决问题的权力机关提出申诉时,则这些决定对公民不应具有约束力。"②

在行政诉讼中,法国行政法院可以从实体上和程序上审查除了属于法律范围的紧急条例之外所有条例或条例性行政措施的效力,并撤销违法条例。就审查制定权限和规范内容违法而言,法国国家行政法院的重要职能就是废止违法行政文件。③ 行政相对人可以对不合法的行政规章或行政措施提出越权之诉,如奥德(Aude)省的一位市长曾经命令教堂的钟必须在民间葬礼时敲响。法国行政法院依据1907年2月2日颁行的法律,确认这一行政命令属于

---

① 参见栾志红:《论环境标准在行政诉讼中的效力——以德国法上的规范具体化行政规定为例》,载《河北法学》2007年第3期。
② 参见〔法〕M. 列萨日:《法国关于行政机关活动的司法监督》,许佩云译、梁溪校,载《环球法律评论》1984年第3期。
③ 同上。

"越权",因而无效。① 而就审查程序违法而言,行政法院也可以因行政条例程序违法或行政措施未公开而行使撤销权,如总统和总理制定的条例必须由负责的部长或执行的部长副署,如果没有部长副署,则行政法院可以因制定条例程序违法而撤销该条例。② 正由于法国行政法院对行政措施可以行使全面审查和撤销权,起到了充分保护公民不受违法行政措施侵害的作用,因此相对降低了完善行政措施制定程序制度保护公民权益的必要性。

目前,法国行政法院对规范性行政文件的审查呈现出广泛性、苛刻性和有效性的特点。就广泛性而言,行政法院对行政规定的审查范围已经有所扩大。在20世纪90年代之前,依照传统审查政策,行政法院认为,最好将用于公务管理并对相关人员法律、经济地位没有影响的内部行政措施行为置于法官审查范围之外。然而,从最近二十多年来行政法院的审查实践看,法国最高行政法院已经扩展到对学校、监狱、军队中被称作"内部措施"的行政规定进行司法审查。其中,涉及的主要问题是该如何制定适用于学生、军人或服刑人员的内部管理规则。就苛刻性和有效性而言,由于法国公法渊源被置于一个组织结构严谨的金字塔状规范体系中,下位规范应当与所有上位规范保持一致,因此无论受争议的行政规范如何重要,行政法官都会依据法律体系中的上位规范对其展开合法性审查。在法国,规范性行政文件公布后的两个月内,相对人只要能够证明其存在可诉的利益(特别是越权),就可以提起旨在撤销受诉规范性行政文件的直接诉讼;同时,在行政文件公布两个月之后,行政相对人可以在行政案件中请求行政法院对行政文件开展附带审查。③

近年来,由于国家行政法院的监督活动得到了加强,因此行政法院在其活动范围内不得不废除许多行政文件,其中包括一些重要的行政文件。例如,1978年10月—1979年6月,国家行政法院废止了2个敕令、18个法令、12个部级命令、5个部级决定、7个部级通告、2个地方行政区区长命令及其

---

① 参见〔法〕狄骥:《公法变迁》,郑戈译,中国法制出版社2010年版,第186页。
② 参见王名扬:《法国行政法》,中国政法大学出版社1988年版,第145—147页。
③ 参见〔法〕让-马克·索维:《法国行政法官对规范性行政行为的合法性审查》,张莉译,载《比较法研究》2011年第2期。

他7个省长命令。①

总而言之,在法国,相对于制定程序制度对行政规定的规制而言,行政法院的直接审查和附带审查对行政规定的规制作用更为显著。

三、评析我国学界关于司法审查行政规定的争议

目前,我国学界对法院行使适用性附带审查行政规定的权力基本上已无争议。②但是,即使是在2015年新《行政诉讼法》生效后,学界对确认或否决效力的附带审查行政规定和法院直接审查行政规定仍存在较大的争议。③这些争议主要包括以下几个方面:

(一) 关于我国法院审查应否涉及行政规定的效力问题

法学界对法院确认或否决效力的附带司法审查行政规定和直接审查行政规定一度存在两种截然不同的观点。否定观点认为,法院不应对行政规定开展确认或否决效力的附带司法审查或者直接审查行政规定,其主要原因如下:首先,确认或否决效力的附带司法审查或者法院直接审查行政规定不符合我国的宪政体制;其次,我国现有法院难以胜任审查行政规定并确认或否决其效力的职能;再次,涉及处理个人利益和公共利益的行政规定不宜通过行政相对人提起行政诉讼的方式解决;④最后,行政规定具有专业性,其生效与失效问题应由行政机关判断,而不宜由法院在审查后直接在判决书中作出判断,法院不对行政规定的效力问题作出判断体现了司法谦抑性。⑤

---

① 参见〔法〕M. 列萨日:《法国关于行政机关活动的司法监督》,许佩云译、梁溪校,载《环球法律评论》1984年第3期。
② 例如,有学者主张:"人民法院对行政规范具有一定程度的审查权,即审查行政规范是否合法有效"(叶必丰、周佑勇:《行政规范研究》,法律出版社2002年版,第232页);有学者指出:"我国现有抽象行政行为司法审查属于附带的、具体的司法审查"(陈丽芳:《非立法性行政规范研究》,中共中央党校出版社2007年版,第250页;赵瑞罡、蒋慕鸿:《其他规范性文件在行政判决中的适用——对国内首例"尾号限行"案的评析》,载《人民法院报》2010年8月10日第7版)。
③ 参见程琥:《新〈行政诉讼法〉中规范性文件附带审查制度研究》,载《法律适用》2015年第7期;姜明安:《对新〈行政诉讼法〉确立的规范性文件审查制度的反思》,载《人民法治》2016年第7期。
④ 参见胡康生主编:《行政诉讼法释义》,北京师范学院出版社1989年,第27页;姜明安主编:《行政法与行政诉讼法》,北京大学出版社、高等教育出版社1999年版,第318页。
⑤ 参见〔美〕肯尼思·F. 沃伦:《政治体制中的行政法》,王丛虎等译,中国人民大学出版社2005年版,第469页;陈云生:《论司法谦抑及其在美国司法审查制度中的实践》,载《上海交通大学学报(哲学社会科学版)》2005年第5期。

而肯定观点则认为,我国应进一步修改《行政诉讼法》,确认法院可以对行政规定行使确认或否决效力的附带审查或者直接审查行政规定的权力。[①] 这主要基于下述理由:其一,通过司法审查的方式,由法院确认或否决行政规定的效力是实行宪政的必要条件之一;[②]其二,行政相对人合法权益受到侵害时应给予司法最终救济的原则,[③]并且否决行政规定效力的救济能够普遍惠及行政相对人与提高司法救济效益;其三,我国宪法并未明文排除法院审查行政规定及排除其否决行政行为效力的权力;其四,近十年的行政复议附带审查行政规定的实践和法院为了确定能否适用行政规定而事实上附带审查行政规定的做法已经证明法院有资格和能力直接审查行政规定;其五,法院直接审查行政规定能够制约行政规定制定权的滥用并促进依法行政。[④]

目前,理论界有关法院应否审查行政规定的争议,肯定观点已经占据明显优势。只是学界专家们关于下列问题仍有不同看法,即将行政规定纳入行政诉讼范围后,法院是仅限于附带审查并确认或否决行政规定效力还是法院可以直接受理并审查行政规定?初审应由哪一级法院管辖?法院如何处理违法甚至违宪的行政规定?

(二)关于司法审查限于确认或否决效力的附带审查还是扩展为直接审查

从近年来一些有关研究成果看,一些行政诉讼法学研究者主张,只有允许行政相对人向法院就行政规定是否合法提出审查请求,并且法院对行政规定行使直接审查监督,才能够最大限度地保护行政相对人的基本权利,并促进行政机关依法制定行政规定,因此应将行政规定直接纳入行政诉讼受案范

---

① 参见叶必丰、周佑勇:《行政规范研究》,法律出版社2002年版,第233页;孙笑侠:《法律对行政的控制》,山东人民出版社1999年版,第256页;张运萍:《行政规范性文件附带审查制度之缺陷与完善》,载《理论月刊》2009年第5期;江必新主编:《中国行政诉讼制度的完善》,法律出版社2005年版,第47—53页。

② "没有司法审查,宪政就不可能实行。"参见〔英〕哈耶克:《自由秩序原理(上)》,邓正来译,三联书店1997年版,第235页。

③ 参见刘丽:《行政规范的司法审查》,载胡肖华主编:《权利与权力的博弈》,中国法制出版社2005年版,第331页。

④ 参见姜明安:《对新〈行政诉讼法〉确立的规范性文件审查制度的反思》,载《人民法治》2016年第7期。

围,即肯定法院直接审查行政规定的主张。① 同时,已有学者认为,行政法专家在将行政规定纳入行政诉讼范围的看法上是一致的。② 但是,也有学者认为,具有起诉资格的当事人,并非在任何时候都能提起诉讼。③ 这些学者主张,只有当案件已经到可以起诉的阶段,并在一定的时间限度内,当事人才能对特定行政规定提起诉讼。因此,法院应遵循"成熟原则"对行政规定作出附带审查,④这是当代法治发达国家的惯例。⑤ 同时,在我国宪政体制之下,较为现实也容易实现的是基于权利救济而不是基于政治监督考虑的附带司法审查。考虑到法院对行政规定开展审查监督的必要性,"法院不可能审查全部有异议的行政行为的合法性,而且这样做也不明智。……不必要的司法干预行政工作是破坏性的并且会产生相反的效果"⑥。同时,基于法院对具有公定力的行政规定开展审查时应具备的适度谦抑性,⑦笔者也认同后一观点,即在我国宪政体制下,法院对行政规定开展能够确认或否决效力的附带审查更为适宜。

(三)关于初审管辖法院

目前,学界有关我国如何设置行政规定初审管辖法院的主张,可谓众说纷纭。其中,有学者认为,应由制定行政规定机关的同级法院作为初审管辖

---

① 参见马怀德:《析抽象行政行为纳入诉讼范围之必要性》,载《人民检察》2001年第10期;马怀德主编:《司法改革与行政诉讼制度的完善——〈行政诉讼法〉修改建议稿及理由说明书》,中国政法大学出版社2004年版,第15页;江必新主编:《中国行政诉讼制度的完善》,法律出版社2005年版,第53页。
② 例如,2010年5月中国社会科学院研究员周汉华向《法治周末》记者提到:"至少我去年参加全国人大法工委组织的行政诉讼法修改专家研讨是这样的情况。"参见陈霄、陈磊:《民告官非正常撤诉率缘何居高不下》,载《法制日报·法治周末》2010年5月27日第7版。
③ 参见胡建淼主编:《行政诉讼法修改研究——〈中华人民共和国行政诉讼法〉法条建议及理由》,浙江大学出版社2007年版,第114—116页;杨士林:《抽象行政行为不宜纳入行政诉讼受案范围》,载《济南大学学报(社会科学版)》2010年第1期。
④ "成熟原则是指行政程序必须发展到适宜由法院处理的阶段,即已经达到成熟的程序,才能允许进行司法审查。"参见王明扬:《美国行政法(下)》,中国法制出版社1995年版,第642页。
⑤ 参见张光宏:《抽象行政行为的司法审查研究》,人民法院出版社2008年版,第120页。
⑥ 〔美〕肯尼思·F.沃伦:《政治体制中的行政法》,王丛虎等译,中国人民大学出版社2005年版,第469页。
⑦ 参见陈云生:《论司法谦抑及其在美国司法审查制度中的实践》,载《上海交通大学学报(哲学社会科学版)》2005年第5期。

法院;①也有学者认为,中级人民法院比较合适作为初审法院受理这类行政案件,这样既不会离基层太遥远,又能保证审查质量;②还有学者认为,应在最高人民法院下设立高级行政法院和地方行政法院,并由两级行政法院直接受理和审查行政规定。③ 笔者认为,如果修改《行政诉讼法》确认法院可以对行政规定作出附带审查,那么在设定初审管辖法院时,应对适用性附带审查的初审管辖法院和能够确认或否决行政规定效力的附带审查的初审管辖法院分别设定。就适用性附带审查而言,初审管辖法院可以是行政规定制定机关的同级法院;但是,对于确认或否决行政规定效力的附带审查而言,初审管辖法院应按照违宪违法审查级别设置,即能够确认或否决行政规定效力的初审管辖法院的级别至少应高于行政规定制定机关的行政级别。

（四）关于法院如何处理违法行政规定

有关肯定法院审查行政规定的主张中,在审查结论为行政规定违法的情况下,有关如何处理违法行政规定的主张主要有:有学者主张,审查行政规定的法院可以直接判决撤销违法行政规定,并且违法行政规定自判决生效之日起失效;④也有学者主张,应专门成立审查行政规定的行政法院对行政规定进行审查,并且对国家层面和地方层面在行政诉讼中判决认定为违法的行政规定,由最高人民法院和高级人民法院分别统一作出无效宣告;⑤还有学者主张,司法机关在依照相关程序进行附带审查后,对于违法的行政规定,人民法院可以判决违法行政规定无效或违法部分条款无效。⑥ 这些主张中都不同程度地存在一定缺陷,其中,第一种主张将会面对一个审查资格疑问,即低级别

---

① 参见刘松山:《违法行政规范性文件之责任研究》,中国民主法制出版社2007年版,第103页。
② 参见马怀德主编:《司法改革与行政诉讼制度的完善——〈行政诉讼法〉修改建议稿及理由说明书》,中国政法大学出版社2004年版,第254页;刘丽:《行政规范的司法审查》,载胡肖华主编:《权利与权力的博弈》,中国法制出版社2005年版,第328页。
③ 参见陈丽芳:《非立法性行政规范研究》,中共中央党校出版社2007年版,第273页。
④ 参见叶必丰、周佑勇:《行政规范研究》,法律出版社2002年版,第233页;刘丽:《行政规范的司法审查》,载胡肖华主编:《权利与权力的博弈》,中国法制出版社2005年版,第331页。
⑤ 参见陈丽芳:《非立法性行政规范研究》,中共中央党校出版社2007年版,第283—284页。
⑥ 参见胡建淼主编:《行政诉讼法修改研究——〈中华人民共和国行政诉讼法〉法条建议及理由》,浙江大学出版社2007年版,第114页;江必新主编:《中国行政诉讼制度的完善》,法律出版社2005年版,第305—306页。

的法院是否有资格审查较高级别行政机关制定的行政规定；第二种主张将会面对审查行政规定法院与宣告行政规定违法法院之间的审查资源重叠问题；而第三种由受理具体行政行为的法院对于高于其级别的行政机关制定的行政规定判决无效将有损该行政机关的权威。从各个不同层级法院的权限与责任理论上应存在差异的视角看，法院在处理违法行政规定时，由于适用性审查法院与确认或否决行政规定效力的审查法院之间存在权限差异，因此在行政诉讼法中应依据这两类法院各自的权限对行政规定初审管辖权作出妥善处理。也就是说，适用性审查法院对行政规定审查的权限仅仅在于具体案件适用与否，而不需要对违法行政规定作出处理（当然，也不排除法院以司法建议的形式，向行政规定制定机关建议废除或修改该违法行政规定）；而确认或否决效力的审查法院则在审查之后，要明确宣告违法行政规定无效或部分无效。

四、适用性附带审查行政规定制度、实践及其存在的问题

（一）适用性附带审查行政规定制度

1. 从1999年始，司法解释确认了法院可以附带审查行政规定

1999年和2009年的司法解释规定，为在裁判中"引用"行政规定，法院可以附带审查行政规定是否合法。我国1989年《行政诉讼法》第52条规定，人民法院审理行政诉讼案件，以法律、行政法规、地方性法规为依据；第53条规定，人民法院审理行政案件，参照国务院部、委规章以及地方人民政府规章，而对行政规定能否作为依据没有规范。然而，在1999年11月24日通过的《最高人民法院关于执行〈行政诉讼法〉规定若干问题解释》第62条补充规定："人民法院审理行政案件，可以在裁判文书中引用合法有效的规章及其他规范性文件。"这意味着，法院为了在裁判文书中引用行政规定，须审查行政规定是否具备合法性，从而确立了默示的法院对行政规定行使是否适用的附带司法审查权。[①] 其后，2009年11月4日生效的《最高人民法院关于裁判文

[①] "事实上，法院在适用高层阶的规范性依据时，已经对不适用的抽象行政行为的合法性进行审查并作出认定，只是没有在裁判文书中表述而已。"参见甘文：《行政诉讼法司法解释之评论——理由、观点与问题》，中国法制出版社2000年版，第31页。

书引用法律、法规等规范性法律文件的规定》第 6 条规定,对于行政规定,"根据审理案件的需要,经审查认定为合法有效的,可以作为裁判说理的依据"。该司法解释再次重申法院对行政诉讼案件所涉及的行政规定合法性问题行使是否适用的附带审查权。

2. 2004 年,最高人民法院座谈会纪要重申法院附带审查行政规定

2004 年,最高人民法院《关于审理行政案件适用法律规范问题的座谈会纪要》规定,为裁判"说理",法院可以附带审查行政规定是否合法和合理。该纪要明确要求:"人民法院可以在裁判理由中对具体应用解释和其他规范性文件是否合法、有效、合理或适当进行评述。"该纪要不仅要求法院在审理行政诉讼案件中对有关行政规定的合法性作出附带审查,而且应对行政规定的合理性作出附带审查。尽管相对于最高人民法院以往的有关司法解释而言,该纪要显然扩大了法院附带审查行政规定的内容,但是在行政诉讼审理实践中,基于对行政规定制定主体行使行政裁量权的尊重,法院事实上甚少对行政规定作出合理性附带审查评述。[①]

3. 2015 年,法律明文确认法院有权对行政规定作出附带审查

2015 年修改后的《行政诉讼法》规定,法院可以对行政案件中行政相对人请求审查的行政规定作出附带审查。该法第 53 条规定:"公民、法人或者其他组织认为行政行为所依据的国务院部门和地方人民政府及其部门制定的规范性文件不合法,在对行政行为提起诉讼时,可以一并请求对该规范性文件进行审查。"第 64 条规定:"人民法院在审理行政案件中,经审查认为本法第五十三条规定的规范性文件不合法的,不作为认定行政行为合法的依据,并向制定机关提出处理建议。"由此可见,我国已经从国家基本法的层面确认了以往在最高人民法院司法解释、2004 年座谈会纪要以及司法实践中已经存在的适用性附带审查制度。但是,《行政诉讼法》依旧仅是确认了法院附带审查行政规定的法定权力,而并没有对法院应如何行使附带审查权作出细化规范,尤其没有对附带审查行政规定的管辖级别、审查具体责任主体(如附带审

---

① 参见王庆廷:《隐形的"法律"——行政诉讼中其他规范性文件的异化及其矫正》,载《现代法学》2011 年第 2 期;郭百顺:《抽象行政行为司法审查之实然状况与应然结构——兼论对行政规范性文件的司法监控》,载《行政法学研究》2012 年第 3 期。

查工作具体应由法官还是法院哪一具体机构负责)、标准审查、审查程序、审查行为与司法建议的效力作出必要的明确规范。在其实施的同时,《最高人民法院关于适用〈行政诉讼法〉若干问题的解释》也仅增加了法院对违法行政规定可以在判决书中说明审查理由,并且增加规定了以下内容:"对违法行政规定提出处理的司法建议可以抄送行政规定制定机关的有关行政监督机关。"①

(二) 适用性附带审查实践现状

从以往法院对行政规定作出附带审查的一些行政案例看,在适用性附带审查行政规定实践中,法院主要从行政规定制定主体、制定权限、制定程序和行政规定的内容四个方面对行政规定是否具备合法性作出附带审查。对于受到违法行政规定侵害的行政相对人而言,适用性附带审查曾经客观上起到了个案救济作用,并且随着新《行政诉讼法》对附带审查行政规定制度以及对违法行政规定制定主体提出司法建议制度的确认,法院附带审查行政规定的功能已经从个案救济发展为救济与纠错功能并存,并且在不断强化纠错功能。

1. 从救济功能看适用性附带审查实践现状

(1) 在行政诉讼法确认附带审查制度之前,法院在一些行政诉讼案件中已经通过附带审查制定权限和制定程序后决定是否适用,并因此对因受违法行政规定不利影响的行政相对人的合法权益作出个案救济。例如,上海丰祥贸易有限公司诉上海市盐务管理局行政强制措施案的审理就主要涉及对行政规定从制定权限和制定程序层面审查其合法与否的问题。二审法院经审查认定,国家轻工业局盐业管理办公室所发的《关于对上海市盐务管理局〈关于请求解释"盐的批发业务由各级盐业公司统一经营"的请示〉函复函》不符合国务院制定的《规章制定程序条例》中有关解释行政规章的条件,国家轻工业局盐业管理办公室并非《盐业管理条例》的制定机关,其无权对《盐业管理

---

① 《最高人民法院关于适用〈行政诉讼法〉若干问题的解释》第 21 条规定:"规范性文件不合法的,人民法院不作为认定行政行为合法的依据,并在裁判理由中予以阐明。作出生效裁判的人民法院应当向规范性文件的制定机关提出处理建议,并可以抄送制定机关的同级人民政府或者上一级行政机关。"

条例》进行解释，并且该文件(即本书所称的"行政规定")也未按照解释行政规章应遵循的送审公布程序进行公布，因此该函不是对行政规章的有效解释，对外不具有法律效力而不予适用。①

(2) 在行政诉讼法确认附带审查制度之前，法院在一些行政诉讼案件中已经通过审查内容后决定是否对受行政规定不利影响的行政相对人给予个案救济。例如，华电国际电力股份有限公司十里泉电厂诉枣庄市建设委员会建设行政征收案②的审理主要涉及审查行政规定的内容是否合法的问题。法院经审查认定，鲁建公发〔1995〕52号文是1996年山东省建委、财政厅、物价局联合制定发布的文件，是依据地方政府规章鲁政发〔1995〕50号文件制定的其他规范性文件(即本书所称的"行政规定")，与法律、法规和规章规定的内容并无抵触之处，即该行政规定符合法律、法规、规章和上级行政规定，因而应认定为其合法有效，并决定对受该行政规定不利影响的行政相对人不予救济。而在安徽华源医药股份有限公司诉国家工商行政管理总局商标局行政纠纷案中，不仅行政相对人安徽华源医药股份有限公司因法院附带审查违法行政规定而获得救济，而且通过该案判决书的公开以及司法建议的提出，使更多本可能受该违法行政规定不利影响的行政相对人获得了预防性权益救济。③

2. 从纠错功能看适用性附带审查实践现状

早在2007年，我国适用性附带审查行政规定制度中已经规定法院可以向行政机关出具纠正违法行政规定的司法建议函，并可以在司法建议函中向行政规定制定机关提出修改或废除违法行政规定的建议。这使得适用性附带审查不仅具备个案救济功能，而且因适用性附带审查法院的延伸职能——司法建议而使适用性附带审查具备了一定的纠错功能。2007年最高人民法院发布了《关于进一步加强司法建议工作为构建社会主义和谐社会提供司法服务的通知》。之后，一些地方的人民法院与地方人民政府通过联合发布有

---

① 参见孔祥俊:《法律规范冲突的选择适用与漏洞填补》，人民法院出版社2004年版，第619页。
② 参见山东省枣庄市中级人民法院(2005)枣行初字第7号行政判决书。
③ 关于安徽华源医药股份有限公司诉国家工商行政管理总局商标局行政纠纷案判决书的具体内容，可参见《安徽华源医药股份有限公司诉国家工商行政管理总局商标局行政纠纷案判决书》，http://www.ciplawyer.cn/article1.asp?articleid=17492，最后访问时间:2017年1月20日。

关规范司法建议的制度强化了法院对行政规定开展适用性审查后通过司法建议而发挥的纠错功能。例如,2010 年 4 月 23 日,《莆田市人民政府、莆田市中级人民法院关于加强和规范司法建议办理工作规定》第 1 条规定:"人民法院在行政审判过程中发现行政机关在行政决策、行政管理和行政执法方面有下列问题的,可向行政机关提出司法建议:(一)行政机关的规范性文件存在与法律、法规或规章不一致的。……"第 9 条规定:"对行政机关规范性文件存在的问题提出的司法建议,同级政府法制机构应督促相关行政机关对规范性文件进行修改。"随着 2015 年新《行政诉讼法》与《最高人民法院关于适用〈行政诉讼法〉若干问题的解释》的出台,法院不仅可以向违法行政规定制定机关发送司法建议书,而且可以向制定机关的有关行政监督机关抄送司法建议书,从而使该纠错功能进一步加强。

(三)现行我国适用性附带审查存在的问题

1. 审查行政规定的范围有限

(1)因行政规定的制定主体身份特殊难以审查而直接适用

在 2015 年新《行政诉讼法》实施之前,法院对国务院及其办公厅制定的行政规定或者是经国务院批准的行政规定一般不予审查,而是直接适用。其原因主要在于:其一,由于国务院及其办公厅一再强调地方政府应执行其制定的行政规定,①并且一些行政法实务专家在讨论一件行政规定——《国务院办公厅关于征收水资源费有关问题的通知》——的效力时也认为:"由于国务院的地位特殊,国务院规范性文件的法定效力应当依管理事项的具体情况,在合法行政的前提下,明确其具有'行政法规'的效力。"②因此,法院一般难以对国务院及其办公厅制定的行政规定行使附带审查权。其二,最高人民法院司法解释中已经将由国务院部门制定并由国务院批准的行政规定确认为具

---

① 例如,《国务院办公厅关于执行国办发〔1995〕27 号文件有关问题的通知》中就提到:"1995 年 4 月 25 日,《国务院办公厅关于征收水资源费有关问题的通知》(国办发〔1995〕27 号)规定……近年来,由于有的部门和地方对上述有关规定存在不同认识,影响了该文件的贯彻执行。经国务院领导同意,现就有关问题通知如下:一、各地方、各部门要继续贯彻执行国办发〔1995〕27 号文件的规定。……"

② 肖南、车凯、程晓敏:《从一起行政复议案件的结果看国务院规范性文件的效力地位》,载《中国行政管理》2005 年第 1 期。

有行政法规效力。① 同时，关于实践中法院是否对具体行政行为所依据的行政规定开展适用性审查方面的调查结论显示，"从审查的勇气来看，大多数法官(24人，占60%)有行政级别的顾虑，即对级别高于法院的行政机关发布的其他规范性文件倾向于不予审查，直接认定。且顾虑程度与级别高低呈现正相关态势，级别越高，顾虑越大"②。因此，有行政法实务专家提出："经国务院同意，国务院办公厅下发的具有普遍约束力的规范性文件是国务院制定行政措施、发布行政决定、命令的公文载体。其效力虽然不能完全等同于行政法规的效力，但只要不与上位法的规定相抵触，其效力应当高于地方性法规和规章。"③此外，即使国务院的行政规定与法律相违背，其效力也可能因特殊情况而获得法院的认可。例如，在最高人民法院行政审判庭关于《人民法院审理劳动教养行政案件是否遵循〈刑事诉讼法〉确立的基本原则的请示》的答复中，最高人民法院给山东省高级人民法院的答复就提到这一情况："《国务院关于将强制劳动和收容审查两项措施统一于劳动教养的通知》与新修改的刑事诉讼法有不一致的地方。但在国家以法律形式规范劳动教养制度之前，否定该通知的效力，将会带来不稳定的因素。因此，从稳定大局的角度出发，人民法院在审理劳动教养行政案件中，仍应将该通知视为有效的规范性文件。"由此可见，法院对行政规定的附带审查作用相当有限。尤其在新《行政诉讼法》实施之后，该法第53条更是将法院可以附带审查的范围限定于特定行政主体制定的行政规定(即国务院部门和地方人民政府及其部门制定的行政规定)，而直接排除了法院对国务院及其办公厅制定的行政规定作出附带审查的可能性。

(2) 因行政规定专业性高难以审查而直接适用

法院对具有高度专业性的部分行政规定，如涉及技术要求的国家标准，仅作有限的附带审查。一般而言，国家标准是一种技术规范，在解释及适用

---

① 参见梁凤云：《国务院批准的文件视为行政法规可以直接引用》，载《最高人民法院行政诉讼批复答复释解与应用(法律适用卷)》，中国法制出版社2011年版，第80页。

② 王庆廷：《隐形的"法律"——行政诉讼中其他规范性文件的异化及其矫正》，载《现代法学》2011年第2期。

③ 蔡小雪：《国务院下属部门规范性文件的法律效力判断与适用》，载《人民司法》2008年第4期。

国家标准这样的专业判断事项时,行政机关应具有判断的优位。基于此,有学者提出,法院可以审查国家标准是否符合国家科技水平的要求以及制定程序是否存在瑕疵等,但不能以自己的价值判断取代行政机关的判断,[①]因此,在一般情况下,"法院不宜直接对'国家标准'的内容进行审查并作出评价"[②]。

2. 规制功能和效果有限

(1) 规制功能有限——适用性附带审查的纠错功能相对较弱

尽管司法机关在行政诉讼中对案件所涉及的国务院部门和地方行政机关制定和发布的行政规定实际上行使一定程度的审查权,但是这种审查对行政规定的监督纠错作用相当有限。[③]目前,依据我国《行政诉讼法》和最高人民法院有关司法解释的规定,在行政诉讼案件中,法院对特定行政规定开展适用性审查后,没有权力对违法或不适当的行政规定直接宣告无效或者撤销,而是在经过审查判断后,仅可以在具体案件中不适用该行政规定,至多可以向行政规定制定机关发送司法建议。因此,对行政规定而言,法官的审查结论仅具有下列两点影响:其一,若认定合法有效而适用行政规定,则法院审查行政规定的行为事实上维护了该行政规定的权威性。其二,若审查认定行政规定违法或不适当而不予适用,法院这种"不适用行政规定"的情况事实上间接否定了行政规定在该行政案件中的规范效力,但并不会直接引发该行政规定失效或废除。也就是说,如果司法机关在审查发现行政规定存在的问题之后没有向有关行政机关提出修改或撤销司法建议,那么司法机关的审查结论对行政规定继续具有规范效力并不会有多大影响。退一步讲,即使司法机关就该行政规定向有关行政机关提出废除或修改建议,认可和执行司法建议中有关修改或废除违法行政规定的主动权也在行政机关。由此可见,目前我国法院规制行政规定的纠错功能相对微弱。

---

① 参见栾志红:《论环境标准在行政诉讼中的效力》,载《河北法学》2007 年第 3 期。
② 李杰:《其他规范性文件在司法审查中的地位及其效力探析》,载《行政法学研究》2004 年第 4 期。
③ 参见王庆廷:《隐形的"法律"——行政诉讼中其他规范性文件的异化及其矫正》,载《现代法学》2011 年第 2 期;余军、张文:《行政规范性文件司法审查权的实效性考察》,载《法学研究》2016 年第 2 期。

(2) 规制效果有限——适用性附带审查成本较高而效益较低

目前,造成我国适用性附带审查成本较高的因素主要有两个:其一,法院在行政诉讼案件中附带审查行政规定的结论仅限于个案中适用与否,即使新《行政诉讼法》确认了法院有权向制定机关提出处理行政规定的司法建议,但是依然不会直接影响附带审查结论为违法的行政规定的效力。相对于行政备案审查、复议审查以及权力机关的备案审查对违法行政规定具有较强的预后性纠错功能而言,法院附带审查行政规定仅仅具有相对较弱的预后性纠错功能,这显得法院附带审查效益不高。① 其二,法院附带审查行政规定的过程中,司法审查行政规定的成本不仅包括基于法官对行政规定及其相关法律法规专业知识之间关系和内容的了解、掌握以及慎重考量而造成的较高审查成本,而且包括相对于具有纠错功能的行政备案审查成本和权力机关备案审查成本而言,因行政诉讼中不同审级法院的法官对行政规定认识差异而造成的反复审查成本。因此,相对于行政备案审查和权力机关审查成本而言,诉讼程序的严格和复杂使得司法审查行政规定成本相对较高。例如,某法官在审理某医院诉某县工商局行政处罚案中,在一审、二审、再审以及再审后的再审四次审理中,法院就一再围绕某县工商局作出行政处罚所依据的行政规定是否合法反复进行审查。② 再加上目前我国司法实践中存在的法院地方化的趋势,导致法院在附带审查行政规定的过程中,难以摆脱地方政府影响而独立作出适用行政规定与否的决定,这也一定程度上加大了法院附带审查行政规定的成本。③ 因此,我国现行司法适用性附带审查对行政规定的规制效果不高。

---

① 当然,法院纠正行政规定错误的功能方面,已经因法院向有关行政机关践行司法建议与新《行政诉讼法》及其司法解释对司法建议作出明确规范而处于不断加强的过程中。

② 1997年10月28日,《国家工商行政管理局关于医院给付医生 CT 介绍费等是否构成不正当竞争行为的答复》(工商公字〔1997〕第257号)规定:医院以给付"介绍费""处方费"等各种名目的费用为手段,诱使其他医院医生介绍病人到本院做 CT 检查或其他检查的行为,构成《反不正当竞争法》第8条和国家工商行政管理局《关于禁止商业贿赂的暂行规定》所禁止的不正当竞争行为,应当依法查处。参见周福元:《用智慧敲响法槌——论行政诉讼中其他规范性文件的选择适用》,载万鄂湘主编:《审判权运行与行政法适用问题研究(上下册)》,人民法院出版社2011年版,第714页。

③ 参见周福元:《用智慧敲响法槌——论行政诉讼中其他规范性文件的选择适用》,载万鄂湘主编:《审判权运行与行政法适用问题研究(上下册)》,人民法院出版社2011年版,第714页。

五、解决司法审查规制问题的对策

(一)正确认识司法审查的必要性和有限性以解决理论争议

在 2015 年《行政诉讼法》修订之前,我国行政法学界对法院是否应对行政案件中所涉及的作为具体行政行为依据的行政规定开展附带审查、法院附带审查行政规定的范围、如何科学设定具体的附带审查制度以及如何合理处理违法行政规定以强化附带审查行政规定的效果存在较大争议。① 随着 2015 年修订的《行政诉讼法》与《最高人民法院关于适用〈行政诉讼法〉若干问题的解释》的公布实施,这些争议却并未随着法院附带审查行政规定的法定制度的出现而归于平息。②

事实上,要解决这些争议并决定我国行政诉讼法应对行政规定具体设定怎样的司法审查制度,首先需要从保障人权和权力制约的价值层面,清晰认同下列司法权合理约束行政权的法治理念:(1)司法应给予行政相对人终局救济;(2)基于权力制约,法院应对行政规定开展必要审查;(3)基于司法权对行政规定制定权的尊重与司法谦抑理念,法院在附带审查行政规定的过程中应依据法定审查权限、遵循法定的审查程序与审查标准对行政规定作出审查。

首先,没有救济就没有权利,因此在当代民主宪政体制下,对行政规定侵犯行政相对人合法权益的情况给予必要救济,是实现人权保障价值理念的必要。目前,尽管违法行政规定侵权的救济途径具有多样性,如权力机关审查救济、行政机关审查救济和司法机关审查救济等,但对于行政相对人而言,权利救济的重要且权威途径应是司法救济。诚如美国宪法学学者所言:"法院与外界隔绝,具有专门知识,能够'冷静地重新考虑',从而可以表达出我们最

---

① 参见江必新、邵长茂:《新行政诉讼法修改条文理解与适用》,中国法制出版社 2015 年版,第 193—194 页。
② 参见王红卫、廖希飞:《行政诉讼中规范性文件附带审查制度研究》,载《行政法学研究》2015 年第 6 期;程琥:《新〈行政诉讼法〉中规范性文件附带审查制度研究》,载《法律适用》2015 年第 7 期。

基本的价值观念。"①也就是说,处于中立地位的国家司法裁判,作为处罚违法犯罪和解决社会纠纷、冲突的最后一种具有法律强制力的机制和方法,具有终局裁判的权威性。② 因此,在我国,当行政规定经历了制定程序中的合法性审核、行政系统内层级备案审查、行政系统外人大常委会备案审查、行政系统内的复议附带审查以及行政系统内制定机关定期或不定期清理等多次"过滤"之后,如果仍有漏网的违法或不适当行政规定存在,并且该违法或不适当行政规定侵害了行政相对人的合法权益时,哪个国家机关应给予行政相对人最终具有权威性的救济呢?当然应是法院对行政规定侵权纠纷作出最终的权威裁断。

其次,法院对行政规定行使审查权的必要性还源于权力制约的宪政理念。从孟德斯鸠将国家权力划分为立法权、行政权、司法权三权,并提出分权制衡理论以来,人们已经对权力制约理论多有阐述和论证。③ 哈耶克曾经提到:"没有司法审查,宪政就不可能实行。"④因此,当代的民主宪政体制要求,司法权对行政权的全面监督制约,主要体现在以下两个方面:其一,法院对侵犯行政相对人合法权益的行政机关的具体行政行为应行政相对人的请求作出审查;其二,法院应对侵犯行政相对人合法权益的行政规定作出必要审查。行政规定制定权涉及行政机关对社会生活各方面的具体管理规范,并会影响不特定数量行政相对人的权益。然而,我国现行法律对行政规定制定权的限制和规范极其有限,并且行政规定的制定程序不仅简陋而且缺乏民主性。行政规定制定权和程序失范导致行政规定极易发生因违法或不适当而侵犯行政相对人合法权益的情况。因此,法院对行政规定行使审查监督权对于我国完善宪政体制建设具有重要意义。

同时,在行政诉讼法中创设确认效力的附带审查能够使《行政诉讼法》与《行政复议法》的审查范围相互衔接,并起到司法审查对违法行政规定的纠错

---

① 〔美〕杰罗姆·巴伦、托马斯·迪恩斯:《美国宪法概论》,刘瑞祥译,中国社会科学出版社1995年版,第11页。
② 参见陈光中等:《中国司法制度的基础理论问题研究》,经济科学出版社2010年版,第10—12页。
③ 参见〔英〕维尔:《宪政与分权》,苏力译,三联书店1997年版,第2—19页。
④ 〔英〕哈耶克:《自由秩序原理(上)》,邓正来译,三联书店1997年版,第235页。

功能。我国《行政复议法》第 7 条已经规定,行政相对人可以申请复议机关审查具体行政行为所依据的行政规定是否具有合法性。复议机关对行政规定的合法性开展附带审查,事实上扩大了行政复议的审查范围。正由于行政复议已经进入了全面监督的阶段,因此在行政复议非终局裁定的情况下,当行政相对人不服行政复议裁定而向法院提起行政诉讼时,法院势必要对行政复议已经扩大的审查范围(即行政规定)作出必要的审查判断,[①]否则就会出现行政相对人不服行政复议结果却不能够得到司法救济的尴尬局面。[②] 目前,实践中的做法是,法院对行政复议机关认定合法有效的行政规定,并不是直接承认其具有合法性,而是先要判断该认定机关是否具有权威性,并依据行政复议中作出行政规定合法结论之认定机关的权威性高低来决定是否重新将行政规定提交最有审查监督权的机关。由此可见,为达成行政诉讼审查范围与行政复议审查范围的衔接,也应当将具体行政行为所依据的行政规定是否具有合法性问题纳入司法附带审查的范围。

最后,法院对行政规定开展审查监督制约的同时也应贯彻司法谦抑理念。司法谦抑,也可以称为"司法谦逊"或"司法谦让",完整的说法是"司法谦抑(逊、让)与敬意",英文是"humility deference"。从广义上说,司法谦抑是一种综合现象,在以往多表现在较为单纯的刑事、民事审判及判决上,现在则又扩及宪法诉讼、行政诉讼以及其他新职业化的诉讼,如劳动诉讼、知识产权诉讼等各个领域的审判上。[③] 国外有关司法谦抑的典型行政诉讼案例是美国的谢弗林诉自然资源保护委员会案,该案以判例形式确立了司法机关与行政机关之间权力配置的一项原则,即在司法审查过程中,如果制定法的规定并不明确,那么行政机关作出的各种解释性规则只要是合理的,法院就应予以尊

---

① 参见江必新:《是恢复,不是扩大——谈〈若干解释〉对行政诉讼受案范围的规定》,载《法律适用》2000 年第 7 期。
② 参见章志远:《我国行政复议与行政诉讼程序衔接之再思考》,载《现代法学》2005 年第 4 期。
③ 参见陈云生:《论司法谦抑及其在美国司法审查制度中的实践》,载《上海交通大学学报(哲学社会科学版)》2005 年第 5 期;黄先雄:《司法谦抑论:以美国司法审查为视角》,法律出版社 2008 年版,第 37 页。

重并接受。①

本书所讲的司法谦抑,指的是行政诉讼和宪法诉讼意义上的司法谦抑。具体说来,行政诉讼意义上的司法谦抑指的是,在行政诉讼中,法院对个案中具体行政行为所依据的行政规定具有审查其是否合法并决定适用与否的权力,但基于行政规定制定机关制定行政规定的抽象行政行为具有公定力,依法具有法定审查权的法院即便在审查行政规定后得出该行政规定违法的审查结论,法院对该行政规定也必须表示出必要的谦抑和尊重,仅能够在判决书中阐述认定行政规定违法以及不适用违法行政规定的理由,并依法向行政规定制定机关提出处理行政规定的司法建议,却不能因审查结论为行政规定违法就直接在判决中宣告该行政规定无效或撤销。

宪法诉讼意义上的司法谦抑指的是,没有违宪审查权的法院,即便有法定违法审查权,在进行宪法意义上的司法审查时,法院也应以被动附带审查的方式,对行政机关发布生效的行政规定表现出最大限度的谦抑与敬意。由此可见,司法谦抑就意味着司法权的权力边界,其存在的原因恰如学者奥托·迈耶(Otto Mayer)所言:"分权也是一种预防措施,通过分权使得国家中各种实际权力的意志都联系在一起,如果一种权力不遵守其界限,那么就会有损于其他权力。"②

为了不妨碍行政规定公定力的正常实现,并维护行政规定应有权威,法院对行政规定的审查权也需要遵守必要的界限。因此,基于司法谦抑理念,法院对行政规定开展审查不仅应以救济已经实际受到行政规定侵权的行政相对人为必要,而且司法审查的纠错功能也应以不轻易否决行政规定制定行为的公定力为限。总之,法院应慎重行使行政规定附带审查权,尤其要慎重行使确认效力的行政规定附带审查权。

综上所述,认同和培养司法应给予行政相对人终局救济、基于权力制约而出现的法院对行政规定的必要审查,以及基于司法权尊重行政规定制定权

---

① See Chevron V. S. A., Inc. v. Natural Resources Defense Council, Inc., 467 U. S. 837, 842 (1984). 该案所争论的主要问题是行政机关对 1977 年《清洁空气法》修正案中的"固定的空气污染源"一词的解释的正当性问题。

② 〔德〕奥托·迈耶:《德国行政法》,刘飞译,商务印书馆 2002 年版,第 59 页。

而存在司法谦抑等法治理念,必将有助于人们对 2015 年修订后的《行政诉讼法》第 53 条与第 64 条已经设定的法院附带审查行政规定制度作出科学、合理的理解。

(二) 发展和完善适合我国国情的行政规定附带审查制度

为确保行政相对人拥有合法权益不受违法行政规定不利影响的最后救济渠道,法院有必要对行政规定行使个案附带审查监督职责,但是鉴于司法审查监督的被动性和有限性,在对行政规定构建司法审查监督制度时,我国大陆地区有必要借鉴台湾地区的做法,将司法审查区分为行政诉讼附带审查和直接审查行政规定两类:(1) 对于行政诉讼中附带审查行政规定的情况,在审理具体行政诉讼案件中,法院可以对行政规定作出附带审查结论,但是审查认定的效力仅限于该案,不影响行政规定继续生效。(2) 对于直接审查行政规定的情况,在制定行政规定机关同级的法院对行政规定直接审查的情况下,若得出行政规定违法的审查结论,则违法的行政规定应属自始无效。① 也就是说,需要通过继续修改《行政诉讼法》的方法在我国发展和进一步完善下述制度:

其一,需要在《行政诉讼法》中确认法院有权对全部行政规定开展适用性附带审查。2015 年新《行政诉讼法》的颁布实施改变了我国仅由司法解释确认适用性附带审查行政规定的状况,但是能够纳入附带审查范围的行政规定依然相当有限。从依法行政与公权力应受监督的理论角度讲,相对于立法而言,由于行政规定制定权限较小,并且制定程序相对简单,即使是国务院制定的行政规定也可能因其制定过程不慎重而发生违法情况,因此法官在行政诉讼中附带审查行政规定时,不应以行政规定制定主体的身份来决定是否适用行政规定,而应将所有行政规定(包括国务院及其办公厅等特殊行政规定制定主体制定的)都纳入合法性审查范围,并依法决定适用与否。

其二,需要将法院审判委员会确认为法院具体承担附带审查行政规定职责与提出行政规定审查决策意见的直接责任机构。从新《行政诉讼法》实施后法院作出涉及附带审查行政规定的一个典型行政判决看,目前我国法院审

---

① 参见翁岳生编:《行政法(上)》,中国法制出版社 2002 年版,第 177 页。

判委员会已经实际承担了附带审查行政诉讼案件的具体职责。在安徽华源医药股份有限公司诉国家工商行政管理总局商标局行政纠纷案中,法院在判决中就提到了审判委员会具体承担附带审查行政规定的直接责任:"关于《新增服务商标的通知》第四条关于过渡期的规定是否合法,本院审判委员会认为:对于《新增服务商标的通知》第四条关于过渡期的规定是否合法应当着重从下述四个方面进行审查:(1)商标局是否制定《新增服务商标的通知》第四条关于过渡期的规定的合法主体;(2)商标局制定《新增服务商标的通知》第四条关于过渡期的规定是否超越法定权限;(3)《新增服务商标的通知》第四条关于过渡期的规定在内容上是否合法;(4)《新增服务商标的通知》第四条关于过渡期的规定在制定时是否履行了法定程序或者遵循了正当程序的要求。"[1]同时,该审判委员会依据行政规定制定主体是否合法、制定权限是否合法、行政规定内容是否合法以及制定程序是否合法或者遵循了正当程序要求而对行政规定进行实际审查与作出认定结论,即判决书表述为:"商标局是制定《新增服务商标的通知》第四条关于过渡期的规定的形式意义上的合法主体,但其制定《新增服务商标的通知》第四条关于过渡期的规定超越了其法定权限,该规定在内容上也不符合《商标法》第三十一条的规定。鉴此,本院审判委员会作出如下决议:《新增服务商标的通知》第四条关于过渡期的规定不合法。"由此可见,法院作为行政诉讼案的审判责任主体,需要对行政相对人能否提出附带审查行政规定作出认定,但是在法院认定之后,具体附带审查行政规定是否具有合法性的直接责任就转移到了审判委员会。然而,从《人民法院组织法》第10条的规定看,法院审判委员会仅是一个研究性组织机构,而没有直接以审判委员会名义作出对审判案件中当事人权益有决定性影响的"决议"的权力。也就是说,为了充分依法维护案件当事人的合法权益,也为了使审判委员会依法行使附带审查的职责权限,有必要将现行实践中已经由审判委员会行使的附带审查行政规定职责通过进一步修改《行政诉讼法》加以确认。

其三,需要在《行政诉讼法》中发展能够确认或否决行政规定效力的附带

---

[1] 《安徽华源医药股份有限公司诉国家工商行政管理总局商标局行政纠纷案判决书》,http://www.ciplawyer.cn/article1.asp?articleid=17492,最后访问时间:2017年1月20日。

审查制度。在我国现行宪政体制下，人民法院除了在行政诉讼个案中通过不适用行政规定的方式对行政规定作出间接制约外，还可以通过建议制定主体自行审查和修改违法行政规定的方式，或者通过请求有关人大常委会审查特定行政规定是否具备合法性的方式，监督和制约行政规定中存在的违法或不适当问题。法院不适用行政规定或者法院向有权主体提出审查行政规定建议的这些做法，尽管在制约行政规定违法现象方面起到了一定的间接规制作用，但是这些间接审查和监督的做法显然不能够满足由法院作为终局裁判者所能够给予行政相对人的权威救济需要，并使行政复议与行政诉讼的审查范围相互脱节。因此，我国应通过进一步修改《行政诉讼法》创设特定级别的人民法院，以开展确认或否决行政规定效力的个案附带审查。

第四章　重构和完善行政系统内外规制机制

从前面几章论述看,我国影响行政相对人(公民、法人或者其他组织)权益的行政规定,不仅受到行政系统内制定程序、备案审查、清理和复议附带审查等规制制度的多元化监控,而且受到行政系统外由权力机关开展的备案审查监督和司法机关不予适用以及提出司法建议的间接性审查监督规制。这些行政系统内外的所有规制制度,从不同角度共同对预防违法或不适当行政规定的出现以及纠正违法或不适当行政规定发挥作用。由于《监督法》生效后,权力机关对行政系统外备案审查规制行政规定的期望值较大,[①]而行政法学者则多对行政系统外的司法个案审查寄予厚望,[②]并且因忽视甚至是无视行政系统内规制行政规定机制已经发挥重要作用的现实状况,而主张"建立以法院审查为主的合法性审查监督体制"[③]。因此,在前述有关科学设定行政系统内外规制制度研究的基础上,我们还有必要从行政系统内外备案审查和个案审查两个方面对规制制度之间的关系予以重新认识和合理定位。

[①] "地方人大常委会对规范性文件的备案审查还处在探索起步阶段,是目前地方人大工作中较为薄弱的环节之一,亟须完善与加强"(易峥嵘:《如何完善地方人大常委会规范性文件备案审查制度》,载《人大研究》2007年第6期);"凡政府以'红头文件'出现的规范性文本,都要纳入其(人大审查)范畴"(卢鸿福:《人大要加强对政府办公纪要的审查监督》,载《人大研究》2007年第6期);"对于行使规范性文件审查权的范围应作进一步延伸,只要是涉及全局性的、与人民群众切身利益密切相关的具有规范性内容的'红头文件',都应纳入人大备案审查的范围"(王晓圆:《县级人大行使规范性文件审查权需要解决的几个问题》,载《人大研究》2007年第6期)。

[②] 例如,马怀德认为,以前虽然有人大和上级部门的审查,但这些方式实际上很难启动,也没有动力。因此,对《行政诉讼法》中的相关条款进行修改,已是当务之急。参见叶静:《行政诉讼法修改稿规定司法机关可审查红头文件》,http://news.sina.com.cn/c/2005-06-01/01386042084s.shtml,最后访问时间:2017年1月20日。

[③] 刘松山:《违法行政规范性文件之责任研究》,中国民主法制出版社2007年版,第99页。

第一节　重构行政系统内外备案审查机制

一、行政系统内外备案审查规制中存在的问题

目前,行政系统内备案审查与行政系统外人大常委会开展的备案审查规制制度都对备案审查监督对象、审查内容、审查方式、被动审查处理程序、报送备案审查权限、拒不报送责任和拒不改正责任等作出了规范。因此,将行政系统内外的两种规制制度进行对比性研究之后可以发现,在备案审查监督对象、审查内容、审查方式、被动审查处理程序、报送备案审查权限、拒不报送责任和拒不改正责任等方面规制中,现行行政系统内外的规制制度之间都不同程度地存在一些需要协调和衔接的问题。

（一）关于规制对象和审查内容

行政系统内外规制对象和审查内容重叠或缺位,既造成了规制资源浪费和规制效果不佳的后果,也损害了行政规定权威。

1. 部分备案审查对象和主要审查内容重叠

在建设中国特色的社会主义法治国家进程中,备案审查方式已经成为提高行政规定质量、控制其数量以及预防行政规定违法或不当的一个行之有效的手段。为此,行政系统和人大系统先后出台了行政规定备案审查制度,并不同程度地付诸实践。

一方面,早在1987年地方政府已经建立了行政规定备案审查制度,2002年国务院在《法规规章备案条例》第21条规定了行政规定的备案审查问题。2004年国务院颁布的《全面推进依法行政实施纲要》要求行政规定要依法报送备案,并要求"政府法制机构应当依法严格审查,做到有件必备、有备必审、有错必纠"。在国务院法制办的大力推动下,到2005年8月,全国31个省级人民政府建立了由政府法制机构对行政规定负责备案审查的制度,[①]并且从2007年底有关备案审查在纠正违法或不适当行政规定方面的统计结果看,地

---

① 参见吴兢:《31个省级政府"红头文件"全部备案审查防"走形"》,载《人民日报》2005年9月12日第10版。

方各省的备案审查实践已经取得了一定的成效。①

另一方面,2007年1月1日生效的《监督法》第五章对行政系统外的权力机关备案审查行政规定作出专章规范,并要求省级人大常委会参照《立法法》有关规定对地方人大常委会审查、撤销行政规定的程序作出具体规范。这既标志着县级以上地方人大常委会对同级人民政府制定的行政规定行使监督权的制度开始以备案审查方式落实,也标志着行政系统外备案审查程序正式启动。基于此,一些县级以上的地方人大常委会依照《监督法》要求制定了地方备案审查监督程序制度,并尝试实施。②

然而,从中央层面规制制度规定看,若将国务院《法规规章备案条例》第21条的规定与《监督法》第五章第29、30条的规定③予以对比即可发现,国务院要求的行政系统内备案审查与《监督法》要求的人大系统内对行政规定的备案审查之间在审查对象和审查内容上可能出现重叠审查的情况。就审查对象而言,省级人民政府对下级人民政府(如地市级人民政府)制定的行政规定开展备案审查,这会与地市级人大常委会对地市级人民政府制定的行政规定开展备案审查形成重复审查;市级人民政府对县(区)级人民政府制定的行政规定开展备案审查,也与县(区)级人大常委会对县(区)级人民政府制定的行政规定开展备案审查重叠。而就审查内容而言,为了实现国务院《法规规章备案条例》中要求的"维护社会主义法制的统一",行政系统内审查内容必然包含合法性审查,而《监督法》第30条也主要要求地方人大常委会对行政

---

① 参见李立:《中国"红头文件"为何不再漫天飞》,载《法制日报》2007年11月5日第8版。
② 例如,2007年7月27日,辽宁省第十届人大常委会第三十二次会议通过《辽宁省实施〈监督法〉办法》;2007年9月27日,陕西省第十届人大常委会第三十三次会议通过《陕西省实施〈监督法〉办法》;2007年8月9日,湖南省临湘市第十四届人大常委会第三十三次会议通过《临湘市人大常委会规范性文件备案审查(暂行)办法》;2008年3月14日,陕西省榆林市米脂县第十六届人大常委会第三次会议通过《米脂县人大常委会关于规范性文件备案审查暂行办法》。
③ 《法规规章备案条例》第21条规定:"省、自治区、直辖市人民政府应当依法加强对下级行政机关发布的规章和其他具有普遍约束力的行政决定、命令的监督,依照本条例的有关规定,建立相关的备案审查制度……"《监督法》第29条规定:"县级以上地方各级人民代表大会常务委员会审查、撤销下一级人民代表大会及其常务委员会作出的不适当的决议、决定和本级人民政府发布的不适当的决定、命令的程序,由省、自治区、直辖市的人民代表大会常务委员会参照立法法的有关规定,作出具体规定。"

规定开展合法性审查。①

地方在实施《法规规章备案条例》和《监督法》的过程中，也未能避免地方政府规章和地方性法规行政系统内外两种规制制度的有关审查对象重叠的情况。31个省级人民政府各自制定的行政规定备案审查规章都规定，设区的市级、县（区）级人民政府制定的行政规定应接受上一级（即省级或设区的市级）人民政府的法制机构的备案审查监督；而安徽、重庆、福建等27个省份在其有关地方性备案审查法规中要求，设区的市级、县（区）级人民政府制定的行政规定还应接受设区的市级、县（区）级人大常委会有关工作机构的备案审查监督（详见表4-1）。例如，江西省规章——《江西省规范性文件备案办法》第3条规定："规范性文件应当自公布之日起15日内，按照下列规定报送备案：（一）人民政府制定的规范性文件，报送上一级人民政府备案……"然而，江西省地方性法规——《江西省各级人大常委会规范性文件备案审查条例》第4条规定："下列规范性文件，应当报送本级人民代表大会常务委员会备案：……（二）县级以上人民政府制定、发布以及授权其办公厅（室）发布的决定、命令、规定、细则、办法、意见等规范性文件……"由此可见，地方行政系统与人大系统的备案审查行政规定制度并没有对审查对象重叠的情况给予必要协调。

表4-1 行政系统内外备案审查监督对象重叠与缺位对比表

行政规定制定主体	一般行政系统备案审查对象	一般权力机关系统备案审查对象	备案审查重叠（√）或缺位（×）
国务院	—	—	×
国务院部门	—	—	×
省人民政府		√	
省人民政府部门	√		
行政公署和地级市人民政府	√	√	√
地级市人民政府部门	√		

---

① 《法规规章备案条例》第21条规定："……维护社会主义法制的统一，保证法律、法规的正确实施。"《监督法》第30条规定："县级以上地方各级人民代表大会常务委员会对下一级人民代表大会及其常务委员会作出的决议、决定和本级人民政府发布的决定、命令，经审查，认为有下列不适当的情形之一的，有权予以撤销：（一）超越法定权限，限制或者剥夺公民、法人和其他组织的合法权利，或者增加公民、法人和其他组织的义务的；（二）同法律、法规规定相抵触的；（三）有其他不适当的情形，应当予以撤销的。"

(续表)

行政规定制定主体	一般行政系统备案审查对象	一般权力机关系统备案审查对象	备案审查重叠(√)或缺位(×)
区、县人民政府	√	√	√
区、县人民政府部门	√	—	—
乡镇人民政府	√	—	—
授权组织	√	—	—

同时,地方行政系统对行政规定的主要审查事项包括:(1)合法性审查(具体包括制定权限合法性、规范内容合法性、制定程序合法性);(2)内容适当性审查;(3)同上级规章以及行政规范性文件不相抵触的一致性审查;(4)部门之间的协调性审查;(5)制定形式的规范化审查。而地方行政系统外人大常委会审查事项主要包括:(1)合法性审查(具体包括制定权限合法性、规范内容合法性、制定程序合法性);(2)同上级和同级权力机关规范性文件不相抵触的一致性审查。(详见表4-2)因此,从行政系统内规制规章与行政系统外规制法规中有关审查内容看,地方行政系统内外的规制制度对主要审查内容重叠状况也没有作出必要调整。只是相对而言,行政系统的审查事项比人大常委会的审查事项更为广泛。

表4-2 行政系统内外规制制度中明确列举的审查事项对比表

一般审查事项		行政系统一般备案审查内容	权力机关系统一般备案审查内容	两个系统中相同的审查内容
超越法定权限的		√	√	√
同法律、法规相抵触的		√	√	√
规范性文件相互之间对同一事项的规定不一致的	同上级和本级人大及其常委会的有关决议、决定相抵触的	—	√	—
	是否与规章以及上级行政机关规范性文件相抵触	√	—	—
规范性文件的规定不适当,应当予以纠正的		√	√	√
违背法定程序的		√	√	√
规范性文件涉及两个以上部门职责或者与其他部门关系紧密的,制定机关是否充分征求其他部门意见		√	—	—
规范性文件的制定是否符合规范化要求		√	—	—

综上所述,《监督法》对行政规定规制对象的补位之处在于：行政系统内对省级人民政府制定和发布的行政规定没有要求备案审查规制,但省级权力机关依据《监督法》要求省级人大常委会对其开展备案审查规制；而《监督法》对行政规定规制中有关审查内容的补位之处则在于：人大常委会对"同级人民政府制定的行政规定是否与上级和本级人民代表大会及其常委会的有关决议、决定相抵触"作出审查。这些地方行政系统内与系统外人大常委会对行政规定进行备案审查监督中没有重复规制之处,也许才是行政系统外人大常委会对行政规定开展备案审查工作独具意义之所在,也是在主动审查中为避免重复审查浪费资源而为行政系统外人大常委会所应特别关注之点。

2. 行政层级和权力机关的部分备案审查监督对象缺位

目前,行政系统外的权力机关和行政系统内对国务院及其办公厅制定和发布的行政规定没有进行规制。

2010年10月10日,国务院发布的《国务院关于加强法治政府建设的意见》规定："制定对公民、法人或者其他组织的权利义务产生直接影响的规范性文件,要公开征求意见,由法制机构进行合法性审查,并经政府常务会议或者部门领导班子会议集体讨论决定；未经公开征求意见、合法性审查、集体讨论的,不得发布施行。县级以上地方人民政府对本级政府及其部门的规范性文件,要逐步实行统一登记、统一编号、统一发布。"同时,"要把公众参与、专家论证、风险评估、合法性审查和集体讨论决定作为重大决策的必经程序"。[①]但是,迄今为止,国务院及其办公厅以及多数国务院部门有关行政规定的制定和监督程序仍然仅仅受《国家行政机关公文处理办法》中公文办理程序的简单制约,而没有特别对国务院及其办公厅和多数国务院部门的行政规定制

---

① 早在2003年时任国务院总理的温家宝就已提出："凡重大决策都必须经过科学论证和民主程序……对涉及经济社会发展全局的重大问题,要组织跨学科、跨部门、跨行业的专家论证,这要成为一项制度。"参见《温家宝:凡重大决策都须经过科学论证和民主程序》,http://www.chinanews.com/n/2003-05-26/26/307236.html,最后访问时间：2017年1月20日。在2010年8月27日召开的全国依法行政工作会议上,温总理再次强调："政府能做什么,不能做什么,要由法律来确定。……所有行政行为都要于法有据、程序正当。"参见《温家宝:所有行政行为都要程序正当》,http://news.sina.com.cn/c/2010-09-20/023521136555.shtml,最后访问时间：2017年1月20日。

定与监督程序作出专项且较为具体的规范。① 同时,2007年《监督法》也未要求全国人大常委会应对国务院及其办公厅和国务院部门制定和发布的行政规定作出备案审查监督。

3. 规制重叠与缺位的危害

(1) 双重备案审查制度可能造成审查资源浪费和审查结论冲突而无解决机制的不良后果——以双重审查地级市和县(区)级人民政府发布的行政规定为例

其一,备案审查资源浪费。具体表现在制定机关报送备案和处理审查建议与备案审查机关主动审查两方面的资源浪费:一方面是设区的市级或者县(区)级人民政府向上一级人民政府和同级人大常委会两次报备行政规定资料、接受双重备案审查监督指导建议的资源浪费;另一方面是上一级人民政府和同级人大常委会作为审查者对设区的市级人民政府或者县(区)级人民政府制定的行政规定双重开展备案和组织审查的资源浪费。

其二,审查结论冲突而无法解决。在行政系统已经开展行政规定全面备案审查实践的前提下,人大系统对行政规定再次主动启动全面备案审查实践,显示出了权力机关对行政机关在行政系统内以备案审查方式自觉纠错的过度不信任。这种过度不信任将可能给审查行政规定的人大常委会带来不必要的尴尬。例如,无论是《辽宁省实施〈监督法〉办法》还是《辽宁省规章规范性文件备案办法》规定的备案审查程序都是"规范性文件应当自公布之日起30日内报送备案开始审查",因此完全有可能出现下述情形:同级人大常委会审查人民政府报备的某一行政规定时没有发现其中存在的问题因而准予备案,然而该行政规定在被上一级人民政府审查中却认定内容违法或不适当而应予撤销;或者相反,同级人大常委会审查人民政府报备的某一行政规定时认为违法或不适当而不予备案,但该行政规定在被上一级人民政府审查后却因没有发现其中存在的错误而准予备案。这种由于两个系统审查对象

---

① 迄今为止,在中央层面,仅国务院的少数部门以部门规章规制形式对行政规范性文件制定与监督程序作出了一定规范,如1995年《中国民用航空总局职能部门规范性文件制定程序规定》、2008年《国务院国有资产监督管理委员会规范性文件制定暂行办法》以及2010年《海事局海事规范性文件制定程序规定》等。

重叠可能导致审查结论不一致的情况，不仅会引发行政相对人对审查权威性产生疑问，而且可能引发作为审查主体的行政系统内人民政府与行政系统外人大常委会之间为了避免审查结论冲突而相互推诿审查职责或者对同一行政规定作出不同审查结论后各持己见的紧张关系。然而，尽管已经有27个省份通过地方政府规章和地方性法规设定了行政系统内和行政系统外双重备案审查制度，并且当两个不同系统的审查主体对重叠部分的审查对象进行主动审查时，可能出现两个不同系统的审查结论不一致的情况，但是目前除了江西省外，其他省有关行政规定备案审查的地方性法规中都没有对两个不同系统冲突审查结论的处理作出明确规范。（详见表4-3）

表4-3　各省对双重备案审查设置解决冲突机制的情况

需要双重报送备案的行政规定制定主体	规定了行政系统内外双重备案审查的27个省份	明确冲突解决机制的省份
行政公署和地级市人民政府	安徽、重庆、福建、甘肃、广东、广西、贵州、海南、河北、河南、湖北、湖南、江苏、江西、吉林、辽宁、宁夏、青海、陕西、山西、山东、四川、天津、西藏、新疆、云南、浙江	江西
区、县人民政府		

（2）行政系统和人大系统共同缺席规制部分行政规定有损行政规定应有权威性并造成行政规定的效力争议——以国务院办公厅发布行政规定为例

1）降低了行政规定的应有权威性

2008年国务院办公厅公布了国务院及其办公厅制定和生效实施的有关行政法规和行政规定目录，即《2008年行政法规和规范性文件公布情况》和《2003年—2007年行政法规和规范性文件发布情况》。该公示信息显示，2003年到2008年期间国务院办公厅制定了大量的行政规定。国务院办公厅——作为一个没有对外法定行政管理职权的行政机关的内设机构——仅凭其在自己制定的行政规定中声明"经国务院批准"或者"经国务院同意"甚至是"经国务院领导同意"就可以制定和发布行政规定，并自认为该行政规定因获得国务院批准或同意而具有授权性行政法规的效力，要求下级行政机关贯彻执行，并强制行政相对人遵守以及希望司法机关承认。

然而，在实践中，不时仍有一些下级行政机关从权力来源及程序正当性的角度对国务院办公厅发布的此类行政规定的效力提出质疑。例如，国务院办公厅 1997 年发布《国务院办公厅关于执行国办发〔1993〕55 号和国函〔1996〕69 号文件有关问题的复函》(国办函〔1997〕33 号),1999 年发布《国务院办公厅关于执行国办发〔1995〕27 号文件有关问题的通知》(国办函〔1999〕1 号),这两份行政规定的制定和发布皆源于地方行政机关及其工作人员对于国务院办公厅有关先前发布的行政规定的效力或者权威性提出质疑,即前一行政规定的出现是源于海关总署和国家工商行政管理局对国务院办公厅发布的《关于加强进口汽车牌证管理的通知》(国办发〔1993〕55 号)和《国务院对禁止非法拼(组)装汽车、摩托车通告的批复》(国函〔1996〕69 号)两个行政规定的效力提出疑问[①],后一行政规定的出现则源于地方行政机关对国务院办公厅发布的《国务院办公厅关于征收水资源费有关问题的通知》(国办发〔1995〕27 号)这一行政规定的效力持有异议。[②] 由此可见,缺乏授权法、制定与监督程序规范的国务院办公厅发布的行政规定,因不具备制定权限和程序正当性以及应受监督性,即使在行政系统内,也难以获得下级行政机关的认同,并树立其上级行政规范的应有权威。

2) 引发理论界和实务界对行政规定效力的争议

由于最高权力机关未对行政规定制定权限和程序给予立法规制,因此即使在 2000 年 7 月《立法法》实施之后,理论界和实务界的学者或专家对国务院办公厅发布的行政规定的效力一直持有较大争议。这些争议集中表现为三种观点:

其一,有实务专家认为,国务院办公厅发布的行政规定因不具有行政法规的性质而不具有法律效力。其原因在于,尽管国务院办公厅发布的《国务院办公厅关于加强土地转让管理严禁炒卖土地的通知》(国办发〔1999〕39 号)规定:"农民的住宅不得向城市居民出售,也不得批准城市居民占用农民集体

[①] 国办函〔1997〕33 号规定,就行政执法效力问题,答复为"这两个文件是经国务院批准发布的,具有行政法规效力,可以作为行政机关实施行政处罚的依据"。

[②] 国办函〔1999〕1 号规定:"《国务院办公厅关于征收水资源费有关问题的通知》(国办发〔1995〕27 号)规定:'在国务院发布水资源费征收和使用办法前,水资源费的征收工作暂由省、自治区、直辖市的规定执行。但是,对中央直属水电厂的发电用水和火电厂的循环冷却水暂不征收水资源费'。近年来,由于有的部门和地方对上述有关规定存在不同认识,影响了该文件的贯彻执行……各地方、各部门要继续贯彻执行国办发〔1995〕27 号文件的规定。"

土地建住宅,有关部门不得为违法建造和购买的住宅发放土地使用证和房产证",并且《国务院关于深化改革严格土地管理的决定》(国发〔2004〕28号)再次指明,改革和完善宅基地审批制度,加强农村宅基地管理,禁止城镇居民在农村购置宅基地,但是由于宅基地房屋买卖涉及公民普遍的民事权利的行使,"禁止城镇居民购买宅基地房屋"这一立法事项应属于民事基本制度范畴,并非国务院行政管理职权事项,依据《立法法》第8条有关法律保留的规定,只能制定法律,国务院及相关行政机关并没有制定该禁止性规定的权限。因此,国办发〔1999〕第39号文件、国发〔2004〕28号文件依据《立法法》的规定不能成为法院认定宅基地房屋买卖合同效力的依据。①

其二,也有实务专家认为,国务院办公厅发布的行政规定虽然不能完全等同于行政法规的效力,但其效力应当高于地方性法规和规章。其原因在于,"经国务院同意,国务院办公厅下发的具有普遍约束力的规范性文件是国务院制定行政措施、发布行政决定、命令的公文载体。其效力虽然不能完全等同于行政法规的效力,但只要不与上位法的规定相抵触,其效力应当高于地方性法规和规章。国办发〔1995〕27号文是国务院实施水法与《取水许可和水资源费征收管理条例》衔接的间隙过程中,为了执行需要作出的临时性执行措施。法院审理发生在《取水许可和水资源费征收管理条例》施行之前的有关水资源征收行政案件时,应当适用国办发〔1995〕27号文作出裁判"②。

其三,还有一些实务专家认为,国务院及其办公厅发布的行政规定具有"行政法规"的效力。他们在讨论一件行政规定——《国务院办公厅关于征收水资源费有关问题的通知》——的效力时,将国务院办公厅发布的行政规定误认作国务院的行政规定,并提出:"由于国务院的地位特殊,国务院规范性

---

① 参见管金伦:《宅基地房屋买卖合同效力之实证分析》,http://www.ls010.com.cn/n942c26.aspx,最后访问时间:2010年12月20日。
② 蔡小雪:《国务院下属部门规范性文件的法律效力判断与适用》,载《人民司法》2008年第4期。学者金国坤也支持此观点,他认为:"国务院制定的行政规范性文件与国务院部门的规章(以及与地方政府规章)的关系如何? 根据宪法,各部、各委员会根据法律和国务院的行政法规、决定、命令,在本部门的权限范围内,发布命令、指示和规章。国务院有权改变或者撤销各部、各委员会发布的不适当的命令、指示和规章,这里的不适当,应当包括与国务院的规范性文件相抵触。国务院的行政规范性文件的效力应高于规章的效力。"参见金国坤:《论行政规范性文件的法律规范》,载《国家行政学院学报》2003年第6期。

文件的法定效力应当依管理事项的具体情况,在合法行政的前提下,明确其具有'行政法规'的效力。"①

这些不同看法的出现都有其一定的法理和现实背景,但人们有关国务院办公厅行政规定效力的异议实质上根源于他们对国务院办公厅权限和程序正当性存在疑问,即没有行政法规制定权限与特别授权,并且没有遵循行政法规制定程序的行政规定如何获得具有行政法规效力的正当性。

(二) 关于审查方式

行政系统内外备案审查规制制度中有关审查方式的规范有待协调以提高审查效益。

1. 行政系统内外的审查方式规制现状比较

到目前为止,从地方各省人民政府制定的有关行政规定备案审查规章看,行政系统内31个省级人民政府备案审查规章中,除福建、四川、西藏外,有28个省的规章规定了审查方式,其中,黑龙江、江苏、内蒙古只明确规定了主动审查方式,而对人民法院或人民检察院等有关国家机关要求审查或行政相对人建议审查等被动审查方式未作规范;辽宁、宁夏、陕西和云南则明确规定,因有关国家机关或行政相对人提出审查建议而可以采用被动审查方式,而没有提及审查主体是否可以采取主动审查方式对行政规定作出审查;安徽、北京、重庆、甘肃、广东、广西、贵州、海南、河北、河南、湖北、湖南、江西、吉林、青海、上海、山东、山西、天津、新疆、浙江21个省份则不仅规定应当主动审查行政规定,还明确规定可以接受行政相对人申请而对行政规定开展被动审查,也即这些省份采取了主动审查与被动审查相结合的审查方式。

相对而言,从地方各省人大常委会制定的有关行政规定备案审查法规看,地方人大常委会备案审查法规规定的审查方式一般都明确规定,人大常

---

① 肖南、车凯、程晓敏:《从一起行政复议案件的结果看国务院规范性文件的效力地位》,载《中国行政管理》2005年第1期。张树义教授也持行政规范性文件应具有法律效力的观点,他认为:"无论是中央政府,还是地方政府,它们都是行政机关,所制定的规范性文件在性质上都属于行政性法规。在行政机关内部,下级行政机关不能违背上级行政机关的意志,但就其对外部被管理者而言,都具有同样的约束力。就法律体系而言,都不得与法律相抵触,因而并不能导致其在行政诉讼中的不同地位。"参见张树义:《变革与重构——改革背景下的中国行政法理念》,中国政法大学出版社2002年版,第181页。

委会可以采用被动审查方式对行政规定开展审查。同时,安徽、重庆等26个省级人大常委会有关地方性备案审查法规都已规定,可以应人民法院或人民检察院等国家机关审议行政规定的要求或者应行政相对人提出的审查建议而采用被动审查方式对行政规定启动审查。另外,安徽、江西、山东、天津4个省份还明确规定,可以采取主动与被动审查相结合的方式对行政规定进行审查。只是现行地方性备案审查法规中只有江西省明确规定,在人民政府与人大常委会审查结论不一致时,如何解决审查结论相互矛盾的冲突解决机制。(详见表4-4)

表4-4 各省行政系统内外可以采用的审查方式对比表

审查方式	行政系统内规章设定审查方式的省份	行政系统外地方性法规设定审查方式的省份
可采取主动审查	安徽、北京、重庆、甘肃、广东、广西、贵州、海南、河北、河南、湖北、湖南、黑龙江、江苏、江西、吉林、内蒙古、青海、上海、山东、山西、天津、新疆、浙江(24个)	安徽、江西、山西、山东、天津(5个)
明确可采取主动与被动审查	安徽、北京、重庆、甘肃、广东、广西、贵州、海南、河北、河南、湖北、湖南、江西、吉林、青海、上海、山东、山西、天津、新疆、浙江(21个)	安徽、江西、山东、天津(4个)
可采取被动审查	安徽、北京、重庆、甘肃、广东、广西、贵州、海南、河北、河南、湖北、湖南、江西、吉林、辽宁、宁夏、青海、陕西、山西、上海、山东、天津、新疆、云南、浙江(25个)	安徽、重庆、福建、甘肃、广东、广西、贵州、海南、河北、河南、湖北、湖南、江苏、江西、吉林、辽宁、宁夏、青海、陕西、山东、四川、天津、西藏、新疆、云南、浙江(26个)

2. 不同审查方式可能引发的问题

其一,在备案后,行政机关与权力机关两个系统都采用主动审查方式不仅加剧了审查结论冲突的可能性,而且会浪费审查资源和损害审查主体的权威性。

由于在多数情况下,地方人大常委会对行政规定的审查对象与行政系统内对行政规定的审查对象重叠,因此当两个不同系统的审查主体同时对重叠部分的审查对象进行积极主动审查时,不仅增加了行政系统和权力机关系统审查结论不一致的可能性,而且两个系统的审查结论无论一致还是不一致,在实现监督行政规定功能方面都难以因双重审查而起到强化作用。这是因为,如果两个不同系统的审查结论一致,双重审查只会导致审查资源浪费;但如果两个不同系统的结论不一致,则不仅会引发增设解决审查结论冲突机制的需要,还会损害两个审查系统中行使行政规定审查权主体(上一级政府机关和同级人大常委会)的权威性。

其二,在行政相对人申请审查的情况下,行政与人大两个系统都规定了被动审查方式而没有设定解决审查结论冲突的机制,这一缺陷必然诱发审查信任危机。

就行政系统内外被动审查方式引发审查结论矛盾的解决冲突机制而言,多数省份的行政系统内外备案审查监督制度都仅仅规定了被动审查程序,而没有规定不同系统审查结论矛盾的解决程序。例如,广西壮族自治区人大常委会发布的《广西壮族自治区各级人大常委会规范性文件备案审查条例》和广西壮族自治区政府发布的《广西壮族自治区规范性文件制定程序规定》规定,国家机关、公民、法人和其他组织对违法或不适当的行政规定提出书面审查建议可启动审查程序,并要求负责备案审查的机关在一定期限内(如60日内)处理完毕,并作出书面审查意见。① 然而,这种规定可能会引发以下问题:首先,假如某公民认为某县人民政府制定的行政规定违法,该公民是该先选择上一级人民政府还是先选择同级人大常委会作为该县人民政府行政规定的审查主体?其次,该公民是否可以同时向上一级人民政府和同级人大常委会提出对该行政规定予以审查的建议?再次,如果该公民先选择了上一级人民政府作为审查主体,在得到行政规定不存在违法或不适当结论后,是否该公民可以转向同一级(县)人大常委会再提出审查建议?最后,如果上一级人民政府和同级人大常委会先后或同时对某县人民政府的行政规定得出了不

---

① 《广西壮族自治区规范性文件制定程序规定》第 27 条规定:"国家机关、公民、法人和其他组织认为规范性文件同法律、法规、规章和上级规范性文件相抵触以及规范性文件之间互相矛盾,可以向备案机关书面提出审查建议,由备案机关的法制部门或者法制机构按照规定的程序处理。法制部门或者法制机构应当在 60 日内审查处理完毕,并书面告知建议人。"《广西壮族自治区各级人大常委会规范性文件备案审查条例》第 12 条规定:"承担具体审查工作的机构认为要求或者建议审查的规范性文件有本条例第七条所列情形之一的,应当自收到审查要求或者建议之日起两个月内作出书面审查意见。经本级人民代表大会常务委员会负责人批准,可以延长一个月。"

同的审查结论,则应由哪个国家机关遵从何种程序来对相互冲突的审查结论作出最终裁决呢?虽然从理论上看,如何科学设定解决这些问题的机制直接关系到行政相对人对审查主体的信任程度,但是在实践中,只有江西省人大常委会有关行政规定备案审查的地方性法规中规定了两个系统审查结论冲突的解决机制,即《江西省实施〈监督法〉办法》第63条规定:"县级以上人民代表大会常务委员会对本级人民政府报送备案的规范性文件的审查意见与其上一级人民政府意见不一致时,由上一级人民代表大会常务委员会依法审查处理。"因此,现行地方备案审查规制制度没有科学地解决两个不同性质的审查主体对同一行政规定审查结论不一致的问题,必然引发行政相对人对备案审查监督工作产生信任危机。

(三)关于被动审查处理程序

行政系统内外备案审查规制制度中的被动审查处理程序都需要细化和完善。

1. 行政系统内外的被动审查处理程序规制现状比较

多数省份的备案审查规章和法规中都规定了有关国家机关和行政相对人对行政规定启动审查的动议权,只是两个不同系统对于因被动审查方式而启动的行政规定审查程序的回应要求有较大差异。其中,行政系统内规定了被动审查动议权的25个省份中有10个省份明确要求备案审查机关在法定期限内应审查完毕,并告知审查动议人审查结论;但行政系统外26个规定了被动审查动议权的人大常委会有关备案审查法规中只有3个省份规定在法定期限内应审查完毕,并告知审查动议人审查结论(详见表4-5)。由此可见,相对于行政系统内省级人民政府规章要求备案审查机关积极回应行政相对人的审查建议而言,多数省级备案审查法规没有明确规范回应行政相对人提出审查建议的程序制度。

表 4-5 行政系统内外规范被动审查行政规定动议权回应程序对比表

被动审查动议权的回应程序	行政系统内有关备案审查规章	省份个数	行政系统外的权力机关有关备案审查法规	省份个数
限期依法定程序处理的省份	重庆、安徽、河北、河南、海南、湖南①、广西、广东、吉林、天津	10	甘肃、广西、云南	3
依法定程序处理，但未限期的省份	甘肃、贵州、湖北、宁夏、江西、辽宁、山东、上海、新疆、云南、山西	11	安徽、福建、广东、贵州、海南、河北、湖北、湖南、江苏、江西、吉林、辽宁、宁夏、青海、山东、四川、天津、西藏、新疆、浙江	20
未设审查期限，也未规定告知结论的省份	北京、青海、陕西、浙江	4	重庆、河南、陕西	3

2. 被动审查处理程序制度中存在的问题

在我国，地方政府规章和地方性法规能够赋予有关国家机关和行政相对人（公民、法人或其他组织等）对行政规定行使被动审查动议权，尤其是赋予行政相对人多样化的救济渠道。这是我国法治建设的一个巨大进步，但是这一救济渠道的实现还须靠审查机关回应审查建议的期限、告知审查结论以及不服审查结论的异议程序等程序制度约束，才可能真正实现。如果对被动审查动议人提出的审查要求或建议可以任意对待，既不规定具体回应期限，也未设定告知审查结论和行政相对人提出异议等确保程序公正的制度，那这一被动审查动议制度就可能被虚置。

（四）关于拒不报送责任

行政系统内外备案审查制度中有关行政规定制定主体拒不报送行政规定应承担责任的规范都需要进一步完善。

1. 行政系统内外有关拒不报送责任规制现状之比较

行政系统内除河南外的 30 个省级备案审查规章都规定了拒不报送责任（如通报批评），有的省份甚至规定追究制定机关负责人的失职或渎职责任以及直接认定行政规定中止、撤销或无效。然而，行政系统外 27 个省份的人大

---

① 2004 年《湖南省规章规范性文件备案审查办法》没有处理公民动议的具体期限，但 2008 年《湖南省行政程序规定》要求在收到申请之日起 30 日内作出处理，并将处理结果书面告知申请人。

常委会有关备案审查的法规中,只有 13 个省份规定了拒不报送责任,并且没有对行政规定制定主体拒不报送行为是否影响行政规定的效力作出明确规定。同时,就责任形式而言,行政系统内规章对制定机关拒不履行报送责任的规定显然比行政系统外人大常委会法规中规定的责任形式更加多样化,如行政系统内规章对制定机关拒不履行报送规定了"通知其限期报送;逾期仍不报送的,通报批评;追究制定机关直接负责的主管人员和其他直接责任人员的责任"等数种责任形式,而行政系统外人大常委会法规中仅规定了"通报"这一种相对单一的责任形式。此外,行政系统内规章对制定机关拒不履行报送责任的规定显然比行政系统外人大常委会法规中规定的有关责任严格得多。(详见表 4-6)

表 4-6 各省行政系统内外关于拒不报送备案责任规定情况对比表

制定主体拒不报送备案的责任	行政系统内备案审查规章	行政系统外备案审查法规
限期报送	安徽、北京、重庆、福建、河北、黑龙江、海南、湖北、湖南、甘肃、贵州、广东、广西、吉林、辽宁、宁夏、内蒙古、江西、江苏、青海、山东、山西、陕西、四川、上海、西藏、新疆、天津、云南、浙江(30 个)	安徽、重庆、福建、广西、河南、江苏、宁夏、陕西、山东、新疆(10 个)
逾期不报送的,通报批评,并责令改正	安徽、北京、河北、黑龙江、海南、湖北、湖南、甘肃、贵州、广西、吉林、辽宁、内蒙古、宁夏、江西、江苏、青海、山东、山西、陕西、四川、上海、西藏、新疆、天津、云南、浙江(27 个)	重庆、福建、甘肃、广西、河南、江苏、西藏、云南(8 个)
对责任人员依法给予行政处分	安徽、北京、重庆、河北、海南、湖北、湖南、广东、广西、吉林、辽宁、宁夏、甘肃、贵州、江西、江苏、青海、山东、山西、四川、陕西、天津、云南(23 个)	山东(1 个)
拒不报送备案对行政规定的效力影响	广东和重庆规定为"无效或撤销";福建规定为"中止执行"	—
规定了责任的省份总计	除河南外的 30 个省份	13 个省份

2. 行政系统内外拒不报送责任规制中存在的问题

没有报送行政规定的强制性法律责任,会使备案成为行政规定制定机关任意地自行决定履职与否的一种虚设程序性要求。相对于行政系统内省级人民政府规章一般都要求对拒不报送行政规定的行为由制定机关承担违法责任而言,行政系统外省级备案审查法规多数没有对制定机关拒不报送行为设定违法责任,进而导致行政系统外人大常委会对于行政规定开展的备案审查,因为行政规定制定机关不愿履行备案责任而成为"无米之炊"。这显然不利于人大常委会对行政规定行使监督权。因此,要认真落实人大常委会对行政规定的监督权,有关规范备案审查的地方性法规还需要借鉴行政系统内备案审查实践中总结和已经制度化的有效经验,进一步完善拒不报送责任制度,以充分发挥权力机关备案审查监督工作的应有作用。

(五)关于拒不纠正行政规定错误的责任

行政系统内外备案审查制度中有关行政规定制定主体拒不纠正行政规定错误应承担责任的规范也需要进一步改进,以实现不同性质的监督主体在监督行政规定中的优势互补。

1. 行政系统内外有关拒不纠正责任规制现状比较

行政系统内省级政府规章对制定机关拒不履行纠正行政规定错误的行为,不仅规定了由审查主体撤销行政规定的简单处理程序,而且多数省级地方规制规章都规定了制定主体应承担拒不纠错的违法责任(如通报批评),有的省份甚至规定追究制定机关主要责任人的失职或渎职责任。然而,规定了拒不纠错行政规定处理程序的行政系统外27个省级备案审查法规中,仅河南省要求行政规定制定主体及其主要责任人依法承担拒不纠错的违法责任。(详见表4-7)

表4-7 行政系统内外备案审查规制制度中关于拒不纠正责任规定情况对比表

对拒不改正行政规定的处理以及违法责任追究		行政系统内有关备案审查规章	行政系统外有关备案审查法规
拒不改正行政规定的处理	公告停止执行后,依法处理	重庆、江西、青海(3个)	—
	依法定程序,撤销该行政规定	北京、辽宁、广东、四川、陕西、新疆、福建、云南、天津、湖北(10个)	安徽、重庆、福建、甘肃、广东、广西、贵州、海南、河北、河南、湖北、湖南、江苏、江西、吉林、辽宁、宁夏、青海、陕西、山西、山东、四川、天津、西藏、新疆、云南、浙江(27个)

（续表）

对拒不改正行政规定的处理以及违法责任追究		行政系统内有关备案审查规章	行政系统外有关备案审查法规
追究制定主体及其主要责任人的违法责任	由政府法制工作机构责令限期改正，通报批评	安徽、贵州、甘肃、河北、湖南、黑龙江、江苏、吉林、内蒙古、宁夏、青海、山西、山东、新疆、上海、浙江(16个)	—
	对不执行撤销决定的，对主要责任人或者责任单位可以依法作出处理决定	安徽、广东、广西、黑龙江、贵州、甘肃、河北、湖南、江苏、吉林、内蒙古、宁夏、青海、山西、山东、上海、浙江、重庆、江西、青海(20个)	河南(1个)

2. 行政系统内外拒不纠正责任规制中存在的问题

对行政规定制定机关拒不纠错的违法行为设定监督性纠错处理程序并追究违法主体及其主要责任人的违法责任，是及时纠正行政规定错误和约束行政规定制定主体谨慎行使行政规定制定权的法律保障。因此，对行政规定制定机关拒不纠错的违法行为，无论是行政系统内还是行政系统外的备案审查规制制度，都不仅应设定行政规定处理程序，而且应对制定主体及其主要责任人设定更加严格和科学的强制性法律责任，否则最终会使备案审查功能虚置。从现行备案审查规制制度看，相对而言，各省行政系统内对制定主体拒不纠错的违法责任以及有关行政规定处理程序设定了相对多样化的责任形式和更为健全的处理程序，因此有必要进一步完善行政系统外的备案审查规制制度中拒不纠错的违法责任制度。

综上所述，从现行省级行政系统内外备案审查规制制度的文本规范内容看，行政系统内外备案审查规制制度之间主要存在以下问题：其一，规制对象和审查内容重叠或缺位，既造成了规制资源浪费和规制效果不佳的后果，也损害了行政规定的权威；其二，行政与人大两个系统设定的不合理审查方式会造成审查结论冲突，但没有设定解决冲突机制，这会诱发审查信任危机；其三，被动审查制度中缺乏回应审查建议的期限、告知审查结论以及不服审查结论的异议程序等程序制度，会阻碍行政相对人被动审动议权的行使；其四，行政系统内外规制制度中的拒不报送责任和拒不纠正责任都有待健全，这使得行政系统内外备案审查制度难以实现其应有监督功能。

二、我国现行备案审查规制机制存在问题的原因

（一）理论研究尚不能对合理构建行政系统内外备案审查机制形成指导

目前，行政法学专著或论文中对立法、行政和司法三机关共同监督行政规定的论述颇丰，并且有关行政系统和人大系统通过备案审查方式监督行政规定的各种主张也多有独立论证，但这些对行政系统与人大系统各自的备案审查重点及其二者之间合理衔接和协调方面的研究还有待深入。

其一，已有学者阐明了依据现行宪政制度行政系统和人大系统分别开展备案审查行政规定的必要性，但并未深入阐述两个系统中如何避免重复审查浪费审查资源的问题和如何解决两个系统对同一行政规定审查结论不一致的问题。例如，学者陈丽芳认为，虽然在行政体系内，上级行政机关中负责法制工作的机构对下级行政机关的行政规定开展备案审查具有专业监督优势，但是宪法和法律赋予各级权力机关和司法机关对国家行政机关制定行政规定的行为行使监督权，因此，根据我国现行宪政制度规定，县级以上人民政府制定的行政规定需要向本级权力机关备案，并接受其监督审查。[①] 只是该观点在阐述行政系统和人大系统都应对行政规定开展备案审查的法治必要性之后，并未实证研究和讨论两大系统分别构建备案审查规制制度和开展备案审查行政规定实践中出现的问题，也没有剖析这两大不同系统内双重规制的成本效益及运作机制。

其二，有学者在理论上肯定我国人大系统和行政系统各自开展行政规定备案审查特色的同时，已经初步提出了行政系统和人大系统的备案审查实践应各有侧重的原则性观点，但也未深入阐述两个系统中如何合理界定重点审查对象范围的问题和两个系统对同一行政规定审查结论不一致的解决机制。例如，学者刘松山认为，行政机关自身对各类行政规定进行备案审查监督是必要和可行的，并且行政机关应当健全备案审查制度以坚持和完善"过细审

[①] 参见陈丽芳：《非立法性行政规范研究》，中共中央党校出版社2007年版，第186—253页；王宝成：《一般行政规范性文件质量监控制度研究》，载《现代法学》2003年第5期。

查"监督,但是鉴于行政机关对违法行政规定落实自我追究责任效果并不尽如人意,还应加大权力机关对行政规定的"重点审查"监督。① 这一主张已经认识到了在行政系统内外双重备案审查中分别发挥行政系统和人大系统各自的审查资源优势并避免资源浪费的问题,并且对两大系统共同开展备案审查作出了较为合理的分工,阐明了在行政系统内健全和全面落实备案审查工作的必要性和可行性,并明确强调人大系统审查的侧重点在于纠正典型违法行政规定,但是此观点主张者由于对行政系统内备案审查纠错功能的过度不信任和受人大常委会备案审查不作为现状的影响,仍未阐述和深入论证如何合理界定两大系统备案审查各自重点规制对象、如何协调两大系统相关审查程序,以及如何解决双重审查结论冲突等有关理顺行政系统内外备案审查关系的问题。

事实上,在承认行政系统和人大系统有必要分别对行政规定开展备案审查的前提下,研究行政系统内外如何分别科学设定备案审查规制制度、如何解决好两个系统之间备案审查规制冲突等问题,对于节约行政系统内外备案审查规制资源和有效实现备案审查监督目的具有非常重要的意义。目前,地方行政系统内外备案审查制度之间存在一些需要协调的问题和备案审查实践效果不佳,也正是因为缺乏必要理论研究成果指导而造成的。例如,在设置最长报送备案期间时,有的省份(如河南和陕西)行政系统外的规制法规设定的最长报送期间比行政系统内规制规章设定的最长报送期间更短,而有的省份(如重庆)行政系统外的规制法规设定的最长报送期间比行政系统内规制规章设定的最长报送期间相对更长(详见表4-8)。各省规制规章和法规随意设定行政规定最长报送期间的情况,事实上反映了各省在设定合理行政系统内外最长报送行政规定期间时,持有不同甚至截然相反的理念。

---

① 参见刘松山:《违法行政规范性文件之责任研究》,中国民主法制出版社2007年版,第86—99页;占志刚:《行政规范性文件监控机制研究》,载《行政与法》2005年第4期。

表 4-8　行政系统内规章与行政系统外法规设定不同最长报送期间的比较

省份＼不同系统报送期间	行政系统外设定的最长报送期间	行政系统内设定的最长报送期间	行政系统外与行政系统内最长期间比较
河南、陕西	公布后 20 日内	公布后 30 日内	较短
重庆	公布后 15 日内	公布后 7 日内	
天津、西藏	公布后 30 日内	公布后 20 日内	较长
海南、新疆		公布后 10 日内	

再如,在设置报送备案审查材料时,行政系统内外要求报送备案审查的材料种类大同小异,即行政系统外一般要求的报送备案审查材料包括备案报告、规范性文件正式文本及相关说明、公布该规范性文件的公告或政府令、其他有关材料;行政系统内一般要求的报送备案审查材料包括备案报告、规范性文件正式文本和说明、制定依据以及法制机构的书面审核意见等。① 但是,行政系统内外要求报送备案审查材料的纸质版本数量却存在较大差异,有的省份不论行政系统内的规制规章还是行政系统外的规制法规,要求报送的纸质版本数量都较大(如甘肃省行政系统内外都要求一式十份),有的省份(如安徽)行政系统内要求报送的备案审查材料的纸质版本数量小于行政系统外要求报送的纸质版本数量,而有的省份(如西藏)则相反,行政系统内要求报送的备案审查材料的纸质版本数量大于行政系统外要求报送的纸质版本数量,还有的省份(如湖南)则两个系统的规制制度中都没有明确制定机关应提交多少备案审查材料的纸质版本数量(详见表 4-9)。由此可见,无论是行政系统内还是行政系统外的备案审查规制制度都没有科学地对应设定报送多少份纸质备案审查材料作出慎重考虑。在当前传递便捷且有利于节约备案审查资源的电子文本已经普遍存在的前提下,制定机关是否有必要向备案审查机关提交大量纸质文本(多达 10 份)? 可见,行政系统内外规制制度设定者在贯彻和落实低成本高效益的备案审查理念时,需要慎重考量纸质文本数

---

① 例如,《重庆市行政机关规范性文件审查登记办法》第 10 条规定:"……应提交以下材料送市政府法制办公室审查:(一) 规范性文件的正式文本和提请审查的公函(一式两份);(二) 制定规范性文件的说明,包括必要性、可行性和主要解决的问题;(三) 制定规范性文件的依据;(四) 本部门法制机构的书面意见。规范性文件内容与其他行政机关职责相关联的,还应提供与其他行政机关协商情况的说明。……"

量问题。

表 4-9 行政系统内外报送备案审查材料纸质版本数量情况比较

省份＼报送备案材料的文本	行政系统内要求	行政系统外人大常委会要求
甘肃	一式十份	一式十份
云南	一式三份	一式十份
重庆	一式两份	一式五份
新疆	正式文本、制定说明各五份，备案报告、相关依据或者材料各一份	
西藏	正式文件十份（起草说明和备案报告各一式三份）	
江苏、江西	一式五份	
安徽	无版本要求	
辽宁	一式十份	无版本数量要求
湖南	无版本数量要求	无版本数量要求

综上所述，正如有学者所认为的，我国重大的行政法制度在建立过程中理论准备似乎都不太充足[①]，笔者也认为，我国在试图构建行政系统内外控制和监督行政规定的备案审查规制制度过程中，理论准备并不十分充足。正是由于行政法学理论界对行政系统与人大系统各自备案审查的范围、功能定位及其合理衔接机制缺乏深入研究和科学阐述，才造成了 2007 年《监督法》生效后，地方人大常委会在对行政规定行使监督权的过程中出现一种本末倒置的现象，即地方人大常委会不是加强对行政系统内备案审查工作结果实施监督，而是着力在权力机关内"另起炉灶"，构建几乎与地方行政系统内备案审查工作并无实际功能区分的重叠备案审查监督制度（详见表 4-10）。这种行政系统内外双重备案审查机制，事实上既难起到避免或减少违法行政规定出现的双重监督功能，还会引发因不同系统备案审查结论不一致而弱化监督效果及其权威性的问题。

---

① 张淑芳：《规范性文件行政复议制度》，载《法学研究》2002 年第 4 期；方宁等：《理性的呼唤：中国〈行政诉讼法〉实施现状调查报告》，载《东吴法学》2001 年号，第 301 页以下。

表 4-10　一些地方省份的行政系统和人大系统备案
审查监督制度职责重复规定的情况

省份	行政系统备案审查	人大系统备案审查	备注
辽宁	2002年9月29日通过的《辽宁省规章规范性文件备案办法》第3条规定："规章、规范性文件应当自公布之日起30日内，依照下列规定报送备案：……（二）规范性文件由各级人民政府……分别报上级人民政府……备案；……"第18条规定："各级人民政府法制部门应当认真履行备案审查监督职责。对只备不审或者审查出问题不予纠正的，由各级人民政府追究直接责任人和主要负责人的行政责任。"	2007年7月27日辽宁省第十届人大常委会第三十二次会议通过的《辽宁省实施〈监督法〉办法》第51条规定："下列规范性文件应当备案审查：……（三）县级以上人民政府发布的决定、命令；……"第54条规定："人民代表大会常务委员会接受报送备案的规范性文件，由常务委员会法制工作机构或者常务委员会指定的办事机构负责接收、登记，分送并配合有关专门委员会或者常务委员会有关工作机构进行审查。"	设区的市级人民政府和县（区）级人民政府的行政规范性文件报备两次，并接受上级人民政府和同级人大常委会双重审查
陕西	2002年6月1日起施行的《陕西省行政机关规范性文件备案规定》第4条规定："县级以上人民政府发布的规范性文件，由发布机关向上一级人民政府备案。……"第5条规定："县级以上人民政府法制工作机构具体负责规范性文件的备案审查工作。……"	2007年9月27日陕西省第十届人大常委会第三十三次会议通过的《陕西省实施〈监督法〉办法》第42条第2款规定："人民政府制定的具有普遍约束力的决定、命令、规定等规范性文件，应当在发布之日起二十日内报本级人民代表大会常务委员会备案。"	

（二）人大和行政系统对同一行政规定进行备案审查的实践困境尚未充分暴露

早在20世纪80年代初，《宪法》《全国人大组织法》和《地方组织法》等已经对人大系统和行政系统监督行政规定的职责作出了初步规范。

就行政系统内备案审查制度和实践而言，在20世纪90年代初，辽宁、湖南和北京等一些地方行政系统即已建立和健全了行政规定报送备案规制制度。在国务院法制办的推动下，各地备案审查实践开展得如火如荼并且取得了实际成效。① 据 2007 年 11 月 5 日《法制日报》报道，我国已经初步形成五级政府、四级监督的行政规定备案审查监督体系。②

然而，就行政系统外备案审查制度和实践而言，地方人大系统对行政规定的备案审查工作仍处于探索阶段。在 2007 年《监督法》生效后，一些地方人大启动了备案审查工作，③制定了实施《监督法》办法，并在实施《监督法》办法中将已经接受省级人民政府备案审查的设区的市级人民政府制定的行政规定纳入设区的市级人大常委会备案审查的范围，还将已接受设区的市级人民政府备案审查的县（区）级人民政府制定的行政规定纳入县（区）级人大常委会备案审查监督的范围。在实践中，目前人大系统与行政系统对同一行政规定分别开展备案审查并得出不同结论的困境尚未充分显现。同时，由于行政系统与人大系统备案审查行政规定制度的构建者和实施者，没有意识到或不屑于正视这两大系统的备案审查工作之间存在重复审查资源浪费的问题和可能出现备案审查结论矛盾冲突的问题，导致了目前行政系统与人大系统备案审查行政规定时各行其是的现实状况。

综上所述，正是基于人大和行政两类不同系统备案审查行政规定的制度构建者对如何合理规制行政规定违法或不适当问题各执一端，并且缺乏整体协调、相互配合的观念，也基于行政法学者不了解甚至无视行政系统内备案审查实践已经取得的成果，才加剧了目前行政系统内外备案审查规制机制中规制对象和内容部分重叠或者部分缺失、规制效果不佳，甚至行政系统内外备案审查结论可能出现矛盾冲突的现象。

三、行政系统内外备案审查实际规制效果比较及原因分析

（一）行政系统内外备案审查实际规制效果比较

1. 行政系统内实际规制成就显著

20 世纪 90 年代初，行政系统内就已经启动备案审查地方行政规定工作。

---

① 2002 年 9 月 21 日至 9 月 23 日，国务院法制办在安徽合肥首次召开了全国备案审查工作座谈会，其后 2003 年在河南郑州、2005 年在江西南昌和 2007 年在海南海口多次召开了全国地方备案审查工作座谈会，以推动行政系统内部的行政规范性文件备案审查工作。
② 参见李立：《中国"红头文件"为何不再漫天飞》，载《法制日报》2007 年 11 月 5 日第 8 版。
③ 参见刘祖德、黎绪军：《湖南临湘市人大常委会启动规范性文件备案审查制度》，http://npc.people.com.cn/GB/15017/6288344.html，最后访问时间：2017 年 3 月 20 日。

2002年《法规规章备案条例》的施行,促使行政系统内地方行政规定备案体系和制度进一步完善,并且备案审查的实际监督成效相对显著。依据国务院法制办2005年8月18日至19日在江西省南昌市召开的"规范性文件备案审查工作座谈会"和2007年11月5日的《法制日报》的报道,自2003年到2005年6月底,全国29个省级政府共收到报送备案的行政规定9745件,经审查发现存在违反上位法规定的623件(占备案文件的6.4%),按照备案审查程序已纠正424件(占发现问题的68.1%);[①]而从2005年到2007年上半年,31个省级政府共收到市级政府和省政府部门备案的行政规定21937件,经审查发现问题并予纠正的达1013件(详见表4-11)。[②] 2006年,全国市县级政府共收到备案的行政规定50632件,经审查发现问题并予纠正的达1070件。[③] 此外,从江西、云南、陕西等省份2006年度和2007年度规范性文件备案审查情况通报来看,地方各省人民政府的法制机构都能够认真对待行政规定备案审查和自我纠错工作(详见表4-12、4-13和4-14)。由此可见,我国行政系统内备案审查对行政规定的纠错规制大大有助于减少行政规定侵害行政相对人合法权益出现的概率,有助于减轻权力机关对行政规定监督的负担,也有助于降低行政相对人请求法院动用司法资源的必要性。同时,这些有关备案审查和纠正违法或不适当行政规定的统计数据也充分说明,随着法治进程的深化和行政人员依法行政理念的确立,我们应对行政系统内通过备案审查方式实现自我纠错给予适度信任,而不应轻视行政系统内自我规制行政规定的功能,也不应无视其在监督实践中已经取得的实际规制效果,更不应抹杀其在多元主体综合规制体系中所处的应有地位。

---

① 参见李立:《省级政府"红头文件"全部实现备案监督》,载《法制日报》2005年8月20日第1版;《国务院法制办召开规范性文件备案审查工作座谈会》,http://www.masfzb.gov.cn/news/news_view.asp?newsid=248,最后访问时间:2008年5月26日。
② 参见李立:《中国"红头文件"为何不再漫天飞》,载《法制日报》2007年11月5日第8版。
③ 同上。

表 4-11　行政系统内地方启动和开展行政规定备案审查工作已经取得的部分效果情况表

接受备案审查主体	制定主体	备案审查期间	备案审查数量	违反上位法或不适当的数量	纠正
黑龙江省政府	本省各地市和省直机关	1993年10月至2001年底	2801件①	44	44
安徽省政府	本省各地市和省直机关	1996年3月至2001年底	1064件②	113	—
四川省政府	本省各地市和省直机关	1999年至2001年底	632件③	29	29
甘肃省政府	本省各地市和省直机关	2004—2008年	581件④	34	—
31个省级人民政府⑤	全国各地市和省直机关	2003年至2005年6月	9745件⑥	623	424

---

　①　参见宋大涵:《解放思想 与时俱进 开创我国备案工作新局面——在备案工作座谈会上的讲话》,http://www.360doc.com/content/10/0526/14/803452_29614771.shtml,最后访问时间:2017年5月21日。

　②　参见束学山:《违法的"红头文件"必须依法清除》,http://www.people.com.cn/GB/guandian/1036/1914934.html,最后访问时间:2017年5月21日。

　③　参见宋大涵:《解放思想 与时俱进 开创我国备案工作新局面——在备案工作座谈会上的讲话》,http://www.360doc.com/content/10/0526/14/803452_29614771.shtml,最后访问时间:2017年5月21日。

　④　参见马宝明:《"红头文件"也须合法——从审查武威市政府制定的一起规范性文件案谈起》,载《发展》2009年第3期。

　⑤　据不完全统计,从1987年建立规范性文件备案审查制度以来,截止到2008年底,全国省级政府共收到报送备案的规范性文件6万余件。经审查,共有2174件不同程度地存在违反上位法规定的情形,绝大多数已纠正处理。参见吴兢、黄庆畅:《"红头文件"呼唤立法》,载《秘书》2009年第3期。

　⑥　参见吴兢:《31个省级政府"红头文件"全部备案审查防"走形"》,载《人民日报》2005年9月12日第10版。

表 4-12　江西省省政府法制机构和设区市政府法制机构 2006 年和 2007 年备案审查情况①

	备案			准予备案		存在违法或不适当的		纠正	
		设区市政府制定	省政府部门制定	件数	占报送备案审查的	件数	占报送备案审查的	件数	纠正率
2006 年	省政府法制办（报备 146 件）	80 件	66 件	127 件	87.0%	19 件	13.0%	15 件	78.9%
2007 年	省政府法制办（112 件中 109 件属于行政规定）	64 件	48 件	99 件	90.8%	10 件	9.2%	10 件	100%
	设区市政府法制办	受理县（市）及市直部门报送的 405 件	—	—				26 件	

表 4-13　云南省省政府法制机构和州（设区市）政府法制机构 2006 年和 2007 年备案审查情况②

	备案审查					存在违法或不适当的		纠正	
		报送	属于规范性文件	已审	准予备案	件数	占报备规范性文件的	件数	纠正率
2006 年	省政府法制机构	150 件	133 件	133 件	130 件	3 件	2.3%	3 件	100%
	州或设区市政府	—	361 件	345 件	312 件	33 件	9.1%	—	
2007 年	省政府法制机构	122 件	103 件	—	—	23 件	22.3%	23 件	100%
	州或设区市政府								

---

① 参见江西省《关于 2006 年度规范性文件备案情况的通报》，http://www.jxfazhi.gov.cn/2007-3/200738111741.htm，最后访问时间：2008 年 6 月 16 日；江西省《关于 2007 年度规范性文件备案情况的通报》，http://www.jxzb.gov.cn/2008-4/20084171737345.htm，最后访问时间：2008 年 6 月 16 日。

② 参见云南省法制办关于 2006 年规范性文件备案审查工作情况，http://www.yn.gov.cn/yunnan.china/72623842526232576/20070326/1147184.html，最后访问时间：2008 年 6 月 16 日；云南省人民政府法制办公室《关于 2007 年规范性文件备案审查工作情况》，http://www.chinalaw.gov.cn/jsp/contentpub/browser/contentpro.jsp?contentid=co2058963465，最后访问时间：2008 年 6 月 16 日。

表 4-14　陕西省省政府法制机构 2006 年和 2007 年备案审查情况①

报送		备案审查情况				存在违法或不适当的		纠正	
		属于规范性文件	已审	待审	准予备案	件数	占报备文件的	件数	纠正率
2006 年	163 件	138 件	130 件	8 件	117 件	13 件	9.4%	5 件	38.5%
2007 年	200 件	183 件（设区市级政府 60 件、省级部门 140 件）	—	—	—	35 件	19.1%	已基本得到纠正	—

2. 行政系统外备案审查实际规制效果仍不明显

从备案审查的实际启动时间、审查范围和监督成效看，尽管少数地方人大常委会（如福建）在 20 世纪 90 年代已创设备案审查行政规定的规制制度，但是多数地方的人大常委会是在 2007 年 1 月《监督法》实施之后，才对行政规定实际启动行政系统外备案审查监督的。目前，人大系统对行政规定的备案审查实践仍处于初创阶段，并且据有关人大常委会备案审查监督效果方面的公开信息显示：在纠正行政规定违法和预防行政规定侵犯行政相对人权益状况方面，行政系统外人大常委会备案审查的实际效果并不明显。② 就一些地方人大常委会开展的主动审查而言，人大常委会主动审查所取得的实际纠错效果不及同级人民政府主动审查纠错效果显著。例如，2006 年云南省人民政府法制办对云南省 15 个州、市人民政府和 23 个省级部门制定的 133 件行政规定给予审查，并对审查后发现不合法或者不适当的 3 件文件责令制定机关进行了纠正。然而，2004 年 10 月至 2007 年 1 月期间云南省人大常委会仅

---

① 参见陕西省人民政府办公厅《关于 2006 年度规章规范性文件备案情况的通报》，http://www.sxzffz.gov.cn/News_View.asp? NewsID=563，最后访问时间：2008 年 6 月 16 日；陕西省全面推进依法行政工作领导小组办公室《2007 年度规范性文件备案审查情况通报》，http://www.shaanxi.gov.cn/0/1/6/239/47353.htm，最后访问时间：2008 年 6 月 16 日。

② 参见俞荣根：《规范性文件备案审查和立法后评估工作研讨会情况简报》，载《人大参阅》2010 年第 6 期。

对云南省人民政府制定的 40 多件规章和行政规定进行了审查。(详见表4-15)①就被动审查而言,2008 年全国人大常委会法工委收到公民、组织等提出的审查建议不足百件,而省级地方人大常委会收到公民审查建议的更少,一年仅数件。② 由此可见,目前人大及其常委会没有必要对备案后的行政规定开展主动审查监督。

表 4-15 云南省行政系统内备案审查与人大常委会对行政规定备案审查效果对比表

备案审查主体	备案审查期间	审查依据	制定主体	备案总量	审查总量	纠正
云南省政府法制办	2006 年	2004 年 10 月 29 日通过的《云南省行政机关规范性文件制定和备案办法》	15 个州、市政府和 23 个省级部门	133 件	133 件	3 件
			省政府	—	前置审查 90 多件	逐件提出了审查意见
16 个州、市政府法制办	2006 年		县(市、区)政府和 16 个州、市政府的部门	361 件	345 件	33 件
云南省人大常委会	2004 年 10 月—2007 年 1 月	2004 年 3 月 26 日通过的《云南省人大常委会关于政府规章备案审查的规定》	省人民政府的规章和规范性文件	—	40 多件	—

(二)形成行政系统内外备案审查规制效果反差较大的主要原因

目前,形成行政系统内外备案审查规制效果反差较大的主要原因在于二者在以下几个方面存在较大差异:行政系统和人大系统备案审查专业素质、辅助审查资源、领导推动工作的力度、备案审查规制制度的完善程度、审查主

---

① 表 4-15 中的有关统计数据源于《云南省人民政府法制办公室关于 2006 年规范性文件备案审查工作情况》,载《云南政报》2007 年第 5 期;刘昶军:《做好新形势下人大常委会规范性文件审查备案工作——云南省人大常委会办公厅规范性文件备案情况综述》,http://www.zffz.yn.gov.cn/ynrdcwh/1010776641367965696/20090106/191123.html,最后访问时间:2010 年 12 月 20 日。

② 参见《规范性文件备案审查制度理论与实务》,中国民主法制出版社 2011 年版,第 132 页。

体与行政规定制定主体之间的关系等。

1. 行政系统的备案审查比人大系统更具有专业审查优势,并且行政系统内可利用的辅助审查资源更为丰富

首先,从备案审查机构和资源配备要求看,备案审查行政规定是要求审查人员须具备较高专业素质的一项任务繁重的工作。《监督法》赋予了各级人大常委会对下一级人大及其常委会、同级司法机关和同级人民政府等主体制定的包括行政规定在内的各种规范性文件承担备案审查的监督职能。然而,迄今为止,人大系统的备案审查机构及其人员配备仍在创建和完善过程中。①其离有效完成专业备案审查任务的要求还有一定距离。再加上人大系统不仅要对行政规定开展备案审查工作,还须对行政主体之外的其他各种主体制定的内容庞杂、专业各异且数量巨大的规范性文件承担备案审查责任,因此在履行备案审查行政规定的监督职能方面,行政系统外的人大常委会对行政规定开展备案审查监督工作的作用相对有限。

其次,从专业审查能力看,由于人大常委会不直接行使行政管理权,因而在发生行政规定侵害行政相对人合法权益之前一般难以发现行政规定中存在的问题。② 也就是说,目前尽管部分地方的人大常委会对行政规定开展了主动备案审查,但是人大常委会的主动审查因脱离行政管理实践而主要借助

---

① 例如,2009年福建省石狮市人大常委会就向泉州市人大常委会建议:"在县(市、区)增设备案审查科,并增加相应人员的编制职数。目前,由于常委会法工委'挤'不出人员来从事规范性文件备案审查具体事务性工作,人大常委会领导只好暂时指定办公室一名科员兼顾此事。由于规范性文件备案审查将是人大常委会的一项常态性工作,政治敏感性和规范性要求又都比较高,因此,必须由专设机构和专职人员承担比较妥当。"参见福建省石狮市人大常委会办公室:《规范性文件备案审查的意义、实践与建议》,http://www.qzrd.gov.cn/qzrdgov/www2/7/2009-02-02/5906.htm,最后访问时间:2010年12月20日。

② 由于要报人大常委会备案的规范性文件数量较多,如果对每一件规范性文件都进行全面审查,就我们现有的人力和资源而言,是难以做到的。同时,规范性文件的一些缺陷或不足,往往是在具体实施过程中才会逐渐显现出来,对规范性文件进行抽象的、逻辑性的审查,是不可能全面和准确的。为了既便于及时发现问题,又能多渠道、有针对性地解决问题,要坚持以"不告不理"的被动式审查为主,同时选择若干事关重大、影响全局、涉及群众切身利益的规范性文件重点进行主动审查监督。参见俞荣根:《规范性文件备案审查和立法后评估工作研讨会情况简报》,载《人大参阅》2010年第6期。此外,如前文所述,审查方式有主动审查和被动审查两种方式。所谓主动审查,指的是在没有任何国家机关和公民提出审查要求或建议的情况下,由专门委员会或者法制工作委员会主动开展的审查工作。所谓被动审查,是以某些国家机关和公民、法人以及其他组织提出审查要求为前提而启动的审查。

于理性的逻辑判断或推论来预见行政机关所制定的行政规定中可能出现的违法问题或偏颇之处,由于行政规定中存在的问题往往较为隐蔽,因此即使备案审查机构中的所有组成人员都是行政法专家,也难以对行政规定涉及的全部事项都作出职业化判断。当前,专业局限性已经使人大常委会对行政规定开展的备案审查监督处于一种审查效果相对不佳的尴尬境况。① 基于权力机关的监督能力存在疑问,行政系统外的权力机关对行政规定的审查监督在实际操作的可行性上大打折扣,因此目前主张我国人大常委会应对同级人民政府及其部门制定和发布的行政规定实施主动审查监督不具有现实性。

与此相对照的是,行政系统内的备案审查已获得了政府部门专业机构的协助。目前,各级人民政府已经设立的专职备案审查机构并不是仅凭借自己的专业审查知识单打独斗,而是在审查过程中往往借助于政府内设的其他相关专业处室机构(如社会处、经济处、城建处、综合处、监督处、复议处等)协助审查。在审查过程中,这些辅助审查机构既能够起到及时发现行政规定中的潜在问题的作用,也能够提供必要的纠错意见。例如,2004 年,某直辖市人民政府的备案审查处在对其下辖的某区人民政府制定的一个行政规定——《关于农村大病、重病特困人员医疗联动救助的暂行实施办法》进行备案审查的过程中,就得到了该直辖市人民政府内设机构(社会处)的协助审查,并发现该行政规定存在"与现行上级人民政府行政规定不相一致的地方"。在备案审查机构与发文单位沟通后,该行政规定中存在的问题在备案审查期间得以及时纠正。② 有统计资料显示,行政系统内的专业机构或部门单位协助审查对发挥行政规定备案审查功能具有重要意义。(详见表 4-16)

---

① 参见邬立群:《关于规范性文件备案审查若干问题思考》,http://rd.changning.sh.cn/gclsjdfzt-tlh/248.htm,最后访问时间:2017 年 4 月 24 日。
② 参见李平、何泽岗、栗春坤:《行政规范性文件制定的理论与实务研究》,载《政府法制研究》2007 年第 3 期。

表 4-16　某直辖市行政系统内备案审查利用专业资源协助情况表①

备案审查年度	备案审查件数	审查结果为问题文件数量	结果为修改或建议修改件数	协助审查次数	政府内设机构（处、室）协助审查		向相关行政机关征求意见	
					处室数量及参与总次数	反馈意见次数	次数	反馈意见数量
2004年5月—12月	123	27	12	57	社会处、经济处、城建处、综合处、监督处、复议处、研究所7个处室,共74次	30余次	2次	2条
2005年1月—12月	214	63	48	143	社会处、经济处、城建处、综合处、复议处、研究所6个处室,共183次	42余次	47次	22余条
2006年1月—12月	256	88	49	236	社会处、经济处、城建处、综合处、监督处5个处室,共240次	36余次	65次	15余条
2007年1月—5月	88	40	25	75	社会处、经济处、城建处3个处室,共75次	13余次	10次	4条

2. 行政系统领导推动备案审查工作的力度比人大系统相对更大

规制行政规定的实际效果与组织管理模式以及规制主体领导重视程度密切相关。由于行政系统内实行下级行政机关服从上级行政机关的科层制组织管理模式和行政首长负责制,因此上级行政机关与行政首长的依法行政理念和强势关注对行政规定规制制度的建立和落实起着重大甚至决定性的影响作用。例如,在2002年后,每年由国务院法制办或者省级地方政府法制机构召集或主办的全国性行政规定备案审查研讨会或座谈会不仅有力地推动了地方备案审查规制制度的落实,②并且促进了地方规制制度的完善和备

---

① 资料来源于某直辖市备案审查登记表。
② 参见《国务院法制办公室政府法制协调司江凌副司长:在全国地方规范性文件备案审查示范点工作座谈会开始时的讲话》,http://www.hami.gov.cn/10051/10051/00009/2007/44510.htm,最后访问时间:2010年11月20日。

案审查实践的良性发展。① 再如,2001 年深圳市在全国率先确立了行政规定前置审查制度。深圳这一制度创新的核心是确立了"统一要求、统一审查、统一发布"行政规定的审查制度。在调任山西省省长之后,于幼军于 2006 年 5 月 8 日在山西省政府第七十次常务会议上对建立行政规定前置审查制度作了重要讲话。其后,山西省政府法制办立即组织力量研究深圳、安徽、广东等省市在这方面的成功经验,并着手代省政府草拟了《山西省行政机关规范性文件制定程序暂行办法》,该规章于 2006 年 8 月 18 日通过。② 同时,相对于权力机关履行备案审查行政规定职责而言,由于在行政系统内的科层管理体制中,标准化、程序化、技术化和理性化的管理具有行为可预期性特点,因此行政机关承担备案审查行政规定的职责更有利于实现监督绩效。③ 这对提高行政规定质量和预防出现行政规定违法或不适当情况具有显著意义。

3. 权力机关对行政权持有的尊让原则也使行政系统外备案审查主体不宜对行政规定行使备案后的主动审查职能

依据职责分工理论,权力机关对行政机关行使监督权时,应通过一定方式适度表达尊让或谦抑。这就要求,人大常委会对特定行政机关制定的行政规定行使监督权之初,一般会与行政规定制定机关主动沟通,以统一思想认识,并建议行政规定制定机关自行纠正。只要行政规定制定机关主动纠正了行政规定中存在的违法或不适当问题,人大常委会就不会采取进一步的监督措施。这样做既有利于提高行政规定制定机关的自我纠错和约束意识,也有利于充分体现权力机关对行政规定制定机关行使行政规定制定职权的尊重和必要信任。

---

① 2001 年后,安徽、广东、山东、河北、宁夏、辽宁、云南、山西等学习借鉴深圳市"规范性文件前置审查"制度创新性经验,在减少行政规定数量,提高其质量,避免和减少产生违法或者不当抽象行政行为等方面都取得了明显成效。参见崔国红:《搞好规范性文件前置审查工作——在省直部门法制工作会议上的讲话》,http://www.hebfzb.gov.cn/detail.yifa.aspx?t=9&v=9525,最后访问时间:2017 年 4 月 28 日。

② 同上。

③ 参见高鸿钧:《现代法治的出路》,清华大学出版社 2003 年版,第 297 页。

4. 人大常委会备案审查制度本身不够科学，也阻碍了审查监督功能的实现

正如本书第三章第二节"权力机关对行政规定的规制"中有关省级人大常委会备案审查法规实证研究所述，行政系统外备案审查监督制度存在以下问题：监督对象相当有限且容易引发争议；审查内容、最长报送备案期间和主要审查方式的科学性和可行性有待改进；没有设定行政规定制定主体承担拒不报送备案和拒不纠正违法责任；没有设定处理违法行政规定的程序等问题，而这些问题都阻碍了权力机关对行政规定有效落实备案审查监督功能。

综上所述，在我国，随着法治进程的深化和行政人员依法行政理念的确立，行政系统通过备案审查规制行政规定的积极作用应远大于行政系统外的权力机关备案审查规制行政规定的作用。

四、美德法三国行政规定规制机制的发展趋势与借鉴意义

(一) 发展趋势

从美国、德国和法国的行政规定规制情况看，一般而言，在西方发达国家中，行政机关制定行政规范的权力多源于授权，其名称多为条例或法规，所受规制方式既包括严格的制定程序要求（一般要求遵循行政程序法制定），也包括接受合法性司法审查；而制定有关行政内部事务、解释性、程序性或裁量性行政规范时，因其一般不涉及行政相对人权利或义务的增减，并且制定权主要源于法定职权，其名称多为行政规定或行政命令，并受到相对简单的制定程序（一般采用比制定立法性行政规范要求更为简单的方式、步骤等制定程序）以及受合法性和合理性司法审查规制。因此，可以说，各国行政主体制定行政规定时都要受到制定程序制度和司法审查两方面的规制，并且这两方面的规制力量共同发挥作用，从而确保了行政规定制定权的依法公正行使，并保障了行政相对人的合法权益不受侵害。

同时，从对公民权益保护必要性角度考虑，各国行政规定所需行政程序规制强度与司法审查规制强度之间已经呈现出一种反向相关关系，即如果一国（如美国、德国）公民不受行政规定侵害的权益已获得行政程序充分保护，那么行政法院因对行政规定进行控制的重要性相对降低，会放松对行政规定

的司法审查；如果一国（如法国）公民不受行政规定侵害的权益已获得行政诉讼中司法审查的充分保护，那么国会和政府因对行政规定进行控制的必要性相对降低，也就不需要细化或强调完善行政规定制定程序。

只是从规制的效果看，由于程序规制在规范行政规定制定权的同时，扩大了行政相对人的事先参与权利，从而使行政规定获得了程序正当性，并事先在行政规定制定过程中预防了侵害后果的发生。因此，可以说，相对而言，行政规定制定程序规制比司法审查规制更具有根本性。

（二）借鉴意义

在现代国家承认行政机关在执行法律中需要行使必要的解释性或裁量性行政规定制定权和行政机关努力加强自我规制的背景下，美、德和法等国的学界与实务界有关非立法性规则外部化、司法审查中应当给予何种程度的尊重、是否需要通过国会完善制定程序法以及在实现行政规定规制目的中立法、行政、司法之间的互动与合作等问题的探讨，对于探索适合中国国情的行政规定规制机制具有启示与借鉴意义，主要体现为以下几方面：

第一，我国对行政规定的规制，应借鉴国外经验，由现行依照制定主体级别高低决定规制要求宽严程度，转向以是否影响行政相对人的权利义务为标准，进行分类规制。

从各国行政规定规制实践发展的趋势看，在制约公权力和充分保障行政相对人合法权益的行政法治理念下，各国对行政规定的规制一般采取了分类区别对待的做法，即如果行政规定制定后不影响行政相对人的权利义务，那么在行政规定制定程序中就没有必要强调设置公民参与的步骤和制定后强制公开的程序，并且在该行政规定制定生效后法院也没有必要积极开展司法审查。然而，如果行政规定制定后会影响行政相对人的权利义务，那么在其制定程序中必须设置公民参与制定的步骤和制定后公开的程序，并且在生效后也有必要接受法院的司法审查。各国这种依照是否影响行政相对人的权利义务将行政规定一分为二并设定不同规制要求的做法，由于既符合行政机关有效实现管理职能的要求，又能够以必要的正当性程序有效制约行政机关通过制定解释性规则、裁量规则以及行政执法标准影响行政相对人权益的情况，还能够达到以相对较为明确的司法审查标准维护和保障行政相对人合法权益不受违法行政规定侵害的目的。因此,该分类规制方法已经获得了一些行政法较为发达国家的行政法学者和专家的认可和推崇。

目前,我国有行政立法权的一些行政机关(如国务院及其部门、省级人民政府和设区的市的人民政府)和没有行政立法权的一些行政机关(如省级人民政府部门、设区的市级人民政府部门、区县级人民政府或乡镇人民政府)都不时会发布行政规定,但是这些不同级别行政机关发布的行政规定,往往因其制定主体行政级别的差异,不仅受到不同制定程序和行政内部审查监督的规制,而且受到不同的司法审查待遇。例如,国务院在制定和发布行政规定时,除了要遵循《国家行政机关公文处理办法》外,既没有必须遵循的行政规定制定程序制度,也没有在制定后应接受备案审查的监督程序,同时在法院审理行政诉讼案件中也往往被看作是具有行政法规性质的规范而被法院给予尊重。但是,如果是江西省某一县级人民政府制定和发布的行政规定,除了要遵循《国家行政机关公文处理办法》外,其制定过程中必须遵循《江西省行政机关规范性文件制定程序规定》,在制定后须依据《江西省规范性文件备案办法》接受江西省人民政府法制备案审查机构的备案审查监督,同时在法院审理行政诉讼案件中也要经受法院事实上的合法性审查后才能够给予必要的尊重。由此可见,目前我国在规制行政规定的过程中,一般是以行政规定制定主体的行政级别为标准,而不是以该行政规定是否影响了行政相对人的权利义务为标准来确定制定程序的正当性和接受法院监督的必要性。我国采用以行政规定制定主体的行政级别为标准的结果是:行政规定规制整体上呈现出一种"管下不管上"或者说是盲目信仰权威的唯"上"是从状态,甚至我国的一些学者或专家也支持这样一种并不科学的规制观点,即对行政规定是否应接受规制、接受何种规制,以制定主体的行政级别而确定。也就是说,当制定主体级别越高,越应该给予该制定主体足够的程序正当性信任,因而该行政规定制定程序制度就可以越简单,并且外部监督力量也越弱,即高级别行政机关(如国务院)不必接受行政系统内外的备案审查监督甚至法院的司法审查监督。[①] 在现行监督法律规范体系中,《监督法》仅仅对县级以上地方各级人民政府制定的行政规定应接受同级人大常委会备案审查监督和对最高人民法院、最高人民检察院作出的属于审判、检察工作中具体应用法律的解释进行备案审查监督问题作出了明确的法律规范,并没有对国务院制定行政规定后是否应接受全国人大常委会的备案审查监督作出规范。同时,在国务院的倡导和推动下,31个省级人民政府都制定了有关行政系统内对行政规定开展备案审查的地方政府规章,从而对省级以下(不包括省级)的地方行政机关制定的行政规定开展备案审查,然而国务院并没有对省级人民政府制定行政规定后应接受国务院的备案审查监督作出规范。

由于行政规定本身的正当性事实上并不一定与其制定主体的行政级别成正比,并且对比前述国外与我国现行对行政规定规制理念可以发现,国外依照行政规定对行政相对人是否发生影响而确定规制制度的做法,显然比我国依照行政规定制定主体行政级别高低确定规制制度的理念更具有科学和合理之处。因此,在我国行政法治建设进程中,有必要借鉴国外行政规定规制理念,改变我国现行规制行政规定的错误理念,确立以行政规定是否外部化(即是否对行政相对人造成了影响)为标准来确定该行政规定是否应该遵循特定制定程序和接受司法审查规制。

第二,借鉴国外充分重视行政规定制定权限和程序正当性的做法,努力在中央和地方两个层面都构建起能够确保制定权限和程序获得正当性的规制制度。

近年来,美国、德国和法国对行政规定制定都不同程度地构建了一些能够满足权限和程序正当化要求的制度,如行政规定制定主体必须在行政管理职权范围内依法行使行政规定制定权、依法确保利害相关的行政相对人参与

[①] 参见肖南、车凯、程晓敏:《从一起行政复议案件的结果看国务院规范性文件的效力地位》,载《中国行政管理》2005年第1期;蔡小雪:《国务院下属部门规范性文件的法律效力判断与适用》,载《人民司法》2008年第4期;金国坤:《论行政规范性文件的法律规范》,载《国家行政学院学报》2003年第6期。

制定活动以及依法履行公布程序等。① 同时,国外的一些行政法学者也主张对非立法性规则由国会构建一些能够满足权限和程序正当化要求的规制制度,②如肯尼斯·卡尔普·戴维斯(K. C. Davis)在《警察裁量》中就曾经提到:"我认为仅仅有一套规则还远远不够,同样需要的是制定这些规则的程序。"③这些有关行政规定制定权限和程序正当化的要求,使行政机关外部化的行政规定不仅具备专业权威性,而且满足了权限合法性和程序正当性要求,因而在司法审查中更容易赢得法院的应然尊重。

我国现行一些地方行政机关,在规制行政规定的制定权限和程序的制度中,也已经设置了种种有助于保障程序和权限正当性的规制制度:行政规定制定主体禁止行使的制定权事项、在制定过程中须经行政机关内法制机构事先作出合法性甚至合理性审查,以及制定重要行政规定的过程中应公开听取公众、专家或者利害行政相对人的意见等。这为提高我国行政规定质量、在行政诉讼中获得法院对行政规定给予的应有尊重以及树立其自身权威性提供了必要条件。然而,目前我国国务院及其一些部门甚至内设机构以及一些地方行政机关的内设机构,仍未对行政规定制定权限和制定程序的正当性问题给予必要重视。这种情况不仅可能引发行政相对人对行政规定合法性和合理性的质疑,而且使得法院在行政诉讼中因无法判断文件制定权限和程序是否具备正当性而选择不适用该行政规定。因此,借鉴国外行政规定制定过程中能够彰显其权限正当性和程序正当性的先进制度和做法,对于规范我国行政规定制定权和制定程序、防止行政规定制定权恣意行使以及提高我国行政规定的权威性很有必要。

第三,国外各有特色的行政规定规制机制,有利于我国从国情实际出发客观认识立法、司法与行政在行政规定规制机制中的应有作用。

就国外对行政规定规制的现状及其发展趋势而言,美、德、法等国长期以

---

① See Robert Anthony, Interpretive Rules, Policy Statements, Guidances, Manuals and the Like: Should Agencies Use Them to Bind the Public? Duke Law Journal, 1992, Vol. 41, No. 6. 另可参见〔德〕哈特穆特·毛雷尔:《行政法学总论》,高家伟译,法律出版社 2000 年版,第 608 页;张莉:《法国政务公开述评》,载《行政法学研究》2004 年第 2 期。

② 参见高秦伟:《美国行政法上的非立法性规则及其启示》,载《法商研究》2011 年第 2 期。

③ K. C. Davis, Police Discretion, Westing Publishing Co., 1975, p. 100.

来主要依靠立法设定程序制度和司法审查力量对行政规定予以外部监督,但随着行政管理职能的不断扩大,这些国家也开始重视行政系统自我约束和监督的作用。例如,即使在美国这样一个极其重视权力分立和制约的国家,为了确保行政机关在行政管理活动中充分发挥其积极能动性和及时回应社会变化,美国国会也不得不放弃对非立法性规则制定程序通过立法予以控制和监督的建议,①而仅要求行政机关在制定非立法性规则时遵循必要的自我规制程序。同时,在1984年谢弗林诉自然资源保护委员会案后,美国法院也因行政机关拥有的专业性知识而在行政诉讼审查中放宽了对行政规定审查所持有的标准。② 国外行政规定规制的这些新近发展状况,对于我国行政法学界研究和承认行政系统内自我规制在行政规定规制机制中应有的地位和推动行政自我规制发展具有启示意义。

就我国对行政规定规制的现状而言,我国规制行政规定的各种力量中,行政系统内的程序和备案审查规制实践始于20世纪90年代,并在纠正行政规定违法或不适当问题上已经取得了较为显著的成果;而权力机关对行政机关制定行政规定行使监督权,虽然从1954年就已在制度上获得确认,但是初步落实这一行政系统外的监督功能是在2007年《监督法》实施之后;此外,法院对行政规定的制约功能则仅体现为在行政诉讼案件中可以不适用某一具体行政规定。目前,随着人们对《行政复议法》修改和《行政诉讼法》修改中有关建立法院对行政规定行使审查监督的讨论,司法审查的规制作用未来可能有所增强。

通过对比国内外各种规制力量发挥作用的实际状况及其发展趋势,我们可以发现,在法治化建设过程中,综合发挥立法、司法和行政三种不同规制力量的作用是有效解决行政规定违法或不适当问题的必然途径。只是受历史和国情因素的影响,这三种规制力量在各国对行政规定实施规制中所发挥作用的具体情况有所差异。由此可见,依据我国特殊的规制历史和国情因素,

---

① See Russell L. Weaver, An APA Provision on Nonlegislative Rules? Administrative Law Review, 2004, Vol. 56, No. 4, pp. 1179, 1193.

② See Chevron U. S. A., Inc. v. Natural Resources Defense Council, Inc, 467 U. S. 842—844 (1984).

在治理行政规定违法或不适当的问题上,我国既需要继续发挥行政系统内已经形成的强大规制作用,也需要在充分考量立法与法院应有规制角色地位和实际规制能力的基础上,完善行政系统外的立法和司法规制制度,并积极探索具体落实的途径。

五、重构行政系统内外备案审查机制的对策

尽管备案审查理论和实践都对行政系统和人大系统分别规制行政规定的重要性给予了充分肯定,[①]但是从前述我国行政系统和人大系统之间有关备案审查规制机制出现的问题看,我们很有必要重新认识和合理界定行政系统和人大系统在备案审查规制制度中各自的功能和定位,并构建以行政系统内备案审查为主和行政系统外的权力机关备案审查为辅的行政规定备案审查规制机制。

(一)应实事求是地认识备案审查的功能和实际作用

就审查功能而言,人大系统的备案审查与行政系统的备案审查监督都是仅可能减少行政规定违法或不适当的概率,而不可能绝对消灭违法或不适当行政规定的出现,即使在双重审查后也并不能够确保行政规定绝对不存在违法或不适当问题。因此,无论是人大系统还是行政系统单独或共同对行政规定开展备案审查监督,都只可能提高行政规定质量并减少违法或不适当行政规定侵犯行政相对人权益的情况发生。就备案审查中实际纠错作用而言,行政系统内对行政规定的实际纠错作用大大强于人大常委会。其原因在于:其一,随着多年来行政系统内备案审查实践的发展变化,行政系统内的备案审查监督主体在备案审查过程中自我包庇和消极审查的状况已有明显改观。在行政系统已经开展积极备案审查的情况下,即使再由人大常委会对行政规

---

① 参见陈丽芳:《非立法性行政规范研究》,中共中央党校出版社2007年版,第184—218页;刘松山:《违法行政规范性文件之责任研究》,中国民主法制出版社2007年版,第81—89页;叶必丰、周佑勇:《行政规范研究》,法律出版社2002年版,第222—231页;石维斌:《我国法规备案审查的问题与对策》,载《人大研究》2007年第6期;易峥嵘:《如何完善地方人大常委会规范性文件备案审查制度》,载《人大研究》2007年第6期;王晓圆:《县级人大行使规范性文件审查权需要解决的几个问题》,载《人大研究》2007年第6期;李立:《中国"红头文件"为何不再漫天飞》,载《法制日报》2007年11月5日第8版。

定开展备案后的主动审查,也很难发现行政规定中是否仍存在问题。例如,2010 年四川省人大常委会法工委按照备案审查的工作程序规定,将报送备案的行政规定分送有关专门委员会进行审查,但法工委和各专门委员会对送审的行政规定既没有提出审查意见,也没有发现行政规定与法律、法规不一致的地方。① 再如,2005—2009 年贵州省赤水市人大常委会对市人民政府报送的 18 件行政规定开展审查,并且经主任会议研究决定仅对 5 个行政规定提出要求政府自行纠正错误的修改意见。② 由此可见,从合理发挥地方各级人大常委会审查资源应有作用和降低审查成本的角度看,处于相对超然状态的人大常委会作为具有监督权的权力机关,为解决部分行政规定经行政系统内备案审查后仍存在的违法或不适当问题而由人大系统对地方人民政府制定的行政规定全面开展主动审查已经没有必要,仅需要对行政系统备案审查后出现问题的行政规定依据行政相对人申请或有关国家机关建议开展必要的复审监督即可。

(二) 构建行政系统内备案审查为主和权力机关备案待审为补充的科学规制机制

其一,鉴于行政系统内的备案审查工作实际启动时间较早,已经积累了丰富备案审查经验并且备案审查监督成效相对显著,因此尽管行政系统内通过备案审查方式规制行政规定仍存在不尽如人意的情况,但我们应客观承认行政系统通过备案审查方式规制行政规定所付出的努力,肯定其发挥的重要作用,并确认其应承担主要备案审查监督职责的地位。在此基础上,进一步完善行政系统内备案审查监督制度,并促进和发挥行政系统通过备案审查方式规制行政规定的应有作用。

其二,在确认行政系统内自我备案审查起着主导作用的前提下,应依据

---

① 四川省人大常委会法制工作委员会于 2011 年 3 月 23 日在四川省第十一届人大常委会第二十二次会议上作的《关于 2010 年四川省人大常委会开展规范性文件备案审查工作情况的报告》,载《四川省人大常委会公报》2011 年第 2 期。

② 参见贵州省赤水市人大常委会:《县级人大常委会规范性文件备案审查的现状及对策》,http://renda.zunyi.gov.cn/ch287/ch306/2009/05/18/content_2009557329.shtml,最后访问时间:2010 年 12 月 20 日。

我国宪法规定承认行政系统外的权力机关对行政规定实施全面备案和应申请开展审查监督的必要性。由于行政系统外的权力机关刚刚启动备案审查工作，缺乏备案审查经验，并且其对行政规定不可能也没有必要开展全面备案和主动审查工作，因此行政系统外的权力机关对行政规定的监督规制应采用备而待审原则，即人大常委会一般只对行政规定进行备案，但在行政相对人申请审查的情况下，可以启动审查程序对被申请行政规定行使必要的审查监督权。权力机关对行政规定实行备而待审原则，既可以体现权力机关依据宪法和组织法的规定，在必要情况下，对行政机关制定和发布行政规定具有行使监督权的功能，从而造成权力机关可以对行政机关制发的违法或不适当行政规定开展监督的压力，又可以显示权力机关对行政系统内监督的适度信任，同时还可以节约权力机关的备案审查资源，并使人大系统的备案审查监督主体能够集中精力做好对行政主体之外其他主体制定行政规定的备案审查工作。

第二节　完善个案审查监督机制

个案审查监督是指在行政系统内备案审查的基础上，在实施行政规定的过程中，因行政相对人实际遭受违法或不适当行政规定侵权，而由有权机关（主要包括行政备案审查机关、行政复议机关、人大常委会备案审查机关以及人民法院）受理并审查认定行政规定是否存在违法或不当情况以及对违法行政规定作出处理的活动；而个案审查监督机制是指行政机关、权力机关以及法院应行政相对人的请求，分别在各自权限范围内对行政规定履行审查监督职责而形成的多元化审查制度之间的关系。

一、个案审查规制制度、实践、规制机制及其存在的问题

（一）规制制度及其实践

我国现行个案审查规制制度主要包括以下几方面：

其一，行政系统内备案审查制度中设定的行政相对人建议审查。现行行

政系统内的备案审查制度一般规定,行政相对人可以向行政规定备案审查机关提出审查请求,备案审查机关经审查认定行政规定违法的,审查机关应撤销该违法行政规定或建议制定机关修改。各地省级人民政府有关行政规定备案审查规章中多有这样的规定:"社会团体、企业事业组织或者公民认为规范性文件违法或者不适当的,可以向县级以上人民政府法制机构书面提出审查建议。"国务院《关于加强市县政府依法行政的决定》也提出,市县人民政府应"建立受理、处理公民、法人或者其他组织提出的审查规范性文件建议的制度,认真接受群众监督"。

在地方实践中,一些地方各级人民政府已经细化了备案审查机关受理行政相对人提请审查行政规定的具体程序制度。例如,2010年江西省宜春市细化了《江西省行政机关规范性文件制定程序规定》中有关地方人民政府应公民请求而启动审查行政规定的程序制度。[①]同时,行政系统内的备案审查机关已经应行政相对人请求而对行政规定有效开展个案审查工作。据2007年《法制日报》报道,吉林、贵州、广东和温州等省市的人民政府法制办都已经对行政相对人提出的行政规定审查建议能够及时启动审查程序并有效纠正违法行政规定。[②] 同时,从一些地方人民政府公报有关备案审查统计信息看,行政系统内备案审查机关回应行政相对人的对行政规定提出的建议审查已经成为一项常规工作职责,如江西省政府法制办自2007年以来备案审查机关每年都受理并审查3件以上由行政相对人提出异议的行政规定(详见表4-17)。

[①] 江西省《宜春市人民政府关于印发宜春市公民、法人或者其他组织提出审查规范性文件建议处理制度的通知》规定:"五、制定机关接到公民、法人或者其他组织对本机关制定的规范性文件提出质疑或者修改建议的,应当在30日内予以核实,并书面告知建议人;规范性文件确有问题的,制定机关应当在60日内自行改正或者撤销。六、政府法制机构接到公民、法人或者其他组织举报有关规范性文件存在问题的,应及时转送制定机关核实处理,制定机关应当在15日内回复处理结果;必要时政府法制机构有权直接审查处理,并在60日内审查处理完毕,同时将处理结果书面告知建议人。"

[②] 参见李立:《中国"红头文件"为何不再漫天飞》,载《法制日报》2007年11月5日第8版。

表 4-17 江西省 2007—2010 年办理行政相对人依法提请行政规定审查建议案情况

年度	行政相对人建议审查的件数
2007	2+3①
2008	5②
2009	3③
2010	6④

其二,行政系统外的权力机关备案审查制度中设定的行政相对人建议审查。在行政系统外的人大常委会备案审查制度中,规定行政相对人可以向有备案审查权的权力机关提出审查请求,权力机关审查认定行政规定违法的,审查机关应撤销该违法行政规定或建议制定机关修改。《监督法》生效后,各地省级人大常委会有关行政规定备案审查法规中多有这样的规定:"社会团体、企业事业组织或者公民认为规范性文件出现法定违法或者不适当情况,可以向有关人大常委会书面提出审查建议。"⑤

在实践中,一些地方人大常委会已经开始受理行政相对人提请审查行政规定案件,如 2008 年重庆市人大常委会就应公民请求审查了一件行政规定。⑥ 然而,一方面由于权力机关应行政相对人请求审查行政规定程序制度相对于行政机关应行政相对人请求审查行政规定程序制度而言,出台的时间

---

① 2007 年江西省政府备案审查机关不仅受理审查了行政相对人提出异议的 2 件行政规定,还审查了通过行政复议渠道转交的行政相对人要求复议附带审查的 3 件行政规定。参见《关于 2007 年度规范性文件备案情况的通报》,载《江西省人民政府公报》2008 年第 6 期。
② 参见《关于 2008 年度规范性文件备案情况的通报》,载《江西省人民政府公报》2009 年第 13 期。
③ 参见《关于 2009 年度规范性文件备案情况的通报》,载《江西省人民政府公报》2010 年第 8 期。
④ 参见《省政府法制办关于 2010 年度全省规范性文件备案情况的通报》,载《江西省人民政府公报》2011 年第 7 期。
⑤ 《安徽省各级人大常委会实行规范性文件备案审查的规定》第 9 条第 2 款规定:"社会团体、企业事业组织以及公民,认为规范性文件存在本规定第八条所列情形,向常务委员会书面提出审查建议的,由法制工作机构或者承担备案审查工作的机构进行研究,必要时,送有关专门委员会、工作机构进行审查、提出意见。"
⑥ 参见重庆市人大常委会法制工作委员会:《关于 2008 年度规范性文件备案审查工作情况的报告》,载《重庆市人民代表大会常务委员会公报》2009 年第 2 期。

较晚,这使得行政相对人尚未了解向人大常委会提出审查建议的权利及其程序制度;另一方面,由于不具备专业知识的行政相对人有时并未发现违法行政规定已侵害自身的合法权益,因而目前人大常委会极少启动个案审查救济制度。例如,尽管贵州省赤水市在制度设计时对应行政相对人申请审查行政规定作了安排,即《关于规范性文件备案审查暂行规定》对行政规定确立了主动审查与被动审查相结合的审查机制,但是 2005—2009 年期间,市人大常委会没有收到公民、法人或其他组织对任何一件行政规定提出审查建议。① 再如,2007 年 1 月至 2008 年 11 月底,福建省石狮市人大常委会共收到石狮市人民政府及其工作部门报备的 2008 年生效的 79 件行政规定,但没有收到行政相对人对任何一件行政规定提出审查建议。②

其三,行政复议法中设定的行政相对人对违法行政规定提出复议附带审查请求。行政复议法及其实施条例规定,在行政复议案件中,行政相对人可以请求行政复议机关附带审查具体行政行为所依据的行政规定是否合法,如果复议机关或复议机关转交有审查权的行政机关审查认定行政规定违法的,复议机关或者复议机关转交的有权审查机关应撤销该违法行政规定或建议制定机关修改。

目前,我国有关行政复议附带审查行政规定实践较少,有关附带审查的公开信息则更为少见。其原因主要在于两个方面:(1) 相对于提出具体行政行为复议请求而言,行政相对人对提出复议附带审查行政规定的行政复议程序不了解,因而在提出具体行政行为复议请求时,较少对具体行政行为所依据的行政规定一并请求审查。例如,自 1994 年新税制实施以来,全国税务系统发生的 30% 以上的行政复议案件存在执法依据争议,但行政相对人对具体行政行为所依据的行政规定提出附带审查要求的比例相对较低,即 1994—2005 年,全国各级税务机关共收到 4319 件(其中税务总局 67 件)行政复议申

---

① 贵州省赤水市人大常委会主动审查赤水市人民政府行政规定后,发现 18 件中的 5 件行政规定有问题,并要求自行纠正。参见贵州省赤水市人大常委会:《县级人大常委会规范性文件备案审查的现状及对策》,http://renda.zunyi.gov.cn/ch287/ch306/2009/05/18/content_2009557329.shtml,最后访问时间:2010 年 12 月 20 日。

② 参见福建省石狮市人大常委会办公室:《规范性文件备案审查的意义、实践与建议》,http://www.qzrd.gov.cn/qzrdgov/www2/7/2009-02-02/5906.htm,最后访问时间:2010 年 12 月 20 日。

请,其中仅有36件对具体行政行为依据的行政规定提出申请复议附带审查(国家税务总局文件23件,其他税务机关文件10件,政府及政府部门文件3件)。① 即使行政相对人提出复议附带审查请求,也难以获得行政复议机关的有力审查。从1994—2005年间全国各级税务复议机关对被审查行政规定处理结果来看,维持26件,撤销1件,修改1件,其他(包括个案处理)8件有问题但暂不宜修改。② 这种行政规定有问题而不予修改或废除的审查结果,既违背了行政复议法设定复议附带审查行政规定的立法目的,也必然削弱了行政复议个案审查行政规定所应实现的救济功能和纠错功能。(2) 相对于具体行政行为复议而言,无论是细化复议程序制度的行政机关还是行政复议执法机关都不太重视复议附带审查行政规定工作。目前,地方各级人民政府实施《行政复议法》的有关规章制度中鲜有涉及附带审查的规范内容(如《海南省实施〈行政复议法〉办法》和《广州市行政复议规定》等),并且地方有关行政复议年度报告中也鲜见有关行政复议附带审查情况的信息。这些都说明无论是有权规范附带审查行政规定的制度设计者还是具体行使行政复议附带审查权的行政机关,都未对复议附带审查行政规定给予必要关注。

其四,适用性司法附带审查及其司法建议。在行政诉讼案件中,法院对具体行政行为所依据的行政规定作出是否适用的审查判断,该审查结论如果是行政规定违法而不予适用,那么虽然不影响被审查行政规定在行政诉讼案件之外继续生效,但司法机关可以向行政机关出具司法建议函,建议行政规定制定机关修改或废除违法行政规定。目前,法院在对行政规定开展适用性司法附带审查后,向行政机关出具纠正违法行政规定的司法建议函的现象已较为普遍。例如,佛山市中级人民法院于2007年在审理佛山市南海怡宝康厨不锈钢制品有限公司诉佛山市南海区工商行政管理局案中,发现佛山市公

---

① 2006年12月2日,国务院在重庆组织召开"全国行政复议工作座谈会"。本书引用的有关统计数据,参见《全国行政复议工作座谈会发言综述》,http://www.customs.gov.cn/tabid/399/ctl/InfoDetail/InfoID/74751/mid/60432/Default.aspx?ContainerSrc=[G]Containers%2f_default%2fNo+Container,最后访问时间:2010年8月21日。

② 2006年7月25日,国务院法制办行政复议司组织召开"国务院部委行政复议工作座谈会"。有63个国务院部委负责行政复议工作的司长和处长共80多人参加了会议。本书引用的有关统计数据,参见《税务总局在国务院部委行政复议工作座谈会上的发言》,http://www.chinalaw.gov.cn/article/xzfy/gzdt/200608/20060800064626.shtml,最后访问时间:2010年8月21日。

安局发布的行政规定中的内容与公安部《关于加强刻字业治安管理打击伪造印章犯罪活动的通知》第 3 条及《广东省印章刻制管理规定》第 9 条的规定不一致,就向佛山市公安局发出司法建议函,建议佛山市公安局按照《立法法》和《行政许可法》确立的基本原则重新修订佛山市公安局于 2004 年 3 月 26 日下发各区公安局执行的《佛山市印章治安管理信息系统使用规范》第 18 条第 1 项的规定。① 除此之外,为了强化法院向行政规定制定机关提出处理违法行政规定的司法建议效力,2013 年公布的《关于〈行政诉讼法修正案(草案)〉的说明》明确指出,法院附带审查行政规定,应将不合法的行政规定转送有权机关处理。这里的有权机关既包括同级人大常委会也包括上级行政机关,并且《关于〈行政诉讼法修正案(草案)〉的说明》明确指出:"这符合我国宪法和法律有关人大对政府、政府对其部门以及下级政府进行监督的基本原则"。然而,2015 年施行的最高人民法院《关于适用〈行政诉讼法〉若干问题的解释》释〔2015〕9 号司法解释第 21 条规定,有关处理违法行政规定的司法建议可以抄送制定机关的同级人民政府或者上一级行政机关。由此可见,最高人民法院的司法解释仅承认了行政系统内部监督而忽视了认定作为权力机关对政府行使监督权的根本原则,因而显露出该司法解释未做到应与现行法律形成有效衔接的态势。因此,有必要通过修改司法解释或者《行政诉讼法》的方式将有关司法建议可抄送机关明确规定为:"制定机关为地方各级人民政府的,可以抄送上一级人民政府和本级人民代表大会及其常务委员会;制定机关为各级人民政府所属工作部门的,可以抄送本级人民政府;制定机关为实行垂直领导的行政机关的,可以抄送上一级行政机关。"

(二) 有关规制机制的法律规范状况及其存在的问题

曾有学者认为,我国目前对抽象行政行为(包括行政规定)监督不力的原因主要在于缺少一种有效启动监督的程序制度。② 事实上,如前所述,我国对行政规定不仅已经构建了无具体权益受害的行政相对人向行政备案审查机关提出审查建议或者向人大常委会备案审查机关提出审查建议的启动监督

---

① 参见佛山市中院行政庭:《维护法制统一 发挥行政审判司法建议函的独到作用》,http://www.fszjfy.gov.cn/program/article.jsp? ID=20642,最后访问时间:2010 年 12 月 20 日。
② 参见江必新主编:《中国行政诉讼制度的完善》,法律出版社 2005 年版,第 52—53 页。

程序制度,而且构建了行政相对人向行政复议机关提出复议附带审查行政规定的启动监督程序制度,甚至以最高人民法院司法解释的形式确认了法院在审理行政诉讼案件中对行政规定开展适用与否的适应性附带审查程序,并确认了由法院向行政规定制定机关提出修改或废除违法行政规定司法建议的间接个案审查监督制度。由此可见,我国目前对行政规定监督不力的原因已经不再是缺少启动监督的程序制度,而是缺乏启动监督程序后由审查机关回应和处理违法行政规定的具体操作程序,并且缺乏解决不同审查主体(行政备案审查机关、人大常委会备案审查机关、复议附带审查机关以及作出适用与否审查的人民法院)之间受理行政相对人提出审查建议或请求的管辖权限机制以及处理审查结论冲突的机制。简单地说,就是在由行政相对人启动个案审查监督制度中,如何确定不同系统审查机关的初审管辖权,并且应由哪个系统的审查主体作为终局审查者。

目前我国行政、立法和司法三个系统之间有关优先审查行政规定的关系并不明确,这会导致下述问题:

问题之一,行政相对人如何选择向行政系统内还是行政系统外备案审查机关提出审查建议,以及如何处理不同系统审查结论冲突?①

问题之二,当行政复议机关附带审查行政规定的结论与法院适用性附带审查行政规定的审查结论不一致时,如何处理?

目前,法律规范没有对行政复议附带审查结论与法院适用性附带审查之间的关系作出明确规范,也没有设定解决二者之间审查结论不一致的机制。依据现行《行政复议法》和《行政诉讼法》的规定,行政相对人提出附带审查行政规定的申请,复议机关和其他有权机关经过审查,作出维持相关行政规定合法的裁决后,行政相对人仍然不服的,希望求助司法救济时,法院却因行政诉讼受案范围的规定,不能对行政相对人有异议的复议审查行政规定结论作出进一步的审查。这一问题的存在,不仅使行政相对人在其对复议附带审查结论有异议时难以获得司法救济,而且最终会导致行政复议制度中对行政规定实施附带审查的制度流于形式。

---

① 参见本书第四章第一节第一部分"(二)关于审查方式"部分的阐述。

总之,目前由于受理个案审查的权限不清,我国行政系统、人大系统以及司法系统中存在着各种个案审查监督制度,但是这些不同的个案审查监督活动仍处于无序的自我运作状态中,并且在处理行政规定审查结论冲突方面存在着内在的逻辑缺陷,因而使得它们难以对违法行政规定共同发挥有效的监督作用。

二、学界有关现行个案审查监督机制的争议

在新《行政诉讼法》实施之前,对如何构建行政机关与权力机关之间、法院与复议机关之间、权力机关与法院之间因个案审查行政规定而发生冲突的解决机制,学界主要有以下不同主张:

(一)在个案审查冲突中权力机关具有终局决定权

尽管行政系统的上级行政机关对下级行政机关制定行政规定肩负日常监督职责,但是依据宪法和组织法的规定,人大常委会对同级人民政府也肩负监督职责。基于权力机关对行政规定开展主动全面监督不现实,因而曾有学者认为,行政系统的备案审查机关和复议附带审查机关应当主要承担全面过细的行政审查监督职责,而权力机关则应主要通过受理行政相对人对行政规定提出的审查建议来行使个案审查监督。① 同时,由于我国宪政体制要求,涉及有关法律解释问题时,各方面(包括行政机关和司法机关)均需依法服从全国人大常委会的解释,因此,"在司法审查结论与权力机关审查结论不一致的情况下,法院则应当服从权力机关的决定"②。

(二)依据行政机关的权威性解决法院附带审查与行政系统内复议附带审查之间的冲突

由于在新《行政诉讼法》实施之前法律层面没有对法院适用性审查与行政系统内复议附带审查之间的冲突问题设置解决机制,因此应依据行政复议附带审查机关的权威性决定法院是否要承认行政复议附带审查结论。曾有

---

① 参见刘松山:《违法行政规范性文件之责任研究》,中国民主法制出版社2007年版,第87—88页。
② 同上书,第105页。

行政法学者提出:"在行政复议过程中,某一个机关对某个行政规定的效力作出了确认,进入诉讼过程后,这种确认对法院是否具有拘束力?回答这个问题不能一概而论。如果在复议过程中作出裁决的机关是最有权解释这个规范或者确认该规范合法性的机关,则法院应当承认其效力。问题是,有权撤销这个规范性文件的机关很多,作出确认的可能不是最有权机关,这时应当参照规章的要参照规章,应当送请有关机关作出裁决和确认的,要送请有关机关作出确认和裁决。特别是《立法法》生效后,遇到规范冲突的,应当依照《立法法》的规定,送请有关机关作出解释、确认或者裁决,不能越权确认。"[①]

前述所有这些争议,对于科学构建我国多层面的个案审查机制、合理解决不同系统之间的审查结论冲突,具有重要的意义。

三、完善个案审查机制和解决个案审查冲突的对策

鉴于我国行政系统、人大系统以及司法系统构建的个案审查行政规定制度已能够从不同角度发挥一定的监督纠错和救济功能,同时由于各种监督制度之间仍存在需要进一步合理处理的分工协作问题,因此在吸收理论界有关科学构建我国多层面的个案审查机制理论研究成果的基础上,我们需要结合国情,从以下两方面完善我国行政系统内外个案审查机制:

(一)分类界定不同监督主体之间的个案审查受理权限

在确定不同性质审查主体之间的个案审查受理权限时,应依据违法行政规定是否已经对行政相对人的合法权益造成实际侵害后果而配置。也就是说,一方面,如果违法行政规定已经对行政相对人造成了实际侵害后果,那么由行政相对人请求审查而启动的个案审查应属于救济性个案审查;另一方面,如果违法行政规定虽然发布实施但仍未对行政相对人造成实际侵害后果,那么由行政相对人建议审查而启动的个案审查应属于公益性或预防性个案审查。

对于救济性个案审查职责,由具备准司法或司法审查职能的主体(即复

[①] 江必新:《是恢复,不是扩大——谈〈若干解释〉对行政诉讼受案范围的规定》,载《法律适用》2000年第7期。

议附带审查机关和法院)承担具有相对合理性。原因在于:复议附带审查机关和法院的首要职能就是应合法权益受到行政行为(不论具体行政行为还是抽象行政行为)侵害的行政相对人请求,给予其程序法定的公正救济,而备案审查机关(不论行政系统还是人大系统)的首要职能在于对行政机关发布的行政规定通过普遍审查达到在行政规定发生实际侵权案件之前全面纠错。同时,承担着繁重日常行政规定备案审查任务的备案审查机关在回应行政相对人建议审查特定有争议的行政规定时,为了追求较高的审查效率,也不可能遵循准司法或司法审查程序。[①] 因此,从审查机关应承担的首要职能和程序公正性角度而言,在行政规定已经造成行政相对人合法权益实际侵害后果的情况下,由复议附带审查机关或者法院优先受理行政相对人提出的审查请求更为合理。

对于公益性或预防性个案审查职责,由备案审查主体(即行政系统内的备案审查机关和人大系统的备案审查机关)承担具有相对优势。原因在于:公益性或预防性个案审查的目的在于,在行政规定对行政相对人合法权益造成实际侵害前,审查机关就通过事先审查而彻底纠正行政规定的错误,这正是我国行政系统和人大系统设置备案审查机关的目的。同时,相对于行政复议附带审查程序或行政诉讼附带审查程序而言,备案审查机关回应行政相对人提出审查建议的程序更为简便而高效,能够适应在行政规定发生实际侵害前及时纠正错误的需要。因此,应由行政系统和人大系统的备案审查机关回应行政相对人提出的公益性或预防性个案审查请求。

(二) 合理设置个案审查冲突处理机制

1. 合理处理行政系统和人大系统备案审查中出现的冲突

对于尚未给行政相对人造成实际侵害后果的预防性个案审查,考虑到审查主体应具备的行政专业优势、审查效率以及纠错成本,一般情况下,应由行政系统内的备案审查机关(一般为行政规定制定机关的上一级行政机关)承担管辖职责较为合理。但是,在处理同级人大常委会与上一级行政机关对同一行政规定的审查结论相互冲突时,人大系统的备案审查机关有必要将该争议行政规定提交其上一级人大常委会慎重处理。其原因主要在于:其一,行

---

① 参见吴兢:《让公众有权状告"红头文件"》,载《人民日报》2007年4月18日第13版。

政规定制定机关的同级人大常委会是地方议事性机关,在认定行政规定是否合法中与行政机关相比具有较强的民意表达能力,而相对于议事机关而言行政机关更具有专业行政管理知识能力。其二,行政规定制定主体的上一级行政机关应当尊重行政规定制定主体同级人大常委会在作出判断时所具有的民意表达能力,而行政规定制定主体同级人大常委会应当尊重行政规定制定主体的上一级行政机关所具备的专业行政管理判断能力。其三,行政规定是否合法,人大常委会的审查具有法律解释专业优势。因此,当具备受理行政相对人提出个案审查建议资格的人大常委会这一行政系统外备案审查机关(一般为行政规定制定机关的同级人大常委会)对行政系统内备案审查机关作出的个案审查结论有不同意见时,人大系统的备案审查机关有必要将该争议行政规定提交给对行政规定制定主体上一级行政机关有监督权的人大常委会,以便由其对行政相对人建议审查的行政规定作出权威性的终局审查裁定。

2. 合理处理行政复议和行政诉讼附带审查中出现的冲突

对于已给行政相对人造成实际侵害后果的救济性个案审查,合理处理行政复议和行政诉讼附带审查中出现的冲突,需要从两个方面予以考虑:一方面,尽管行政复议附带审查机关和行政诉讼开展适用性附带审查的法院都具有管辖权,但是行政复议附带审查机关对行政规定的审查具有比法院更为优越的行政系统专业资源,并且在复议附带审查中的纠错功能有利于减轻法院行政诉讼附带审查的负担。因此,如果在行政复议附带审查中复议附带审查机关已经认定被审查行政规定违法或不适当,并且行政系统已经撤销或修改该行政规定的,法院应予尊重。另一方面,在行政诉讼中,法院对行政复议附带审查机关得出的行政规定不存在违法或不适当情况的审查结论持异议时,在目前我国行政诉讼中仅存在法院可以对行政规定作出适用与否的附带审查制度的前提下,法院需要将该争议行政规定转交有权对行政规定作出终局权威性裁定的有关人大常委会。此外,如果我国未来修改后的行政诉讼法允许法院作出确认或否决行政规定效力的行政诉讼附带审查,那么有权作出确认或否决行政规定效力裁定的法院若对行政复议附带审查结论持有异议,就可以直接对行政规定作出终局审查。

结　　语

　　与违法或不适当具体行政行为造成的社会危害性相比,违法或不适当行政规定因适用对象更多、更广而具有更大的社会危害性。预防和减少违法或不适当行政规定出现的主要措施有确保制定和监督权限的配置具备正当性、制定和监督程序具备正当性。因此,我国在建设法治国家的过程中,对行政规定的规制至少应包括制定和监督两个方面,即一方面应从制定源头上通过建立健全行政规定制定程序制度对其加以规范;另一方面需要从行政系统内外两个方面设置多重审查监督制度对行政规定侵权行为加以预防和纠错,同时还需要使多重监督制度从不同角度共同对行政规定构成一个全面监督、环环相扣、高效且有序的综合规制机制。为了达到这一目的,笔者认为,规范行政规定制定和监督的现行所有有关权限和程序方面的规制制度以及规制制度之间关系都应当符合正当性要求,并且在我国现行宪政体制下,应建立以政府的自我约束为基础和主导,以外部司法监督和立法监督为辅助的行政规定规制机制。

　　如前所述,目前尽管一些学者对行政系统内自我规制仍充满怀疑,甚至否认其可能性,[①]但是已有一些行政法学者对行政系统内自我规制在规范制定与监督管理权限以及保障制定与监督程序正当性中的重要地位给予了充分肯定。例如,有行政法学者提出:"中国政府法治建设具有很强的自我约束

---

　　① "缺少来自于外部相对人的发动和参与,相信依靠行政机关的自我约束就能达到监督的目的,这种思想不仅显得比较幼稚,实践中也是极不现实的"(董晓波:《论抽象行政行为的监督机制》,载《江苏广播电视大学学报》2002年第1期);"由行政机关对违法行政规范性文件实行自我追究的效果也并不尽如人意……过于依赖由权力机关和行政机关对违法行政规范性文件进行监督也许并不现实"(刘松山:《违法行政规范性文件之责任研究》,中国民主法制出版社2007年版,第87页)。

特征，也就是以政府的自我约束为基础和主导，以外来的司法监督和立法监督为辅助。加强依法行政的过程，主要是政府自己给自己上套，如《依法行政实施纲要》《政府信息公开条例》是典型的例子。"①还有行政法学者认为，行政系统内备案审查纠错制度和司法审查相比，各有利弊。所以，只能行政系统内备案审查和司法审查两种监督并存，而不能以司法审查取代备案审查。②

通过对我国地方行政系统内外有关行政规定规制制度的对比性实证文本分析，以及对行政系统、人大系统和司法系统现行有关行政规定规制实际效果的考察，③笔者不仅对主张充分重视行政规定自我规制功能和地位的观点深为赞同，而且明确主张，为了确保规制制度的合法、适当和科学，进而实现提高行政规定质量，以避免或减少行政规定扰民或侵害行政相对人合法权益现象的发生，正当性考量应当贯穿于规范行政规定制定、管理和行政系统内外监督权限及其运作程序的制度设定始终。同时，有关规制行政规定的种种制度之间（行政系统内的制定程序与其备案审查制度之间、备案审查与复议附带审查制度之间、备案审查与清理制度之间、复议附带审查与行政规定清理制度之间，以及行政系统内备案审查与行政系统外备案审查制度之间、包括行政复议附带审查与司法附带审查在内的行政系统内外之被动个案审查制度之间）应形成一个协调有序的科学机制，以减少乃至避免制度之间的冲突，并实现正当权限资源优化配置。因此，在我国现行宪政体制下，应进一步依法科学合理地配置制定和监督权限，并且依法科学合理地构建行政规定制定程序、行政系统内备案审查与清理以及行政复议附带审查等有关行政规定制定、管理和行政系统内外监督的制度，以确保行政系统内规制在控制与监督行政规定的综合治理机制中起到应有的主导作用。另外，充分肯定和发挥行政系统内自我规制功能的前提下，通过进一步完善行政系统外部的行政规定制定权限和监督权限配置制度及其基本制定程序制度，并且由全国人大

---

① 高家伟在"行政裁量基准制度"研讨会的发言，http://transformingpublaw.fyfz.cn/art/407742.htm，最后访问时间：2017年5月20日。
② 参见吴兢：《让公众有权状告"红头文件"》，载《人民日报》2007年4月18日第13版。
③ 参见本书有关"行政系统内行政规范性文件规制文本分析与评述"与"目前备案审查规制已经实际取得的效果及其原因"等论述内容。

重构和完善立法备案审查监督和司法附带审查监督规制制度,以最终实现外部规制力量对违法行政规定应具有的辅助规制作用,最终让所有的(不论行政系统内还是行政系统外)行政规定规制因素形成合力,共同、全面、高效地实现对行政规定综合性科学规制的目的。

参 考 文 献

一、著作类

1. Cornelius M. Kerwin & Scott R. Furlong，Rulemaking：How Government Agencies Write Law and Make Policy，4th edition，CQ Press，2010.
2. James R. Bowers，Regulating the Regulators：An Introduction to the Legislative Oversight of Administrative Rulemaking，Praeger，1990.
3. Jeffrey S. Lubbers，A Guide to Federal Agency Rulemaking，4th edition，American Bar Association，2006.
4. Theodora Th. Ziamou，Rulemaking，Participation and the Limits of Public Law in the USA and Europe，Ashgate/Dartmouth，2001.
5. 陈晋胜、程广安:《依法行政效益研究》，知识产权出版社2010年版。
6. 陈丽芳:《非立法性行政规范研究》，中共中央党校出版社2007年版。
7. 〔德〕哈特穆特·毛雷尔:《行政法学总论》，高家伟译，法律出版社2000年版。
8. 〔法〕狄骥:《公法的变迁》，郑戈译，中国法制出版社2010年版。
9. 《规范性文件备案审查制度理论与实务》，中国民主法制出版社2011年版。
10. 郭庆珠:《行政规范性文件制定正当性研究》，中国检察出版社2011年版。
11. 何海波:《实质法治》，法律出版社2009年版。
12. 胡建淼编著:《行政法》，浙江大学出版社2003年版。
13. 胡建淼编著:《行政行为基本范畴研究》，浙江大学出版社2005年版。
14. 胡建淼主编:《行政违法问题探究》，法律出版社2000年版。
15. 胡峻:《行政规范性文件绩效评估研究》，中国政法大学出版社2013年版。
16. 胡肖华主编:《权利与权力的博弈》，中国法制出版社2005年版。
17. 季卫东:《法治秩序的建构》，中国政法大学出版社1999年版。
18. 江必新主编:《中国行政诉讼制度的完善》，法律出版社2005年版。

19. 姜明安主编:《行政法与行政诉讼法》,北京大学出版社、高等教育出版社 1999 年版。

20. 刘福元:《行政自制》,法律出版社 2011 年版。

21. 刘俊祥主编:《抽象行政行为的司法审查研究》,中国检察出版社 2005 年版。

22. 刘松山:《违法行政规范性文件之责任研究》,中国民主法制出版社 2007 年版。

23. 马怀德主编:《司法改革与行政诉讼制度的完善——〈行政诉讼法〉修改建议稿及理由说明书》,中国政法大学出版社 2004 年版。

24. 〔美〕汉密尔顿、杰伊、麦迪逊等:《联邦党人文集》,程逢如、在汉、舒逊译,商务印书馆 1980 年版。

25. 〔美〕科尼利厄斯·M.克温:《规则制定:政府部门如何制定法规与政策》,刘璟等译,复旦大学出版社 2007 年版。

26. 〔美〕肯尼思·F.沃伦:《政治体制中的行政法》,王丛虎等译,中国人民大学出版社 2005 年版。

27. 〔美〕肯尼斯·C.戴维斯:《裁量正义——一项初步的研究》,毕洪海译,商务印书馆 2009 年版。

28. 〔日〕南博方:《行政法》,杨建顺译,中国人民大学出版社 2009 年版。

29. 宋功德:《行政法哲学》,法律出版社 2000 年版。

30. 王名扬:《法国行政法》,中国政法大学出版社 1988 年版。

31. 王名扬:《美国行政法》,中国法制出版社 1995 年版。

32. 翁岳生编:《行政法》,中国法制出版社 2002 年版。

33. 萧榕主编:《世界著名法典选编(行政法卷)》,中国民主法制出版社 1997 年版。

34. 〔新西兰〕迈克尔·塔格特编:《行政法的范围》,金自宁译,中国人民大学出版社 2006 年版。

35. 杨建顺:《日本行政法通论》,中国法制出版社 1998 年版。

36. 杨解君:《行政违法论纲》,东南大学出版社 1999 年版。

37. 叶必丰、周佑勇:《行政规范研究》,法律出版社 2002 年版。

38. 〔英〕安东尼·奥格斯:《规制:法律形式与经济学理论》,骆梅英译,中国人民大学出版社 2008 年版。

39. 〔英〕卡罗尔·哈洛、理查德·罗林斯:《法律与行政》,杨伟东等译,商务印书馆 2004 年版。

40. 〔英〕威廉·韦德:《行政法》,徐炳等译,中国大百科全书出版社 1997 年版。

41. 〔英〕维尔:《宪政与分权》,苏力译,三联书店 1997 年版。

42. 于安编著:《德国行政法》,清华大学出版社 1999 年版。

43. 曾祥华:《行政立法的正当性研究》,中国人民公安大学出版社 2007 年版。

44. 张光宏:《抽象行政行为的司法审查研究》,人民法院出版社 2008 年版。

45. 朱芒:《功能视角中的行政法》,北京大学出版社 2004 年版。

二、文章类

1. Carl A. Auerbach, Informal Rulemaking: A Proposed Relationship Between Administrative Procedures and Judicial Review, Northwestern University Law Review, 1977, Vol. 72, No. 1.

2. Charles H. Koch, Jr., Judicial Review of Administrative Policymaking, William and Mary Law Review, 2002, Vol. 44, Iss. 1.

3. David L. Franklin, Legislative Rules, Nonlegislative Rules, and the Perils of the Short Cut, The Yale Law Journal, 2010, Vol. 120, No. 2.

4. Elizabeth Magill, Agency Self-Regulation, George Washington Law Review, 2009, Vol. 77, No. 4.

5. Gwendolyn McKee, Judicial Review of Agency Guidance Documents: Rethinking the Finality Doctrine, Administrative Law Review, 2008, Vol. 60, No. 2.

6. Irving R. Kaufman, Judicial Review of Agency Action: A Judge's Unburdening, New York University Law Review, 1970, Vol. 45, No. 2.

7. James V. DeLong, Informal Rulemaking and the Integration of Law and Policy, Virginia Law Review, 1979, Vol. 65, No. 2.

8. J. Skelly Wright, Courts and the Rulemaking Process: The Limits of Judicial Review, Cornell Law Review, 1974, Vol. 59, Iss. 3.

9. Michael Asimow, Nonlegislative Rulemaking and Regulatory Reform, Duke Law Journal, 1985, Vol. 1985, Iss. 2.

10. Paul R. Verkuil, Judicial Review of Informal Rulemaking, Virginia Law Review, 1974, Vol. 60, No. 2.

11. Robert A. Anthony, Interpretive Rules, Policy Statements, Guidances, Manuals, and the Like: Should Federal Agencies Use Them to Bind the Public? Duke Law Journal, 1992, Vol. 41, No. 6.

12. Russell L. Weaver, An APA Provision on Nonlegislative Rules? Administrative Law Review, 2004, Vol. 56, No. 4.

13. Russell L. Weaver, The Undervalued Nonlegislative Rule, Administrative Law Review, 2002, Vol. 54, No. 2.

14. Stephen F. Williams, "Hybrid Rulemaking" Under the Administrative Procedure Act: A Legal and Empirical Analysis, The University of Chicago Law Review, 1975, Vol. 42, No. 3.

15. William Funk, Legislating for Non-Legislative Rules, Administrative Law Review, 2004, Vol. 56, No. 2.

16. William F. West, The Growth of Internal Conflict in Administrative Regulation, Public Administration Review, 1988, Vol. 48, No. 4.

17. 安玉磊、王志峰:《行政规范性文件监督制度的反思与重构》,载《行政与法》2004年第12期。

18. 陈丽芳:《论权力机关对非立法性行政规范性文件的监督》,载《人大研究》2007年第3期。

19. 陈利红:《行政规范性文件的审查监督制度研究》,西南政法大学2009年硕士论文。

20. 陈霄、陈磊:《民告官非正常撤诉率缘何居高不下》,载《法制日报·法治周末》2010年5月27日第7版。

21. 程琥:《新〈行政诉讼法〉中规范性文件附带审查制度研究》,载《法律适用》2015年第7期。

22. 崔卓兰、刘福元:《行政自制——探索行政法理论视野之拓展》,载《法制与社会发展》2008年第3期。

23. 代刃:《其他行政规范性文件法律规范论》,西南政法大学2005年硕士论文。

24.《对问题文件说"不"——〈湖南省规范性文件备案审查条例〉实施,百姓步入维权新路》,载《长沙晚报》2008年4月15日第A3版。

25.〔法〕M.列萨日:《法国关于行政机关活动的司法监督》,许佩云译、梁溪校,载《苏维埃国家和法》1981年第11期。

26.〔法〕让-马克·索维:《法国行政法官对规范性行政行为的合法性审查》,张莉译,载《比较法研究》2011年第2期。

27. 高秦伟:《美国行政法上的非立法性规则及其启示》,载《法商研究》2011年第2期。

28. 关保英:《行政规范性文件的法律地位研究》,载《河南司法警官职业学院学报》2003年第1期。

29.《规范性文件"可审查"也应"可诉讼"》,载《北京青年报》2012年3月31日第A2版。

30. 郭庆珠:《行政规范性文件制定权的失范及其法律规制的反思与完善》,载《河南省政法管理干部学院学报》2005年第4期。

31. 韩冰、李建平:《红头文件为何成行骗"通行证"——山西原平农学院招生骗局调查》,载《法制日报》2009年10月12日第7版。

32. 禾刀:《不妨让公众参与制订"红头文件"》,载《广州日报》2007年4月19日第A17版。

33. 贺方:《收费之乱始于行政依据之乱》,载《法制日报》2007年11月15日第3版。

34. 胡峻:《论行政规范性文件的评估》,载《行政论坛》2010年第1期。

35. 黄良林:《论规范性文件制定的价值取向》,载《行政与法制》2000年第4期。

36. 季涛:《行政权的扩张与控制》,载《行政法学研究》1997年第1期。

37. 江凌:《在规范性文件备案审查工作座谈会上的总结讲话》,载《法制简报》2005年第26期。

38. 江水长:《论行政规范性文件的司法审查》,中国政法大学2004年硕士论文。

39. 江西省人民政府法制办公室:《关于2010年度规范性文件备案情况的通报》,载《江西政府法制》2011年第4期。

40. 江西省人民政府法制办公室:《关于2009年度规范性文件备案情况的通报》,载《江西省人民政府公报》2010年第8期。

41. 江西省人民政府法制办公室:《关于2008年度规范性文件备案情况的通报》,载《江西省人民政府公报》2009年第13期。

42. 江西省人民政府法制办公室:《关于2007年度规范性文件备案情况的通报》,载《江西政府法制》2008年第1期。

43. 江西省人民政府法制办公室:《关于2006年度规范性文件备案情况的通报》,载《江西政府法制》2007年第2期。

44. 金国坤:《论行政规范性文件的法律规范》,载《国家行政学院学报》2003年第6期。

45. 李程:《我国"其他行政规范性文件"法律规制研究》,四川大学2006年硕士论文。

46. 李杰:《其他规范性文件在司法审查中的地位及效力探析》,载《行政法学研究》2004年第4期。

47. 李克杰:《红头文件泛滥将把法治引向歧途》,载《检察日报》2006年12月20日第3版。

48. 李立:《建国以来最彻底的规章大清理结束》,载《法制日报》2008年7月23日第8版。

49. 李立:《中国"红头文件"为何不再漫天飞》,载《法制日报》2007年11月5日第8版。

50. 李平、何泽岗、栗春坤:《行政规范性文件制定的理论与实务研究》,载《政府法制研究》2007年第3期。

51. 李平、粟春坤、何泽岗、费文婷、于承:《地方性法规和规章授权制定规范性文件的理论和实务研究——以上海市立法实践为例》,载《政府法制研究》2008年。

52. 林庆伟、沈少阳:《规范性文件的法律效力问题研究》,载《行政法学研究》2004年第3期。

53. 刘丽:《行政规范的司法审查》,载《河北法学》2005年第6期。

54. 刘松山:《违法行政规范性文件之责任追究》,载《法学研究》2002年第4期。

55. 卢贵清:《对规范性文件备案审查,人大宜主动而不是"提前介入"》,载《检察日报》2011年6月27日第6版。

56. 钱宁峰:《规范性文件备案审查制度——历史、现实和趋势》,载《学海》2007年第6期。

57. 邱继伟:《论制定行政规范性文件之行为属性》,载《行政与法》2007年第9期。

58. 《全国31个省份对红头文件建立备案审查制度》,载《人民日报》2009年11月4日第17版。

59. 〔日〕皆川治广:《法国行政的程序性控制》,载《自治研究》第59卷第11号。

60. 沈汝发、张国俊:《"没有毕业证不办结婚证"被迫废止》,载《中国青年报》2007年4月7日第1版。

61. 石维斌:《我国法规备案审查的问题与对策》,载《人大研究》2007年第6期。

62. 谭福有:《国际规范性文件的形式》,载《信息技术与标准化》2002年第4期。

63. 王保成:《一般行政规范性文件质量监控制度研究》,载《现代法学》2003年第5期。

64. 王飞:《构建法治政府背景下的行政规范性文件问题研究》,华中师范大学2006年硕士论文。

65. 王锴:《我国备案审查制度的若干缺陷及其完善》,载《政法论丛》2006年第2期。

66. 王庆廷:《隐形的"法律"——行政诉讼中其他规范性文件的异化与矫正》,载《现代法学》2011年第2期。

67. 王晓圆:《县级人大行使规范性文件审查权需要解决的几个问题》,载《人大研究》

2007年第6期。

68. 王岩:《行政规范性文件的合法性研究》,华中师范大学2009年硕士论文。

69. 王昀:《怎样做好对地方政府规范性文件的备案审查》,载《人大研究》2007年第6期。

70. 温晋锋:《乡镇规范性文件监控:何种方式更为有效?——以某镇政府的文件考察为例》,载《行政法学研究》2009年第1期。

71. 吴兢:《31个省级政府"红头文件"全部备案审查防"走形"》,载《人民日报》2005年9月12日第10版。

72. 吴兢、黄庆畅:《"红头文件"呼唤立法》,载《人民日报》2008年12月31日第13版。

73. 吴兢:《让公众有权状告"红头文件"》,载《人民日报》2007年4月18日第13版。

74. 吴绍奎:《对规范性文件备案审查的探讨》,载《中国人大》2005年第1期。

75. 郄建荣:《本部门一些文件规定交叉重复且前后矛盾——国土部叫停20件红头文件》,载《法制日报》2009年11月10日第6版。

76. 徐建华:《备案审查"提前介入"值得推广》,载《新疆人大(汉文)》2011年第10期。

77. 徐元锋:《辽宁:"红头文件"打架公民有权发问》,载《人民日报》2005年11月23日第10版。

78. 杨桦:《论行政复议中对"规定"的审查》,载《湖北行政学院学报》2007年第2期。

79. 叶必丰:《论规范性文件的效力》,载《行政法学研究》1994年第4期。

80. 叶静:《人民法院有望判决撤销违法"红头文件"》,载《第一财经日报》2005年6月1日头版。

81. 易峥嵘:《如何完善地方人大常委会规范性文件备案审查制度》,载《人大研究》2007年第6期。

82. 尹平生:《地方政府"红头文件"九大怪》,载《半月谈(内部版)》2007年第10期。

83. 余军、张文:《行政规范性文件司法审查权的实效性考察》,载《法学研究》2016年第2期。

84. 袁勇:《行政规范性文件的鉴别标准——以备案审查为中心》,载《政治与法律》2010年第8期。

85. 云南省人民政府法制办公室:《关于2006年规范性文件备案审查工作情况》,载《云南政报》2007年第5期。

86. 翟峰:《人大常委会应加强对规范性文件的审查》,载《人大研究》2004年第9期。

87. 翟小波:《代议机关至上,还是司法化?》,载《中外法学》2006年第4期。

88. 占志刚:《行政规范性文件监控机制研究》,载《行政与法》2005年第4期。

89. 湛中乐:《论行政法规、行政规章以外的其他规范性文件》,载《中国法学》1992年第2期。

90. 张春生:《规范性文件的备案审查》,载杨景宇主编:《监督法辅导讲座》,中国民主法制出版社2006年版。

91. 张革成:《规范性文件法律地位探讨》,载《四川教育学院学报》2006年第1期。

92. 张率:《行政规范性文件监控论》,中国政法大学2006年硕士论文。

93. 张维:《行政诉讼法需要大幅修改》,载《法制日报》2011年5月4日第3版。

94. 赵文明:《两律师质疑长沙市政府文件合法性接连提出审查申请——"问题红头文件"连遇挑刺的背后》,载《法制日报》2009年1月7日第8版。

95. 郑全新、于莉:《论行政法规、规章以外的行政规范性文件》,载《行政法学研究》2003年第2期。

96. 周斌、李亮:《红头文件何去何从》,载《法制日报》2007年4月1日第7版。

97. 朱静:《论非立法性抽象行政行为的监督机制》,华中师范大学2004年硕士论文。

98. 朱芒:《论行政规定的性质——从行政规范体系角度的定位》,载《中国法学》2003年第1期。

99. 朱忠裕:《"其他规范性文件"的规范化问题及其规制》,载《福建公安高等专科学校学报》2004年第5期。

后　　记

　　将宪法学与行政法学确定为自己的专业研究方向之后，我就一直对如何科学规制行政规定制定权这一公权力的研究情有独钟。人常说"十年磨一剑"，在经历反复收集资料、整理材料、艰辛撰写以及三易其稿的痛苦之后，本书终于要"丑媳妇见公婆"了。

　　本书的完成，既是对自己专业研究的一个阶段性总结，也意味着此研究成果将开始接受各位学术同仁的检视。因此，心中既对成果即将面世感到由衷的喜悦，也对书稿是否已经充分、清楚地表达了我所要表达的观点以及人们是否愿意接受我的表达方式而倍感忐忑。

　　本书得以完成，既得益于博士生导师孙潮老师的专业指导，也得益于人生导师——徐向华老师的巨大鼓励和无私帮助。在博导正直宽容的人生态度、渊博学识和严谨治学态度的深深影响和激励下，我不断深化对行政规定规制问题的探索和研究，并努力将自己的研究论点建立在数据繁杂的客观实证分析资料之上。同时，在漫长而艰辛的写作过程中，徐老师及时给予我的精神鼓励、学习指引和生活关怀，使得书稿的写作过程倍感温馨。在此，我怀着一份感恩的心情，衷心感谢两位导师的悉心指点和无私帮助。

　　本书是建立在我2006年承担的上海市教委有关行政规范性文件研究课题、博士论文以及最新行政规制制度与实践发展之上的，在写作过程中，我曾听取华东政法大学、上海交通大学、浙江大学和上海市委党校等行政法学大师们的一些有益修改建议。这些指点和帮助，对于我确定研究框架、修正与发展论点以及提高研究质量，具有重要意义。对此恩惠，心中长存感激，并深怀敬意。

　　此外，我要感谢华东政法大学向我提供学术研究机会和优良的研究环境,也十分感恩在读博期间曾经给我传道授业解惑的诸位教授,并祝愿各位师长健康安乐,祝愿母校绿树成荫,明天更美好!总之,谢谢在书稿写作过程中所有给予我真诚帮助和无私关怀的人,因为有你们的支持和帮助,本书才能顺利诞生。

同时,从最初撰写课题报告、完成博士论文直到如今书稿形成,期间经历了众多波折,是家人与朋友一如既往的支持和鼓励,使我能够一而再地依据最新资料不断完善书稿的表达方式并升华论点。也正是大家的关爱才使我得以负重前行,因此感恩亲人与朋友们为我付出的一切……

在本书的写作过程中,我努力以客观事实和数字说话,并试图在读懂国内外学术前辈有关行政规定规制研究成果的基础上,科学、客观地论证和得出自己有关我国行政规定规制问题的独特研究观点。当然,书稿的一改再改也使我明白,真正做到客观、创新且有社会实践价值确非易事。即使严格奉行一丝不苟的治学态度,通过各种途径,努力收集有关行政规定的种种规制信息与研究资料,以避免研究数据处理上出现偏差,但也仍会因行政规定规制信息并未全面强制公开的情况,而使我不时怀疑自己是否像推石头上山的西西弗斯一样,既难以达成促进我国行政规定科学规制的目的,又可能使研究成果带上难以消除的瑕疵。因此,从严谨治学的角度看,本书还存在许多不足之处,也真诚希望各位学界同仁能够在阅读和评判时提出指正意见,以便我在今后的学习和教学生涯中对本研究进一步深化和完善。

2017 年 9 月于上海